P.-J. PROUDHON

NAPOLÉON III

MANUSCRITS INÉDITS

PUBLIÉS PAR

CLÉMENT ROCHEL

PARIS
SOCIÉTÉ D'ÉDITIONS LITTÉRAIRES ET ARTISTIQUES
Librairie Paul Ollendorff
50, CHAUSSÉE D'ANTIN, 50
1900

Tous droits réservés.

NAPOLÉON III

ŒUVRES POSTHUMES DE P.-J. PROUDHON

Jésus et les Origines du Christianisme (In-8, chez G. Havard fils — épuisé). *Manuscrits inédits*, publiés avec Introduction et notes par CLÉMENT ROCHEL.

Napoléon Iᵉʳ (In-18, chez Montgrédien et Cⁱᵉ). *Manuscrits inédits*, publiés avec Introduction et notes par CLÉMENT ROCHEL.

Commentaires sur les Mémoires de Fouché, *suivis du Parallèle entre Napoléon et Wellington*. (In-8, Librairie Paul Ollendorff). *Manuscrits inédits*, publiés avec Introduction et notes par CLÉMENT ROCHEL.

EN PRÉPARATION :

Cahiers et Carnets de P.-J. Proudhon.
Histoire de Pologne.

P.-J. PROUDHON

NAPOLÉON III

MANUSCRITS INÉDITS

PUBLIÉS PAR

CLÉMENT ROCHEL

PARIS
SOCIÉTÉ D'ÉDITIONS LITTÉRAIRES ET ARTISTIQUES
Librairie Paul Ollendorff
50, CHAUSSÉE D'ANTIN, 50
1900

Tous droits réservés.

*Il a été tiré à part
cinq exemplaires sur papier de Hollande
numérotés*

NAPOLÉON III

CHAPITRE PREMIER

Réflexions générales sur le principe du commandement. — *Anarchie* et *Archie* — Programme de la *Réforme* rédigé par L. Blanc, Arago, Et. Arago, Beaune, Pascal Duprat, Schœlcher, Vallier, etc. — Observations et premier aperçu sur les dix-huit articles de ce programme. — L'amour du programme en 1848. — Les sarcasmes contre le système constitutionnel. — La responsabilité ministérielle corrélative de l'inviolabilité royale. — Ignorance de Napoléon et de ses copistes. — Les libéraux complices du despotisme [1].

L'Anarchie exprime une idée très juste, l'absence d'autorité et de commandement, qui est le vrai principe républicain. On affecte de faire ce mot syno-

[1]. Le manuscrit de *Napoléon III* a été tiré de plusieurs chemises, classées ainsi par Proudhon : 1° *Napoléon Ier et IIIe et Wellington*; 2° *Napoléon Ier et IIIe*; 3° *Napoléon III*. Nous y avons joint des notes des Cahiers : *Qu'est-ce enfin que la République ?* (CHAPITRE I); et aussi, nous avons emprunté plusieurs pages au *Principe fédératif*, etc., qui se rapportaient à la même période historique (V. nos Renvois). Nous devons dire également que les têtes de chapitres ont été, pour la plupart, rédigées par nous, ainsi que nous l'avions déjà fait pour *Jésus et les Origines du Christianisme*. Mais là s'est borné notre travail de classement et nous avons toujours transcrit l'original. Ajoutons que dans *France et Rhin*, édité par M. Albert Lacroix, à la liste des œuvres posthumes de Proudhon à paraître, l'ouvrage

nyme de *désordre, confusion, chaos* : c'est dans ce sens que moi-même, parlant le langage de tout le monde, je l'ai employé fréquemment.

Mais il est triste que des républicains acceptent cette synonymie, qui est toute à leur confusion. N'est-il pas fâcheux, en effet, que la République tienne pour bon ce trait de la satire monarchique, qui rappelle ce bon bourgeois parisien du temps de Louis XIV, qui mourut de rire, dit-on, en apprenant que les Vénitiens étaient en république et n'avaient point de roi?

Or, n'avoir *point de chef*, est le dernier degré de la sauvagerie humaine, et de la férocité. Cela est vrai, en effet, des animaux féroces qui vivent solitaires, mais ne l'est plus de ceux qui s'assemblent et vivent en troupes, comme les chevaux, les abeilles, etc.

Le chef est donné par la polygamie. — Le mari est chef de son harem, comme le coq de ses poules, le taureau de ses génisses, le cerf de ses biches, etc. Là où il y a des couples, il se fait séparation et anarchie.

Le *chef* est donné ensuite par le patriarcat et l'*esclavage.*

Le *chef* est donné par le bourgeoisisme, chef d'établissement, etc.

---

que nous publions aujourd'hui était annoncé sous le titre : *Théorie du Mouvement constitutionnel en Europe et Qu'est-ce enfin que la Révolution?* — Les manuscrits de Proudhon sont très soignés, d'une écriture ferme, grasse, sans ratures jamais — mais souvent avec des rallonges en bas ou en travers. — Ils sont sur papier bleu ou blanc, écrits tantôt en hauteur, tantôt en largeur, avec presque pas de marge. Ils ont toujours à peu près les mêmes dimensions : 22/13 ou 25/15. Les chemises sont des journaux : l'*Office de Publicité* de Bruxelles; l'*Indépendance Belge*; le *Courrier financier*; et les journaux qui gardaient la pensée du grand remueur d'idées, devaient lui fournir des notes marquées par lui au crayon, — que l'on trouvera, du reste, dans notre *Post-face.*

Le *chef* est inévitable dans tout État gouverné; et les républicains n'ont rien produit d'aussi bien organisé que la monarchie constitutionnelle, qu'ils copient en la dépravant.

Archie ou *anarchie*, point de milieu donc.

L'*archie* peut être à une ou plusieurs têtes : monarchie, polyarchie, oligarchie, exarchie, *heptarchie*, etc.

Si la polyarchie se compose des plus riches, ou des nobles, magnats, elle est dite *aristocratie*; si le peuple en masse y est l'élément prépondérant, c'est une *démocratie*.

Mais le nombre des têtes n'y fait rien au fond; la pluralité comme en Dieu est nuisible.

Dès lors que l'état est fondé sur le principe du commandement, la *monarchie* est de beaucoup préférable.

Ces réflexions générales me sont rappelées par le livre récent de Louis Blanc, en réponse à Lord Normanby. Il donne le programme de l'ancien journal, la *Réforme*, rédigé par L. Blanc, et signé par Arago, Et. Arago, Beaune, Dupoty, F. Avril, Flocon, Guinard, Joly, L. Rollin, Lemasson, Lasseré, L. Blanc, Pascal Duprat, Recurt, Schœlcher, Vallier :

« Tous les hommes sont frères (*a*). »

a) Mauvais début; idée banale, qui répète le christianisme, et laisse supposer une *paternité* fâcheuse. C'est déjà vrai et faux selon le point de vue.

« Où l'égalité n'existe pas, la liberté est un mensonge (*b*). »

b) Cette proposition est loin d'être évidente par elle-même; c'est un dogme, qui a pour but ultérieur de faire passer le système économique de M. L. Blanc, rien de plus. La Constitution de 1830 disait plus clairement : Tous les Francais sont *égaux devant la loi*. Pourquoi s'écarter de cela, quand on pose en principe, immédiatement après, l'*inégalité des aptitudes*?

« La société ne saurait vivre que par l'inégalité des aptitudes et la diversité des fonctions ; mais des aptitudes supérieures ne doivent pas conférer de plus grands droits, elles imposent de plus grands devoirs (*c*). »

c) Rien de moins prouvé que les *inégalités des aptitudes* ; rien de plus équivoque que ce mot. A. a une aptitude ; B. en a une autre ; ils sont peut-être inégaux, en chaque aptitude ; mais il se peut que chacun compense en l'une ce qu'il a de moins en l'autre. Reste à savoir seulement si des aptitudes différentes sont de valeur égale ou moindre, ce qui est une grosse question. — Enfin, rien de moins prouvé que les *plus grandes aptitudes* imposent *de plus grands devoirs*; c'est du christianisme, du providentialisme, du communisme.

« C'est là le principe de l'égalité ; l'association en est la forme nécessaire (*d*). »

d) Il n'est pas prouvé que l'*association* et l'*égalité* s'impliquent l'une l'autre. D'ailleurs, cette liaison de deux idées qu'on fait adéquates, a aussi pour but, comme (*b*) de préparer l'utopie communautaire de L. Blanc.

« Le but final de l'association est d'arriver à la satisfaction des besoins intellectuels, moraux et matériels de tous, par l'emploi de leurs aptitudes diverses et le concours de leurs efforts (*e*). »

e) Phrase banale, empruntée au saint-simonisme,

mais qui laisse déjà une impression de communisme, d'hiérarchie, de dépendance pour l'individu, fâcheuse.

L'association, je l'ai dit, doit être évitée autant que possible ; elle n'est pas une condition *sine quâ non* de l'ordre et de la justice ; elle n'est pas du tout NÉCESSAIRE.

« Les travailleurs ont été *esclaves*, ils ont été *serfs*, ils sont *salariés* ; il faut tendre à les faire passer à l'état d'*associés* (*f*) ».

f) Résumé historique vrai, dont la conclusion est fausse. — Pourquoi ne pas dire, simplement, *libres*? L'association, à laquelle on les attache, n'a rien du tout de nécessaire.

« Ce résultat ne saurait être atteint que par l'action d'un pouvoir démocratique (*g*) ».

g) Position du principe de l'*action par l'état*. Idée capitale du système, qui exige une dictature. Le brave Arago, qui, après février, secoua si promptement et si énergiquement le programme de la *Réforme*, ne se doutait pas alors de ce qu'il signait.

« Un pouvoir démocratique est celui qui a la souveraineté du peuple pour principe, le suffrage universel pour origine, et pour but la réalisation de cette formule : *Liberté, Égalité, Fraternité* (*h*) ».

h) La définition du *pouvoir démocratique* peut être exacte ; mais je dis que ce pouvoir est parfaitement illégitime. Ni le nombre, ni la souveraineté du peuple, ne font DROIT. — Quant à la formule républicaine, elle ne figure ici que pour mémoire ; on ne sait ce que c'est que la *liberté* chez M. L. Blanc.

« Les gouvernants, dans une démocratie bien constituée, ne sont que les mandataires du peuple ; ils doivent donc être responsables et révocables (*i*) ».

i) Bien dit, si l'on veut : seulement le mot de *mandat* n'a jamais été pris au sérieux ni dans la République, ni dans aucune démocratie. On ne le comprend même pas. Les montagnards de la Convention, les membres du Comité de salut public, ceux du Comité de sûreté générale, etc., furent tous des despotes en vertu du *mandat*. Napoléon fut empereur et autocrate en vertu du mandat. En 1848, les députés furent plus modestes, grâce à la réaction que la majorité représentait, et qui arrêta l'essor despotique des représentants. Napoléon III est un mandataire, comme fut son oncle, comme César; le prince élu, en 1857, les députés nommés par l'opposition devinrent, *pro suâ quisque parte*, des despotes, taillant et tranchant leurs actes, *ad libitum*.

« Les fonctions publiques ne sont pas des distinc-
» tions ; elles ne doivent pas être des privilèges, elles
» sont des devoirs (*j*). »

j) Grande accumulation d'antithèses pour ne rien dire, et surtout ne rien obtenir. Il n'est nullement prouvé que les fonctions publiques *soient des devoirs*. Celui qui les accepte a des devoirs ; mais l'acceptation n'a rien d'obligatoire. Puis, rien ne fera que celui qui exerce des fonctions publiques ne soit pas *distingué*, malgré tout, et *payé* en conséquence, surtout s'il peut dire qu'on lui a imposé ses fonctions.

« Tous les citoyens ayant un droit égal de concourir à la nomination des mandataires du peuple et à la formation de la loi, il faut, pour que cette égalité de droit ne soit point illusoire, que toute fonction publique soit rétribuée (*k*). »

k) Cet article ne dit pas, sans doute, tout ce qu'il

veut dire : on ne saisit pas le rapport entre la *nomination des mandataires* par le peuple, et la *rétribution de ceux-ci*, sans laquelle l'*égalité de concours à la loi serait illusoire*. C'est du galimatias triple.

Remarquez que l'*admissibilité de tous, aux emplois*, n'est pas nommée ; elle est proscrite. *Qu'est-ce enfin que la République* par la définition de (*j*) que les fonctions sont des *devoirs?*

« La loi est la volonté du peuple formulée par ses mandataires. Tous doivent à la loi obéissance, mais tous ont le droit de l'apprécier hautement pour qu'on la change si elle est mauvaise (*l*). »

l) La loi n'est la *volonté de personne*. C'est de la tyrannie populaire.

« La liberté de la presse doit être maintenue et consacrée comme garantie contre les erreurs possibles de la majorité et comme instrument des progrès de l'esprit humain (*m*). »

m) Ajoutez, contre les erreurs possibles du *peuple*, que vous supposez infaillible, et que vous déclarez absolu.

« L'éducation des citoyens doit être commune et gratuite. C'est à l'État qu'il appartient d'y pourvoir (*n*). »

n) L'*État* toujours ; la *communauté*, par dessus le marché. — Quant à la *gratuité*, ici c'est un leurre. L'impôt, payé par les citoyens, paie l'enseignement. Tandis que la *gratuité du crédit* public est réelle et positive.

« Tout citoyen doit passer par l'éducation du soldat. Nul ne peut se décharger moyennant finance, du devoir de concourir à la défense de son pays (*o*). »

o) Le *soldat* : la guerre. Cela ne sort pas plus de

la tête des modernes démocrates que de celle des Spartiates. C'est avec ces belles idées, que Napoléon Ier a fait périr, 4,500,000 Français pour rien; et que Napoléon III continue le système.

« C'est à l'Etat de prendre l'initiative des réformes industrielles, propres à amener une organisation du travail qui élève les travailleurs de la condition de salariés à celle d'associés (*p*). »

p) L'*Etat* encore; — l'Etat, ministre de l'*association*, c'est-à-dire de la communauté universelle, puisque l'association est *nécessaire*. — Le rédacteur de la *Réforme* jetait les fondements de sa dictature du Luxembourg.

« Qu'importe de substituer à la commandite du crédit individuel celle du crédit de l'Etat. L'Etat, jusqu'à ce que les prolétaires soient émancipés, doit se faire le banquier des pauvres (*q*). »

q) *L'Etat banquier, et banquier des pauvres.* — Avec quels fonds, et sur quel gage?

Le travailleur a le même titre que le soldat à la reconnaissance de l'Etat.

« Au citoyen vigoureux et bien portant, l'Etat doit le travail; au vieillard et à l'infirme, il doit aide et protection (*r*). »

r) *Les invalides civils.* — J'aime mieux que chaque famille, chaque commune, chaque corporation reste chargée de ses pauvres : je repousse énergiquement l'assimilation du soldat et du travailleur.

Après avoir cité ce programme ridicule, et qui montre jusqu'à quel point une réunion d'hommes instruits, intelligents, peuvent être fourvoyés par un ignorant fanatique, L. Blanc se démène contre le *mouvement anarchique* qui vint, en 1848, gâter ce beau programme.

Notons, à ce propos, que M. L. Blanc ne trouve que des sarcasmes pour le système constitutionnel, qui fait du prince un *porc à l'engrais*, suivant l'expression de Napoléon. — C'est tout ce qu'il a vu dans le système !... Pauvre tête !

Après avoir réfuté, article par article, cet incroyable morceau, reproduit, après quinze ans, par son auteur avec un intime orgueil, il conviendrait, pour en achever la défaite, de mettre en regard un programme rationnel, tel que l'eût demandé à la même époque un journal ami du peuple et du progrès. Avant 48, on était amoureux des programmes, en France ; on le serait encore, si la presse devenait libre.

Un tel programme demande de la méditation ; mais nous en tenons les bases essentielles ; et si je voulais prendre pour guide le programme de L. Blanc afin d'en donner le redressement ou contrepied, cela fournirait une facilité de plus.

1. — Le principe fondamental de la société est la Justice.

2. — La Justice est une faculté immanente à la nature humaine, qui se déploie par sa propre vertu, sans aucun secours ni d'une grâce ou excitation surnaturelle, ni d'une impulsion de l'État.

3. — C'est tout à la fois un sentiment, et une *idée*. — Comme sentiment la Justice est le principe de toute législation ; — comme idée, le principe de toute logique et de toute philosophie, l'instrument de toute certitude, et la garantie de cette vérité.

4. — Le but de la société est de constituer la Justice.

5. — *Constituer la Justice*, c'est rendre à chacun ce qui lui appartient naturellement et légitimement, sans acception de personnes, de conditions, de talents, d'aptitudes.

6. — Une des *conséquences* de la constitution du Droit est l'équivalence progressive des conditions, des emplois, et des fortunes; par conséquent l'égalité finale de bien-être et de félicité.

7. — La Justice présuppose la liberté; elle est le pacte des libertés. Elle a donc pour but, non de restreindre les libertés par les sacrifices qu'elle leur impose, et en vue de l'augmentation de l'État; — mais d'accroître la puissance de chaque liberté, par la transaction — qui la constitue elle-même, et qui est le Droit.

8. — La transaction des libertés, de laquelle naît l'expression de leur droit n'est pas leur *association nécessaire*. — L'association est un des *moyens* de l'industrie humaine, de l'organisation économique; ce n'en est pas du tout la forme générale, universelle, absolue, nécessaire; pas plus que la *concurrence* qui lui est opposée, pas plus que la *propriété*, qu'il est impossible de détruire.

9. — La satisfaction des besoins physiques, intellectuels et moraux de chacun est l'affaire de chacun; la société n'y participe qu'en tant qu'elle garantit à chacun le respect de ses droits, dont la tendance est l'équivalence, l'équilibre.

10. — La justice est satisfaite, et l'organisation sociale est au complet, quand la liberté de chacun ne

laisse rien à désirer; quand il a l'emploi de ses facultés et aptitudes, la libre disposition de sa personne et de son produit.

11. — La liberté étant le premier des biens pour l'individu, sauf le respect de la Justice, qui commande à tout et à tous, l'association ne doit être employée, comme tout ce qui affecte la liberté que là où elle est indispensable; où le résultat économique cherché ne peut être obtenu autrement.

L'association industrielle n'est point affaire d'État; elle relève exclusivement de l'initiative libre des citoyens; à plus forte raison, l'État n'a-t-il pas mission de la créer partout, d'en faire la chemise de la nation.

12. — Le gouvernement, dans une Société, le Pouvoir, n'est ni démocratique, ni monarchique, ni aristocratique; ces mots supposent une foule de questions que l'on ne peut trancher ni définir. — Le gouvernement est national, social.

C'est la résultante des forces corporatives et individuelles; — l'expression de leur équilibre et de leur volonté synthétique; par conséquent l'application la plus élevée, la plus générale du droit.

13. — Le suffrage universel est une *manière hypothétique* de présumer l'accord des masses, leur résultante : en lui-même ce n'est rien, pas plus que l'urne du scrutin.

La souveraineté du peuple n'est pas plus que la souveraineté du prince, ce n'est rien. La Justice est supérieure à l'une et à l'autre, indépendante de tous deux.

14. — Il s'ensuit que tout plébiscite populaire peut

être attaqué au nom du droit ; que la patrie elle-même n'existe pour chacun qu'à la condition de respecter le droit et que là où le droit serait collectivement violé par la nation, chaque citoyen aurait le droit de s'opposer à la nation, de répudier ses actes, et de se déclarer libre envers elle de tout devoir et engagement.

15. — Dans la société, tout citoyen a droit de gouvernement et droit de justice. Ce droit ne s'abdique jamais; le mandat n'est point un transfèrement de souveraineté; c'est une *commission*.

Toute élection des représentants sans définition *de son objet* est nulle.

Il n'y a pas de *commission en blanc;* cela implique contradiction.

C'est pourquoi l'élection du représentant, du Président, de l'Empereur, est nulle. Le mandat de *tout ordonner* et *tout faire*, au nom du peuple, est absurde.

16. — La loi résulte : 1° de la discussion publible, prolongée, préalable, pour la presse, les meetings, etc; — 2° de la discussion des grandes corporations; — 3° de leur *transaction*. La loi n'est la volonté de personne : le peuple n'est pas infaillible.

17. — La *transaction* n'est pas le vote; le vote n'est qu'un moyen d'arriver à une transaction. Toute loi votée par 300 députés, rejetée par 150, est injuste.

La *transaction* est le compromis entre les 300 et les 150.

18. — La transaction est l'expression synthétique qui résulte de toutes les opinions pour et contre, exprimée sur la loi.

19. — Toute divergence d'opinions conduit à une synthèse, qui est l'opinion générale, la loi *actuelle*.

20. — La loi est changeante, selon l'État des opinions dont la divergence varie, et donne lieu par conséquent à une *transaction* nouvelle.

21. — Le travail étant assuré, la subsistance garantie à chacun, l'enseignement rétribué partie par l'État et par les communes, l'instruction sera *obligatoire*, la fréquentation de l'école libre.

22. — Le but de la Société est l'extinction de la guerre : — le gouvernement ne présuppose point l'hostilité des autres gouvernements, n'est animé à leur égard d'aucune intention hostile, ses plus grands efforts tendront au désarmement universel.

23. — Les précautions que pourrait exiger transitoirement la défense seront confiées à un comité spécial, nommé par les corporations, révocable par elles, à mandat limité ; et auquel l'État sera tenu de fournir tous les moyens d'action qui dépendront de lui. — Sous un pouvoir despotique, l'armée ne représente jamais la *patrie* (Waterloo).

En deux mots, le ministère de la guerre est en dehors du gouvernement.

24. — L'action de l'État, est d'ailleurs la moindre possible.

Elle tend à s'effacer de plus en plus.

Toute initiative industrielle ou commerciale lui est rigoureusement interdite.

24. — L'État ne fait point la banque, ni le change ; il ne commandite personne ; il n'est point le caissier ni le créancier de la nation.

25. — L'État ne doit de reconnaissance à personne, ni au soldat, ni à l'ouvrier.

Tout citoyen est tenu de travailler pour lui-même

jusqu'au dernier soupir. Les infirmes et les estropiés sont à la charge des familles, des corporations et des communes : l'assistance publique ne s'étend pas au delà.

26. — Dans cette assistance, la famille a la plus grande part; la corporation la 2e, la commune la 3e et la moindre.

Les budgets, les salaires, etc., doivent être réglés dans cette pension.

Ceci est un tout autre monde. Entre le programme de L. Blanc et celui-ci, il n'y a aucune compatibilité.

La responsabilité ministérielle, corrélative de l'inviolabilité royale, n'est pas une invention arbitraire, imaginée au XIXe siècle, pour le besoin et un système. Elle existe sous l'ancien régime : (cf. BERNIS, des *Causeries du lundi*, où on le voit s'offrir en expiation de la guerre de trente ans.)

Les choses se passaient souvent avec une certaine brutalité, qui sentait son despotisme : Bernis était exilé dans ses terres; Fouquet mis en jugement. Une chute ministérielle, causée par une improbation des chambres, n'est guère moins solennelle ni moins grave.

C'est une preuve des plus grandes ignorances de Napoléon et de ses copistes, que la façon brutale avec laquelle il a parlé du *Grand électeur* de Sieyès, lequel n'était autre chose que le Monarque constitutionnel. Ce rôle est très grand, la cheville ouvrière du système, dont l'absence rend toutes les républiques intenables.

Napoléon, né pour le *commandement*, disait-il, habitué à ne voir la société que dans l'armée, n'était pas homme à comprendre ce fait élémentaire : que le mouvement d'une armée et sa direction partent d'un point hors d'elle, de l'ordre du général ; tandis que, dans la nation, elles sont une *résultante*.

Le roi est la personnification de cette résultante, dont les ministres représentent, près de lui, les aboutissants. La vie sociale est spontanée, collective d'ensemble ; l'armée non. Du moins, c'est fort rare. C'est pour cela que l'armée est le séjour de l'injustice.

Dans l'armée, la force collective est un pur instrument dans la main du général ; — dans la société, cette même force existe par elle-même, se produit seule, ne sert qu'elle, et se crée des instruments divers, qui sont, *ex æquo*, ou hiérarchiquement, le *Prince*, le *Prêtre*, le *Magistrat*, le *Parlement*, le *Producteur*.

Tout le problème est de combiner ces instruments de manière à produire une harmonie.

Le mot de Bonaparte est tout simplement une insolence de soldat brutal, grossier, ignorant, dénué de sens juridique et social. Il est triste de voir de prétendus libéraux et républicains y applaudir et se faire complices ainsi du despotisme.

CHAPITRE II

Principes opposés d'Autorité et de Liberté. — L'arbitraire dans la politique. — Les républicains de février et les socialistes de juin. — Les amis de Ledru-Rollin se rallient à l'Empire, véritable expression *révolutionnaire* et forme *paternelle* du Gouvernement. — Rêve unitaire du peuple. — Constitution de 1848 et l'organisation municipale et départementale. — Les Iloles. — Les Chambres et les actes du Gouvernement. — L'opposition à raison des personnes. — Suffrage universel devenu loi d'État.

L'ordre politique repose sur deux principes connexes, opposés et irréductibles : l'Autorité et la Liberté [1].

De ces deux principes, se déduisent parallèlement deux régimes contraires : le régime absolutiste ou autoritaire et le régime libéral.

Les formes de ces deux régimes sont aussi différentes entre elles, incompatibles et inconciliables, que leurs natures ; nous les avons définies en deux mots : Indivision et Séparation.

1. Cf. *Du principe fédératif*, pp. 40, 67.

Or, la raison indique que toute théorie doit se dérouler suivant son principe, toute existence se produire selon sa loi : la logique est la condition de la vie comme de la pensée. Mais c'est justement le contraire qui se manifeste en politique : ni l'Autorité ni la Liberté ne peuvent se constituer à part, donner lieu à un système qui soit exclusivement propre à chacune ; loin de là, elles sont condamnées, dans leurs établissements respectifs, à se faire de perpétuels et mutuels emprunts.

La conséquence est que la fidélité aux principes n'existant en politique que dans l'idéal, la pratique devant subir des transactions de toutes sortes, le gouvernement se réduit, en dernière analyse, malgré la meilleure volonté et toute la vertu du monde, à une création hybride, équivoque, à une promiscuité de régimes que la logique sévère répudie et devant laquelle recule la bonne foi. Aucun gouvernement n'échappe à cette contradiction.

Conclusion : l'arbitraire entrant fatalement dans la politique, la corruption devient bientôt l'âme du pouvoir, et la société est entraînée, sans repos ni merci, sur la pente sans fin des révolutions.

Le monde en est là.

Ce n'est pas l'effet d'une malice satanique, ni d'une infirmité de notre nature, ni d'une condamnation providentielle, ni d'un caprice de la fortune ou d'un arrêt du Destin : les choses sont ainsi, voilà tout. A nous de tirer le meilleur parti de cette situation singulière.

Considérons que depuis plus de huit mille ans, — les souvenirs de l'histoire ne remontent pas au delà,

— toutes les variétés de gouvernement, toutes les combinaisons politiques et sociales ont été successivement essayées, abandonnées, reprises, modifiées, travesties, épuisées, et que l'insuccès a constamment récompensé le zèle des réformateurs et trompé l'espérance des peuples. Toujours le drapeau de la liberté a servi à abriter le despotisme; toujours les classes privilégiées se sont entourées, dans l'intérêt même de leurs privilèges, d'institutions libérales et égalitaires; toujours les partis ont menti à leur programme, et toujours l'indifférence succédant à la foi, la corruption à l'esprit civique, les Etats ont péri par le développement des notions sur lesquelles ils s'étaient fondés.

Les races les plus vigoureuses et les plus intelligentes se sont usées à ce travail : l'histoire est pleine du récit de leurs luttes.

Quelquefois une suite de triomphes faisant illusion sur la force de l'Etat, on a pu croire à une excellence de constitution, à une sagesse de gouvernement qui n'existaient pas.

Mais, la paix survenant, les vices du système éclataient aux yeux, et les peuples se reposaient dans la guerre civile des fatigues de la guerre du dehors. L'humanité est allée ainsi de révolution en révolution : les nations les plus célèbres, celles qui ont fourni la plus longue carrière, ne se sont soutenues que par là. Parmi tous les gouvernements connus et pratiqués jusqu'à ce jour, il n'en est pas un qui, s'il était condamné à subsister par sa vertu propre, vivrait âge d'homme. Chose étrange, les chefs d'Etats et leurs ministres sont de tous les hommes ceux qui croient le moins à la durée du système qu'ils représentent ; jusqu'à ce que vienne la science, c'est la foi des masses qui soutient les gouvernements.

Les Grecs et les Romains, qui nous ont légué leurs institutions avec leurs exemples, parvenus au moment le plus intéressant de leur évolution, s'ensevelissent dans leur désespoir ; et la société moderne semble arrivée à son tour à l'heure d'angoisse.

Ne vous fiez pas à la parole de ces agitateurs qui crient : Liberté, Egalité, Nationalité ; ils ne savent rien : ce sont des morts qui ont la prétention de ressusciter des morts. Le public un instant les écoute, comme il fait des bouffons et des charlatans ; puis il passe, la raison vide et la conscience désolée.

Signe certain que notre dissolution est proche et qu'une nouvelle ère va s'ouvrir, la confusion du langage et des idées est arrivée au point que le premier venu peut se dire à volonté républicain, monarchiste, démocrate, bourgeois, conservateur, partageux, libéral, et tout cela à la fois, sans craindre que personne le convainque de mensonge ni d'erreur. Les princes et les barons du premier Empire avaient fait leurs preuves de sans-culottisme.

La bourgeoisie de 1814, gorgée de biens nationaux, la seule chose qu'elle eut comprise des institutions de 89, était libérale, révolutionnaire même ; 1830 la refit conservatrice ; 1848 l'a rendue réactionnaire, catholique et plus que jamais monarchique.

Actuellement ce sont les républicains de février qui servent la royauté de Victor-Emmanuel, pendant que les socialistes de juin se déclarent unitaires. D'anciens amis de Ledru-Rollin se rallient à l'Empire, comme la plus véritable expression *révolutionnaire* et la forme la plus *paternelle* de gouvernement; d'autres, il est vrai, les traitent de *vendus*, mais se déchaînent avec fureur contre le fédéralisme. C'est le gâchis systématique, la confusion organisée, l'apostasie en permanence, la trahison universelle.

Il s'agit de savoir si la société peut arriver à quelque chose de régulier, d'équitable et de fixe, qui satisfasse la raison et la conscience, ou si nous sommes condamnés pour l'éternité à cette roue d'Ixion. Le problème est-il insoluble?

Le peuple, dans le vague de sa pensée, se contemple comme une gigantesque et mystérieuse existence, et tout dans son langage semble fait pour l'entretenir dans l'opinion de son indivisible unité.

Il s'appelle le Peuple, la Nation; c'est-à-dire la Multitude, la Masse; il est le vrai Souverain, le Législateur, la Puissance, la Domination, la Patrie, l'État; il a ses Convocations, ses Scrutins, ses Amis, ses Manifestations, ses Prononcements, ses Plébiscites, sa Législation directe, parfois ses Jugements et ses Exécutions, ses Oracles, sa Voix, pareille au tonnerre, la grande voix de Dieu.

Autant il se sent innombrable, irrésistible, immense, autant il a horreur des divisions, des missions, des minorités. Son idéal, son rêve le plus délectable, est unité, identité, uniformité, concentration; il maudit, comme attentatoire à Sa Majesté, tout ce qui peut partager sa volonté, couper sa masse, créer en lui diversité, pluralité, divergence.

Le peuple ne manque jamais d'idoles. Comme Israël au désert, il s'improvise des dieux quand on ne prend pas soin de lui en donner; il a ses incarnations, ses messies, ses Dieudonnés. C'est le chef de guerre élevé sur le pavois; c'est le roi glorieux, conquérant et magnifique, semblable au soleil, ou bien encore le tribun révolutionnaire : Clovis, Charlemagne, Louis XIV, La Fayette, Mirabeau, Danton, Marat, Robespierre, Napoléon, Victor-Emmanuel, Garibaldi. Combien qui, pour monter sur le piédestal, n'attendent qu'un revirement d'opinion, un coup d'aile de la fortune! De ces idoles, la plupart aussi vides d'idées, aussi dénuées de conscience que lui-même, le peuple est zélateur et jaloux; il ne souffre pas qu'on les discute, qu'on les contredise, surtout il ne leur marchande pas le pouvoir. Ne touchez pas à ses oints, ou vous serez traité par lui comme sacrilège.

Plein de ses mythes, et se considérant comme une collectivité essentiellement indivise, comment le peuple saisirait-il de plein saut le rapport du citoyen à la société? Comment, sous son inspiration, les hommes d'État qui le représentent donneraient-ils la vraie formule du gouvernement? Là où règne dans sa naïveté le suffrage universel, on peut affirmer d'avance que tout se fera dans le sens de l'indivision. Le peuple étant la collectivité qui renferme toute autorité et tout droit, le suffrage universel, pour être sincère dans son expression, devra autant que possible être lui même indivis, c'est-à-dire que les élections devront se faire par scrutins de liste : il s'est même trouvé en 1848 des unitaires qui demandaient qu'il n'y eût qu'une seule liste pour les quatre-vingt-six départements. De ce scrutin indivis surgit donc une assemblée indivise, délibérant et légiférant comme un seul homme. En cas de division du vote, c'est la majorité qui représente, sans diminution aucune, l'unité nationale. De cette majorité sortira à son tour un Gouvernement indivis qui, tenant ses pouvoirs de la Nation indivisible, est appelé à gouverner et administrer collectivement et indivisément, sans esprit de localité ni intérêt de clocher. C'est ainsi que le système de centralisation, d'impérialisme, de communisme, d'absolutisme, tous ces mots sont synonymes, découle de l'idéalisme populaire; c'est ainsi que dans le pacte social, conclu à la manière de Rousseau et des jacobins, le citoyen se démet de sa souveraineté, et que la commune, au-dessus de la commune le département et la province, absorbés dans l'autorité centrale, ne sont plus que des agences sous la direction immédiate du ministère.

Les conséquences ne tardent pas à se faire sentir : le citoyen et la commune déchus de toute dignité, les envahissements de l'État se multiplient, et les charges du contribuable croissent en proportion. Ce n'est plus le gouvernement qui est fait pour le peuple, c'est le peuple qui est fait pour le gouvernement. Le pouvoir envahit tout, s'empare de tout, s'arroge tout, à perpétuité, à toujours, à jamais : guerre et marine, administration, justice, police, instruction publique, créations et réparations publiques; banques, bourses, crédit, assurances, secours, épargnes, bienfaisance; forêts, canaux, rivières; cultes, finances, douanes, commerce, agriculture, industrie, transports. Sur le tout un impôt formidable, qui enlève à la nation le quart de son produit brut. Le citoyen n'a plus à s'occuper que d'accomplir dans son petit coin sa petite tâche, recevant son petit salaire, élevant sa petite famille, et s'en remettant pour le surplus à la providence du gouvernement.

Devant cette disposition des esprits, au milieu de puissances hostiles à la Révolution, quelle pouvait être la pensée des fondateurs de 89, amis sincères de la liberté? N'osant rompre le faisceau de l'état, ils devaient se préoccuper surtout de deux choses : 1° de contenir le Pouvoir, toujours prêt à usurper ; 2° de contenir le peuple, toujours prêt à se laisser entraîner par ses tribuns et à remplacer les mœurs de la légalité par celles de l'omnipotence.

Jusqu'à présent, en effet, les auteurs de constitutions, Sieyès, Mirabeau, le Sénat de 1814, la Chambre de 1830, l'Assemblée de 1848, ont cru, non sans raison, que le point capital du système politique était de contenir le pouvoir central, en lui laissant toutefois la plus grande liberté d'action et la plus grande force. Pour parvenir à ce but, que faisait-on? D'abord on divisait, comme il a été dit, le pouvoir par catégories de ministères, puis on distribuait l'autorité législative entre la royauté et les Chambres, à la majorité desquelles on subordonnait encore le choix que le prince devait faire des ministres. Enfin l'impôt était voté pour un an, par les Chambres, qui saisissaient cette occasion de passer en revue les actes du Gouvernement.

Mais, tandis qu'on organisait le parlementage des Chambres contre les ministres, qu'on balançait la prérogative royale par l'initiative des représentants, l'autorité de la couronne par la souveraineté de la nation; tandis qu'on opposait des mots à des mots, des fictions à des fictions, on aspirait au Gouvernement, sans réserve aucune, sans autre contrepoids qu'une vaine faculté de critique, la prérogative d'une administration immense; on mettait entre ses mains toutes les forces du pays; on supprimait, pour plus de sûreté, la liberté locale; on anéantissait avec un zèle frénétique l'*esprit de clocher*; on créait, enfin, une puissance formidable, écrasante, à laquelle on se donnait ensuite le plaisir de faire une guerre d'épigrammes, comme si la réalité était sensible aux personnalités.

Aussi qu'arrivait-il?

L'opposition finissait par avoir raison des personnes : les ministères tombaient les uns sur les autres; on renversait une dynastie, puis une seconde; on mettait empire sur république, et le despotisme centralisateur, anonyme, ne cessait de grandir, la liberté de décroître.

Tel a été notre progrès depuis la victoire des Jacobins sur la Gironde. Résultat inévitable d'un système artificiel, où l'on mettait d'un côté la souveraineté métaphysique et le droit de critique, de l'autre toutes les réalités du domaine national, toutes les puissances d'action d'un grand peuple.

Le contrepoids à l'action des masses, on a cru le trouver dans deux institutions, l'une fort onéreuse au pays et pleine de périls, l'autre non moins dangereuse, surtout pénible à la conscience publique : ce sont, 1° l'armée permanente, 2° la restriction du droit de suffrage.

Depuis 1848 le suffrage universel est devenu loi de l'Etat : mais le danger de l'agitation démocratique ayant grandi en proportion, force a été d'augmenter aussi l'armée, de donner plus de nerf à l'action militaire.

En sorte que, pour se garantir de l'insurgence populaire, on est obligé, dans le système des fondateurs de 89, d'augmenter la force du Pouvoir au moment même où l'on prend d'un autre côté des précautions contre lui. Si bien que le jour où Pouvoir et peuple se tendront la main, tout cet échafaudage croulera.

Étrange système, où le peuple ne peut exercer la souveraineté sans l'exposer à briser le Gouvernement, ni le Gouvernement user de sa prérogative sans marcher à l'absolutisme.

La Constitution de 1848, d'une part en ôtant au Président de la République le commandement des armées, de l'autre en se déclarant elle-même réformable et progressive, avait essayé de conjurer ce double danger de l'usurpation du Pouvoir central et l'insurrection du peuple. Mais la Constitution de 1848 ne disait pas en quoi consistait le progrès, à quelles conditions il pouvait s'effectuer. Dans le système qu'elle avait fondé, la distinction des classes, bourgeoisie et peuple, subsistait toujours : on l'avait vu, lors de la discussion du droit au travail et de la loi du 31 mai, restrictive du suffrage universel. Le préjugé unitaire était plus vif que jamais ; Paris donnant le ton, l'idée, la volonté aux départements, il était facile de voir que, dans le cas d'un conflit entre le Président et l'Assemblée, le peuple suivrait son élu plutôt que ses représentants. L'événement a confirmé ces prévisions. La journée du 2 décembre a montré ce que valent des garanties purement légales, contre un Pouvoir qui à la faveur populaire joint la puissance de l'administration, et qui a aussi son droit. Mais si, par exemple, en même temps que la Constitution républicaine de 1848, l'organisation municipale et départementale avait été faite et mise en vigueur; si les provinces avaient appris à revivre d'une vie propre; si elles avaient eu leur large part du pouvoir exécutif, si la multitude inerte du 2 décembre avait été quelque chose dans l'État en dehors du scrutin, certes le coup d'État eût été impossible. Le champ de bataille se trouvant limité entre l'Elysée et le Palais-Bourbon, la levée de boucliers du pouvoir exécutif n'eût entraîné tout au plus que la garnison de Paris et le personnel des ministères.

CHAPITRE III

Constitution des peuples libres. — L'établissement des communes et l'esprit fédéraliste. — Cahiers fournis par les *États*. — L'Assemblée nationale se déclare *Constituante*. — Le fanatisme et la réaction jacobine. — La France monarchique et la tradition jacobine. — Politique unitaire. — La Gaule et sa première Constitution. — La démocratie libérale, républicaine, socialiste, *dans le bon et vrai sens du mot*. — Monogramme démocratique. — Garantie des libertés municipales, corporatives, etc. — L'esprit de clocher. — Profession de foi de la démocratie.

La Gaule habitée par quatre races différentes, les Galls, les Kimris, les Vascons et les Ligures, subdivisées en plus de quarante peuples, formait, comme la Germanie sa voisine, une confédération [1].

La nature lui avait donné sa première constitution, la constitution des peuples libres; l'unité lui arriva par la conquête, ce fut l'œuvre des Césars. On assigne généralement pour limites à la Gaule, au Nord, la mer du Nord et la Manche; à l'Ouest, l'Océan; au Sud, les Pyrénées et la Méditerranée; à l'Est, les Alpes et le Jura; au Nord-Est, le Rhin.

1. Cf. *Du principe fédératif*, p. 25.

Je ne veux point ici discuter cette circonscription, prétendue naturelle, bien que les bassins du Rhin, de la Moselle, de la Meuse et de l'Escaut appartiennent plutôt à la Germanie qu'à la Gaule.

Ce que je veux seulement faire remarquer, c'est que le territoire conquis dans cet immense pentagone, d'une agglomération facile, ainsi que le prouvèrent tour à tour les Romains et les Francs, n'est pas moins heureusement disposé pour une Confédération. On peut le comparer à une pyramide tronquée, dont les pentes, unies par leurs crêtes et versant leurs eaux dans des mers différentes, assurent ainsi l'indépendance des populations qui les habitent. La politique romaine, qui déjà, faisant violence à la nature, avait unifié et centralisé l'Italie, en fit autant de la Gaule : en sorte que notre malheureux pays, ayant à subir coup sur coup la conquête latine, l'unité impériale, et bientôt après la conversion au christianisme, perdit pour jamais sa langue, son culte, sa liberté et son originalité.

Après la chute de l'empire d'Occident, la Gaule, conquise par les Francs, reprit sous l'influence germanique une apparence de fédération qui, se dénaturant rapidement, devint le système féodal. L'établissement des communes aurait pu raviver l'esprit fédéraliste, surtout si elles s'étaient inspirées de la commune flamande plutôt que du municipe romain : elles furent absorbées par la monarchie.

Cependant l'idée fédérative, indigène à la vieille Gaule, vivait comme un souvenir au cœur des provinces, lorsque la Révolution éclata. La fédération, on peut le dire, fut la première pensée de 1789.

L'absolutisme monarchique et les droits féodaux abolis, la délimitation provinciale respectée, tout le monde sentait que la France allait se retrouver en confédération, sous la présidence héréditaire d'un roi. Les bataillons envoyés à Paris de toutes les provinces du royaume furent appelés *fédérés*. Les cahiers fournis par les *Etats*, qui s'empressèrent de ressaisir leur souveraineté, contenaient les éléments du nouveau pacte.

Malheureusement, en 1789, nous étions comme toujours, malgré notre fièvre révolutionnaire, plutôt un peuple imitateur qu'un peuple initiateur.

Aucun exemple de fédération tant soit peu remarquable ne s'offrait à nous. Ni la Confédération germanique, établie sur le *saint empire apostolique*, ni la Confédération helvétique, tout imprégnée d'aristocratie, n'étaient des modèles à suivre. La Confédération américaine venait d'être signée, le 3 mars 1879, la veille de l'ouverture des Etats généraux; et nous avons vu combien cette ébauche était défectueuse.

Dès lors que nous renoncions à développer notre vieux principe, ce n'était pas exagérer que d'attendre d'une monarchie constitutionnelle, basée sur la Déclaration des droits, plus de liberté, surtout plus d'ordre, que de la constitution des Etats-Unis.

L'Assemblée nationale, usurpant tous les pouvoirs et se déclarant *Constituante*, donna le signal de la réaction contre le fédéralisme. A partir du serment du Jeu de Paume, ce ne fut plus une réunion de députés quasi fédéraux contractant au nom de leurs Etats respectifs; c'étaient les représentants d'une

collectivité indivise, qui se mirent à remanier de fond
en comble la société française, à laquelle ils daignè-
rent, les premiers, octroyer une charte. Pour rendre
la métamophore irrévocable, les provinces furent
découpées et rendues méconnaissables, tout vestige
d'indépendance provinciale anéanti sous une nouvelle division géographique, les départements. Sieyès
qui la proposa, qui plus tard fournit le type de toutes les constitutions invariablement unitaires qui depuis soixante-douze ans ont gouverné le pays, Sieyès,
nourri de l'esprit de l'Église et de l'Empire, fut le
véritable auteur de l'unité actuelle ; ce fut lui qui re-
foula dans son germe la confédération nationale,
prête à renaitre s'il se fût trouvé seulement un homme
capable de la définir. Les nécessités du moment, le
salut de la Révolution, furent l'excuse de Sieyès.
Mirabeau, qui le seconda de tous ses efforts dans
cette création départementale, embrassa avec d'autant plus d'ardeur l'idée de Sieyès, qu'il craignait
de voir naitre des franchises provinciales une contre-révolution, et qu'autant la division du territoire
par département lui paraissait heureuse pour asseoir
la monarchie nouvelle, autant il la trouvait excellente comme tactique contre l'ancien régime.

Après la catastrophe du 10 août, l'abolition de la
royauté ramena de nouveau les esprits vers les idées
fédéralistes. On était peu satisfait de la Constitution
de 1791, devenue impraticable. On se plaignait de la
Dictature des deux premières assemblées, de l'absorp-
tion des départements par la capitale. Une nouvelle
réunion des représentants de la nation fut convo-
quée : elle reçut le nom significatif de *Convention*.

Démenti officiel aux idées unitaires de Sieyès, mais qui allait soulever de terribles débats et amener de sanglantes proscriptions. Comme il l'avait été à Versailles après l'ouverture des États généraux, le fédéralisme fut vaincu pour la seconde fois à Paris dans la journée du 31 mai 1793. Depuis cette date néfaste, tout vestige de fédéralisme a disparu du droit public des Français; l'idée même est devenue suspecte, synonyme de contre-révolution, j'ai presque dit de trahison. La notion s'est effacée des intelligences : on ne sait plus en France ce que signifie le mot de fédération, qu'on pourrait presque croire emprunté au vocabulaire sanscrit.

Les Girondins eurent-ils tort de vouloir, en vertu de leur mandat *conventionnel*, appeler à la décision des départements de la république une et indivisible des Jacobins? Admettant qu'ils eussent raison en théorie, leur politique était-elle opportune? Sans doute l'omnipotence de la nouvelle assemblée, élue dans un esprit essentiellement anti-unitaire, la dictature du comité de salut public, le triumvirat de Robespierre, Saint-Just et Couthon, la puissance tribunitienne de Marat et d'Hébert, la judicature du tribunal révolutionnaire, tout cela n'était guère tolérable, et justifiait de reste l'insurrection des soixante-douze départements contre la commune de Paris. Mais les Girondins, incapables de définir leur propre pensée et de formuler un autre système, incapables de porter le poids des affaires publiques et de faire face au danger de la patrie qu'ils avaient si bien dénoncé, n'étaient-ils pas coupables d'une excitation maladroite et d'une haute imprudence?... D'autre part, si les Jacobins, demeurés seuls au pouvoir, ont pu, dans une certaine mesure, se glorifier d'avoir sauvé la Révolution et vaincu la coalition à Fleurus, ne saurait-on avec tout autant de justice leur reprocher d'avoir créé eux-mêmes, en partie, le danger pour le conjurer ensuite; d'avoir, par leur fanatisme, par une terreur de quatorze mois et par la réaction qu'elle provoqua, fatigué la nation, brisé la conscience publique et déconsidéré la liberté?

L'histoire impartiale jugera ce grand procès, à vue des principes mieux entendus, des révélations des contemporains et des faits.

Pour moi, s'il m'est permis en attendant l'arrêt définitif d'émettre une opinion personnelle, — et de quoi se composent les jugements de l'histoire, si ce n'est du résumé des opinions? — je dirai franchement que la nation française, constituée depuis quatorze siècles en monarchie de droit divin, ne pouvait du soir au matin se transformer en république quelconque; que la Gironde, accusée de fédéralisme, représentait mieux que les Jacobins la pensée de la Révolution, mais qu'elle fut insensée si elle crut à la possibilité d'une conversion subite; que la prudence, nous dirions aujourd'hui la loi du progrès, commandait les tempéraments, et que le malheur des Girondins fut d'avoir compromis leur principe en l'opposant à la fois à la monarchie de Sieyès et de Mirabeau et à la démocratie des Sans-Culottes, devenues en ce moment solidaires. Quant aux Jacobins, j'ajouterai avec la même franchise, qu'en s'emparant du pouvoir et en l'exerçant avec la plénitude des attributions monarchiques, ils se montrèrent, pour la circonstance, plus avisés que les *hommes d'Etat* de la Gironde ; mais qu'en rétablissant, avec un surcroît d'absolutisme, le système de la royauté sous le nom de *république une et indivisible*, après avoir sacré cette république du sang du dernier roi, ils sacrifièrent le principe même de la Révolution et firent preuve d'un machiavélisme du plus sinistre augure. Une dictature temporaire pouvait s'admettre ; un dogme, qui devait avoir pour résultat de consacrer tous les envahissements du pouvoir et d'annuler la souveraineté nationale, était un véritable attentat. La république une et indivisible des Jacobins a fait plus que détruire le vieux fédéralisme provincial, évoqué peut-être mal à propos par la Gironde ; elle a rendu la liberté impossible en France et la Révolution illusoire. On pouvait hésiter encore, en 1830, sur les conséquences funestes de la victoire remportée par les Jacobins : le doute aujourd'hui n'est plus possible.

La démocratie se donne pour libérale, républicaine, socialiste même, *dans le bon et vrai sens du mot*, bien entendu, comme disait M. de Lamartine.

La démocratie s'en impose à elle-même. Elle n'a jamais compris le trinôme révolutionnaire, *Liberté-Egalité-Fraternité*, qu'en 1848, comme en 1793, elle avait toujours à la bouche, et dont elle s'est fait de si belles enseignes. Sa devise, définitivement adoptée, est à un seul terme, UNITÉ.

Pour comprendre la *Liberté*, en effet, surtout l'*Egalité*, pour sentir en homme libre la *Fraternité*, il faut toute une philosophie, toute une jurisprudence, toute une science de l'homme et des choses, de la société et de son économie. Combien se résignent à de pareilles études?... Tandis qu'avec l'Unité, chose physique, mathématique, qui se voit, se touche et se compte, on sait tout en un instant. On est même dispensé, dans les cas difficiles, de raisonner. Avec l'Unité, la politique se réduit à un simple machinisme dont il n'y a plus qu'à faire tourner le volant. Tant pis pour qui se laisse prendre dans l'engrenage : ce n'était pas véritablement un homme politique ; c'était un intrus, justement puni de son ambitieuse vanité.

Qui dit *liberté*, dans la langue du droit public, dit garantie : garantie d'inviolabilité de la personne et du domicile, garantie des libertés municipales, corporatives, industrielles; garantie des formes légales, protectrices de l'innocence et de la libre défense. Comment accorder tout cela avec la majesté gouvernementale, à la démocratie si chère, avec l'Unité? C'est la démocratie, ce sont ses meneurs et ses organes qui, en 1848, ont institué les conseils de guerre, organisé les visites domiciliaires, peuplé les prisons, décrété l'état de siège, exécuté la transportation sans jugement des travailleurs blancs, comme M. Lincoln décrète aujourd'hui la transportation sans jugement des travailleurs noirs. La démocratie fait bon marché de la liberté individuelle et du respect des lois, incapable de gouverner à d'autres conditions que celles de l'Unité, qui n'est autre chose que le despotisme.

Qui dit *république* ou *égalité* des droits politiques, dit indépendance administrative des groupes politiques dont se compose l'État, dit surtout séparation des pouvoirs. Or, la démocratie est avant tout centralisatrice et unitaire ; elle a horreur du fédéralisme ; elle a poursuivi à outrance, sous Louis-Philippe, *l'esprit de clocher* ; elle regarde l'indivision du pouvoir comme le grand ressort, l'ancre de miséricorde du gouvernement : son idéal serait une dictature doublée d'inquisition. En 1848, quand l'émeute grondait dans la rue, vite elle se hâta de réunir, dans la main du général Cavaignac, tous les pouvoirs. Pourquoi, se dit-elle, avoir changé le mécanisme gouvernemental ? Ce que la monarchie absolue a fait contre nous, faisons-le contre elle et contre ses partisans : pour cela nous n'avons point à changer de batteries ; il suffit de tourner contre l'ennemi ses propres canons. La Révolution n'est que cela.

Qui dit *socialisme*, dans le bon et vrai sens du mot, dit naturellement liberté du commerce et de l'industrie, mutualité de l'assurance, réciprocité du crédit, péréquation de l'impôt, équilibre et sécurité des fortunes, participation de l'ouvrier aux chances des entreprises, inviolabilité de la famille dans la transmission héréditaire.

Or, la démocratie incline fortement au communisme, formule économique de l'unité : c'est par le comunisme seulement qu'elle conçoit l'égalité.

Ce qu'il lui faut, ce sont des maximums, des emprunts forcés, des impôts progressifs et somptuaires, avec accompagnement d'institutions philanthropiques, hospices, asiles, crèches, tontines, ateliers nationaux, caisses d'épargne et de secours, tout l'attirail du paupérisme, toute la livrée de la misère.

Elle n'aime pas le travail à la tâche ; elle traite de folie le crédit gratuit ; elle tremblerait devant un peuple d'ouvriers savants, sachant également penser, écrire, manier la pioche et le rabot, et dont les femmes sauraient se passer de domestiques dans leurs ménages. Elle sourit à l'impôt sur les successions, qui, démolissant la famille, tend à mettre la propriété aux mains de l'Etat.

En résumé, qui dit liberté dit fédération, ou ne dit rien;

Qui dit république, dit fédération, ou ne dit rien;

Qui dit socialisme, dit fédération, ou ne dit encore rien.

Mais la démocratie, telle qu'elle s'est manifestée depuis quatre ans, n'est rien, ne peut et ne veut rien de ce que produit la fédération, que suppose le contrat, qu'exigent le Droit et la Liberté.

La Démocratie a pour principe l'unité : sa fin, c'est l'unité; son moyen, l'unité; sa loi, toujours l'unité. L'unité est son *alpha* et son *oméga*, sa formule suprême, sa raison dernière. Elle est toujours unité et rien qu'unité, comme le démontrent ses discours et ses actes; c'est-à-dire qu'elle ne sort pas de l'absolu, de l'indéfini, du néant.

C'est pourquoi la Démocratie, qui sent son néant et s'effraie de sa faiblesse; qui a pris un accident révolutionnaire pour l'idée même de la Révolution, et d'une forme passagère de dictature a fait un dogme, cette vieille démocratie de 1830 renouvelée de 93, est avant tout pour le pouvoir fort, hostile à toute autonomie, envieuse de l'Empire qu'elle accuse de lui avoir dérobé sa politique, mais dont elle se promet de nous rechanter l'air, comme M. Thiers le disait de M. Guizot, avec variation et sans fausses notes.

Pas de principes, pas d'organisation, pas de garanties : de l'unité seulement et de l'arbitraire, le tout décoré des noms de *Révolution* et de *Salut public* : voilà la profession de foi de la démocratie actuelle.

CHAPITRE IV

La question de l'autorité. — La négation du gouvernement et de la propriété. — Ma défense par M. Pelletan. — Priorité des conceptions philosophiques. — L'idée d'*anarchie* et la considération du critique gouvernemental. — *Législation directe, Gouvernement direct.* — M. Rittinghausen et la philosophie allemande. — M. Considérant et la *Débâcle de la politique en France.* — Les efforts de Ledru-Rollin. — M. de Girardin et sa formule : *Abolition de l'Autorité* par la simplification de gouvernement. Il faut rendre justice au public. — Monarchie ou République, dilemme de 1850.

Je prie le lecteur de me pardonner, s'il m'échappe telle expression qui trahisse un sentiment d'amour-propre [1].

J'ai le double malheur sur cette grande question de l'autorité, d'être seul encore à affirmer d'une manière catégorique la Révolution ; par contre, de me voir attribuer des idées perverses, dont j'ai plus d'horreur que personne. Ce n'est pas ma faute, si, en soutenant une thèse aussi magnifique, j'ai l'air de plai-

[1]. Cf. *Idée Générale de la Révolution au* XIXe *siècle*, p. 100 et suiv.

der une cause personnelle. Je ferai du moins en sorte, si je ne puis me défendre de quelque vivacité, que l'instruction du lecteur n'y perde rien. Aussi bien, notre esprit est fait de telle sorte que la lumière ne le saisit jamais mieux que lorsqu'elle jaillit du choc des idées. L'homme, dit Hobbes, est un animal de combat. C'est Dieu même qui, en nous mettant au monde, nous a donné ce précepte : *Croisses, multipliez, travaillez et polémisez.*

Il y a quelque douze ans, force est bien que je le rappelle, m'occupant de recherches sur les fondements de la société non point en vue d'éventualités politiques impossibles alors à prévoir, mais pour la seule et plus grande gloire de la philosophie, j'ai, pour la première fois, jeté dans le monde une négation qui depuis a obtenu un retentissement immense, la négation du Gouvernement et de la Propriété. D'autres, avant moi, par originalité, humorisme, recherche du paradoxe, avaient nié ces deux principes ; aucun n'avait fait de cette négation le sujet d'une critique sérieuse et de bonne foi. Un de nos plus aimables feuilletonistes, M. Pelletan, prenant un jour, *motu proprio*, ma défense, n'en a pas moins fait à ses lecteurs cette singulière confidence, qu'en attaquant tantôt la propriété, tantôt le pouvoir, tantôt autre chose, je tirais des coups de fusil en l'air pour attirer sur moi l'attention des niais. M. Pelletan a été trop bon, vraiment, et je ne puis lui savoir aucun gré de son obligeance : il m'a pris pour un gent de lettres.

Il est temps que le public sache que la négation en philosophie, en politique, en théologie, en histoire est la condition préalable de l'affirmation. Tout progrès commence par une abolition, toute réforme s'appuie sur la dénonciation d'un abus, toute idée nouvelle repose sur l'insuffisance démontrée de l'ancienne. C'est ainsi que le christianisme, en niant la pluralité des dieux, en se faisant athée au point de vue des païens, a affirmé l'unité de Dieu et de cette unité a déduit ensuite toute sa théologie. C'est ainsi que Luther, en niant à son tour l'autorité de l'Eglise, affirmait comme conséquence l'autorité de la raison, et posait la première pierre de la philosophie moderne. C'est ainsi que nos pères, les révolutionnaires de 89, en niant le régime féodal, affirmèrent sans la comprendre, la nécessité d'un régime différent, que notre époque a pour mission de faire apparaître. C'est ainsi enfin que moi-même, après avoir de nouveau, sous le regard de mes lecteurs, démontré l'illégitimité et l'impuissance du gouvernement comme principe d'ordre, je ferai surgir de cette négation l'idée mère, positive, qui doit conduire la civilisation à sa nouvelle forme.

Pour mieux expliquer encore ma position dans cette critique, je ferai une autre comparaison. Il en est des idées comme des machines. Nul ne connaît l'inventeur des premiers outils, la houe, le râteau, la hache, le chariot, la charrue. On les trouve uniformément, dès la plus haute antiquité, chez toutes les nations du globe. Mais cette spontanéité ne se rencontre plus dans les instruments perfectionnés, la locomotive, le daguerréotype, l'art de diriger les aérostats, le télégraphe électrique. Le doigt de Dieu, si j'ose ainsi dire, n'est plus là : on connaît le nom des inventeurs, le jour de la première expérience; il y a fallu le secours de la science joint à une longue pratique de l'industrie.

C'est ainsi que naissent et se développent les idées qui servent à la direction du genre humain. Les premières lui sont fournies par une intuition spontanée, immédiate, dont la priorité ne peut être revendiquée par personne. Mais vient le jour où ces données du sens commun ne suffisent plus à la vie collective; alors le raisonnement, qui seul constate d'une manière authentique cette insuffisance, peut seul également y suppléer. Toutes les races ont produit et organisé en elles-mêmes, sans le secours d'initiateurs, les idées d'autorité, de propriété, de gouvernement, de justice, de culte. A présent que ces idées faiblissent, qu'une analyse méthodique, une enquête officielle, si j'ose ainsi dire, en a constaté, devant la société et devant la raison, l'insuffisance, il s'agit de savoir comment, par la science, nous suppléerons à des idées qui, selon la science, demeurent frappées de réprobation et sont déclarées invraies.

Celui-là donc qui, hautement, à la face du peuple, par une sorte d'acte extrajudiciaire, a posé le premier des conclusions motivées contre le gouvernement et l'ancienne propriété, celui-là, dis-je, s'est engagé à en exprimer ultérieurement de nouvelles en faveur d'une autre constitution sociale. J'essaierai la solution, comme j'ai jadis essayé la critique; je veux dire qu'après avoir donné à mes contemporains la conscience de leur propre misère, je tâcherai de leur expliquer le secret de leurs propres aspirations : car à Dieu ne plaise que je me pose ici en révélateur et que je prétende jamais avoir INVENTÉ UNE IDÉE ! Je vois, j'observe et j'écris. Je puis dire comme le Psalmiste : *Credidi, propter quod locutus sum!*

Pourquoi faut-il qu'aux questions les plus nettes se mêle toujours un peu d'équivoque ?

La priorité des conceptions philosophiques, bien qu'elles se réduisent à de simples observations sur la nature de l'homme et la marche des sociétés, bien qu'elles ne soient susceptibles ni de trafic ni de brevet, n'en est pas moins, comme la priorité des inventions dans l'industrie, un objet d'émulation pour les esprits d'élite qui en connaissent la valeur et qui en recherchent la gloire. Là aussi, dans le domaine de la pensée pure comme dans celui de la mécanique appliquée aux arts, il y a des rivalités, des imitations, je dirais presque des contrefaçons, si je ne craignais de flétrir, par un terme aussi énergique, une ambition honorable, et qui atteste la supériorité de la génération actuelle. L'idée d'*anarchie* a eu cette chance. La négation du Gouvernement ayant été reproduite depuis Février avec une nouvelle insistance et un certain succès, des hommes, notables dans le parti démocratique et socialiste, mais à qui l'idée *anarchique* inspirait quelque inquiétude, ont cru pouvoir s'emparer des considérations de la critique gouvernementale et sur ces considérations essentiellement négatives, restituer sous un nouveau titre, et avec quelques modifications, le principe qu'il s'agit précisément aujourd'hui de remplacer. Sans le vouloir, sans s'en douter, ces honorables citoyens se sont posés en contre-révolutionnaires ; car la contrefaçon, puisqu'enfin ce mot rend mieux qu'un autre mon idée en matière politique et sociale, c'est la contre-révolution. Je le prouverai tout à l'heure.

Ce sont ces restaurations de l'autorité, entreprises en concurrence de l'*anarchie*, qui ont récemment occupé le public sous les noms de *Législation directe*, *Gouvernement direct*, et dont les auteurs ou rééditeurs sont, en premier lieu, MM. Rittinghausen et Considérant, et plus tard M. Ledru-Rollin.

Suivant MM. Considérant et Rittinghausen, l'idée première du Gouvernement direct viendrait d'Allemagne ; quant à M. Ledru-Rollin il n'a fait que la revendiquer, et sous bénéfice d'inventaire, pour notre première révolution ; on la trouve tout au long, cette idée, dans la Constitution de 93 et dans le Contrat social.

On comprend que si j'interviens à mon tour dans la discussion, ce n'est nullement pour réclamer une priorité que, dans les termes où la question est posée, je repousse de toutes mes forces. Le *Gouvernement direct* et la *Législation directe* me paraissent les deux plus énormes bévues dont il ait été parlé dans les fastes de la politique et de la philosophie. Comment M. Rittinghausen, qui connaît à fond la philosophie allemande ; comment M. Considérant, qui écrivait, il y a douze ou quinze ans, une brochure sous ce titre : *Débâcle de la politique en France* ; comment M. Ledru-Rollin, qui en se rattachant à la Constitution de 93, a fait de si généreux et si inutiles efforts pour la rendre praticable, et faire du Gouvernement direct une chose de sens commun ; comment, dis-je, ces messieurs n'ont-ils pas compris que les arguments dont ils se prévalent contre le gouvernement indirect n'ont de valeur qu'autant qu'ils s'appliquent aussi au gouvernement *direct*; que leur critique n'est admissible qu'à la condition d'être absolue, et qu'en s'arrêtant à moitié chemin, ils tombent dans la plus pitoyable des inconséquences ? Comment n'ont-ils pas vu, surtout, que leur prétendu gouvernement direct n'est autre chose que la réduction à l'absurde de l'idée gouvernementale, en sorte que si, par le progrès des idées et la complication des intérêts, la société est forcée d'abjurer aujourd'hui toute espèce de gouvernement, c'est justement parce que la seule forme de gouvernement qui ait une apparence rationnelle, libérale, égalitaire, le gouvernement direct est impossible ?...

Entre temps est arrivé M. de Girardin, qui, aspirant sans doute à une part d'invention, ou tout au moins de perfectionnement, a proposé cette formule : *Abolition de l'Autorité par la Simplification du Gouvernement*. Qu'allait donc faire M. de Girardin dans cette maudite galère ? Cet esprit, de tant de ressource, ne saura donc jamais se contenir ! Vous êtes trop prompt, M. de Girardin, vous n'engendrerez pas. L'Autorité est au gouvernement ce que la pensée est à la parole, l'idée au fait, l'âme au corps. L'Autorité est le gouvernement dans son principe, comme le gouvernement est l'Autorité en exercice. Abolir l'un ou l'autre, si l'abolition est réelle, c'est les détruire à la fois ; par la même raison, conserver l'un ou l'autre, si la conservation est effective, c'est les maintenir tous deux.

Du reste, la simplification de M. de Girardin était depuis longtemps connue du public. C'est une combinaison de personnages empruntée à ce que les négociants appellent leur *Livre de caisse*. Il y a trois commis : le premier, qui s'appelle *Doit*; le second, qui se nomme *Avoir*; et le troisième, qui est *Balance*. Il n'y manque plus que le Patron, qui les fasse mouvoir et les dirige. M. de Girardin, dans une de ces mille idées que chaque jour son cerveau éjacule, sans pouvoir leur faire prendre racine, ne manquera pas sans doute d'en découvrir une pour remplir cette fonction indispensable de son gouvernement.

Il faut rendre justice au public. Ce qu'il a vu de plus clair en tout cela, c'est qu'avec ces belles inventions gouvernementales, *Gouvernement direct, Gouvernement simplifié, Législation directe, Constitution de 93*, le gouvernement, quelconque, est bien malade, et s'incline de plus vers l'*anarchie* : je permets à nos lecteurs d'interpréter ce mot en tel sens qu'il leur plaira.

Que MM. Considérant et Rittinghausen poursuivent leurs recherches; que M. Ledru-Rollin creuse plus à fond la Constitution de 93; que M. de Girardin ait plus de confiance en ses illuminations, et nous arrivons d'emblée à la négation pure.

Cela fait, il ne restera plus, en opposant la négation à elle-même, comme disent les Allemands, qu'à trouver l'affirmation. Allons, novateurs! moins de précipitation et plus d'audace! Suivez cette lumière qui vous est au loin apparue; vous êtes sur la limite de l'Ancien et du Nouveau Monde.

En mars 1850, la Révolution a posé la question électorale en ces termes : *Monarchie ou République*. Les électeurs se sont prononcés pour la République : la Révolution a remporté la victoire.

Je me charge aujourd'hui de démontrer que le dilemme de 1850 n'a pas d'autre signification que celle-ci : *Gouvernement ou Non-Gouvernement*. Réfutez ce dilemme, réactionnaires : vous aurez frappé au cœur la Révolution.

Quant à la *Législation directe*, au *Gouvernement direct* et au *Gouvernement simplifié*, je crois que leurs auteurs feraient bien d'en donner plutôt leur désistement, pour peu qu'ils tiennent à leur considération de révolutionnaires et à l'estime des libres-penseurs.

Je serai bref. Je sais que pour exposer, dans la forme et avec tous les développements utiles, une question aussi grave, il y faudrait des volumes.

Mais l'esprit du peuple est prompt au temps où nous sommes; il comprend tout, devine tout, sait tout. Son expérience quotidienne, sa spontanéité intuitive lui tenant lieu de dialectique et d'érudition, il saisit en quelques pages, ce qui, il n'y a pas plus de quatre ans, eût exigé pour des publicistes de profession un in-folio.

La forme sous laquelle les premiers hommes ont conçu l'ordre dans la société, est la forme patriarcale ou hiérarchique, c'est-à-dire, en principe, l'Autorité, en action, le Gouvernement. La Justice, qui plus tard a été distinguée en distributive et commutative, ne leur est apparue d'abord que sous la première face : UN SUPÉRIEUR rendant à ses *inférieurs* ce qui leur revient à chacun.

L'idée gouvernementale naquit donc des maux de famille et de l'expérience domestique : aucune protestation ne se produisit alors, le Gouvernement paraissant aussi naturel à la Société que la subordination entre le père et ses enfants. C'est pourquoi M. de Bonald a pu dire, avec raison, que la famille est l'embryon de l'État, dont elle reproduit les catégories essentielles : le roi dans le père, le ministre dans la mère, le sujet dans l'enfant. C'est pour cela aussi que les socialistes fraternitaires, qui prennent la famille pour élément de la Société, arrivent tous à la dictature, forme la plus exagérée du Gouvernement. L'administration de M. Cabet, dans ses états de Nauvoo, en est un bel exemple. Combien de temps encore nous faudra-t-il pour comprendre cette filiation d'idées?

La conception primitive de l'ordre par le Gouvernement appartient à tous les peuples ; et si, dès l'origine, les efforts qui ont été faits pour organiser, limiter, modifier l'action du pouvoir, l'approprier aux besoins généraux et aux circonstances, démontrent que la négation était impliquée dans l'affirmation, il est certain qu'aucune hypothèse rivale n'a été émise ; l'esprit est partout resté le même. A mesure que les nations sont sorties de l'état sauvage et barbare, on les a vues immédiatement s'engager dans la voie gouvernementale, parcourir un cercle d'institutions toujours les mêmes, et que tous les historiens et publicistes rangent sous ces catégories, succédanées l'une à l'autre : *Monarchie, Aristocratie, Démocratie*.

Mais voici qui est plus grave.

Le préjugé gouvernemental pénétrant au plus profond des consciences, frappant la raison de son moule, toute conception autre a été pendant longtemps rendue impossible, et les plus hardis parmi les penseurs en sont venus à dire que le Gouvernement était un fléau sans doute, un châtiment de l'humanité, mais que c'était un mal nécessaire!...

Voilà pourquoi, jusqu'à nos jours, les révolutions les plus émancipatrices, et toutes les effervescences de la liberté, ont abouti constamment à un acte de foi et de soumission au pouvoir; pourquoi toutes les révolutions n'ont servi qu'à reconstituer la tyrannie : je n'en excepte pas plus la Constitution de 93 que celle de 1848, les deux expressions les plus avancées, cependant, de la démocratie française.

Ce qui a entretenu cette prédisposition mentale et rendu la fascination si longtemps invincible, c'est que, par suite de l'analogie supposée entre la société et la famille, le Gouvernement s'est toujours présenté aux esprits comme l'organe naturel de la justice, le protecteur du faible, le conservateur de la paix. Par cette attribution de providence et de haute garantie le Gouvernement s'enracinait dans les cœurs autant que dans les intelligences! Il faisait partie de l'âme universelle; il était la foi, la superstition intime, invincible des citoyens. Qu'il lui arrivât de faiblir, on disait de lui, comme de la Religion et de la Propriété : Ce n'est pas l'institution qui est mauvaise, c'est l'abus; ce n'est pas le roi qui est méchant, ce sont ses ministres. *Ah! si le roi savait!...*

Ainsi à la donnée hiérarchique et absolutiste d'une autorité gouvernante, s'ajoutait un idéal parlant à l'âme et conspirant incessamment contre l'instinct d'égalité et d'indépendance; tandis que le peuple, à chaque révolution, croyait réformer, selon les inspirations de son cœur, les vices de son Gouvernement, il était trahi par ses idées mêmes; en croyant mettre le pouvoir dans ses intérêts, il l'avait toujours, en réalité, contre soi; au lieu d'un protecteur, il se donnait un tyran.

L'expérience montre, en effet, que partout et toujours le Gouvernement, quelque populaire qu'il ait été à son origine, s'est rangé du côté de la classe la plus éclairée et la plus riche, contre la plus pauvre et la plus nombreuse; qu'après s'être montré quelque temps libéral, il est devenu peu à peu exceptionnel, exclusif; enfin, qu'au lieu de soutenir la liberté et l'égalité entre tous, il a travaillé obstinément à les détruire en vertu de son inclination naturelle au privilège.

Nous avons montré, comment, depuis 1789, la révolution n'ayant rien fondé; la société, suivant l'expression de M. Royer-Collard, ayant été laissée en poussière; la distribution des fortunes abandonnée au hasard : le Gouvernement, dont la mission est de protéger les propriétés comme les personnes, se trouvait, de fait, institué pour les riches contre les pauvres. Qui ne voit maintenant que cette anomalie, qu'on a pu croire un moment propre à la constitution politique de notre pays, est commune à tous les gouvernements? A aucune époque on n'a vu la propriété dépendre exclusivement du travail; à aucune époque, le travail n'a été garanti par l'équilibre des forces économiques : sous ce rapport, la civilisation au xixe siècle n'est pas plus avancée que la barbarie des premiers âges. L'autorité, défendant des droits tellement établis, protégeant des intérêts tellement acquis, a donc toujours été pour la richesse contre l'infortune : l'histoire des gouvernements est le martyrologe du prolétariat.

C'est surtout dans la démocratie, dernier terme de l'évolution gouvernementale, qu'il faut étudier cette inévitable défection du pouvoir à la cause populaire.

Que fait le peuple, lorsque fatigué de ses aristocrates, indigné de la corruption de ses princes, il proclame sa propre souveraineté, c'est-à-dire l'autorité de ses propres suffrages?

Il se dit :

Avant toutes choses, il faut de l'ordre dans une société.

Le gardien de cet ordre, qui doit être pour nous l'égalité et la liberté, c'est le Gouvernement.

Ayons donc sous la main le Gouvernement. Que la Constitution et les lois deviennent l'expression de notre volonté; que fonctionnaires et magistrats, serviteurs élus par nous, toujours révocables, ne puissent jamais entreprendre autre chose que ce que le bon plaisir du peuple aura résolu. Nous sommes certains alors, si notre surveillance ne se relâche jamais, que le Gouvernement sera dévoué à nos intérêts; qu'il ne servira pas seulement aux riches, ne sera plus la proie des ambitieux et des intrigants; que les affaires marcheront à notre gré et pour notre avantage.

Ainsi raisonne la multitude à toutes les époques d'oppression. Raisonnement simple, d'une logique on ne peut plus terre à terre, et qui jamais ne manque son effet. Que cette multitude aille jusqu'à dire, avec MM. Considérant et Rittinghausen : Vos ennemis, ce sont nos commis; donc gouvernons-nous nous-mêmes, et nous serons libres; — l'argument n'aura pas changé. Le principe, à savoir le Gouvernement, étant demeuré le même, ce sera toujours la même conclusion.

Voilà quelques milliers d'années que cette théorie défraie les classes opprimées et les orateurs qui les défendent. Le Gouvernement direct ne date ni de Francfort, ni de la Convention, ni de Rousseau : il est aussi vieux que l'indirect, il date de la fondation des sociétés.

« Plus de royauté héréditaire,
» Plus de présidence,
» Plus de représentation,
» Plus de délégation,
» Plus d'aliénation du pouvoir,
» Gouvernement direct,
» *Le Peuple!* dans l'exercice permanent de sa souveraineté. »

Qu'y a-t-il donc au fond de cette ritournelle qu'on a reprise comme une thèse neuve et révolutionnaire, et que n'aient connue, pratiquée, longtemps avant notre ère, Athéniens, Béotiens, Lacédémoniens, Romains, etc.? N'est-ce pas toujours le même cercle vicieux, toujours cette même descente vers l'absurde, qui, après avoir épuisé, éliminé successivement, monarchies absolues, monarchies aristocratiques ou représentatives, démocraties, vient tourner borne au gouvernement direct, pour recommencer par la dictature à vie et la royauté héréditaire? Le gouvernement direct, chez toutes les nations, a été l'époque palingénésique des aristocraties détruites et des trônes brisés : il n'a pas même pu se soutenir chez des peuples qui, comme Athènes et Sparte, avaient pour se l'appliquer l'avantage d'une population minime et du service des esclaves. Il serait pour nous le prélude du césarisme, malgré nos postes, nos chemins de fer, nos télégraphes; malgré la simplification des lois, la révocabilité des fonctionnaires, la forme impérative du mandat. Il nous précipiterait d'autant plus vite vers la tyrannie impériale, que nos prolétaires ne veulent plus être salariés, que les propriétaires ne souffriraient pas qu'on les dessaisît, et que les partisans du gouvernement direct, faisant tout pour la voie politique, semblent n'avoir aucune idée de l'organisation économique. Un pas de plus dans cette voie, et l'ère des Césars est à son aurore : à une démocratie inextricable succédera, sans aucune transition, l'empire, avec ou sans Napoléon.

Il faut sortir de ce cercle infernal. Il faut traverser de part en part, l'idée politique, l'ancienne notion de justice distributive et arriver à celle de justice commutative, qui, dans la logique de l'histoire comme dans celle du droit, lui succède. Eh! aveugles volontaires, qui cherchez dans les nues ce que vous avez sous la main, relisez vos auteurs, regardez autour de vous, analysez vos propres formules, et vous trouverez cette solution, qui traîne depuis un temps immémorial à travers les siècles, et que ni vous ni aucun de vos coryphées n'avez jamais daigné apercevoir.

Toutes les idées sont coéternelles dans la raison générale : elles ne paraissent successivement que dans l'histoire où elles viennent prendre tour à tour la direction des affaires, et occuper le premier rang. L'opération par laquelle une idée est chassée du pouvoir s'appelle en logique *négation*; celle par laquelle une autre idée s'établit, se nomme *affirmation*.

Toute négation révolutionnaire implique donc une affirmation subséquente : ce principe, que démontre la pratique des révolutions, va recevoir ici une confirmation merveilleuse.

La première négation authentique qui ait été faite de l'idée d'autorité est celle de Luther. Cette négation, toutefois, n'est pas allée au delà de la sphère religieuse : Luther, de même que Leibnitz, Kant, Hégel, était un esprit essentiellement gouvernemental. Sa négation s'est appelée *libre examen*.

Or, que nie le libre examen? — L'autorité de l'Eglise.

Que s'oppose-t-il? — L'autorité de la raison. Qu'est-ce que la raison? — Un pacte entre l'intuition et l'expérience.

L'autorité de la raison : telle est donc l'idée positive, éternelle, substituée par la Réforme à l'autorité de la foi. Comme la philosophie relevait jadis de la révélation, la révélation désormais sera subordonnée à la philosophie. Les rôles sont intervertis, le gouvernement de la société n'est plus semblable, la morale est changée, la destinée elle-même semble se modifier. On peut entrevoir déjà, à l'heure où nous sommes, ce que contenait ce renouvellement de règne, où à la parole de Dieu succéda le Verbe de l'homme.

Le même mouvement va s'opérer dans la sphère des idées politiques.

CHAPITRE V

L'accord du citoyen avec le Gouvernement. — La révolution dans les doctrines. — Le *Contrat social*. — L'idée du contrat est exclue de celle de Gouvernement. — Rousseau n'a rien compris. — Proposition qui mène au despotisme. — Théorie liberticide. — Les anciennes démocraties et l'esclavage. — Le privilège des gens de lettres. — La tradition révolutionnaire du xvıe siècle et l'idée de Gouvernement. — Saint-Simon et le Socialisme. — Les réactions déterminent les révolutions. — Point d'autorité, point de gouvernement, même populaire : la Révolution est là.

Postérieurement à Luther, le principe du libre examen fut transporté, notamment par Jurieu, du spirituel au temporel. A la souveraineté du droit divin l'adversaire de Bossuet opposa la souveraineté du peuple, ce qu'il exprima avec infiniment plus de précision, de force et de profondeur, par les mots de *Pacte* ou *Contrat social*, dont la contradiction avec ceux de pouvoir, autorité, gouvernement, *imperium*, est manifeste.

En effet, qu'est-ce que le *Contrat social?* l'accord du citoyen avec le gouvernement? non : ce serait tourner toujours dans la même idée. Le contrat social est l'accord de l'homme avec l'homme, accord duquel doit résulter ce que nous appelons la société. Ici la notion de *justice commutative*, posée par le fait primitif de l'échange et définie par le droit romain, est substituée à celle de *justice distributive*, congédiée sans appel par la justice républicaine. Traduisez ces mots, *contrat*, *justice commutative*, qui sont de la langue juridique, dans la langue des affaires, vous avez le COMMERCE, c'est-à-dire, dans la signification la plus élevée, l'acte par lequel l'homme et l'homme se déclarant essentiellement producteurs, abdiquent l'un à l'égard de l'autre toute prétention au gouvernement.

La *justice commutative*, le *règne des contrats*, en autres termes, le *règne économique* ou *industriel*, telles sont les différentes synonymies de l'idée qui, par son avénement, doit abolir les vieux systèmes de *justice distributive*, de *règne des lois*, en termes plus corrects, de *régime féodal, gouvernemental* ou *militaire*. L'avenir de l'humanité est dans cette substitution.

Mais, avant que cette révolution dans les doctrines se soit formulée, avant qu'elle ait été comprise, avant qu'elle s'empare des populations, qui seules peuvent la rendre exécutoire, que de débats stériles! quelle somnolence de l'idée! quels temps pour les agitateurs et les sophistes! De la controverse de Jurien avec Bossuet, jusqu'à la publication du *Contrat social* de Rousseau, il s'écoule près d'un siècle; et quand ce dernier arrive, ce n'est point pour revendiquer l'idée qu'il prend la parole, c'est pour l'étouffer.

Rousseau, dont l'autorité nous régit depuis près d'un siècle, n'a rien compris au contrat social. C'est à lui surtout qu'il faut rapporter, comme à sa cause, la grande déviation de 93, expiée déjà par cinquante-sept ans de bouleversements stériles, et que des esprits plus ardents que réfléchis voudraient nous faire reprendre encore comme une tradition sacrée.

L'idée de contrat est exclue de celle de gouvernement : M. Ledru-Rollin, qui est jurisconsulte, et dont j'appelle l'attention sur ce point, doit le savoir. Ce qui caractérise le contrat, la convention commutative, c'est qu'en vertu de cette convention la liberté et le bien-être de l'homme augmentent, tandis que par l'institution d'une autorité l'une et l'autre nécessairement diminuent. Cela paraîtra évident, si l'on réfléchit que le contrat est l'acte par lequel deux ou plusieurs individus conviennent d'organiser entre eux, dans une mesure et pour un temps déterminé, cette puissance industrielle que nous avons appelée l'*échange*; conséquemment s'obligent l'un envers l'autre et se garantissent réciproquement une certaine somme de services, produits, avantages, devoirs, etc., qu'ils sont en position de se procurer et de se rendre, se reconnaissant du reste parfaitement indépendants, soit pour leur consommation, soit pour leur production.

Entre contractants, il y a nécessairement pour chacun intérêt réel et personnel : il implique qu'un homme traite dans le but de réduire à la fois, sans compensation possible, sa liberté et son revenu. Des gouvernants à gouvernés, au contraire, de quelque manière que soit constituée la représentation, la délégation ou la fonction gouvernante, il y a nécessairement aliénation d'une partie de la liberté et de la fortune du citoyen : en retour de quel avantage? nous l'avons ailleurs expliqué.

Le contrat est donc essentiellement synallagmatique : il n'impose d'obligation aux contractants que celle qui résulte de leur promesse personnelle de tradition réciproque; il n'est soumis à aucune autorité extérieure; il fait seul la loi commune des parties; il n'attend son exécution que de leur initiative.

Que si tel est le contrat, dans son acception la plus générale et dans sa pratique quotidienne, que sera le contrat social, celui qui est censé relier tous les membres d'une nation dans un même intérêt?

Le contrat social est l'acte suprême par lequel chaque citoyen engage à la société son amour, son intelligence, son travail, ses services, ses produits, ses biens; en retour de l'affection, des idées, travaux, produits, services et biens de ses semblables : la mesure du droit pour chacun étant déterminée toujours par l'importance de son apport, et le recouvrement exigible à fur et à mesure des livraisons.

Ainsi, le contrat social doit embrasser l'universalité des citoyens, de leurs intérêts et de leurs rapports. — Si un seul homme était exclu du contrat, si un seul des intérêts sur lesquels les membres de la nation, êtres intelligents, industrieux, sensibles, sont appelés à traiter, était omis, le contrat serait plus ou moins relatif et spécial; il ne serait pas social.

Le contrat social doit augmenter pour chaque citoyen le bien-être et la liberté. — S'il s'y glissait des conditions léonines; si une partie des citoyens se trouvait, en vertu du contrat, subalternisée, exploitée par l'autre : ce ne serait plus un contrat, ce serait une fraude, contre laquelle la résiliation pourrait être à toute heure et de plein droit invoquée.

Le contrat social doit être librement débattu, individuellement consenti, signé, *manu propria*, par tous ceux qui y participent. — Si la discussion était empêchée, tronquée, escamotée; si le consentement était surpris; si la signature était donnée en blanc, de confiance, sans lecture des articles et explication préalable; ou si même, comme le serment militaire, elle était préjugée et forcée, le contrat social ne serait plus alors qu'une conspiration contre la liberté et le bien-être des individus les plus ignorants, les plus faibles et les plus nombreux, une spoliation systématique, contre laquelle tout moyen de résistance et même de représailles pourrait devenir un droit et un devoir.

Ajoutons que le contrat social, dont il est ici question, n'a rien de commun avec le contrat de société, par lequel, ainsi que nous l'avons démontré dans une autre étude, le contractant aliène une partie de sa liberté et se soumet à une solidarité gênante, souvent périlleuse, dans l'espoir plus ou moins fondé d'un bénéfice. Le contrat social est de l'essence du contrat commutatif : non seulement il laisse le contractant libre, il ajoute à sa liberté; non seulement il lui laisse l'intégralité de ses biens, il ajoute à sa propriété; il ne prescrit rien à son travail; il ne porte que sur ses échanges : toutes choses qui ne se rencontrent point dans le contrat de société, qui même y répugnent.

Tel doit être, d'après les définitions du droit et de la pratique universelle, le contrat social. Faut-il dire maintenant que de cette multitude de rapports que le pacte social est appelé à définir et à régler, Rousseau n'a vu que les rapports politiques, c'est-à-dire qu'il a supprimé les points fondamentaux du contrat, pour ne s'occuper que des secondaires ? Faut-il dire que de ces conditions essentielles, indispensables, la liberté absolue du contractant, son intervention directe, personnelle, sa signature donnée en connaissance de cause, l'augmentation de liberté et de bien-être qu'il doit y trouver, Rousseau n'en a compris et respecté aucune ?

Pour lui le contrat social n'est ni un acte commutatif, ni même un acte de société : Rousseau se garde bien d'entrer dans de telles considérations. C'est un acte constitutif d'arbitres, choisis parmi les citoyens, en dehors de toute convention préalable, pour tous les cas de contestation, querelle, fraude ou violence qui peuvent se présenter dans les rapports qu'il leur plaira de fournir ultérieurement entre eux, lesdits arbitres revêtus d'une force suffisante pour donner exécution à leurs jugements et se faire payer leurs vacations.

De contrat positif, réel, sur quelque intérêt que ce soit, il n'en est vestige dans le livre de Rousseau. Pour donner une idée exacte de sa théorie, je ne saurais mieux la comparer qu'à un traité de commerce, dans lequel auraient été supprimés les noms des parties, l'objet de la convention, la nature et l'importance des valeurs, produits et services pour lesquels on devait traiter ; les conditions de qualité, livraison, prix, remboursement, tout ce qui fait, en un mot, la matière des contrats, et où l'on ne se serait occupé que de pénalités et juridictions.

En vérité, citoyen de Genève, vous parlez d'or. Mais avant de m'entretenir du souverain et du prince, des gendarmes et du juge, dites-moi donc un peu de quoi je traite? Quoi! vous me faites signer un acte en vertu duquel je puis être poursuivi pour mille contraventions à la police urbaine, rurale, pluviale, forestière, etc.; me voir traduit devant des tribunaux, jugé, condamné pour dommage, escroquerie, maraude, vol, banqueroute, dévastations, désobéissance aux lois de l'Etat, offense à la morale publique, vagabondage; et dans cet acte, je ne trouve pas un mot, ni de mes droits, ni de mes obligations; je ne vois que des peines!

Mais toute pénalité suppose un devoir, sans doute; tout devoir répond à un droit. Eh bien, où sont, dans votre contrat, mes droits et mes devoirs? Qu'ai-je promis à mes concitoyens? Que m'ont-ils promis à moi-même? Faites le voir : sans cela votre pénalité est excès de pouvoir; votre état juridique, flagrante usurpation; votre police, vos jugements et vos exécutions, autant d'actes abusifs. Vous qui avez si bien nié la propriété, qui avez accusé avec tant d'éloquence l'inégalité des conditions parmi les hommes, quelle conviction, quel héritage m'avez-vous fait dans votre république, pour que vous vous croyiez en droit de me juger, de me mettre en prison, de m'ôter la vie et l'honneur? Déclamateur perfide, n'avez-vous tant crié contre les exploiteurs et les tyrans, que pour me livrer ensuite à eux sans défense?

Rousseau définit ainsi le contrat social :

« Prouver une forme d'association qui défende et
» protège toute la force commune, la personne et
» les biens de chaque associé, et par laquelle chacun
» s'unissant à tous, n'obéisse qu'à lui-même, et reste
» aussi libre qu'auparavant. »

Oui, ce sont bien là les conditions du pacte social, *quant à la protection et à la défense des biens et des personnes*. Mais quant au mode d'acquisition et de transmission des biens, quant au travail, à l'échange, à la valeur et au prix des produits, à l'éducation, à cette foule de rapports qui, bon gré mal gré, constituent l'homme en société perpétuelle avec ses semblables, Rousseau ne dit mot; sa théorie est de la plus parfaite insignifiance. Or, qui ne voit que, sans cette définition des droits et des devoirs, la sanction qui la suit est absolument nulle ; que là où il n'y a pas de stipulations il ne peut y avoir d'infractions, ni par conséquent de coupables ; et pour conclure suivant la rigueur philosophique, qu'une société qui punit et qui tue en vertu d'un pareil titre, après avoir provoqué la révolte, commet elle-même un assassinat avec préméditation et guet-apens ?

Rousseau est si loin de vouloir qu'il soit fait mention, dans le contrat social, des principes et des lois qui régissent la fortune des nations et des particuliers, qu'il part, dans son programme de démagogie, comme dans son Traité d'éducation, de la supposition mensongère, spoliatrice, homicide, que l'individu seul est bon, que la société le déprave ; qu'il convient à l'homme en conséquence de s'abstenir le plus possible de toute relation avec ses semblables, et que tout ce que nous avons à faire en ce bas monde, en restant dans notre isolement systématique, c'est de former entre nous une assurance mutuelle pour la protection de nos personnes et de nos propriétés, le surplus, à savoir la chose économique, la seule essentielle, abandonnée au hasard de la naissance et de la spéculation, et soumis, en cas de litige, à l'arbitrage de praticiens électifs, jugeant d'après des rubriques à eux, ou selon les lumières de l'équité naturelle. En deux mots, le contrat social, d'après Rousseau, n'est autre chose que l'alliance offensive et défensive de ceux qui possèdent contre ceux qui ne possèdent pas, et la part qu'y prend chaque citoyen est la police qu'il est tenu d'acquitter, au prorata de sa fortune, et selon l'importance des risques que le paupérisme lui fait courir.

C'est ce pacte de haine, monument d'incurable misanthropie ; c'est cette coalition des barons de la propriété, du commerce et de l'industrie contre les déshérités du prolétariat, ce serment de guerre sociale enfin, que Rousseau, avec une outrecuidance que je qualifierais de scélérate si je croyais au génie de cet homme, appelle *Contrat social!*

Mais quand le *vertueux et sensible* Jean-Jacques aurait eu pour but d'éterniser la discorde parmi les humains, pouvait-il donc mieux faire que de leur offrir, comme contrat d'union, cette charte de leur éternel antagonisme? Voyez-le à l'œuvre : vous allez retrouver dans sa théorie de gouvernement le même esprit qui lui avait inspiré sa théorie d'éducation. Tel instituteur, tel homme d'État. Le pédagogue prêchait l'isolement, le publiciste sème la division.

Après avoir posé en principe que le peuple est seul souverain, qu'il ne peut être représenté que par lui-même, que la loi doit être l'expression de la volonté de tous, et autres banalités superbes à l'usage de tous les tribuns, Rousseau abandonne subtilement sa thèse et se jette de côté. D'abord à la volonté générale, collective, indivisible, il substitue la volonté de la majorité : puis, sous prétexte, qu'il n'est pas possible à une nation d'être du matin au soir occupée de la chose publique, il revient, par la voie électorale, à la nomination de représentants ou mandataires qui légiféreront au nom du peuple et dont les décrets auront force de lois. Au lieu d'une transaction directe, personnelle sur ses intérêts, le citoyen n'a plus que la facilité de choisir ses arbitres à la pluralité des voix. Cela fait, Rousseau se trouve à l'aise. La tyrannie, se réclamant de droit divin, était odieuse, il la réorganise et la rend respectable en la faisant, dit-il, dériver du peuple. Au lieu de ce pacte universel, intégral, qui doit lui assurer tous les droits, doter toutes les facultés, pourvoir à tous les besoins, prévenir toutes les difficultés que tous doivent connaître, consentir, signer, il nous donne, quoi? ce qu'on appelle aujourd'hui le *gouvernement direct*, une recette au moyen de laquelle, en l'absence même de toute royauté, aristocratie, sacerdoce, on peut toujours faire servir la collectivité *abstraite* du peuple au parasitisme de la minorité et à l'oppression du grand nombre. C'est en un mot, à l'aide d'une supercherie savante, la légalisation du chaos social ; la consécration, basée sur la souveraineté du peuple, de la misère. Du reste, pas un mot ni du travail, ni de la propriété, ni des forces industrielles, que l'objet du Contrat social est d'organiser. Rousseau ne sait ce que c'est que l'économie. Son programme parle exclusivement de droits politiques; il ne reconnaît pas de droits économiques.

C'est Rousseau qui nous apprend que le peuple, être collectif, n'a pas d'existence unitaire; que c'est une personne abstraite, une individualité morale, incapable par elle-même de penser, agir, se mouvoir : ce qui veut dire que la raison générale ne se distingue en rien de la raison individuelle, et par conséquent que celui-là représente le mieux la première qui a le plus développé en lui la seconde. Proposition fausse, et qui mène droit au despotisme.

C'est Rousseau qui, faisant ensuite la déduction de cette première erreur, nous enseigne par aphorisme toute cette théorie liberticide :

Que le gouvernement populaire ou direct résulte essentiellement de l'*aliénation* que chacun doit faire de sa liberté au profit de tous;

Que *la séparation des pouvoirs est la première condition d'un gouvernement libre*;

Que dans une République bien constituée, aucune association ou réunion particulière de citoyens ne peut être soufferte, parce que ce serait un Etat dans l'Etat, un gouvernement dans le gouvernement;

Qu'autre chose est le souverain, autre chose le prince;

Que le premier n'exclut pas du tout le second, en sorte que le plus direct des Gouvernements peut très bien exister avec une monarchie héréditaire, comme on le voyait sous Louis-Philippe, et comme certaines gens le voudraient revoir;

Que le souverain, c'est-à-dire le peuple, être fictif, personne morale, conception pure de l'entendement, a pour représentant naturel et visible le prince, lequel vaut d'autant mieux qu'il est plus un ;

Que le Gouvernement n'est point intime à la société, mais *extérieur* à elle ;

Que, d'après toutes ces considérations qui s'enchaînent dans Rousseau comme des théorèmes de géométrie, il n'a jamais existé de démocratie véritable, et qu'il n'en existera jamais, attendu que dans la démocratie, c'est le plus grand nombre qui doit voter la loi, exercer le pouvoir, tandis qu'il est contraire à l'ordre naturel que le grand nombre gouverne, et le petit soit gouverné ;

Que le gouvernement direct est surtout impraticable dans un pays comme la France ; parce qu'il faudrait avant toutes choses égaliser les fortunes, et que l'égalité des fortunes est impossible ;

Qu'au reste, et précisément à cause de l'impossibilité de tenir les conditions égales, le Gouvernement direct est de tous le plus instable, le plus périlleux, le plus fécond en catastrophes et en guerres civiles ;

Que les anciennes démocraties, malgré leur petitesse et le secours puissant que leur prêtait l'esclavage, n'ayant pu se soutenir, ce serait en vain qu'on essayerait d'établir cette forme de Gouvernement parmi nous ;

Qu'elle est faite pour les dieux, non pour les hommes.

Après s'être de la sorte et longtemps moqué de ses lecteurs, après avoir fait, sous le titre décevant de *Contrat social*, le Code de la tyrannie capitaliste et mercantile, le charlatan génevois conclut à la nécessité du prolétariat, à la subalternisation du travailleur, à la dictature et à l'inquisition.

C'est le privilège des gens de lettres, à ce qu'il paraît, que l'art du style leur tient lieu de raison et de moralité.

Jamais homme n'avait réuni à un tel degré l'orgueil de l'esprit, la sécheresse de l'âme, la bassesse des inclinations, la dépravation des habitudes, l'ingratitude du cœur ; jamais l'éloquence des passions, l'ostentation de la sensibilité, l'effronterie du paradoxe n'excitèrent une telle fièvre d'engouement. C'est depuis Rousseau, et à son exemple, que s'est fondée parmi nous l'école, je veux dire l'industrie philanthropique et sentimentale, qui, en cultivant le plus parfait égoïsme, sait recueillir les honneurs de la charité et du dévouement. Méfiez-vous de cette philosophie, de cette politique, de ce socialisme à la Rousseau. Sa philosophie est toute en phrases, et ne couvre que le vide; sa politique est pleine de domination ; quant à ses idées sur la société elles déguisent à peine leur profonde hypocrisie. Ceux qui lisent Rousseau et qui l'admirent peuvent être simplement dupes, et je leur pardonne : quant à ceux qui le suivent et le copient, je les avertis de veiller à leur propre réputation. Le temps n'est pas loin où il suffira d'une citation de Rousseau pour rendre suspect un écrivain.

Disons, pour finir, à la honte du xviiie siècle et du nôtre, que le *Contrat social*, de Rousseau, chef-d'œuvre de jonglerie oratoire, a été admiré, porté aux nues, a été regardé comme la table des libertés publiques; que constituants, girondins, jacobins, cordeliers le prirent tous pour oracle ; qu'il a servi de texte à la Constitution de 93, déclarée absurde par ses propres auteurs, et que c'est encore de ce livre que s'inspirent aujourd'hui les plus zélés réformateurs de la science politique et sociale. Le cadavre de l'auteur, que le peuple traînera à Montfaucon le jour où il aura compris le sens de ces mots : Liberté, Justice, Morale, Raison, Société, Ordre, repose glorieux et vénéré sous les catacombes du Panthéon, où n'entrera jamais un de ces honnêtes travailleurs qui nourrissent de leur sang leur pauvre famille, tandis que les profonds génies que l'on expose à leur adoration envoient, dans leur rage lubrique, leurs bâtards à l'hôpital.

Toute aberration de la conscience publique porte avec soi sa peine. La vogue de Rousseau a coûté à la France plus d'or, plus de sang, plus de honte que le règne détesté des trois fameuses courtisanes, *Cotillon Ier*, *Cotillon II*, *Cotillon III* (la Châteauroux, la Pompadour et la Dubarry) ne lui en avaient fait répandre. Notre patrie, qui ne souffrit jamais que de l'influence des étrangers, doit à Rousseau les luttes sanglantes et les déceptions de 93.

Ainsi, tandis que la tradition révolutionnaire du XVIe siècle nous livrait comme antithèse de l'idée de Gouvernement celle de Contrat social, que le génie gaulois, si juridique, n'eût pas manqué d'approfondir, il suffisait de l'article d'un rhéteur pour nous distraire de la vraie route et faire ajourner l'interprétation. La négation gouvernementale, qui est un système de l'utopie de Morelly, qui jeta une lueur, aussitôt étouffée, à travers les manifestations sinistres des *Enragés* et des *Hébertistes* ; qui serait sortie des doctrines de Babeuf, si Babeuf avait su raisonner et déduire son propre principe : cette grande et décisive négation traversa, incomprise, tout le xviii⁰ siècle.

Mais une idée ne peut périr : elle renait toujours de sa contradictoire. Que Rousseau triomphe, sa gloire d'un moment n'en sera que plus détestée. En attendant la déduction théorique et pratique de l'Idée contractuelle, l'expérience complète du principe d'autorité servira d'éducation de l'humanité. De cette plénitude de l'évolution politique surgira, à la fin, l'hypothèse opposée ; le gouvernement, s'usant tout seul, enfantera, comme son postulé historique, le socialisme.

Ce fut Saint-Simon qui, le premier, dans un langage timide et avec une conscience obscure encore, ressaisit la filière.

« L'espèce humaine, écrivait-il dès l'année 1818,
» a été appelée à vivre d'abord sous le régime *gouvernemental* et féodal;
» Elle a été destinée à passer du régime gouvernemental ou militaire sous le régime *administratif* ou *industriel*, après avoir fait suffisamment de progrès dans les sciences politiques et dans l'industrie ;
» Enfin elle a été soumise par son organisation à essuyer une crise longue et violente, lors de son passage du système militaire au système pacifique ;
» L'époque actuelle est une époque de transition ;
» La crise de transition a été commencée par la prédication de Luther : depuis cette époque, la di-

» rection des esprits a été essentiellement critique et
» révolutionnaire. »

Saint-Simon cite ensuite à l'appui de ses idées et comme ayant eu l'intuition plus ou moins vague de cette grande métamorphose, parmi les hommes d'État, Sully, Colbert, Turgot, Necker, Villèle même ; parmi les philosophes, Bacon, Montesquieu, Condorcet, A. Comte, B. Constant, Cousin, A. de Laborde, Fievée, Dunoyer, etc.

Tout Saint-Simon est dans ces quelques lignes, écrites du style des prophètes, mais d'une digestion trop rude pour l'époque où elles furent écrites, d'un sens trop condensé pour les jeunes esprits qui s'attachèrent les premiers au noble novateur. On ne trouve là-dedans, remarquez-le bien, ni communauté des biens et des femmes, ni réhabilitation de la chair, ni androgyne, ni Père Suprême, ni *Circulus*, ni Triade. Rien de ce qui a été mis en vogue par les disciples n'appartient au maître : tout au contraire, c'est justement l'idée de Saint-Simon qu'ont méconnue les saint-simoniens.

Qu'a voulu dire Saint-Simon ?

Du moment où, d'une part, la philosophie succède à la foi et remplace l'ancienne notion de gouvernement par celle de contrat ; où, d'autre part, à la suite d'une Révolution qui abolit le régime féodal, la société demande à développer, harmoniser ses puissances économiques : de ce moment-là il devient inévitable que le gouvernement, nié en théorie, se détruise progressivement dans l'application. Et quand Saint-Simon, pour désigner ce nouvel ordre de choses, se conformant au vieux style, emploie le mot de *gouvernement* accolé à l'épithète d'*administratif* ou *industriel*, il est évident que ce mot acquiert sous sa plume une signification métaphorique ou plutôt anagogique qui ne pouvait faire illusion qu'aux profanes. Comment se tromper sur la pensée de Saint-Simon, en lisant le passage plus explicite encore que je vais citer :

« Si l'on observe la marche que suit l'éducation
» des individus, on remarque, dans les écoles pri-
» maires, l'action de gouverner comme étant la plus
» forte ; et dans les écoles d'un rang plus élevé, on
» voit l'action de gouverner les enfants diminuer
» toujours d'intensité, tandis que l'enseignement
» joue un rôle de plus en plus important. *Il en a été*
» *de même pour l'éducation de la société.* L'action
» militaire, c'est-à-dire féodale (gouvernementale),
» a dû être la plus forte à son origine ; elle a tou-
» jours dû décroître ; tandis que l'action administra-
» tive a toujours dû acquérir de l'importance ; et le
» pouvoir administratif doit nécessairement finir par
» dominer le pouvoir militaire. »

A ces extraits de Saint-Simon, il faudrait joindre sa fameuse *Parabole,* qui tomba, en 1819, comme une hache sur le monde officiel, et pour laquelle l'auteur fut traduit en cour d'assises le 20 février 1820 et acquitté. L'étendue de ce morceau, d'ailleurs trop connu, ne nous permet pas de le rapporter.

La négation de Saint-Simon, comme l'on voit, n'est pas déduite de l'idée de contrat que Rousseau et ses sectateurs avaient depuis quatre-vingts ans corrompue et déshonorée ; — elle découle d'une autre intuition, tout expérimentale et *a posteriori,* telle qu'elle pouvait convenir à un observateur des faits. Ce que la théorie du contrat, inspiration de la logique providentielle, aurait dès le temps de Jurieu fait entrevoir dans l'avenir de la société, à savoir la fin des gouvernements, Saint-Simon, paraissant au plus fort de la mêlée parlementaire, le constate, lui, d'après la loi des évolutions de l'humanité. Ainsi la théorie du Droit et la philosophie de l'Histoire, comme deux jalons plantés l'un devant l'autre, conduisaient l'Esprit vers une Révolution inconnue : un pas de plus nous touchons à l'événement.

Tous les chemins vont à Rome, dit le proverbe. Toute investigation conduit aussi à la vérité.

Le xviiie siècle, je crois l'avoir surabondamment établi, s'il n'avait été dérouté par le républicanisme classique, rétrospectif et déclamatoire de Rousseau, serait arrivé, par le développement de l'idée de contrat, c'est-à-dire par la voie juridique, à la négation du gouvernement.

Cette négation, Saint-Simon l'a déduite de l'observation historique et de l'éducation de l'humanité.

Je l'ai conclue à mon tour, s'il m'est permis de me citer en ce moment où je représente seul la donnée révolutionnaire, de l'analyse des fonctions économiques et de la théorie du crédit et de l'échange. Je n'ai pas besoin, je pense, pour établir cette tierce aperception, de rappeler les divers ouvrages et articles où elle se trouve consignée ils ont, obtenu assez d'éclat.

Ainsi l'Idée, semence incorruptible, passe à travers les âges, illuminant de temps à autre l'homme dont la volonté est bonne jusqu'au jour où une intelligence que rien n'intimide, la recueille, la couve, puis la lance comme un météore sur les masses électrisées.

L'idée de contrat, sortie de la Réforme en opposition à celle du gouvernement, a traversé le xvii° et le xviii° siècle, sans qu'aucun publiciste la relevât, sans qu'un seul révolutionnaire l'aperçût. Tout ce qu'il y eut de plus illustre dans l'Eglise, la philosophie, la politique, s'entendit au contraire pour la combattre. Rousseau, Sieyès, Robespierre, M. Guizot, toute cette école de parlementaires, ont été les porte-drapeau de la réaction. Un homme, bien tard, averti par la dégradation du principe directeur, remet en lumière l'idée jeune et féconde : malheureusement le côté réaliste de sa doctrine trompe ses propres disciples ; ils ne voient pas que le producteur est la négation du gouvernant, que l'organisation est incompatible avec l'autorité ; et pendant trente ans encore on perd de vue la formule. Enfin, elle s'empare de l'opinion à force de cris et de scandale ; mais alors, *O vanas hominum mentes, ô pectora cæca !* les réactions déterminent les révolutions ! L'idée anarchique est à peine implantée dans le sol populaire qu'il se trouve aussitôt de soi-disant conservateurs pour l'arroser de leurs calomnies, l'engraisser de leurs violences, la chauffer sous les vitraux de leur haine, lui prêter l'appui de leurs stupides réactions. Elle a levé aujourd'hui, grâce à eux, l'idée antigouvernementale, l'idée du travail, l'idée du contrat ; elle croît, elle monte, elle saisit de ses vrilles les sociétés ouvrières, et bientôt, comme la petite graine de l'Evangile, elle formera un arbre immense, qui de ses rameaux couvrira toute la terre.

La souveraineté de la Raison ayant été substituée à celle de la Révélation ;

La notion du contrat cédant à celle de gouvernement ;

L'évolution historique conduisant fatalement l'humanité à une pratique nouvelle ;

La critique économique constatant déjà que, sous ce nouveau régime, l'institution politique doit perdre l'organisme industriel :

Concluons sans crainte que la formule révolutionnaire ne peut plus être ni *Législation directe*, ni *Gouvernement direct*, ni *Gouvernement simplifié*; elle est : PLUS DE GOUVERNEMENT.

Ni monarchie, ni aristocratie, ni même démocratie, en tant que ce troisième terme impliquerait un gouvernement quelconque, agissant au nom du peuple, en se disant peuple. Point d'autorité, point de gouvernement, même populaire : la Révolution est là.

Législation directe, gouvernement direct, gouvernement simplifié, vieux mensonges qu'on essaierait en vain de rajeunir. Direct ou indirect, simple ou composé, le gouvernement du peuple sera toujours l'escamotage du peuple. C'est toujours l'homme qui commande à l'homme, la fiction qui fait violence à la liberté; la force brutale qui tranche les questions à la place de la justice qui seule peut le résoudre ; l'ambition perverse qui se fait un marchepied du dévouement et de la crédulité.

Non, l'antique serpent ne prévaudra pas ; en enfilant cette question du gouvernement direct, il s'est lui-même étranglé. A présent que nous possédons, dans une même antithèse, l'idée politique et l'idée économique, la production et le gouvernement ; que nous pouvons les déduire parallèlement l'un à l'autre, les éprouver, les comparer : la réaction du néojacobinisme n'est plus à craindre. Ceux que le schisme de Robespierre fascinait encore seront encore demain les orthodoxes de la Révolution.

CHAPITRE VI

Pouvoir sans contrôle et *monarchie tempérée*. — La souveraineté est dans le peuple. — Le système constitutionnel. — Le Gouvernement est de droit divin ou il n'est pas. — Le suffrage universel. — Ce que pensaient les fondateurs de la République de février. — Le gâchis. — La République est au-dessus du suffrage universel. — Louis-Bonaparte nommé premier magistrat par le peuple. — Il résume les idées, les besoins et les tendances de la nation. — Le problème de la Révolution se résoudra comme il pourra. — L'autorité et la subordination politique.

Avant 89, le gouvernement était en France ce qu'il est encore en Autriche, en Prusse, en Russie, et dans plusieurs autres pays de l'Europe, un Pouvoir sans contrôle, entouré de quelques institutions ayant pour tous force de loi. C'était, comme disait Montesquieu, une *monarchie tempérée*. Ce Gouvernement a disparu avec les droits féodaux et ecclésiastiques qu'il s'avisa mal à propos, mais fort consciencieusement, de vouloir défendre; il fut remplacé, après de fortes secousses et de nombreuses oscillations, par le Gouvernement dit représentatif ou *monarchie constitutionnelle*. Dire que la liberté et le bien-être du Peuple y gagnèrent quelque chose, abstraction faite de la purge des droits féodaux qui furent abolis, et de la vente des biens nationaux qui furent repris, ce serait s'avancer beaucoup ; ce qu'il faut avouer toutefois, et qui est certain, c'est que cette nouvelle reculade du principe gouvernemental fit avancer d'autant la négation révolutionnaire. Là est le motif réel, décisif, qui nous rend, à nous qui ne considérons que le droit, la monarchie constitutionnelle préférable à la monarchie tempérée, de même que la démocratie représentative ou le régime du suffrage universel nous paraît préférable au constitutionnalisme et le Gouvernement direct préférable à la représentation.

Mais on peut prévoir déjà qu'arrivé à ce dernier terme, le Gouvernement direct, la confusion sera au comble et qu'il ne restera à faire que l'une ou l'autre de ces deux choses : ou recommencer l'évolution, ou bien procéder à l'abolition.

Reprenons notre critique.

La souveraineté, disent les Constitutionnels, est dans le Peuple. Le Gouvernement émane de lui. Que la Nation, dans sa partie la plus éclairée, soit donc appelée à élire ses citoyens les plus notables par leur fortune, leurs lumières, leurs talents et leurs vertus, les plus directement intéressés à la justice des lois, à la bonne administration de l'Etat, et les plus capables d'y concourir.

Que ces hommes, périodiquement assemblés, régulièrement consultés, entrent dans les conseils du prince, participent à l'exercice de son autorité : on aura fait tout ce qu'il est possible d'attendre de l'imperfection de notre nature pour la liberté et le bien-être des hommes. Alors le Gouvernement sera sans danger, toujours en communion avec le Peuple.

Certes ce sont là de grandes paroles, mais qui attesteraient une insigne rouerie, si depuis 89, et grâce surtout à Rousseau, nous n'avions appris à croire à la bonne foi de tous ceux qui se mêlent ainsi à la chose publique.

Il s'agit d'abord d'apprécier le système constitutionnel, interprétation du dogme nouveau, la souveraineté du Peuple.

Une autre fois, nous chercherons ce qu'est en elle-même cette souveraineté. Jusqu'à la réponse, le Gouvernement avait été réputé de droit divin : *Omnis potestas a Deo*. Après Luther, on commença d'y voir une institution humaine : Rousseau qui l'un des premiers s'empara de cette donnée, en déduisit sa théorie. Le Gouvernement venait d'en haut : il le fit venir d'en bas par la mécanique du suffrage plus ou moins universel. Il n'eut garde de comprendre que si le Gouvernement était devenu, de son temps, corruptible et fragile, c'était justement parce que le principe d'autorité, appliqué à une nation, est faux et abusif; qu'en conséquence, ce n'était pas la forme du pouvoir ou son origine qu'il fallait changer, c'était son application même qu'il fallait nier.

Rousseau ne vit point que l'autorité, dont le siège est dans la famille, est un principe mystique, antérieur et supérieur à la volonté des personnes qu'il intéresse, du père et de la mère aussi bien que de l'enfant; que ce qui est vrai de l'autorité dans la famille, le serait également de l'autorité dans la société, si la société contenait en soi le principe et la raison d'une autorité quelconque; qu'une fois l'hypothèse d'une autorité sociale admise, celle-ci ne peut en aucun cas dépendre d'une convention; qu'il est contradictoire que ceux qui doivent obéir à l'autorité commencent par décréter; que le Gouvernement, dès lors s'il doit exister, existe par la nécessité des choses; qu'il relève, comme dans la famille, de l'ordre naturel ou divin, ce qui pour nous est la même chose; qu'il ne peut convenir à qui que ce soit de le discuter et de le juger; qu'ainsi loin de pouvoir se soumettre à un contrôle de représentants, à une juridiction de comices populaires, c'est à lui seul qu'il appartient de se conserver, développer, renouveler, perpétuer, etc., suivant un mode inviolable, auquel nul n'a le droit de toucher, et qui ne laisse aux subordonnés que la faculté très humble de produire, pour éclairer la religion du prince, des avis, des informations et des doléances.

Il n'y a pas deux espèces de gouvernement, comme il n'y a pas deux espèces de religion. Le Gouvernement est de droit divin ou il n'est pas : de même que la religion est du ciel ou n'est rien. *Gouvernement démocratique* et *Religion naturelle* sont deux contradictions, à moins qu'on ne préfère y voir deux mystifications. Le Peuple n'a pas plus voix consultative dans l'Etat que dans l'Eglise : son rôle est d'obéir et de croire.

Aussi, comme les principes ne peuvent faiblir, que les hommes seuls ont le privilège de l'inconséquence, le Gouvernement, dans Rousseau ainsi que dans la Constitution de 91 et toutes celles qui ont suivi, n'est-il toujours, en dépit du procédé électoral, qu'un

Gouvernement de droit divin, une autorité mystique et surnaturelle qui s'impose à la liberté et à la conscience, tout en ayant l'air de réclamer leur adhésion.

Suivez cette série :

Dans la famille, où l'autorité est intime au cœur de l'homme, le Gouvernement se pose par la *génération*;

Dans les mœurs sauvages et barbares, il se pose par le *patriarcat*, ce qui rentre dans la catégorie précédente, ou par la *force*;

Dans les mœurs sacerdotales, il se pose par la *foi*;

Dans les mœurs aristocratiques, il se pose par la *primogéniture* ou la *caste*;

Dans le système de Rousseau devenu le nôtre, il se pose soit par le *sort*, soit par le *nombre*.

La génération, la force, la foi, la primogéniture, le sort, le nombre, toutes choses également inintelligibles et impénétrables, sur lesquelles il n'y a point à raisonner, mais à se soumettre : tels sont, je ne dirai point les principes, — l'Autorité comme la Liberté ne reconnait qu'elle-même pour principe, — mais les modes différents par lesquels s'effectue, dans les sociétés humaines, l'investiture du Pouvoir. A un principe primitif, supérieur, antérieur, indiscutable, l'instinct populaire a cherché de tout temps une expression qui fut également primitive, supérieure, antérieure et indiscutable. En ce qui concerne la production du Pouvoir, la force, la foi, l'hérédité ou le nombre, sont la forme variable que revêt cette ordalie; ce sont les jugements de Dieu.

Est-ce donc que le nombre offre à votre esprit quelque chose de plus rationnel, de plus authentique, de plus moral, que la foi ou la force? Est-ce que le scrutin vous parait plus sûr que la tradition de l'hérédité? Rousseau déclame contre le droit du plus fort, comme si la force, plutôt que le nombre, constituait l'usurpation. Mais qu'est-ce donc que le nombre? Que prouve-t-il? que vaut-il? quel rapport entre l'opinion plus ou moins unanime et sincère, des votants, et cette chose qui domine toute opinion, tout vote, la vérité, le droit?

Quoi! il s'agit de tout ce qui m'est le plus cher, de ma liberté, de mon travail, de la subsistance de ma femme et de mes enfants : et lorsque je compte poser avec vous des articles, vous renvoyez tout à un congrès, formé selon le caprice du sort! Quand je me présente pour contracter, vous me dites qu'il faut élire des arbitres, lesquels, sans me connaître, sans m'entendre, prononceront mon absolution ou ma condamnation! Quel rapport, je vous prie, entre ce congrès et moi? Quelle garantie peut-il m'offrir? pourquoi ferai-je à son autorité ce sacrifice énorme, irréparable, d'accepter ce qui lui aura plu de résoudre comme étant l'expression de ma volonté, la juste mesure de mes droits? Et quand ce congrès, après des débats auxquels je n'entends rien, s'en vient m'imposer sa décision comme loi, me tendre cette loi à la pointe d'une baïonnette, je demande, s'il est vrai que je fasse partie du souverain, ce que devient ma dignité? si je dois me considérer comme stipulant, où est le contrat?

Les députés, prétend-on, seront les hommes les plus probes, les plus indépendants du pays; choisis comme tels, par une élite de citoyens les plus intéressés à l'ordre, à la liberté, au bien-être des travailleurs et au progrès. Initiative sagement conçue, qui répond de la bonté des candidats.

Mais pourquoi donc les honorables bourgeois composant la classe moyenne s'entendraient-ils mieux que moi-même sur mes vrais intérêts? Il s'agit de mon travail, observez donc, de l'échange de mon travail, la chose qui, après l'amour, souffre le moins l'autorité, comme dit le poète :

> *Non bene conveniunt nec in una sede morantur*
> *Majestas et amor!...*

Et vous allez livrer mon travail, mon amour, par procuration, sans mon consentement! Qui me dit que vos procureurs n'useront pas de leur privilège pour se faire du pouvoir un instrument d'exploitation? Qui me garantit que leur petit nombre ne les livrera pas, pieds, mains et conscience liés, à la corruption? Et s'ils ne veulent se laisser corrompre, s'ils ne parviennent à faire entendre raison à l'autorité, qui m'assure que l'autorité voudra se soumettre?

De 1815 à 1830, le pays légal fut en guerre continuelle avec l'autorité : la lutte finit par une révolution. De 1830 à 1848, la classe électorale, dûment renforcée après la malheureuse expérience de la Restauration, fut en butte aux séductions du Pouvoir; la majorité était déjà corrompue lorsque le 24 février éclata : la prévarication finit encore par une révolution. L'épreuve est faite, on n'y reviendra pas. Or ça, partisans du régime représentatif, vous nous rendriez un vrai service, si vous pouviez nous préserver des mariages forcés, des corruptions ministérielles, et des insurrections populaires : *A spiritu fornicationis, ab incursu et dæmonio meridiano.*

La solution est trouvée! s'écrient les intrépides. Que tous les citoyens prennent part au vote : il n'y a ni puissance qui leur résiste, ni séduction qui les corrompe. C'est ce que pensèrent, le lendemain de février, les fondateurs de la République.

Quelques-uns ajoutent : Que le mandat soit impératif, le représentant perpétuellement révocable; et l'intégrité de la loi sera garantie, la fidélité du législateur assurée.

Nous entrons dans le gâchis.

Je ne crois nullement, et pour cause, à cette intuition divinatoire de la multitude, qui lui ferait discerner, du premier coup, le mérite et l'honorabilité des candidats. Les exemples abondent de personnages élus par acclamation, et qui, sur le pavois où ils s'offraient aux regards du peuple enivré, préparaient déjà la trame de leurs trahisons. A peine si, sur dix coquins, le peuple, dans ses comices, rencontra un honnête homme...

Mais que me font, encore une fois, toutes ces élections? Qu'ai-je besoin de mandataires, pas plus que de représentants? Et puisqu'il faut que je précise ma volonté, ne puis-je l'exprimer sans le secours de personne? N'en coûtera-t-il pas davantage, et ne suis-je pas encore plus sûr de moi que de mon avocat?

On me dit qu'il faut en finir; qu'il est impossible que je m'occupe de tant d'intérêts divers; qu'après tout un conseil d'arbitres, dont les membres auront été nommés par toutes les voix du peuple, promet une approximation de la vérité et du droit, bien supérieure à la justice d'un monarque irresponsable, représenté par des ministres insolents et des magistrats que leur inamovibilité tient, comme le prince, hors de ma sphère.

D'abord, je ne vois point la nécessité d'en finir à ce prix : je ne vois point surtout que l'on en finisse. L'élection ni le vote, même unanimes, ne résolvent rien. Depuis soixante ans que nous les pratiquons à tous les degrés l'un et l'autre, qu'avons-nous fini? Qu'avons-nous seulement défini? Quelle lumière le peuple a-t-il obtenue de ses assemblées? Quelles garanties a-t-il conquises? Quand on lui ferait réitérer, dix fois l'an, son mandat, renouveler tous les mois ses officiers municipaux, et ses juges, cela ajouterait-il un centime à son revenu? En serait-il plus sûr, le soir en se couchant, d'avoir le lendemain de quoi manger, de quoi nourrir ses enfants? Pourrait-il seulement répondre qu'on ne viendra pas l'arrêter, le traîner en prison?...

Je comprends que sur des questions qui ne sont pas susceptibles d'une solution régulière, pour des intérêts médiocres, des incidents sans importance, on se soumette à une décision arbitrale. De semblables transactions ont cela de moral, de consolant, qu'elles attestent dans les âmes quelque chose de supérieur même à la justice, le sentiment fraternel. Mais sur des principes, sur l'essence même des droits, sur la direction à imprimer à la société; mais sur l'organisation des forces industrielles; mais sur mon travail, ma substance, ma vie; mais sur cette hypothèse même du Gouvernement que nous agitons, je repousse toute autorité présomptive, toute solution indirecte;

je ne reconnais point de conclave : je veux traiter directement, individuellement, pour moi-même ; le suffrage universel est à mes yeux une vraie loterie.

Le 25 février 1848, une poignée de démocrates, après avoir chassé la Royauté, proclame à Paris la République. Ils ne prirent, pour cela, conseil que d'eux-mêmes, n'attendirent pas que le peuple, réuni en assemblées primaires, eût prononcé. L'adhésion des citoyens fut hardiment préjugée par eux. Je crois, en mon âme et conscience, qu'ils firent bien ; je crois qu'ils agirent dans la plénitude de leurs droits, quoiqu'ils fussent au reste du Peuple comme 1 est à 1,000. Et c'est parce que j'étais convaincu de la justice de leur œuvre que je n'ai pas hésité à m'y associer : la République, selon moi, n'étant autre chose qu'une résiliation de bail entre le Peuple et le Gouvernement. *Adversus hostem æterna auctoritas esto!* dit la loi des Douze Tables. Contre le pouvoir la revendication est imprescriptible, l'usurpation est un non-sens.

Cependant au point de vue de la souveraineté du nombre, du mandat impératif et du suffrage universel qui nous régissent plus ou moins, ces citoyens-là commirent un acte usurpatoire, un véritable attentat contre la foi publique et le droit des gens. De quel droit, eux sans mandat, eux que le Peuple n'avait point élus, eux qui, dans la masse des citoyens, ne formaient qu'une minorité imperceptible, de quel droit, dis-je, se sont-ils rués sur les Tuileries comme une bande de pirates, ont-ils aboli la monarchie, et proclamé la République?

La République, disions-nous aux élections de 1850,

est au-dessus du suffrage universel! Cet apophthegme a été reproduit depuis à la tribune avec acclamations, par un homme qui n'est pas suspect cependant d'opinions anarchiques, le général Cavaignac. Si cette proposition est vraie, la moralité de février est vengée; mais que dire de ceux qui, en proclamant la République, n'y virent autre chose que l'exercice même du suffrage universel, une forme nouvelle de gouvernement? Le principe gouvernemental admis, c'était au Peuple à prononcer sur la forme : or, qui oserait affirmer que, si cette condition eût été remplie, le Peuple français eût voté en faveur de la République ?...

Le 10 décembre 1848, le Peuple, consulté sur le choix de son premier magistrat, nomme Louis Bonaparte, à la majorité de 5 millions et demi de suffrages sur 7 millions et demi de votants. En optant pour ce candidat le Peuple, à son tour, n'a pris conseil que de sa propre inclination; il n'a pas tenu compte des prédictions et des avis des républicains. J'ai blâmé, quant à moi, cette élection, par les mêmes motifs qui, le 24 février, m'avaient fait adhérer à la proclamation de la République. Et c'est parce que je l'ai blâmée, que j'ai combattu depuis, autant qu'il était en moi, le gouvernement de l'élu du Peuple.

Cependant au point de vue du suffrage universel, du mandat impératif, et de la souveraineté du nombre, je devais croire que Louis Bonaparte résumait en effet les idées, les besoins et les tendances de la nation. Sa politique, je devais la prendre pour la politique du Peuple. Fut-elle contraire à la Constitution, par cela seul que la Constitution n'émanait pas directement du suffrage universel, que l'œuvre des législateurs n'en avait pas reçu consécration, tandis que le Président était la personnification immédiate de la majorité des voix, cette politique devait être censée consentie, inspirée, encouragée par le souverain. Ceux qui, le 13 juin 1849, allèrent au Conservatoire, étaient des factieux. Qui donc leur donnait le droit de supposer que le Peuple, au bout de six mois, désavouait son Président ? Louis Bonaparte s'était présenté sous les auspices de son oncle : on savait ce que cela voulait dire.

Eh bien! qu'en dites-vous? Le Peuple, je parle du Peuple tel qu'il se révèle au forum, dans les urnes du scrutin, le Peuple qu'on n'aurait pas osé consulter en février sur la République; le Peuple qui s'est manifesté, au 16 avril et après les journées de juin, en majorité immense contre le socialisme : le Peuple qui a élu Louis Bonaparte en adoration de l'Empereur; le Peuple qui a nommé la Constituante, *hélas!* et puis après la Législative, *holà!* le Peuple qui ne s'est pas levé le 13 juin; le Peuple qui n'a pas poussé un cri au 31 mai ; le Peuple qui signe des pétitions pour la revision et contre la revision ; ce Peuple-là quand il s'agira de reconnaitre les plus vertueux et les plus capables, de leur donner mandat pour l'organisation du Travail, du Crédit, de la Propriété, du Pouvoir lui-même, se trouvera éclairé d'en haut ; ses représentants, inspirés de sa sagesse, seront infaillibles.

Ni M. Rittinghausen, qui a découvert en Allemagne le principe de la *Législation directe*; ni M. Considérant, qui a demandé pardon à Dieu et aux hommes d'avoir été si longtemps rebelle à cette idée sublime, ni M. Ledru-Rollin, qui les renvoie l'un à l'autre, à la Constitution de 93 et à Jean-Jacques; ni M. Louis Blanc, qui, se plaçant entre Robespierre et M. Guizot, les rappelle tous trois au pur jacobinisme, ni M. de Girardin, qui, n'ayant pas plus de confiance en la législation directe qu'au suffrage universel et à la monarchie représentative, croit plus expéditif, plus utile, plus tôt fait, de simplifier le gouvernement; aucun de ces hommes, les plus avancés de l'époque, ne sait ce qu'il convient de faire pour la garantie du travail, la juste mesure de la propriété, la bonne foi du commerce, la moralité de la concurrence, la fécondité du crédit, l'égalité de l'impôt, etc., ou si quelqu'un d'eux le sait, il ne l'ose dire.

Et dix millions de citoyens qui n'ont pas, comme ces penseurs de profession, étudié, analysé dans leurs éléments, rapporté à leurs causes, développé dans leurs conséquences, comparé dans leurs affinités les principes de l'organisation sociale; dix millions de pauvres d'esprit qui ont juré par toutes les idoles, qui ont applaudi à tous les programmes, qui ont été dupes de toutes les intrigues, ces dix millions, rédigeant leurs cahiers et nommant *ad hoc* leurs mandataires, résoudront sans faillir le problème de la Révolution! Oh! messieurs, vous ne le croyez point, vous ne l'espérez pas. Ce que vous croyez, ce dont vous pouvez être à peu près certains, si on laisse aller les choses, c'est que vous serez nommés tous, par une partie du peuple, comme capacités présumées, M. Ledru-Rollin, président de la République; M. Louis Blanc, ministre du progrès; M. de Girardin, ministre des finances ; M. Considérant, ministre des travaux publics et de l'agriculture ; M. Rittinghausen, ministre de la justice et de l'instruction publique; après quoi le problème de la Révolution se résoudra comme il pourra.

Allons, soyons de bonne foi, le suffrage universel, le mandat impératif, la responsabilité des représentants, le système *capacitaire*, enfin, tout cela est enfantillage : je ne leur confierai point mon travail, mon repos, ma fortune; je ne risquerais pas un cheveu de ma tête pour le défendre [1]. C'est par le contraste de l'erreur que la vérité s'empare des intelligences.

Au lieu de la liberté et de l'égalité économique, la Révolution nous a légué, sous bénéfice d'inventaire, l'autorité et la subordination politique.

L'État, chaque jour grandi, doté de prérogatives et d'attributions sans fin, s'est chargé de faire pour notre bonheur ce que nous devions attendre d'une tout autre influence.

Comment s'est-il acquitté de sa tâche?

Quel rôle le gouvernement, abstraction faite de son organisation particulière, a-t-il joué dans les cinquante dernières années?

Quelle a été sa tendance?

Là est maintenant la question.

Jusqu'en 1848, les hommes d'État appartenant soit à l'opposition, soit au ministère, et dont l'influence dirigeait l'esprit public et le pouvoir, ne paraissent pas avoir eu conscience de la fausse direction de la

---

[1]. Cf. *Idée générale de la Révolution*, p. 57.

société, en ce qui concerne surtout les classes laborieuses.

La plupart même se faisaient un mérite et un devoir de s'occuper de temps en temps de l'amélioration de leur sort.

L'un réclamait pour les instituteurs; l'autre parlait contre l'emploi prématuré, immoral, des enfants dans les manufactures.

Celui-ci demandait le dégrèvement des droits sur le sel, les boissons, la viande; cet autre provoquait l'abolition complète des octrois et des douanes. L'élan était général, dans les hautes régions du pouvoir, vers les questions économiques et sociales. Nul ne voyait que ces réformes, dans l'état actuel des institutions, étaient d'innocentes chimères; qu'il ne fallait pas moins, pour les réaliser, qu'une création nouvelle, en autres termes une révolution.

Depuis le 24 février, les gens du gouvernement, participant du privilège, se sont ravisés. La politique d'oppression et d'appauvrissement continu, qu'ils avaient jusqu'alors suivie, sans le savoir, je dirai même malgré eux, a été adoptée par plusieurs, cette fois, en pleine connaissance de cause.

CHAPITRE VII

Le Gouvernement institué par la direction de la société. — Les intérêts de la dette publique au 1ᵉʳ janvier 1851. — Le Gouvernement considéré comme organe et garantie des libertés. — Quel est le principe qui régit la société actuelle? — Examen des budgets de la guerre et de la marine. — Pacte entre le Capital et le Pouvoir. — Maintenir avant tout la féodalité capitaliste dans la jouissance de ses droits. — La conception âme de la centralisation. — La République avait à fonder la société; elle n'a songé qu'au Gouvernement. — Il y a raison suffisante de révolution au xixᵉ siècle.

Le gouvernement est l'organe de la société.

Ce qui se passe en elle de plus intime, de plus métaphysique, s'accuse dans le pouvoir avec une franchise toute militaire, une crudité fiscale. Il y a longtemps qu'un homme d'État a dit qu'un gouvernement ne pouvait exister sans une dette publique et un gros budget. Cet aphorisme, dont l'opposition eut le tort de se scandaliser, est l'expression financière de la tendance rétrograde et subversive du Pouvoir : nous pouvons à présent en mesurer la profondeur. Il signifie que le gouvernement, institué pour la direction de la société, est le miroir de la société.

Au 1ᵉʳ avril 1814, les intérêts de la dette publique
étaient de. 63,307,637
31 juillet 1830. 199,517,208
1ᵉʳ janvier 1847. 237,113,395
1ᵉʳ janvier 1851. 271,000,000

La dette publique, tant pour l'Etat, que pour les villes, qu'il est juste de considérer ici comme des appendices de l'autorité centrale, est environ moitié de la somme totale des créances hypothécaires et chirographaires qui pressurent le pays ; toutes deux, sous la même impulsion, se sont accrues d'un mouvement parallèle. La tendance est flagrante : où nous mène-t-elle ? à la banqueroute.

Le premier budget régulier depuis le Directoire est celui de 1802. A dater de cette époque, les dépenses se sont successivement accrues, dans la même progression que la dette du pays et celle de l'Etat.

1802 589,700,000
1819 863,853,169
1829 1,014,914,432
1840 . . . . 1,198,514,430 72
1848 . . . . 1,602,181,111 48

En cinquante ans, le budget des dépenses a presque triplé ; l'augmentation moyenne annuelle est d'environ 24 millions. Il serait par trop niais d'attribuer cette augmentation, comme l'ont fait tour à tour, sous la restauration et la monarchie de juillet, l'opposition dynastique et la conspiration républicaine, à l'incapacité des ministres, à leur politique plus ou moins intelligente et libérale. Expliquer par l'insuffisance des hommes un phénomène aussi constant, aussi régulier que l'accroissement du budget, alors surtout que cet accroissement a son corrélatif dans le progrès des hypothèques et des inscriptions au grand livre, est aussi absurde que d'expliquer la peste d'Orient ou la fièvre jaune par l'ignorance des médecins. C'est l'hygiène qu'il faut attaquer; c'est votre régime économique qui appelle une réforme.

Ainsi, le gouvernement considéré comme organe de l'ordre et garantie des libertés, suit la même marche que la société; il tombe de plus en plus dans la gêne, il s'endette et tend à la banqueroute. Nous allons voir encore, que comme la société, livrée à l'anarchie de ses éléments, tend à reconstituer les castes antiques, le gouvernement de son côté tend à se concerter avec cette aristocratie nouvelle, et à consommer l'oppression du prolétariat.

De là seul, en effet, que les puissances de la société ont été laissées par la Révolution à l'état inorganique, il résulte une inégalité de conditions qui n'a plus seulement, comme autrefois, sa cause dans l'inégalité naturelle des facultés ; mais qui se fait un nouveau prétexte des accidents de la société, et ajoute parmi ses titres, aux caprices de la nature, les injustices de la fortune. Le privilège aboli par la loi, renait aussi du défaut d'équilibre : ce n'est plus un simple effet de la prédestination divine, c'est encore une nécessité de la civilisation.

Une fois justifié dans l'œuvre de la nature et dans celui de la Providence, que manque-t-il au privilège pour assurer définitivement son triomphe? de mettre les lois, les institutions, le Gouvernement, en harmonie avec lui-même : c'est à quoi il va tendre de toutes ses forces.

D'abord, comme aucune loi ne le défend en tant du moins qu'il découle de l'une de ces deux causes, la nature et la fortune, il peut se dire parfaitement légal : à ce titre déjà il a droit au respect des citoyens et à la protection du Gouvernement.

Quel est le principe qui régit la société actuelle ? *Chacun chez soi, chacun pour soi; Dieu, le hasard, pour tous.* Le privilège résultant du hasard, d'un coup de commerce, de tous ces moyens aléatoires que fournit l'état chaotique de l'industrie, est donc chose providentielle, que tout le monde doit respecter.

Quel est, d'un autre côté, le mandat du Gouvernement ? De protéger et de défendre chacun dans sa personne, son industrie, sa propriété. Or si, par la nécessité des choses, la propriété, la richesse, le bien-être vont tout d'un côté, la misère de l'autre, il est clair que le Gouvernement se trouve constitué en fait, pour la défense de la classe riche contre la classe pauvre. Il faut donc, pour la perfection de ce régime, que ce qui existe *en fait*, soit défini et consacré *en droit* : c'est précisément ce que veut le Pouvoir et ce que démontre d'un bout à l'autre le budget.

Je vais au hasard.

Le Gouvernement provisoire a révélé que l'augmentation des traitements de fonctionnaires de 1830 à 1848 formait une somme de 65 millions. En supposant que la moitié seulement de cette somme fût affectée à des emplois de création nouvelle, la moyenne des traitements étant par hypothèse de 1000 fr., c'est un supplément de 32,500 employés que le gouvernement s'est donné sous la monarchie de juillet. Aujourd'hui le total des pensionnaires, d'après M. Raudot, est de 568,365 : sur neuf hommes, il y en a un qui vit du budget de l'État et des communes. Qu'on crie à la dilapidation tant qu'on voudra, je ne croirai jamais qu'une création de 32,500 fonctionnaires n'ait été qu'un acte de gaspillage. Quel intérêt le roi, les ministres, tous les individus antérieurement placés et dotés y avaient-ils? N'est-il pas plus juste de dire que l'agitation des classes laborieuses devenant avec le temps plus redoutable, et conséquemment le péril pour la classe privilégiée toujours plus grand, le pouvoir, la force qui réprime et protège, devait se fortifier d'autant, à peine de se voir renversé au premier moment?

L'examen des budgets de la guerre et de la marine confirme cette opinion.

De 1830 à 1848, — j'emprunte ce détail au journal *Europe et Amérique,* — les budgets réunis de la marine et de la guerre se sont progressivement élevés, du chiffre de 323,980,000 à celui de 535,837,000 fr. La moyenne annuelle a été 420 millions; la moyenne d'accroissement de 12 millions. Le total général pour dix-huit ans, est 7,554 millions.

Dans la même période, le budget de l'instruction publique a monté de 2,258,000 à 19,298,000 fr. Le total général est de 232,802,000 fr. Différence avec le budget de la guerre, 7,321,198,800 fr.

Ainsi, tandis que le Gouvernement dépensait 13 millions en moyenne pour entretenir sous le nom d'instruction publique l'ignorance populaire, il dépensait 420 millions, trente-neuf fois autant, pour obtenir, par le fer et le feu, cette ignorance, si la rage de la misère venait à la faire éclater. C'est ce que les politiques du temps ont nommé la *paix armée*. Le même mouvement s'est manifesté dans les autres ministères, je veux dire que leur budget s'est toujours accru en raison directe des services qu'ils rendaient à la cause du privilégié, et inverse de ceux qu'ils pouvaient rendre aux producteurs. Or, quand on accorderait que les hautes capacités administratives et financières, qui pendant ces dix-huit ans gouvernèrent la France, n'avaient nullement l'intention qu'accusent ces rapprochements budgétaires, ce qui après tout importe peu, il n'en demeurerait pas moins vrai que le système d'appauvrissement et de compression par l'État s'est développé avec une spontanéité, une certitude qui ont pu fort bien se passer de la complicité des hommes d'État. Encore une fois, il ne s'agit point ici des intentions personnelles. Au dessus de l'esprit des hommes, il y a l'esprit des choses : c'est celui-là dont le philosophe, toujours bienveillant pour ses semblables, se préoccupe.

Si la disposition du budget des dépenses est curieuse, celle du budget des recettes n'est pas moins instructive. Je n'entre pas dans le détail : le caractère général suffit. C'est dans la généralité que se trouve la vérité.

On a prouvé depuis 1848, et par chiffres, qu'en remplaçant le système des impôts existants par une taxe unique ayant pour base le capital, et proportionnelle à la fortune de chacun, soit par exemple 1 pour 100, l'impôt serait réparti avec une égalité presque idéale, réunissant à la fois les avantages de la proportionnalité et de la progression, sans aucun de leurs inconvénients. Dans ce système, le travail serait peu ou point frappé; le capital, au contraire, méthodiquement atteint. Là où le capital ne serait pas protégé par le travail du capitaliste, il serait compromis; tandis que l'ouvrier dont l'avoir ne s'élèverait pas à une quantité imposable ne payerait rien. La justice dans l'impôt : ce serait le *nec plus ultra* de la science fiscale. Mais ce serait du gouvernement à rebours; la proposition, huée des praticiens, n'a servi qu'à compromettre et presque à décourager ses auteurs.

Le système d'impôt actuellement suivi est juste le contraire de celui-là. Il est conçu de manière que le producteur paie tout, le capitaliste rien. En effet, alors même que ce dernier est inscrit pour une somme quelconque au livre du percepteur, ou qu'il rembourse les droits établis par le fisc sur les objets de consommation, il est clair que son revenu se composera exclusivement de la prélibation de ses capitaux, non de l'échange de ses produits, ce revenu devenu franc d'impôt, puisque celui-là seul qui produit paie.

Cela devait être, et le Gouvernement est ici parfaitement d'accord avec la Société. L'inégalité des conditions qui résulte de l'anarchie économique étant prise pour une indication, une loi de la Providence, le Gouvernement ne peut mieux faire que de suivre et de seconder la Providence : c'est pour cela que non content de défendre le privilège, il lui vient encore en aide en ne lui demandant rien du tout. Donnez-lui le temps, et du privilège le Gouvernement fera, sous les noms de Noblesse, Bourgeoisie, ou tout autre, une Institution.

Il y a donc pacte entre le Capital et le Pouvoir pour faire contribuer exclusivement le travailleur; et, le secret de ce pacte consiste simplement, comme je l'ai dit, au lieu d'établir la taxe sur les capitaux, à la mettre sur les produits. A l'aide de ce déguisement, le capitaliste-propriétaire a l'air de payer pour ses terres, pour sa maison, pour son mobilier, pour ses mutations, pour ses voyages, pour sa consommation, etc., comme le reste des citoyens. Aussi dit-il que son revenu, qui sans impôt serait de 3,000, 6,000, 10,000, ou 20,000 fr., n'est plus grâce à l'impôt que de 2,500, 4,500, 8,000 ou 15,000 fr. Et là-dessus il se récrie avec plus d'indignation que ses locataires contre la grosseur du budget.

Pure équivoque. Le capitaliste ne paye rien : le Gouvernement partage avec lui, voilà tout. Ils font cause commune. Quel est donc le travailleur qui ne s'estimât heureux d'être couché au grand livre pour 2,000 fr. de rente à la condition d'en laisser le quart à l'amortissement?...

Il est au budget des recettes un chapitre qui m'a toujours semblé la pierre d'attente de l'ancien régime, c'est celui de l'enregistrement.

Ce n'est point assez que le producteur paye la faculté que lui laisse le fisc de fabriquer, cultiver, vendre, acheter, transporter, etc., l'enregistrement lui interdit tant qu'il peut la propriété. Tant pour la succession d'un père, tant pour celle d'un oncle, tant pour une location, tant pour acquisition. Comme si le législateur de 89 avait eu pour but de reconstituer l'inaliénabilité des immeubles à l'instar des droits féodaux! Comme s'il avait voulu rappeler sans cesse au vilain, affranchi par la nuit du 4 août, qu'il était de condition servile ; qu'à lui n'appartenait pas de posséder la glèbe; que tout cultivateur est de plein droit, sauf concession du suzerain, emphytéote et mainmortable! Prenons garde : il y a des gens qui ont conservé religieusement ces idées; ces gens-là sont nos maîtres, et les amis de tous ceux qui nous prêtent sur hypothèque...

Les partisans du régime gouvernemental repoussent de toute l'énergie de leurs convictions cette critique qui, au lieu de s'en prendre aux hommes, s'attaquant aux institutions, compromet et menace dans son existence ce qu'ils considèrent comme leur héritage.

Est-ce la faute, s'écrient-ils, de nos institutions représentatives? Est-ce la faute du principe constitutionnel, ou celle de ministres incapables corrompus, dilapidateurs, si une partie de ces milliards, enlevés au prix de tant de sacrifices à la propriété, à l'agriculture, à l'industrie, n'ont servi qu'à entretenir des sinécures et solder des consciences? est-ce la faute de cette magnifique centralisation, si l'impôt, devenu exorbitant, pèse plus lourdement sur l'ouvrier que sur le propriétaire; si, avec une subvention annuelle de 420 millions, nos ports se trouvent dégarnis de navires, nos chantiers de matériaux ; si en 1848, après la révolution de février, l'armée était sans approvisionnements, la cavalerie sans chevaux, les places de guerre en mauvais état; si nous ne pouvions mettre sur pied de guerre plus de soixante mille hommes ? N'est-ce pas le cas, au contraire, d'accuser la volonté, non le système? Et dès lors, que deviennent vos déclamations sur la tendance de la société et du gouvernement?

A merveille. Aux vices intrinsèques, aux inclinations féodales de l'ordre politique, nous allons ajouter la corruption. Ceci, loin d'affaiblir mon raisonnement, le corrobore. La corruption s'allie fort bien avec la tendance générale du Pouvoir; elle fait partie de ses moyens, elle est un de ses éléments.

Que veut le système?

Maintenir avant tout la féodalité capitaliste dans la jouissance de ses droits; assurer, augmenter la prépondérance du capital sur le travail; renforcer, s'il est possible, la classe parasite, en lui ménageant partout, à l'aide des fonctions publiques, des créatures, et au besoin des recrues; reconstituer peu à peu et anoblir la grande propriété. — Louis-Philippe, sur la fin de son règne, ne s'était-il pas mis à délivrer des lettres de noblesse? — récompenser ainsi, par des voies indirectes, certains dévouements que le tarif officiel des places ne pourrait satisfaire; rattacher tout, enfin, secours, récompenses, pensions, adjudications, concessions, exploitations, autorisations, places, brevets, privilèges, offices ministériels, sociétés anonymes, administrations municipales, etc., etc., au patronage suprême de l'État.

Telle est la raison de cette vénalité dont les scandales sous le dernier règne nous ont si fort surpris, mais dont la conscience publique se fût moins étonnée peut-être si l'on avait pu en divulguer le mystère. Tel est le but ultérieur de cette centralisation qui, sous prétexte d'intérêt général, exploite, pressure les intérêts locaux et privés, en vendant au plus offrant et dernier enchérisseur la justice qu'ils réclament.

La corruption, sachez-le donc, est l'âme de la centralisation. Il n'y a monarchie ou démocratie qui tienne. Le Gouvernement est immuable dans son esprit et dans son essence; s'il se mêle d'économie publique, c'est pour consacrer par la faveur et par la force ce que le hasard tend à établir. Prenons par exemple la douane.

Les droits de douane, tant à l'importation qu'à l'exportation, non compris les sels, produisent à l'État 160 millions. 160 millions pour protéger le travail national! Apercevez-vous la jonglerie? Supposez que la douane n'existe pas; que la concurrence belge, anglaise, allemande, américaine, envahisse de tous côtés notre marché, et qu'alors l'État fasse aux industriels français la proposition suivante : Lequel préférez-vous pour sauvegarder vos intérêts, ou de me payer 160 millions ou de les recevoir? Pensez-vous que les industriels choisissent le premier parti? C'est justement celui que le gouvernement leur impose. Aux frais ordinaires que nous coûtent les produits de l'étranger et ceux que nous lui faisons parvenir, l'État ajoute 160 millions, qui lui servent, à lui, de pot-de-vin : voilà ce que c'est que la douane. Et la question est aujourd'hui si fort embrouillée, qu'il n'y a personne, dans toute la République, qui osât proposer d'abolir d'un seul coup ce tribut absurde.

Eh bien! cette somme de 160 millions, soi-disant perçue pour la protection du travail national, est loin encore d'exprimer tout l'avantage que le gouvernement tire de la douane.

Par ces trois ministères de l'agriculture et du commerce, des travaux publics et de l'intérieur, par les impôts de consommation et de la douane, le gouvernement a la main sur tout ce qui vient et ce qui va, ce qui se produit et ce qui se consomme, sur toutes les affaires des particuliers, des communes et des départements ; il maintient la tendance de la société vers l'appauvrissement des masses, la subalternisation des travailleurs, et la prépondérance toujours plus grande des fonctions parasites. Par la police il surveille les adversaires du système ; par la justice il les condamne et les réprime ; par l'armée il les écrase ; par l'instruction publique il distribue, dans la proportion qui lui convient, le savoir et l'ignorance ; par les cultes, il endort la protestation au fond des cœurs ; par les finances il solde, à la charge des travailleurs, les frais de cette vaste conjuration.

Sous la monarchie de juillet, je le répète, les hommes du pouvoir pas plus que les masses, n'eurent l'intelligence de la pensée qu'ils servaient. Louis-Philippe, M. Guizot et consorts, faisaient les choses avec une naïveté de conception qui leur était propre, usant à merveille des voies et moyens, mais n'apercevant pas distinctement la fin. Depuis que le prolétariat a fait entendre, au lendemain de février, sa voix formidable, le système a commencé d'être compris, il s'est posé avec audace dans son dogmatisme effronté ; il s'est appelé de son nom patronymique, *Malthus* et de son prénom, Loyola. Au fond, rien n'a été changé par l'événement de février, pas plus que par ceux de 1830, 1814, 1793, à l'ordre des choses prétendu *constitutionnel* fondé en 1791. Louis Bonaparte, qu'il le sache ou l'ignore, continue Louis Philippe, les Bourbons, Napoléon et Robespierre.

Ainsi, en 1851 comme en 88, et par des causes analogues il y a dans la société tendance prononcée à la misère. Aujourd'hui comme alors le mal dont se plaint la classe travailleuse n'est point l'effet d'une cause temporaire et accidentelle : c'est le résultat d'une déviation systématique des forces sociales.

Cette déviation date de loin ; elle est antérieure même à 89, elle a son principe dans les profondeurs de l'économie générale du pays. La première révolution, luttant contre les abus les plus apparents, ne put agir qu'à la surface. Après avoir détruit la tyrannie, elle ne sut fonder l'ordre, dont les ruines féodales qui jonchaient la patrie lui cachaient les éléments. Aussi, cette révolution, dont l'histoire nous paraît si complète, pure négation, ne sera devant la postérité que le premier acte, l'aurore de la grande Révolution qui doit remplir le xix° siècle.

La secousse de 89-93, après avoir aboli, avec le despotisme monarchique, les derniers restes de la féodalité, proclamé l'unité nationale, l'égalité devant la loi et devant l'impôt, la liberté de la presse et des cultes, et intéressé le peuple, autant qu'elle le pouvait faire, par la vente des biens nationaux, n'a laissé aucune tradition organique, aucune création effective. Elle n'a même réalisé aucune de ses promesses. En proclamant la liberté des opinions, l'égalité devant la loi, la souveraineté du peuple, la subordination du pouvoir au pays, la révolution a fait de la société et du Gouvernement deux choses incompatibles, et c'est cette incompatibilité qui a servi de cause, de prétexte à cette concentration liberticide, absorbante, que la démocratie parlementaire admire et loue parce qu'il est de sa nature de tendre au despotisme, la CENTRALISATION.

Voici comment s'expliquait à ce propos, M. Royer-Collard, dans son discours sur la liberté de la presse (*Chambre des députés*, discussion des 19-24 janvier 1822) :

« Nous avons vu la vieille société périr, et avec
» elle une foule d'institutions démocratiques et de
» magistratures indépendantes qu'elle portait dans
» son sein, faisceaux puissants de droits privés,
» vraies républiques dans la monarchie. Ces institu-
» tions, ces magistratures ne partageaient pas, il est
» vrai, la souveraineté, mais elles lui opposaient par-
» tout des limites que l'honneur défendait avec opi-
» niâtreté. Pas une n'a survécu, et nulle autre ne
» s'est élevée à leur place ; la Révolution n'a laissé
» debout que *des individus*. La dictature qui a ter-
» miné a consommé, sous ce rapport, son ouvrage.
» De cette société en poussière est sortie la centralisa-
» tion ; il ne faut pas chercher ailleurs son origine.
» La centralisation n'est pas arrivée, comme d'autres
» doctrines, le front levé, avec l'autorité d'un prin-
» cipe ; elle a pénétré modestement, comme une con-
» séquence, une nécessité. En effet, là où il n'y a que
» des individus, toutes les affaires qui ne sont pas les
» leurs sont les affaires publiques, les affaires de
» l'Etat. Là où il n'y a pas de magistrats indépen-
» dants, il n'y a que des délégués du pouvoir. C'est
» ainsi que nous sommes devenus *un peuple d'admi-
» nistrés*, sous la main de fonctionnaires responsables,

» centralisés eux-mêmes dans le pouvoir dont ils sont
» les ministres. La société a été léguée dans cet état
» à la Restauration.

» La Charte avait donc à constituer tout à la fois
» le gouvernement et la société. La société a été non
» oubliée ou négligée, sans doute, mais ajournée. La
» Charte n'a constitué que le gouvernement; elle l'a
» constitué par la division de la souveraineté et la
» multiplicité des pouvoirs. Mais pour qu'une nation
» soit libre, il ne suffit pas qu'elle soit gouvernée par
» plusieurs pouvoirs. Le partage de la souveraineté
» opéré par la Charte est sans doute un fait important
» et qui a de fort grandes conséquences, relativement
» au pouvoir royal qu'il modifie; mais le gouverne-
» ment qui en résulte, quoique divisé dans ses élé-
» ments, est un dans son action; et s'il ne rencontre
» au dehors aucune barrière qu'il doive respecter, il
» est absolu, la nation et les droits sont sa propriété.
» Ce n'est qu'en fondant la liberté de la presse comme
» droit public que la Charte a rendu la société à elle-
» même... »

Ce que disait M. Royer-Collard de la royauté de 1814 est vrai, à plus forte raison encore de la République de 1848.

La République avait à fonder la société; elle n'a songé qu'au Gouvernement. La centralisation se fortifiant toujours, tandis que la société n'avait à lui opposer aucune institution, les choses sont arrivées, par l'exagération des idées politiques et le néant des idées sociales, au point que la société et le gouvernement ne peuvent plus vivre ensemble, les conditions de l'une étant d'asservir et subalterniser l'autre.

Ainsi, tandis que le problème posé en 89 semblait *officiellement* résolu, au fond il n'y avait de changé que la métaphysique gouvernementale, ce que Napoléon nommait *idéologie*. La liberté, l'égalité, le progrès avec toutes leurs conséquences oratoires, se lisent dans le texte des constitutions et des lois ; il n'en est vestige dans les institutions. Une féodalité ignoble, basée sur l'agiotage mercantile et industriel, le chaos des intérêts, l'antagonisme des principes, la dépravation du droit, a remplacé l'ancienne hiérarchie des classes ; les abus ont quitté la physionomie qu'ils avaient en 89, pour reprendre une autre organisation ; ils n'ont diminué ni de nombre ni de gravité. A force de préoccupations politiques, nous avons perdu de vue l'économie sociale. C'est ainsi que le parti démocratique lui-même, l'héritier de la première révolution, en est venu à vouloir réformer la société par l'initiative de l'Etat, créer des institutions par la vertu prolifique du Pouvoir, corriger l'abus, en un mot, par l'abus même.

Cette fascination dominant les intelligences, la société tourne dans un cercle de déceptions, poussant le capital à une agglomération toujours plus écrasante, l'Etat à une extension toujours plus tyrannique de ses prérogatives, la classe travailleuse à une déchéance physique, morale et intellectuelle, irréparable.

Dire que la Révolution de 89, n'ayant rien fondé, ne nous a point affranchis, mais seulement changés de misère, dire, en conséquence, qu'une Révolution nouvelle, organisatrice et réparatrice, est nécessaire pour combler le vide creusé par la première : c'est pour beaucoup de gens avancer une opinion paradoxale, scandaleuse, pleine de troubles et de désastres. Les partisans plus ou moins nantis du régime constitutionnel n'en conviennent pas ; les démocrates attachés à la lettre de 93, et qu'une pareille besogne épouvante, s'y opposent. Suivant les uns et les autres, il n'existe que des souffrances accidentelles, dues surtout à l'incapacité des dépositaires du pouvoir, et qu'une démocratie vigoureuse guérirait. De là l'inquiétude, pour ne pas dire l'antipathie que leur inspire la Révolution, et cette politique réactionnaire où ils se sont engagés après février.

Cependant l'évidence des faits est telle, les statistiques et les enquêtes ont si fort élucidé la matière, qu'il y a désormais sottise ou mauvaise foi à argumenter d'une politique meilleure, là où tout accuse la contradiction et l'impuissance du gouvernement.

C'est à la place même de ce régime gouvernemental, féodal et militaire, imité de celui des anciens rois, qu'il faut élever l'édifice nouveau des institutions industrielles ; c'est à la place de cette centralisation matérialiste et absorbante des pouvoirs politiques, que nous devons créer la centralisation intellectuelle et libérale des forces économiques. Travail, commerce, crédit, éducation, propriété, morale publique, philosophie, beaux arts, tout enfin nous en fait une loi.

Je conclus :

Il y a raison suffisante de révolution au XIXe siècle.

Quand nos amis de la République démocratique, inquiets de nos idées et de nos tendances, se récrient contre la qualification de *socialistes* que nous ajoutons à celle de démocrates, que nous reprochent-ils ? — Ils nous reprochent de n'être pas révolutionnaires.

Sachons donc une fois qui d'eux ou de nous est dans la vraie pratique révolutionnaire.

Et quand nos adversaires de la bourgeoisie, inquiets pour leurs privilèges, déversent sur nous la calomnie et l'outrage, quel est le prétexte de leurs accusations ? — C'est que nous voulons tout détruire et tout perdre : propriété, famille, civilisation.

Sachons donc aussi qui de nous ou de nos adversaires mérite le mieux le titre de conservateurs.

Les révolutions sont les manifestations successives de la JUSTICE dans l'humanité. — C'est pour cela que toute révolution a son point de départ dans une révolution antérieure.

Qui dit donc révolution dit nécessairement *progrès*, dit par là même *conservation*. D'où il suit que la révolution est en permanence dans l'histoire, et qu'à proprement parler il n'y a pas eu plusieurs révolutions, il n'y a eu qu'une seule et même et perpétuelle révolution.

La révolution, il y a dix-huit siècles, s'appelait l'Evangile, la *bonne nouvelle*. Son dogme fondamental était l'*Unité de Dieu*, sa devise, l'*Egalité de tous les hommes devant Dieu*. L'esclavage antique reposait sur l'antagonisme et l'inégalité des dieux, ce qui voulait dire sur l'infériorité des races, sur l'état de guerre. Le christianisme créa le droit des gens ; la fraternité des nations ; ce fut en raison de son dogme et de sa devise que furent abolis simultanément l'idolâtrie et l'esclavage.

Certes, on ne niera pas aujourd'hui que les chrétions, ces révolutionnaires qui combattaient par la parole et par le martyre, ne fussent des hommes de progrès ; j'ajoute qu'ils étaient des hommes de conservation.

L'initiation polythéiste, après avoir civilisé les premiers humains ; après avoir converti ces hommes des bois, *sylvestres homines,* comme dit le poète, en hommes des villes, en citoyens, était devenue elle-même, par le sensualisme et le privilège, un principe de corruption et d'asservissement. L'humanité était perdue, quand elle fut sauvée par le Christ, qui reçut pour cette mission glorieuse le double titre de *Sauveur* et *Rédempteur,* comme qui dirait, dans notre langue politique, conservateur et révolutionnaire.

Tel fut le caractère de la première et de la plus grande des révolutions. Elle renouvela le monde, et en le renouvelant elle le conserva.

Mais, toute surnaturelle et spiritualiste qu'elle fût, cette révolution n'exprimait pourtant que le côté le plus matériel de la justice, l'affranchissement des corps, l'abolition de l'esclavage. Etablie sur la foi, elle laissait la pensée esclave ; elle ne suffisait pas à l'émancipation de l'homme, qui est esprit et corps, matière et intelligence ; elle appelait une autre révolution. Mille ans après la venue du Christ, commençait au sein de la religion qu'il avait fondée, une agitation inconnue, prélude d'un nouveau progrès. La scolastique portait dans ses flancs, à côté de l'autorité de l'Eglise et des Ecritures, l'autorité de la raison !... Vers le seizième siècle la révolution éclata.

La révolution, à cette époque, sans abandonner sa première donnée, sans se renier elle-même, prit un autre nom, nom déjà célèbre; elle s'appela la PHILOSOPHIE. Elle eut pour dogme la *liberté et la raison*; et, je puis bien le dire, puisque l'une est la conséquence immédiate de l'autre, pour devise, l'*égalité de tous devant la raison*.

Voici donc l'homme déclaré inviolable et libre dans sa double essence, l'âme et le corps? Etait-ce progrès? Quel autre qu'un tyran pourrait le nier? Etait-ce conservation? cela n'a pas même besoin de réponse.

La destinée de l'homme, a dit un sage, est de contempler les œuvres de Dieu. Après avoir connu Dieu par le cœur, par la foi, le temps est venu pour l'homme de le connaître par la raison. L'Evangile avait été pour l'humanité comme une instruction primaire : maintenant adulte, elle avait besoin d'un enseignement supérieur, à peine de croupir dans l'idiotisme et la servitude qui le suit.

Ainsi les Galilée, les Arnaud de Bresce, les Giordano Bruno, les Luther, les Descartes, toute cette élite de savants, de penseurs et d'artistes, qui brillèrent dans les xv°, xvi°, et xxvii° siècles, grands révolutionnaires, furent en même temps les conservateurs de la société, les hérauts de la civilisation. Ils poursuivirent, contre les représentants du Christ, le mouvement commencé par le Christ : à eux aussi la persécution et le martyre ne manquèrent pas!

Voilà quelle fut la seconde révolution, la deuxième grande manifestation de la JUSTICE. Elle aussi rajeunit le monde; elle le sauva.

Mais la philosophie, ajoutant ses conquêtes à celles de l'Evangile, ne remplissait pas, il s'en faut, le programme de cette justice éternelle. La liberté, évoquée du sein de Dieu par le Christ, n'était encore qu'individuelle : il fallait l'établir sur le forum ; il fallait, de la conscience, la faire passer devant la loi.

Vers le milieu du siècle dernier commença donc une nouvelle élaboration ; et, comme la première révolution avait été religieuse, et la seconde philosophique, la troisième révolution fut politique. Elle s'appela le CONTRAT SOCIAL.

Elle prit pour dogme la *souveraineté du peuple* : c'était la contre-partie du dogme chrétien, l'*unité de Dieu*.

Sa devise fut l'*égalité devant la loi* ; c'était le corollaire de celles qu'elle avait précédemment inscrites sur son drapeau, l'égalité devant Dieu et l'égalité devant la raison.

Ainsi à chaque révolution, la liberté nous apparaît toujours comme l'instrument de la justice, et l'égalité comme son critérium. Le troisième terme est le but de la justice ; ce but, toujours poursuivi, toujours approché, est la fraternité.

Ne perdons jamais de vue cet ordre du développement révolutionnaire. Au témoignage de l'histoire, la fraternité, but suprême des révolutions, ne s'impose pas : elle a pour conviction la liberté d'abord, l'égalité après. Comme si la justice nous disait à tous : Hommes, soyez libres ; citoyens, devenez égaux ; et puis, frères, embrassez-vous.

Qui oserait nier que la révolution entreprise, il y a soixante ans par nos pères, et dont l'héroïque souvenir fait vibrer nos cœurs avec tant de force qu'il nous ôte presque le sentiment de nos propres devoirs ; qui niera, dis-je, que cette révolution fut un progrès ? Personne. Eh bien, je le demande : n'est-il pas vrai qu'autant elle était progressive, autant elle fut conservatrice ? La société pouvait-elle vivre avec son despotisme usé, avec sa noblesse avilie, avec son clergé corrompu, avec des parlements égoïstes, indisciplinés, livrés à l'intrigue, avec un peuple en guenilles, avec une gent taillable et corvéable à merci et miséricorde ?

Mais qu'est-il besoin d'éclairer le soleil, de démontrer l'évidence ? La révolution de 89 fut le salut de l'humanité ; c'est pour cela qu'elle mérite le titre de révolution.

Mais, citoyens, si nos pères ont fait beaucoup pour la liberté et l'égalité, ils ont ouvert plus profondément la route de la fraternité, ils nous ont laissé encore plus à faire...

La justice n'a pas dit, en 89, son dernier mot ; et qui sait quand elle le dira ?

Ne sommes-nous pas témoins, nous génération de 1848, d'une corruption pire que celle des plus mauvais jours de l'histoire ; d'une misère pareille à celle des temps féodaux ; d'une oppression de l'esprit et de la conscience, d'un abrutissement de toutes les facultés de l'homme, qui dépassent tout ce que l'on a vu aux époques de la plus affreuse barbarie ? A quoi nous servent les conquêtes du passé, et la religion, et la philosophie, et les constitutions et les codes, quand, en vertu des droits mêmes que nous garantissent ces constitutions et ces codes, nous nous trouvons dépossédés de la nature, excommuniés du genre humain? Qu'est-ce que la politique alors que nous manquons de pain? Que nous importe la liberté d'aller et de venir, la liberté de penser ou de ne pas penser, la garantie de la loi, et le spectacle des merveilles de la civilisation, et le maigre enseignement qu'on nous délivre, quand, par le retrait de tous les objets sur lesquels peuvent s'exercer l'activité humaine, nous sommes plongés dans le vide absolu; quand à l'appel de nos sens, de nos cœurs, de notre raison, l'univers et la société répondent : NÉANT!...

Citoyens, j'en jure par le Christ et par nos pères! La justice a sonné sa quatrième heure et malheur à ceux qui ne l'ont point entendue!

— Révolution de 1848, comment te nommes-tu?
— Je me nomme le *Droit au travail!*
— Quel est ton drapeau?
— L'*Association!*
— Ta devise?
— L'*Egalité devant la fortune.*
— Où nous mènes-tu?
— A la *Fraternité!*
— Salut à toi, Révolution! je te servirai comme j'ai servi Dieu, comme j'ai servi la Philosophie et la Liberté, de tout mon cœur, de toute mon âme, de toute mon intelligence et de tout mon courage, et n'aurai point d'autre souveraine et d'autre règle que toi!

Ainsi la Révolution, après avoir été tour à tour religieuse, philosophique, politique, est devenue économique. Et comme toutes ses devancières, ce n'est rien de moins qu'une contradiction au passé, une sorte de renversement de l'ordre établi qu'elle apporte. Sans ce revirement complet de principes et de croyances, il n'y a pas de révolution, il n'y a que mystifications. Continuons à interroger l'histoire, citoyens.

Sous l'empire du polythéisme, l'esclavage s'était établi et se perpétuait, au nom de quel principe? Au nom de la religion. — Le Christ parut, qui abolit l'esclavage précisément au nom de la religion.

Le Christianisme, à son tour, soumit la raison à la foi; la philosophie renversa cet ordre; elle subordonna la foi à la raison.

La féodalité, au nom de la politique, asservissait tout le monde, soumettant l'ouvrier au bourgeois, le bourgeois au noble, le noble au roi, le roi au prêtre, le prêtre à une lettre morte. — Au nom de la politique ainsi, 89 soumit tout le monde à la loi, et ne reconnut plus parmi les hommes que des citoyens.

Aujourd'hui le travail est à la discrétion du capital. Eh bien! la révolution vous dit de changer cet ordre. C'est au capital à reconnaître la prépondérance du travail, à l'instrument de se mettre à la disposition de l'ouvrier.

Telle est cette révolution, à qui le sarcasme et la calomnie, à qui la persécution n'aura pas manqué, non plus qu'aux autres. Mais, comme les autres aussi, la Révolution de 1848 devient plus féconde par le sang de ses martyrs. *Sanguis martyrum, semen christianorum!* s'écriait l'un des plus grands révolutionnaires des temps passés, l'indomptable Tertullien. Sang de républicains, semence de républicains.

Qui n'ose pas avouer cette foi, scellée du sang de nos frères, n'est pas révolutionnaire : c'est un infidèle. Qui la dissimule est un renégat. Séparer la République du socialisme, c'est vouloir accorder la liberté de l'esprit avec l'esclavage des sens, l'exercice des droits politiques avec la privation des droits civils : c'est contradictoire, c'est absurde.

Voilà, citoyens, la généalogie des idées sociales : sommes-nous, oui ou non, dans la tradition révolutionnaire ? Il s'agit de savoir à présent si nous sommes aussi dans la pratique; si, comme nos pères, nous serons tout à la fois hommes de conservation et hommes de progrès; car ce n'est qu'à ce double titre que nous serons des hommes de révolution.

Nous avons le principe révolutionnaire, le dogme révolutionnaire, la devise révolutionnaire. Que nous manque-t-il pour accomplir l'œuvre confiée à nos mains par la Providence ? Une seule chose : LA PRATIQUE révolutionnaire !...

Or quelle est cette pratique qui distingue des temps ordinaires les époques révolutionnaires ?

Ce qui constitue la pratique révolutionnaire, c'est qu'elle ne procède plus par détail et diversité, ou par transitions imperceptibles, mais par simplifications ou enjambements. Elle franchit, dans de larges équations, ces termes mitoyens que propose l'esprit de routine, dont l'application aurait dû normalement se faire dans la période antérieure, mais que l'égoïsme des heureux ou l'inertie des gouvernements a repoussés.

Ces grandes équations de principes, ces transitions gigantesques dans les mœurs, ont aussi leurs lois : rien de moins arbitraire, de moins abandonné au hasard que la pratique des révolutions.

Mais quelle est-elle enfin cette pratique ?

Je suppose que les hommes d'État que nous avons vus au pouvoir depuis le 24 février; que ces politiques à courte vue, à petits moyens, à routine étroite et méticuleuse, eussent été à la place des apôtres : je vous le demande, citoyens, qu'auraient-ils fait?

Ils seraient tombés d'accord avec les novateurs dans des conférences particulières, en conciliabule secret, que la pluralité des dieux était chose absurde; ils auraient dit, comme Cicéron, qu'ils ne concevaient pas que deux augures pussent se regarder sans rire; ils auraient condamné très philosophiquement, et à voix basse, l'esclavage.

Mais ils se seraient récriés contre cette propagande téméraire qui, niant les dieux et tout ce que la société avait de plus sacré, soulevait contre elle la superstition et tous les intérêts; ils auraient cru de bonne politique, au lieu d'attaquer les vieilles croyances, de les interpréter; ils auraient voulu qu'au lieu d'abolir le culte, on le purifiât. Ils se seraient inclinés devant Mercure le larron, Vénus l'impudique, Jupiter l'incestueux. Ils auraient parlé avec estime, avec respect, des jeux Floraux et des Bacchanales. Ils auraient fait la philosophie du polythéisme, raconté l'histoire des dieux, renouvelé le personnel des temples, publié des règlements pour les sacrifices et les fêtes publiques, accordé, autant qu'il eût été en eux, la raison et la morale avec les impures traditions de leurs pères; à force de ménagements, de complaisance, de respect humain, au lieu de sauver le monde, ils l'auraient fait périr.

Il y eut, dans les premiers siècles de l'ère chrétienne, une secte, un parti puissant par le génie et l'éloquence, qui en face de la révolution chrétienne, entreprit de continuer l'idolâtrie à ce point de vue d'une république modérée et progressive : ce furent les néoplatoniciens, auxquels se rattachent Apollonius de Tyane et l'empereur Julien. C'est ainsi que nous avons vu, de nos yeux, certains prédicateurs essayer la rénovation du catholicisme en interprétant ses symboles au point de vue des idées modernes.

Vaine tentative. La prédication chrétienne, je veux dire la pratique révolutionnaire, emporta tout, les dieux et leurs hypocrites adorateurs; et Julien, le plus grand politique et le plus bel esprit de son temps, pour s'être follement opposé à la justice évangélique, est resté flétri dans l'histoire du nom d'*apostat*.

Citons encore un exemple.

Supposons qu'en 89, les conseillers prudents du despotisme, les esprits avisés de la noblesse, les tolérants du clergé, les sages de la bourgeoisie, les patients du peuple; supposons, dis-je, que cette élite de citoyens, aux vues les plus saines, aux intentions les plus philanthropiques, mais pénétrée du danger des brusques innovations, se fût entendue pour ménager, suivant les règles de la haute politique, la transition entre le despotisme et la liberté? Qu'auraient-ils fait?

Ils auraient voté, après longue discussion, mûre délibération, en mettant entre chaque article dix ans au moins d'intervalle, une charte octroyée; ils auraient négocié avec le pape, et avec toute sorte de soumission, la constitution civile du clergé; ils auraient traité avec les couvents, à l'amiable, le rachat de leurs biens; ils auraient ouvert une enquête sur la valeur des droits féodaux, sur l'indemnité à accorder aux seigneurs; ils auraient cherché des compensations aux privilèges pour les droits accordés au peuple. Ils auraient fait durer mille ans une révolution que la pratique révolutionnaire accomplit en une nuit.

Et tout ceci n'est point une vaine hypothèse : il ne manqua pas d'hommes en 89 pour enchaîner avec cette fausse sagesse la révolution. Le premier de tous fut Louis XVI, Louis XVI révolutionnaire de cœur et de théorie autant que personne, mais qui ne comprit pas qu'il devait l'être également en pratique. Louis XVI se mit à marchander et à chicaner sur tout, tant et si bien, que la révolution, impatientée, l'emporta!...

Voici donc ce que j'entends, aujourd'hui, par pratique révolutionnaire.

La Révolution de février a posé le *droit au travail*, c'est-à-dire la prépondérance du travail sur le capital.

Partant de ce principe, je dis qu'avant de passer outre à toute réforme, nous avons à nous occuper d'une institution généralisatrice, qui exprime, sur tous les points de l'économie sociale, la subordination du capital au travail qui, au lieu de faire commanditer comme auparavant le travailleur par le capitaliste, rende le premier arbitre et commandeur du second, une institution qui change le rapport entre les deux grandes puissances économiques, le travail et la propriété, et de laquelle découlent ensuite, par voie de conséquence, toutes les autres réformes.

Sera-ce donc procéder révolutionnairement que de proposer ici une banque agricole servie, comme toujours, par les monopoleurs d'argent; là, de créer un comptoir de garantie, monument de stagnation et de chômage, ailleurs, de fonder une salle d'asile, un mont-de-piété, un hôpital, une crèche, une pénitencerie, une prison cellulaire, d'augmenter le paupérisme en en multipliant les foyers?

Sera-ce faire œuvre de révolution que de commanditer de quelques millions, tantôt une compagnie de tailleurs, tantôt une société de maçons; de réduire l'impôt sur les boissons et de le relever sur les propriétés; de convertir les obligations à terme en fonds perdus; de voter des graines et des pioches à douze mille colons partant pour l'Algérie ou de subventionner un phalanstère d'*essai*?

Sera-ce parler ou agir en révolutionnaire que de disputer quatre mois durant si le peuple travaillera ou ne travaillera pas, si le capital se cache ou s'il s'expatrie, s'il attend la confiance ou si c'est la confiance qui l'attend, si les pouvoirs seront divisés ou seulement les fonctions, si le président sera le supérieur, ou le subordonné, ou l'égal de l'Assemblée nationale, si le premier qui remplira ce rôle sera neveu d'empereur ou fils de roi, ou s'il ne vaudrait pas mieux, pour ce bel emploi d'un soldat ou d'un poète; si le nouveau souverain sera nommé par le peuple ou par les représentants, si le ministère de *réaction* qui s'en va mérite mieux la confiance que le ministère de *conciliation* qui vient, si la République sera bleue, blanche, rouge ou tricolore?

Sera-ce être révolutionnaire, quand il s'agit de

reporter au travail la production fictive du capital, de déclarer le revenu net inviolable, puis de le saisir par l'impôt progressif; quand il faudrait organiser l'égalité dans l'acquisition des biens, de s'en prendre au mode de transmission; quand 25.000 commerçants implorent un concordat, de leur répondre par la banqueroute; quand la propriété ne reçoit ni fermage ni loyer, de lui refuser, encore crédit; quand le pays demande la centralisation des banques, de livrer ce crédit à une oligarchie financière qui ne sait que faire le vide dans la circulation et entretenir la crise en attendant que le découragement du peuple ramène la confiance?

Citoyens, je n'accuse personne.

Je sais qu'à l'exception de nous autres, démocrates-socialistes, qui l'avons prévue et préparée, la Révolution de février a été une surprise pour tout le monde; et s'il est difficile à de vieux constitutionnels, de passer en si peu de temps de la foi monarchique à la conviction républicaine, il l'est encore plus à des politiques de l'autre siècle de comprendre rien à la pratique de la nouvelle Révolution. Autre temps, autres idées. Les grandes manœuvres de 93, bonnes pour l'époque, ne vous vont pas plus que la tactique parlementaire des trente dernières années; et si vous voulez faire avorter la Révolution, vous n'avez pas de plus sûr moyen que de reprendre ces errements.

Citoyens, vous n'êtes encore dans le pays qu'une minorité. Mais déjà le flot révolutionnaire grossit avec la rapidité de l'idée, avec la majesté de l'Océan. Encore quelque temps de cette patience qui a fait votre succès, et le triomphe de la Révolution est assuré, vous avez prouvé, depuis juin, par votre discipline, que vous aussi vous étiez des hommes politiques : vous prouverez désormais, par vos actes, par votre association, que vous êtes des organisateurs.

Le gouvernement suffira, je l'espère, avec l'Assemblée nationale, à maintenir la forme républicaine : telle est du moins ma conviction. De ce côté, vous n'avez rien à redouter, rien à craindre. Mais le pouvoir révolutionnaire, le pouvoir de conservation et de progrès, n'est plus aujourd'hui dans le gouvernement; il n'est pas dans l'Assemblée nationale : il est en vous. Le peuple seul, opérant sur lui-même sans intermédiaire, peut achever la Révolution économique fondée en février. Le peuple seul peut sauver la civilisation et faire avancer l'humanité!

CHAPITRE VIII

Quel titre avait Louis-Napoléon pour être élu en 1848 président de la République. — La pensée de réaction des électeurs. — La tradition de l'*idée napoléonienne*. — Napoléon III est mené, possédé par un double esprit. — L'émeute chassée de la rue. — Le livre de M. About publié par le *Moniteur*. — Napoléon III ne peut pas revenir au système parlementaire. — Il devient la providence de tout ce qui vit de favoritisme. — Son message au Sénat. — Le rétablissement de la famille Bonaparte est une vengeance tirée des traités de 1815. — Que peut être le IIe Empire? — L'esprit militaire dominant. — Budget des dépenses. — Aux hommes d'Etat à se tenir sur leurs gardes.

Laissons aux faiseurs de biographies la recherche des anecdotes. Napoléon III n'est à nos yeux, comme son oncle, qu'une expression historique trop bien caractérisée pour que je me soucie de sa personne et que je me permette à son égard aucune invective.

Quel titre avait Louis-Napoléon Bonaparte pour être élu en 1848, président de la République? Il l'a dit lui-même, avec autant de simplicité que de modestie. Aucun, si ce n'était son nom. « Mon nom, dit-il, faisant abstraction de ses aventures, signifie ordre, réconciliation. » Probablement il le pensait comme il le disait : pour son malheur et le nôtre, ce nom signifiait encore autre chose. D'abord les élections de 1848, de même que le coup d'état de brumaire, furent faites dans une pensée de réaction. Réaction contre quoi? contre le droit au travail, dernière phrase, dernier terme de la révolution : c'est contre la réforme économique que la candidature de Louis-Napoléon fut posée par la majorité conservatrice, accueillie, par la bourgeoisie, tant orléaniste que légitimiste, propagée par les prêtres et finalement acclamée par le peuple. Le peuple se compta en 1848 comme il avait fait après le 18 brumaire, comme toujours. Il vota avec ses ennemis, contre sa propre cause :

Un jour viendra où les républicains réagiront à leur tour contre le suffrage universel.

Comme le suffrage universel ne sera de longtemps encore qu'une affaire d'instinct, d'ordre fatal, non moral, je déclare, pour ma part, que si je n'appuie pas la mesure, je ne la combattrai point. Je dirai au peuple qu'il l'a bien mérité assez comme élu des trahisons du suffrage universel.

Louis Napoléon président de la République, était donc l'organe d'une réaction. Mais il était aussi le représentant d'une tradition puisque c'était pour son nom qu'il était élu ; il représentait *l'idée napoléonienne*. Ses affaires de la réaction faites, il était inévitable que la tradition reprît son cours ; d'autant mieux que la France n'avait plus elle-même d'idée. Combinez ensemble ces deux termes, une réaction et une tradition : Vous avez l'histoire de la Présidence et du deuxième empire. Qu'importe après cela de savoir ce que peut être de sa personne Napoléon III ? S'il est aussi flegmatique qu'il le semble, s'il a le génie politique d'un Machiavel, ou s'il ne nous apparaîtra pas bientôt comme un nouveau foudre de guerre. Je vous dis que Napoléon III, lui aussi, est mené. Qu'il est possédé par un double esprit dont aucun exorcisme ne le délivrera. Ce n'est pas, croyez-moi uniquement par singerie de son oncle qu'il a foi à son étoile.

De même que Napoléon 1er, Napoléon III n'obéit à aucun principe : il ne saurait dire en vertu de quelle idée il agit, quelle fin il se propose, où il nous mène, où il va. On le traite de despote : c'est à-dire qu'il est le jouet de toutes les contradictions accumulées sous son règne.

Il a chassé l'émeute de la rue ; mais l'émeute est entrée en bas. Car n'oublions pas cette grande vérité de l'histoire et de la politique : toutes les révolutions qu'un peuple a traversées, jusqu'au jour où une révolution finale les liquide, se livrent bataille dans son gouvernement. Un simple particulier peut opter entre le Christ et Satan, donner son âme à l'un des deux ; un gouvernement ne le peut pas. Il faut, bon gré, mal gré, qu'il reste Tartuffe. Napoléon III peut-il ou détruire Voltaire, ou renier l'Eglise ? Ni l'un ni l'autre. C'est pour cela qu'il publie le livre de M. About en feuilletons dans le *Moniteur*, et qu'il fait saisir l'édition publiée à l'étranger.

Ainsi du reste.

Napoléon III ne peut pas, en eût-il le désir, revenir au système parlementaire, livrer les huit années de son gouvernement à la discussion publique, convier à cette discussion tous ses ennemis intimes, partisans de deux monarchies déchues et républicains.

Il ne peut pas, le voulût-il, affirmer le socialisme, contre lequel il a été élu, et qu'il poursuit tous les jours. Mais, bien qu'il ne puisse ni se faire roi ou empereur constitutionnel, ni prendre le drapeau de la révolution sociale, il ne peut pas anéantir ces deux idées : ce serait se réduire lui-même à l'absurde.

C'est pour cela, d'un côté, que l'Empire a conservé quelque chose des mœurs parlementaires, bien que ce peu le gêne furieusement ; d'autre part, qu'il caresse le prolétariat par toutes sortes d'expériences anodines : Cités ouvrières, soupes économiques, remise sur la taxe du pain, caisses de retraites, assurances agricoles, tarif de la boucherie, poursuites contre les accapareurs, travaux publics, insinuations aux chefs d'établissement et ordre aux communes d'occuper, coûte que coûte, les ouvriers sans travail, main mise de l'Etat sur la Banque, le Crédit foncier, les docks ; projet de vente des biens des hôpitaux, emprunts nationaux, etc., etc. La réaction n'y perd rien, loin de là. La défaite du travail impliquant le triomphe du parasitisme et ce qui s'ensuit, le coup d'Etat du 2 décembre est devenu le signal des opérations d'une bande innombrable qui compte des affiliés jusque dans les sommités du pouvoir, et dont les illustrations font reculer la justice. Louis-Philippe honnête homme, personnifia la corruption politique ; Napoléon III, étranger aux *affaires*, tout entier à son idée Napoléonienne, est devenu la providence de tout ce qui vit de favoritisme, d'intrigue, agiotage, pot-de-vin, escroquerie, prostitution.

Napoléon III ne peut pas même se dégager de ces odieux traités de 1815 ; tant le fait accompli a de puissance, et les conventions écrites de réalité. Il disait dans son message au sénat du 4 novembre 1852 :

« Dans le rétablissement de l'empire le peuple trouve une garantie à ses intérêts, et une juste satisfaction à son orgueil. Ce rétablissement garantit ses intérêts en assurant l'avenir, en fermant l'ère des révolutions, en consacrant encore les conquêtes de 89. Il satisfait son juste orgueil, parce que, relevant avec liberté et réflexion ce qu'il y a trente-sept ans l'Empire entier avait renversé par la force des armes, au milieu des désastres de la patrie, le peuple *venge* noblement *ses revers sans faire de victimes, sans menacer aucune indépendance, sans troubler la paix du monde.* »

Le rétablissement de la famille Bonaparte, telle est la vengeance qu'en 1852 Napoléon III déclarait vouloir tirer des traités de 1815, vengeance *sans victoires*, qui ne devait rien coûter à l'Europe ; qui maintenait à la Belgique, son indépendance, à la Prusse la possession du Rhin, à l'Autriche, celle de la Lombardo-Vénétie, et au Pape ses états. Napoléon III a fait plus : c'est pour le respect des traités et la conservation de l'équilibre européen qu'il a fait la guerre à la Russie, en compagnie de l'Autriche et de l'Angleterre. Combien sa conscience impériale a dû se révolter, en pensant qu'il en était venu ainsi à adorer ce qu'il avait brûlé, à brûler ce qu'il avait adoré !

Je ne dis pas que Napoléon III se montre jusqu'à la fin, observateur fidèle de la pensée de 1815. Nous savons que si la puissance d'une réaction ne va pas jusqu'à détruire le fait antérieur, il ne lui est pas permis non plus de le reconnaitre. Mais n'est-ce pas pour les traités de 1815 que combat l'Empereur, n'est-ce pas leur lettre qu'il affirme, quand il accuse l'Autriche de rompre l'équilibre de l'Europe par son influence dans la Péninsule; quand, pour obtenir la neutralité de la Prusse et de l'Angleterre, il déclare qu'il ne cherche aucun agrandissement de territoire, que la guerre sera localisée, le Pape maintenu dans son temporel, etc.?

Que peut donc être le deuxième empire, si de par la loi qui présida à sa naissance, il ne lui est permis ni de suivre sa tradition, ni de revenir au système constitutionnel ou de se faire socialiste; s'il ne parvient à déchirer les traités de 1815, que pour les refaire aussitôt?

L'Empire, je le dis avec la tristesse que me cause la perspective de toute destruction, l'empire ne peut plus être rien, ou le monde serait sens dessus dessous. Il a épuisé son idée, idée négative, contradictoire, stérile : il faut qu'il tombe. Ce n'est pas ma raison qui le dit, c'est la logique de l'histoire qui nous l'enseigne. Pourquoi ferait-elle en faveur de Napoléon III une exception refusée à Napoléon Ier? « Prenez garde, lui criait après le 10 décembre la presse démocratique : il y a de tout dans votre élection, de la monarchie, de la république, du socialisme, du diable et du bon Dieu. Sachez bien ce que vous allez faire; choisissez vos instruments, déterminez votre objet, et sauvez vous à propos... » Il n'a tenu compte de rien. Il s'est lancé, comme un boulet, dans la voie que lui avaient ouverte des commanditaires réacteurs. *Saints du Paradis, priez pour Napoléon-Louis!*

Entre temps, Napoléon III a rétabli du premier Empire tout ce qu'il a pu. L'esprit militaire est dominant, mais fortement trempé de jésuitisme. La conscription a été portée de 80 à 100 et 110,000 hommes; la population n'y suffit plus. La centralisation a été renforcée, la police augmentée, le silence imposé, la vie départementale, les chemins de fer aidant, éteinte. Moins que jamais on aime les *avocats* et les *idéologues*, les gens qui parlent et les gens qui pensent. On n'en est pas plus avancé pour cela. Le budget des dépenses porté de 1.700 à 1.800, 2000 et 2.500 millions, la dette publique doublée, la gêne généralisée, l'instruction du peuple livrée à l'église qui n'enseigne que ce qu'il faut; au dehors, l'empire turc ébranlé, la guerre déclarée à l'Autriche, l'alliance anglaise menacée et je ne sais quelle convention, qu'on ne dit pas, avec la Russie : voilà où nous en sommes. En résumé, l'esprit humain avançant toujours, il est bien difficile qu'un gouvernement ne se trouve pas en réaction contre quelque chose.

C'est aux hommes d'État à se tenir sur leurs gardes, car toute réaction conduit à mal, et il n'en est pas de plus périlleuse et qui pardonne moins que celle qui a pour objet de résister à la paix. Nous en avons eu un premier exemple dans Napoléon Ier : fasse le ciel que nous n'en ayons pas bientôt un second dans Napoléon III!

CHAPITRE IX

Le sens philosophique de l'élection de Louis Bonaparte à la présidence de la République. — L'homme est le *Moi* de la Providence comme de la Nature. — Malentendus, à partir du 10 décembre. — Il ne s'agit point ici du fils d'Hortense mais du pays qui l'a pris pour signe. — Ledru-Rollin, la république rouge ; Bugeaud, Changarnier, la république militaire. — Amour de la légalité et respect de la Constitution. — Le péril imaginaire. — De la considération de l'élu. — Cavaignac ou Louis Bonaparte. — Le vote de la démocratie socialiste. — Tout se réunissait pour dérouter notre jugement. — La papillonne ! aurait dit Fourier. — Le suicide des partis.

Il ne faut pas vouloir tout expliquer en histoire : ce serait une prétention aussi pleine de périls que dépourvue de philosophie. La sagesse a ses limites, disait l'apôtre, au delà desquelles le raisonnement et la raison ne sont plus que vanité et affliction d'esprit. Toutefois il est des faits qui, au premier coup d'œil, offrent l'apparence d'accidents inexplicables, à mettre seulement sur le compte de la fortune, mais dont, avec une recherche persévérante, on finit par trouver la raison. L'élection du 10 décembre est de ce nombre [1].

J'ai cherché, pendant plus de six mois, non pas la cause, personne ne l'ignore, mais le sens philosophique de l'élection de Louis Bonaparte à la présidence de la République, de cette élection qui a si fort réjoui les uns, qui a tant scandalisé les autres et dont tout le monde s'est à bon droit émerveillé. Louis Bonaparte président de la République! c'était bien là le fait arbitraire contre lequel se raidit une raison tant soit peu rigoureuse, parce qu'elle n'y trouve ni motif ni prétexte. Tous les événements accomplis depuis février tombaient sous la loi historique : celui-là seul y échappait. Ce n'était plus une évolution réelle, rationnelle : c'était une création du bon plaisir électoral, une légende, un mythe, dont le *Moniteur* rapportait le commencement, le milieu et la fin, mais dont il m'était défendu d'assigner la raison intelligible, de faire la déduction logique, en un mot d'expliquer le sens. Les décrets de la Providence ne se discutent pas : on ne raisonne point avec Dieu.

Il ne m'a pas moins fallu pour trouver le mot de cette énigme, que le témoignage de Louis Bonaparte lui-même... L'homme est le *Moi* de la Providence comme de la Nature. Il est rare qu'il n'ait pas une intuition, un sentiment quelconque de sa destinée; et Louis Bonaparte, expliquant de sa haute fortune ce que personne, sans lui, n'en aurait su comprendre, est le plus frappant exemple de cette identité du *sujet* et de l'*objet* qui fait le fond de la métaphysique moderne.

[1]. Cf. *Les Confessions d'un Révolutionnaire*, p. 218 et suiv.

Pour apprécier toute la profondeur du jugement porté par Louis Bonaparte sur lui-même, prouvons d'abord que, suivant les règles de la prudence humaine, les électeurs avaient toutes les raisons imaginables de repousser le candidat, qui ne signifiait pour chacun d'eux que l'inconnu... L'inconnu : quelle raison électorale !

Soit que l'on considérât la personne du candidat, soit que l'on se plaçât au point de vue des partis qui divisaient la République, il me semblait impossible d'arriver à une explication. Sans doute, le scrutin du 10 décembre m'avait appris ce dont la France ne voulait pas : cinq millions et demi de voix données à un exilé sans titres, sans antécédents illustres, sans parti, contre moins de deux millions inégalement distribuées entre Cavaignac, Ledru-Rollin, Raspail, Changarnier, Lamartine, le faisaient assez connaître. Mais ce que voulait la France, le vœu, l'idée, politique ou sociale, qu'elle poursuivait en choisissant, pour la représenter au pouvoir exécutif, Louis Napoléon Bonaparte, jadis condamné par la cour des pairs et enfermé au château de Ham comme coupable d'attentat au gouvernement : voilà ce que je ne pouvais comprendre, ce qui me faisait traiter à la fois d'absurdes et les électeurs du 10 décembre qui tant se démenèrent, et l'invisible main qui les conduisait.

Rien de plus grave que les situations illogiques. Tous nos malentendus, à partir du 10 décembre, sont venus de ce que Louis Bonaparte est resté pour tout le monde un personnage incompris; de ce que lui-même, malgré l'intuition qu'il a de son rôle, n'a pas su encore expliquer philosophiquement ce qu'il représente, ce qu'il est. Je déclare, pour ce qui me regarde, que l'opposition que je lui ai faite avant et depuis son élection n'a pas eu d'autre cause, que cette ignorance involontaire où je suis demeuré si longtemps. Ce que je ne devine pas est ce que je hais le plus au monde : j'aurais tué le sphinx, comme Œdipe, ou je me serais fait dévorer. — Que m'avait fait Louis Bonaparte? nulle offense. Au contraire, il m'avait prévenu, et si je ne considère que nos relations d'une heure, en fait de politesse je suis son redevable. Et pourtant, à peine fut-il question de cette candidature, que, cherchant le mot de l'énigme et ne le trouvant pas, je sentis que cet homme, malgré la gloire de son nom, me devenait antipathique, m'était hostile. En tout autre temps, j'aurais plaint ce jeune homme, revenant, après trente années d'exil, dans une patrie inconnue, et faisant au peuple, sur l'hypothèque de son élection, des promesses de bonne foi sans doute, mais aussi chimériques que celles du Luxembourg et de l'Hôtel-de-Ville. Mais après février, après juin, après le 4 novembre, Louis Bonaparte tombant au milieu de cette ronde de damnés que faisaient, autour de la présidence, légitimistes, orléanistes, républicains classiques, jacobins et socialistes! cela me parut tellement merveilleux, incompréhensible, que je ne pus y voir, ainsi que M. Thiers, qu'une honte de plus pour mon pays.

Laissons l'homme de côté : il ne s'agit point ici du fils d'Hortense, mais du pays qui l'a pris pour signe. Quoi! disais-je, voilà celui que la France, cette soi-disant reine des peuples, conduite par ses prêtres, par ses romanciers et ses roués, s'en est allée choisir pour chef, sur la foi de son nom, comme un chaland qui prend une marchandise sur l'étiquette d'un sac ! Par respect pour ce titre de républicains, que nous avons indignement usurpé ; par égard pour nos représentants, chargés par nous de faire une Constitution républicaine, nous devions, ce semble, choisir pour Président de la République un républicain. Et si les grandes individualités manquaient, les notabilités significatives ne faisaient pas défaut. Cavaignac était la république modérée : n'avait-il pas tout fait pour elle! Ledru-Rollin, la république rouge; Bugeaud, Changarnier, la république militaire. Nous connaissions ces gens-là : une fois à la présidence, ils ne pouvaient donner d'inquiétudes. Et voilà que, sans motif plausible, sans respect de notre dignité, uniquement pour bafouer ceux qui avaient fondé et servi la République, nous donnions la palme à une candidature dynastique, fantastique, mystique!..

Plus je cherchais, plus je désespérais.

Le pouvoir présidentiel, d'après la Constitution, doit durer quatre ans; le président sortant ne peut être réélu qu'au bout de quatre autres années. Cette disposition, qui ne laisse aucune place aux appétences monarchiques, commandait de choisir un citoyen dont toute l'ambition fût d'avoir été durant quatre ans, avec dévouement et patriotisme, le premier parmi ses concitoyens, et d'avoir inscrit avec honneur son nom aux annales de notre histoire. Mais nous, comme pour braver la fortune, nous choisissions un homme de race, un prétendant, disait-on, un prince! Déjà même on assurait que l'on n'attendrait pas l'expiration des quatre années pour reviser la Constitution et proroger les pouvoirs de Louis Bonaparte. Par là, on rapprochait l'autorité présidentielle de l'autorité royale, on ménageait la transition, on préparait la voie à une restauration. Le tout, ajoutait-on, par amour de la légalité et respect de la Constitution. O doctrinaires! plus couards que jésuites! déchirez-la donc tout de suite cette Constitution! N'êtes-vous pas les plus forts? L'appel au peuple contre la Constitution ne vaut-il pas aujourd'hui ce qu'il vaudra dans quatre ans? Si vous croyez qu'une nation puisse valablement renoncer à ses droits imprescriptibles, rétablir une royauté corruptrice, et supprimer le suffrage universel, votre ajournement de quatre années est une lâcheté sans profit. Contre un pacte subreptice, l'insurrection est le premier des droits et le plus saint des devoirs. Souvenez-vous seulement que ce que vous aurez fait contre la République, nous le ferons contre la monarchie! Osez donner l'exemple.

Ainsi je m'exhalais contre un péril imaginaire, qui me semblait la conséquence logique de l'élection de Louis Bonaparte. Et je me croyais d'autant plus fondé dans mes plaintes, qu'il m'avait paru voir l'annonce de tels projets dans les circulaires du candidat.

Puisqu'il s'agissait d'une magistrature élective, temporaire, responsable, c'était l'éclat des services, la grandeur des talents, le caractère, qu'il fallait avant toutes choses considérer dans le Président. En République, le magistrat doit offrir le type de la vertu républicaine, comme il est le reflet, sous la monarchic, de la dignité royale. Or, quel titre, quelle raison Louis Bonaparte avait-il donné de sa candidature ? une parenté, une prétention héréditaire. Lui-même l'avait dit : Ce qui me fait solliciter vos suffrages, citoyens, c'est que je m'appelle Bonaparte ! *Nominor quia leo.*

Déjà même, avant l'élection du 10 décembre, cet argument avait paru si décisif, si péremptoire, qu'il avait suffi pour déterminer, outre l'élection de Louis Bonaparte à la représentation nationale, celles de Napoléon Bonaparte, Pierre Bonaparte, Lucien Bonaparte, Murat, fils de Caroline Bonaparte, tous princes du sang. Ajoutons Jérôme Bonaparte, gouverneur des Invalides, à 40,000 fr. d'appointements; plus Antoine Bonaparte, qui vient encore d'être élu représentant par le département de l'Yonne. Il n'y a que Charles Bonaparte, le Romain, l'ami de Mazzini, dont nous n'ayons pas voulu. Et nous serions de race révolutionnaire, le peuple initiateur, le Christ des nations! Qui donc a dit cela ?.. Cette idée me mettait en fureur.

Si de la considération de l'élu je passais à celle des électeurs, je ne trouverais pas davantage la raison de leur choix. Ni les rouges, ni les blancs, ni les bleus, ni les tricolores, n'avaient de motifs de pousser avec tant d'acharnement à la chose. L'intérêt de parti, la fidélité au principe, le soin de l'avenir, commandaient à tous d'agir directement contre Louis Bonaparte. Au lieu de cela, tous, à force de se détester, semblaient s'être ligués pour lui !

Comme, à cette occasion, j'ai eu à supporter plus d'une avanie, je rapporterai ce qui se passa dans le parti démocratique. Par ceux-là, jugez des autres.

Après le vote de la Constitution, la polémique, déjà engagée entre le *Peuple* et les organes de la Montagne sur les questions sociales, prit un nouveau degré d'animosité au sujet de l'élection du Président. Toutes mes appréhensions se confirmaient.

Le socialisme, par cela même une protestation contre le capital, est une protestation contre le pouvoir. Or la Montagne entendait réaliser le socialisme par le pouvoir et, qui pis est, se servir du socialisme pour arriver au pouvoir!... C'était déjà une question fort grave, pour le parti socialiste, de savoir qu'il se renfermerait dans une abstention systématique, ou si, pour se compter lui-même et connaître ses forces, il adopterait une façon de candidat, en deux mots, s'il ferait acte gouvernemental ou non. La Montagne, de sa seule autorité, avait tranché la question, en déclarant que Ledru-Rollin, contre lequel nous n'avions d'ailleurs rien à objecter, serait le candidat de la République démocratique et sociale.

Le *Peuple* opposa d'abord à cette décision, qu'il considérait de tous points comme contraire au socialisme, l'opinion bien connue de la Montagne elle-même sur la présidence. Il fit entendre qu'il serait peu honorable au parti, après avoir repoussé avec tant d'énergie le principe de la séparation des pouvoirs, de paraître sacrifier le dogme démocratique à l'appât d'une élection; qu'il semblerait qu'on redoutât l'institution présidentielle beaucoup moins pour elle-même que pour le personnage qui pouvait en être revêtu, etc. — Nos amis crurent lever la difficulté en faisant prendre au candidat l'engagement, sur l'honneur, s'il était élu, d'employer son autorité à faire reviser immédiatement la Constitution, reconnaitre le droit au travail, et abolir la présidence : précaution qui à nos yeux avait le triple défaut d'être inconstitutionnelle, impraticable et souverainement puérile.

Le *Peuple* alors essaya de rappeler les esprits à la pratique. Il fit observer que, puisque l'on persistait à voter, il convenait d'être au moins convaincu d'une chose, savoir : que le candidat de la démocratie sociale n'avait aucune chance ; que dès lors les voix qui lui seraient données ne pouvant servir qu'à élever le chiffre de la majorité absolue, diminueraient d'autant les possibilités en faveur de Louis Bonaparte, et augmenteraient dans la même proportion les chances de Cavaignac ; qu'ainsi voter pour Raspail ou Ledru-Rollin, c'était en réalité voter pour le vainqueur de Juin, l'homme qu'à cette époque on haïssait le plus. Lequel de ces deux candidats, Cavaignac ou Louis Bonaparte, la démocratie socialiste devait-elle redouter davantage de voir élever à la présidence? Voilà, disait le *Peuple*, comment devait être posée la question.

Cette observation, toute d'arithmétique, parut une défection. Le *Peuple* fut mis au ban de la démocratie. On invoqua, en désespoir de cause, la nécessité de l'union, le besoin de discipline : c'est avec cela que les emportés finissent par avoir raison des timides. Le *Peuple* disait qu'il n'y avait d'union possible que sur le terrain des principes : la candidature de Raspail fut maintenue en face de celle de Ledru-Rollin.

Pauvres Montagnards, pauvres myopes! vous vouliez du pouvoir, vous alliez en avoir, mais ce serait pour la dernière fois! Enfin, l'élection de Louis Bonaparte vint ramener la concorde parmi les patriotes. En haine de la démocratie, vaincue par elle-même en mars, avril, mai, juin; en dédain de la république modérée; en oubli des services de Cavaignac, le pouvoir fut décerné à Louis-Napoléon. A la possibilité d'un fructidor la nation répondait par la possibilité d'un brumaire : encore une fois, était-ce là une raison d'Etat? était-ce pour une grande nation, maîtresse d'elle-même, une considération à la hauteur d'un si grand intérêt?

On demandera peut-être, puisque le candidat de la démocratie socialiste n'avait pas de chances, ce que le parti pouvait gagner, selon le *Peuple*, soit à ne voter pas, soit à se rallier au parti que représentait Cavaignac; quelles raisons, enfin, nous avions de nous opposer à l'avénement de Louis Bonaparte.

En ne votant pas, la démocratie socialiste frappait le monde par un acte éclatant de scepticisme politique; elle abjurait son gouvernementalisme; elle se grossissait de toutes les abstentions, et quadruplait ainsi sa force numérique. De plus, elle fixait d'avance le point sur lequel devait porter, en 1852, la révision de la Constitution, et déterminait ainsi le caractère de la future opposition constitutionnelle. Enfin, si l'exemple des démocrates n'était pas suivi, du moins ils ne subissaient pas la honte d'une outrageante défaite.

En votant pour Cavaignac, la démocratie socialiste obéissait au principe de fusion qui forme son essence; elle déteignait sur la république modérée;

elle commençait à se l'assimiler; elle marquait le but où tendaient, par la force de leur commun idéal, toutes les fractions républicaines; elle s'imposait au pays comme le gouvernement de l'avenir, et avançait de plusieurs années son triomphe.

Ces raisons, qui nous paraissaient alors sans réplique, ont été écartées par l'inspiration populaire du 10 décembre. Quelle intelligence eût pu deviner alors ce que recélait la pensée générale?

Mais, ajoutera-t-on, parce que le parti démocratique et socialiste manqua dans cette occasion de perspicacité, était-ce une raison pour vous diviser encore? A quoi bon cette candidature de Raspail?

La candidature de Raspail était motivée précisément par celle de Ledru-Rollin. Un parti qui, à l'unanimité de ses membres, ment à son principe, est un parti perdu. En votant pour Cavaignac, la démocratie aurait fait simplement acte d'obéissance à la Constitution; elle n'y adhérait point, elle réservait son principe et maintenait intactes ses doctrines. Tandis qu'en votant pour Ledru-Rollin, elle se prononçait pour la théorie gouvernementale, elle n'était plus socialiste et devenait doctrinaire. Il fallait, pour l'honneur de son opposition à venir, qu'une protestation surgit de son sein : sans cela elle n'avait plus, après le 10 décembre, qu'à se taire ou à conspirer.

Toutes ces raisons, je le reconnais aujourd'hui, pouvaient bien avoir alors quelque valeur : elles étaient loin de la haute sagesse qui, en poussant les masses à l'élection, leur commandait de voter tout bas pour Louis Bonaparte. Mais tout se réunissait alors pour dérouter notre jugement.

Pouvions-nous donc, dans cet inconcevable entraînement des esprits au souvenir d'un despote, voir autre chose qu'une haine aveugle de la révolution démocratique et sociale, une ignoble protestation contre les 45 centimes? Or, ainsi qu'on nous l'a si souvent reproché à nous autres socialistes, ce n'est pas tout de nier, il faut affirmer : qu'est-ce donc que prétendait affirmer le pays en nommant Louis Bonaparte? A quelle inspiration obéissait-il? Quel principe entendait-il poser? Etait-ce une idée de réaction? Cavaignac pouvait, tout aussi bien que le neveu de l'empereur, servir les réacteurs : il l'a prouvé en juin. Il avait de plus le mérite de ne faire ombrage ni aux Bourbons aînés, ni aux Bourbons cadets. C'est un simple président de la république : on n'avait pas à redouter en lui le prétendant. Qu'est-ce qui avait pu décider le parti légitimiste, qu'est-ce qui avait pu déterminer le parti orléaniste, en faveur de Bonaparte? Comment les chefs de ces deux partis, des hommes si habiles, ne voyaient-ils pas que si Louis Bonaparte s'attachait à la République et prenait en main la défense de la Constitution, tôt ou tard il se rallierait les républicains, et ferait contre les dynasties déchues tout ce qu'aurait pu faire Cavaignac, et mieux encore que Cavaignac? Que si, au contraire, il suivait sa première inclination, s'il revenait à ses idées impériales, on avait en lui, pour quatre ans, un compétiteur de plus? Quatre ans, lorsqu'il s'agit d'une couronne, c'est tout. Les légitimistes, les orléanistes, et toute la réaction, avaient donc raisonné aussi faux que les démocrates; ils avaient trahi leurs principes, et manqué à toutes les lois de la prudence, en se ralliant à cette candidature qui excluait l'espoir de leurs dynasties. Seul, avec les républicains de la gauche qui votaient pour Cavaignac, avec le petit nombre de socialistes ralliés au nom de Raspail, le *Peuple* était dans la bonne voie de la logique et de la fidélité à la République. C'est pour cela que j'ai combattu de toutes mes forces la candidature de Louis-Napoléon : je croyais faire opposition à l'Empire, tandis que, malheureux ! je faisais obstacle à la Révolution. Je voulais embarrer le chariot d'Ezéchiel, forcer la main à Celui qui règne dans les cieux et qui gouverne les Républiques, comme dit Bossuet ; et c'était envers l'Humanité que je me rendais sacrilège ! J'en suis puni : *Mea culpa*.

Franchement je n'eusse pas demandé mieux, avant le 10 décembre, que de me rallier à la candidature de Louis Bonaparte, et après le 10 décembre, que d'appuyer son gouvernement, s'il avait su me dire par quelle cause, au nom de quel principe, en vertu de quelle nécessité historique, politique ou sociale, il avait été fait président de la République, plutôt que Cavaignac, plutôt que Ledru-Rollin. Mais les gouvernants laissent tout à deviner aux gouvernés ; et plus j'y pensais, plus, malgré ma bonne volonté, je devenais perplexe. Absorbé dans mes réflexions, je crus un jour avoir trouvé la solution que je cherchais dans ces paroles prophétiques de Mirabeau, rappelées par Chateaubriand dans une circonstance qui n'était pas sans analogie avec le 10 décembre 1848, je veux parler du sacre de l'empereur le 5 décembre 1804 : « Nous donnons un nouvel exemple de cette » aveugle et mobile inconsidération qui nous a con-

» duits d'âge en âge à toutes les crises qui nous ont
» successivement affligés. Il semble que nos yeux
» ne puissent être dessillés, et que nous ayons résolu
» d'être, jusqu'à la consommation des siècles, des en-
» fants quelquefois mutins et toujours querelleurs. »

La papillonne! aurait dit Fourier. Est-ce là une cause? Est-ce un principe? est-ce une nécessité? O Providence! tu as vaincu; tes voies sont impénétrables!

Enfin Louis Bonaparte a parlé : il s'est révélé lui-même; mais le monde ne l'a pas encore compris.

LA FRANCE, a-t-il dit, je ne sais plus à quel propos, je ne sais plus quand, je ne sais plus où, LA FRANCE M'A ÉLU PARCE QUE JE NE SUIS D'AUCUN PARTI!... Traduisez : *La France m'a élu parce qu'elle ne veut plus de gouvernement.*

Oui, la France a nommé Louis Bonaparte Président de la République, parce qu'elle est fatiguée des partis, parce que tous les partis sont morts, parce qu'avec les partis le pouvoir lui-même est mort et qu'il n'y a plus qu'à l'enterrer. Car, ainsi que nous l'avons vu, le pouvoir et les partis sont l'un à l'autre effet et cause : ôtez ceux-ci, vous détruisez celui-là, et réciproquement.

L'élection de Louis Bonaparte a été le suicide des partis qui ont concouru à son triomphe, portant le dernier soupir de la France gouvernementale. On dit que les dernières paroles du grand empereur à son lit de mort, furent : *Tête!... Armée!...* Les dernières paroles de notre société politique, au scrutin du 10 décembre, ont été ces quatre noms : Napoléon, Robespierre, Louis XIV, Grégoire VII!

Adieu, pape!
Adieu, roi!
Adieu, dictateur!
Adieu, empereur!

Désormais il n'y aura plus d'autorité ni temporelle, ni spirituelle, ni révolutionnaire, ni légitime sur mes enfants. Va, Bonaparte, remplis ta tâche avec intelligence, et, s'il se peut, avec plus d'honneur encore que Louis-Philippe. Tu seras le dernier des gouvernants de France [1]!

---

1. Dans l'*Idée de la Révolution au* xix*e siècle,* Proudhon dit : « La France a élu Louis-Napoléon Bonaparte parce que l'empereur est pour elle la Révolution, et qu'elle est avant tout révolutionnaire. » C'est la même pensée que celle exprimée dans les *Confessions.* Aucun des partis existants au xixe siècle, pas même celui qui invoquait la tradition jacobine, n'était révolutionnaire : ils l'ont montré. Or, la Révolution, on sait aujourd'hui ce qu'elle est : le travail à l'ouvrier, la terre au paysan, l'indépendance au citoyen, aux communes, aux départements; l'égalité sociale, et la propagande, armée s'il le faut, au dehors.

Louis Bonaparte pouvait remplir son rôle de deux manières : soit en prenant la tête de la Révolution, soit en faisant, de connivence avec les royalistes et les jésuites, obstacle au progrès. Il a préféré ce dernier parti, qui a perdu son oncle, et qui le perd lui-même, sans faire reculer la Révolution d'une semelle. En revanche, les partis se convertissent : tandis que le jacobinisme se fait anti-gouvernemental, la légitimité jure par 89. *Erudimini!*

CHAPITRE X

Le *Représentant du Peuple* cesse de paraître. — L'idée d'une révolution économique gagne et s'étend. — Le vote de la Constitution. — L'Assemblée nationale termine ses travaux le 23 octobre. — La *division des pouvoirs*. — Les candidatures se produisent. — La question qui se pose — Le peuple doit s'abstenir. — L'article 109 de la Constitution. — A la muse du pamphlet! — La Présidence, c'est la Monarchie. — La distinction du *législatif* et de l'*exécutif*. — La loi des douze tables. — Le Président sera tout-puissant, cela suffit.

Depuis que le *Représentant du peuple* a cessé de paraître, deux faits seulement se sont accomplis, l'un dans le monde social, l'autre dans le monde politique [1].

L'histoire n'en sera pas longue : quelques lignes nous suffiront pour renouer la chaîne interrompue des événements, du 21 août au 31 octobre.

Le premier de ces faits est l'invasion, sur tous les points du monde civilisé, des idées sociales.

L'idée d'une révolution économique gagne et s'é-

---

1. Cf. *Mélanges et Articles de journaux*.

tend, à l'intérieur, dans nos départements les moins avancés; au dehors, dans les États les plus despotiques, avec la rapidité de l'incendie qui, sous la zone torride, parcourt et embrase en quelques heures des plages immenses. Toutes les idées de la ville, prétendus politiques, sont forcées de s'incliner devant l'idée sociale et d'emprunter son drapeau pour être encore quelque chose.

La révolution sociale, inaugurée à Paris le 25 février, baptisée du baptême de sang dans les funèbres journées de juin, la révolution du travail et du capital est désormais irrésistible, en France et dans toute l'Europe.

Partout les populations, à qui la calomnie avait présenté cette révolution comme la raison de la liberté et la destruction de la famille, éclairées par la discussion, par la calomnie elle-même, accueillent la révolution sociale comme le gage de la liberté et le palladium de la famille.

A voir la marche triomphante de l'idée, nous pouvons prédire qu'elle n'aura pas de lutte armée à soutenir; elle n'aura bientôt qu'à se présenter, avec la masse de ses partisans, pour commander le respect et s'établir officiellement dans toute son autorité.

Encore quelques semaines de souffrance, travailleurs! et vous aurez changé la face du monde en moins de jours qu'il ne fallut d'années au Christ pour établir sa religion.

Le second fait que nous avons à enregistrer est le vote de la constitution.

L'Assemblée nationale a terminé, le 23 octobre, ses travaux constituants, du moins en ce qui concerne le nouvel acte constitutionnel. Cet acte peut se résumer en quatre articles :

1º Le droit au travail;
2º Le suffrage universel;
3º La division des pouvoirs;
4º La faculté de révision.

Le *droit au travail*, rejeté après de longs débats, lors de la discussion de l'article 8, s'est reproduit en termes plus ou moins explicites dans l'article 13.

Qu'est-ce, en effet, que le *droit à l'assistance*, reconnu par la constitution dans tous les cas où le travail fait défaut, sinon l'indemnité du chômage!

Et qu'est-ce que la promesse de développer le travail par l'enseignement primaire et professionnel, par les institutions de crédit, par l'association, par l'organisation des travaux publics, si ce n'est encore la garantie du travail dans la mesure des forces humaines, des forces de la société!...

Quant au *suffrage universel*, la constitution n'a guère fait autre chose que le déclarer; elle ne l'organise point. Le suffrage universel, appliqué comme on a fait jusqu'ici, — et nous l'avons vu, nous le savons par expérience, — est une institution excellente pour faire dire au peuple, non ce qu'il pense, mais ce qu'on veut de lui. Avec le suffrage universel, défini comme il l'est dans la Constitution, le peuple votera tour à tour la monarchie et la république, la religion et l'athéisme, la liberté et la servitude, l'égalité et le privilège. Tout est à faire encore de ce côté-là : avis aux patriotes!

La *division des pouvoirs* est un reste de ce que nous appelons la POLITIQUE, et qui n'est que la déception éternelle de la liberté. C'est la scission de ce qu'il y a de plus radicalement indivisible, de ce dont la division implique contradiction, la *volonté* du souverain. Dans la société, comme dans l'homme, les fonctions sont diverses, mais la volonté est essentiellement une : c'est ce que n'a pas compris l'Assemblée nationale. La peur du despotisme l'a jetée dans l'antagonisme, dans l'anarchie.

Or, après avoir mis la division dans l'État et la confusion dans le suffrage universel, ce que l'Assemblée nationale avait à faire de mieux était de se réserver la faculté permanente de *révision*. Grâce à cette faculté, nous pouvons réaliser désormais toutes les réformes sociales, politiques, législatives, sans collision ni catastrophe.

La Constitution votée, restait à déterminer l'époque de sa mise à exécution. C'est ce qu'a fait l'Assemblée nationale, en fixant au 10 décembre l'élection du président de la République. Tel est l'objet qui préoccupe en ce moment l'opinion, qui agite toutes les têtes, qui fait mouvoir toutes les intrigues, qui semble retenir haletante la Révolution, la PRÉSIDENCE !

Les candidatures se posent, les unes officiellement, devant la nation et en plein Parlement ; les autres, avec plus de modestie, dans le cercle étroit des nuances bourgeoises, dynastiques ou populaires.

Les noms qui circulent en ce moment sont ceux des citoyens :

Louis-Napoléon Bonaparte, fils de Louis Bonaparte et neveu de l'empereur ;

Napoléon Bonaparte, fils de Jérôme Bonaparte, neveu de l'empereur. Et pourquoi pas aussi Pierre-Napoléon Bonaparte, fils de Lucien Bonaparte et neveu de l'empereur?

Général Cavaignac, chef du pouvoir exécutif;
Général Bugeaud, vainqueur d'Isly;
De Lamartine, membre du gouvernement provisoire;
Dufaure, ministre de l'Intérieur;
Molé, président du conseil sous Louis-Philippe;
Thiers, président du conseil sous Louis-Philippe.

Nous ne parlerons pas de messeigneurs le duc de Chambord et le prince de Joinville, dont les candidatures sont, de par la loi, déclarées inconstitutionnelles.

Le prince Louis-Napoléon Bonaparte présente pour titre de sa candidature son nom. Nous eussions préféré qu'il présentât autre chose; mais puisque ce nom lui suffit, nous déclarons, quant à nous, que logiquement et politiquement il n'y a pas lieu de s'occuper de ce candidat. La raison et la Constitution s'opposent également à ce que l'héritage d'un nom puisse jamais devenir, en France, un titre à l'héritage d'une fonction de la République.

Le second des Bonaparte offre plus d'une ressemblance éloignée avec l'oncle. Néanmoins, de tous les titres qui peuvent le recommander aux électeurs, le plus grand est encore son nom, le nom de NAPOLÉON.

Quant à Pierre Napoléon Bonaparte, on peut dire de lui que, comme le fils de Louis est l'ambitieux de la famille, et le fils de Jérôme le diplomate, il en est lui, l'Hercule. Ainsi s'est réparti l'héritage de l'empereur. Pour faire un président, qui préférer?

Le général Cavaignac ne peut compter sur les voix

de la classe ouvrière. Nous ne l'accusons pas, certes, mais les journées de juin lui ont porté malheur comme la répression du Champ de Mars porta malheur à Bailly et Lafayette. Que la bourgeoisie s'unisse pour élire le général Cavaignac : elle le doit au titre le plus sacré, de la reconnaissance.

Le maréchal Bugeaud est dans la même position vis-à-vis du peuple que Cavaignac. Aux lauriers d'Isly il joint le cyprès de Transnonain. C'est une candidature qui ne peut intéresser encore que la bourgeoisie à qui, dans une intempérance de langage, le maréchal promettait naguère, s'il était élu représentant, de se *ruer* sur les socialistes.

M. de Lamartine est comme la fille de Rampsinith qui bâtit une pyramide de pierres, que lui apportèrent chacun de ses amants. M. de Lamartine, si on rend justice à ses innombrables contradictions, sera élu par tout le monde.

M. Ledru-Rollin doit à la nature progressive de son esprit d'être toujours à la tête des opinions les plus avancées : c'est le candidat désigné de l'extrême gauche et d'une partie du socialisme.

M. Dufaure est l'homme des honnêtes gens, qui, faisant bon marché des partis et des systèmes, exigent avant tout d'un homme d'Etat qu'il travaille et qu'il soit probe. On a dit de M. Dufaure qu'il était un ministre de *transition*; ce sera un ministre inamovible le jour où l'on comprendra que l'histoire est une transition perpétuelle. Nous ne sommes point encore assez révolutionnaires pour cela.

M. Molé ne sollicite pas pour lui; il sollicite pour M. de Joinville : c'est assez dire.

M. Thiers !... Nous avons perdu le droit de parler de lui. Nous permettons seulement à nos lecteurs de croire de ce personnage tout le bien qu'ils voudront.

Et maintenant, républicains démocrates et socialistes, qui allons-nous choisir parmi tous ces candidats? — Et d'abord, aurons-nous un candidat? Faut-il voter? Faut-il nous abstenir? D'un côté, le pays est impatient de sortir du provisoire; de l'autre, les partis brûlent de se compter. Tout le monde veut aller en avant, le *statu quo* énerve la nation et la tue : quelle attitude sera la nôtre?

Voilà la question qui nous est adressée de toutes parts.

Nous n'hésitons point à répondre, et nous essayerons de prouver ceci :

La présidence, c'est la violation des principes; la présidence, c'est la royauté;

La présidence, c'est la subordination du travail au capital;

La présidence, c'est l'antagonisme des intérêts;

La présidence, c'est la mystification du peuple;

La présidence, c'est la contre-révolution;

La présidence, c'est la féodalité financière;

La présidence, c'est le conflit entre les pouvoirs;

La présidence, c'est la guerre civile.

Nous concluons que le peuple doit s'abstenir, afin que l'Assemblée nationale soit obligée de nommer elle-même le président de la République; parce que, si le président de la République est nommé par l'Assemblée, il n'est plus que l'organe de l'Assemblée, le chef du ministère formé par la majorité de l'Assemblée, et qu'ainsi nous rentrons dans la vérité du principe, qui est l'indivision du pouvoir.

Et comme il est à présumer que la majorité du peuple, entraînée par les intrigues monarchiques et réactionnaires, ne s'abstiendra pas, il faut que la minorité, usant du droit que lui donne l'article 109 de la Constitution, adresse à l'Assemblée nationale une pétition pour demander que la Constitution soit immédiatement révisée, et la partie relative à la présidence supprimée.

C'est ainsi, selon moi, que le peuple doit répondre à la question que lui pose l'Assemblée nationale en lui demandant un président...

Muse du pamphlet, du pamphlet révolutionnaire, coiffe ton bonnet phrygien, brandis tes piques, et chantons la MARSEILLAISE!...

A moi Desmoulins, à moi Rouget de l'Isle, à moi Chénier, Paul Louis, Béranger, Cormenin! prêtez-moi vos traits et vos flammes.

Vieux Lamennais, n'as-tu point encore quelques *Paroles* pour les *Croyants*?

Viens aussi, jeune poète, qui mis en rimes sanglantes la misère du travailleur. La contre-révolution s'approche, assise sur un sac d'écus, pleine du vin de la colère des rois. Faubouriens, aux armes! Montagnards, ceignez vos écharpes!... Et toi, Lagrange, mon ami, qui juras de mourir pour la souveraineté du peuple, prends tes capsules et ton fusil! Que le tocsin sonne! que les lampions, les lampions s'allument comme dans les nuits de février! que le *Chœur des Girondins*, que le *Chant du Départ* retentissent, que la voix du cornet à piston remplisse mon cœur d'un saint enthousiasme! J'entends les cris des monarchiens, des valets du capital, des exploiteurs du prolétariat : Fêtons, célébrons, esclaves, la venue de notre maitre! Noël, noël, nous allons nommer le PRÉSIDENT! Noël, noël, VIVE LE ROI!...

Mais non, amis, pas d'émotion! C'est le carnaval dynastique. Restons chez nous, rouges et bleus! et puisque Dieu l'a voulu, et que les hommes le permettent, regardons par la fenêtre, les bras croisés, cette descente de la Courtille!

I. QUE LA PRÉSIDENCE, C'EST LA MONARCHIE.

Tu l'as dit, Cavaignac, et je l'ai entendu de mes oreilles : *La France va prouver, par le choix de son président, si elle est républicaine ou non.*

Vous croyiez donc, vous autres, la question de la République résolue par le coup de balai de février? — Pauvres sots!

Vous la croyiez résolue par la manifestation du 17 mars! — Imbéciles!

Vous la croyiez résolue par les élections d'avril, première application du suffrage universel? — Insipides!

Vous la croyiez résolue, le 5 mai, par l'adhésion des plénipotentiaires du peuple? — Qui? messieurs de l'Assemblée nationale? vos représentants? Est-ce qu'ils sont engagés à quelque chose? est-ce qu'ils ont prêté serment?...

Vous croyiez la question de la République jugée,

confirmée par le vote de la Constitution ? — Mais la Constitution, c'est la question.

La Constitution, vous dis-je, n'a fait que poser au pays la question de la République. A présent, c'est au pays et au paysan à la résoudre. Nous saurons dans six semaines *si la France est républicaine ou non!*...

Bravo, constituants! Vous voulez que votre fille demeure vierge, et vous commencez par la marier ? Prenez-vous donc la République pour une Victoria, que vous lui mettez pour condition ce qui fera d'elle une monarchie ? Et vous prétendez que nous l'aimions, votre matrone! que nous, fils de la Liberté, nous ayons foi dans sa vertu! que nous prenions son drap de noces pour notre drapeau ? Avez-vous oublié ce que chantait la *Vivandière*, au retour de Moscou :

> Quand au nombre il fallut céder
> La victoire infidèle,
> Que n'avais-je pour vous guider
> Ce qu'avait la PUCELLE!

Ah! citoyens représentants, que votre constitution se sent des lieux que vous avez fréquentés trop longtemps!... Je veux dire l'école des Chartes, non autre chose. Vous excitez dans le pays la fringale monarchique; le pays vous répondra par une monarchie.

Chaque pays, chaque guise. En France, le peuple, qui se soucie peu des subtilités parlementaires, mais qui a l'ouïe fine et la langue affilée; le peuple ne sait, ne comprend qu'une chose : c'est que celui qui commande les autres, qui agit, qui exécute, en un mot qui gouverne, celui-là est le maître de la maison. Et quand on lui parle d'une demoiselle de bonne maison qui a besoin d'un protecteur, d'un ami, pour lui tenir compagnie, gérer et administrer ses biens, la conduire dans le monde, veiller sur elle la nuit! le peuple comprend tout de suite qu'il faut la marier :

> Marion pleure, Marion crie,
> Marion veut qu'on la marie!

Votre président sera roi, vous dis-je, ou ne sera rien du tout. Et si vous voulez causer un moment, je m'engage à vous le faire voir, clair comme eau de roche.

Vous seriez-vous par hasard imaginé, nos Solons et nos Lycurgues, que le peuple ayant à marier sa fille, la République, irait lui donner un manant tel que vous ou moi, — Cavaignac, Lamartine, Ledru-Rollin ou Thomas Diafoirus? — Qui? un soldat, un rimeur, un bachelier, président de la République ! Fous que vous êtes! Est-ce que le peuple connaît ce monde-là? Est-ce qu'il s'inquiète de leurs galons ou de leurs diplômes?... Ce qu'il faut au peuple, pour la République, ce qu'il demande, c'est un bon mâle, de forte encolure et de noble race.

Le peuple s'inquiète peu, croyez-moi, de la distinction du *législatif* et de l'*exécutif*. L'exécutif, pour lui, c'est tout. Autre sans doute sera le notaire, autre le fiancé. Pourvu que le président fasse vite et bien, il aura, au jugement du peuple, assez d'esprit. Sa virilité fera son mérite, *et habet mea mentula mentem!* votre *législatif*, c'est un eunuque, quelque chose au-dessous de rien!

Eh! dîtes-moi : Jamais despote manqua-t-il de législations, de constitutions et de traditions pour contenir sa fougue et modérer sa jeunesse? Cela ne fit jamais le moindre tort au despotisme.

Les lois de Moïse, la charte du peuple juif, étaient écrites bien avant qu'ils eussent des rois. Cela n'empêcha point les *melks* hébreux d'être rois dans toute la force du terme, et rois despotes. Pourtant, les bourgeois d'Israël n'avaient entendu leur donner que la puissance exécutive; ils s'étaient réservé le greffe.

La loi des douze tables et toute la constitution romaine existaient depuis longtemps lorsque vinrent les Césars, qui ne firent qu'ajouter le titre, ancien dans la République, d'empereur à celui de consul, que portaient auparavant les chefs du pouvoir exécutif. Les Césars en furent-ils moins des AUTOCRATES, *très bons, très pieux, très cléments, très augustes*, mais enfin des autocrates? Or, l'*autocratie*, la plénitude de la puissance exécutive, était la même chose que l'*autonomie*, la plénitude du pouvoir législatif : les magnanimes empereurs le firent bien voir!

Est-ce que la Russie n'a pas ses institutions, ses lois, ses castes, etc., contre lesquelles lutte depuis deux siècles le génie des Pierre le Grand, des Catherine et des Nicolas? — Eh bien! Nicolas, c'est un monarque absolu, un despote.

Croyez-vous qu'en France, avant 89, il n'y eut ni constitution, ni parlement, ni loi?... Et cependant le roi, parce qu'il faisait les choses, parce qu'il avait seul le droit de les faire, était réputé la loi vivante. *Si veut le roi, si veut la loi!* c'était encore un despote. Et quand la constitution semi-républicaine de 1790 eût été faite, Louis XVI chef du pouvoir exécutif de par cette constitution, était encore si bien le maître, malgré le contrat paraphernal qui le liait, qu'il lui suffisait, pour avoir raison de la République, de lui répondre, lorsqu'elle lui faisait quelque amoureuse instance : *Je ne veux pas !* et se tenir coi !...

Est-ce que le système constitutionnel n'existait pas tout formé, et les matériaux des codes, les principes de l'administration n'étaient-ils pas là, quand arriva Bonaparte ? Est-ce que la constitution de l'an VIII, que jura d'observer le général, œuvre de Sieyès, n'était pas le résumé des idées et de l'expérience antérieure ? Est-ce qu'à tout prendre Bonaparte ne gouverna pas uniquement en vertu des lois, des mœurs, des institutions qu'il n'avait point faites, et qu'il avait trouvées ? — Mais il avait le pouvoir exécutif, et bien qu'on ne l'eût donné d'abord à la République que comme tuteur, il fit d'elle tout ce qu'il voulut... Il fut empereur et despote.

La Charte de 1814 et celle de 1830 ne furent-elles pas tour à tour le préliminaire obligé de l'avénement des deux dernières dynasties ? N'avait-on pas eu soin de stipuler que le roi ne pourrait rien faire qui ne fût prévu dans le contrat ? Mais il était dit aussi que le chef de l'État exercerait le droit conjugal ; et que reste-t-il au père de la fille, quand le mari et la femme couchent ensemble !... Je maintiens que la puissance royale fut plus grande encore, sous les deux dernières dynasties, qu'elle n'avait été sous l'ancien régime. Ne savez-vous pas que toute obligation suppose réciprocité ? Plus vous gênez l'étalon, plus vous enflammez sa vertu.

Vous croyez énerver votre président parce que vous lui mettez des entraves ! Je vous dis, moi, que vous ne faites qu'irriter sa fougue et la rendre plus irrésistible. Ne vous ai-je pas entendus tous dire, à propos de la présidence, comme cela se disait autrefois de la monarchie constitutionnelle, que le président, tout-puissant pour le bien, serait impuissant pour le mal? comme si, en fait de gouvernement, pas plus qu'en fait de mariage, l'homme pouvait répondre de ses œuvres!... Sauriez-vous, par hasard, le secret de faire à volonté des garçons ou des filles?...

Votre président sera tout-puissant, cela suffit. Le peuple, qui sait très bien qu'en telle affaire qui peut pense, le peuple se rit de vos distinctions. Le futur sera vigoureux, je vous en avertis. Ce n'est pas tout, il sera noble. N'ayez crainte que le peuple, qui s'y connait, fasse pour sa pupille une mésalliance.

On déclame, on plaisante, à tort et à travers, sur Louis Bonaparte. Quelques-uns, comme Antony Thouret, vont jusqu'à l'indignation. Pour moi, après y avoir réfléchi, je suis de l'avis du prince : je trouve que son véritable titre à la présidence est justement de n'être rien de ce que ses envieux lui demandent, ni homme de guerre, ni homme d'affaires, ni homme d'Etat. Son titre, à lui, c'est d'être Napoléon. La France, monarchique jusqu'à la moelle, ne demande rien de plus. N'oubliez donc pas que le président de la République est, avant tout, le mari de la République : le reste lui viendra avec le mariage. Ceux-là ont grand tort, à mon sens, qui, confondant, comme dit le proverbe, le bon Dieu avec les prunes, s'en vont fouiller la vie du candidat, calomnier ses intentions, préjuger ses principes, ou bien encore lui demander un programme!...

CHAPITRE XI

De la possibilité pour le chrétien de se passer du pape. — L'inclination secrète du pays. — Nous prenons pour devise à la fois la *liberté* et l'*ordre !* — La pensée et l'action doivent être dans le Gouvernement. — Les socialistes sont opposés aux politiques. — La politique n'est que fantaisie. — Epoques parallèles de l'histoire de France. — La Constitution, en organisant les pouvoirs, a organisé la discorde. — Harangue à l'Assemblée nationale. — La tactique de l'arbitraire. — La politique l'a voulu : il faut voter.

Voulez-vous maintenant que je vous dise la raison de tout ceci, ce qui fait qu'en ce moment nous éprouvons un si grand besoin de nous donner un roi?

Je vais vous satisfaire mais, auparavant, laissez-moi vous conter un apologue :

Sur la fin du Moyen-Age, il parut un livre, un livre étrange, écrit en latin, ayant pour titre *De auferibilitate papæ*, c'est-à-dire de la possibilité pour les chrétiens de se passer du pape.

Dans cet écrit, consciencieux, impartial, savant, fort de logique et d'autorités, l'auteur, se plaçant au point de vue de certains sectaires, examinait ce qu'il adviendrait de l'Eglise romaine, du catholicisme tout entier, et, par suite, de la religion elle-même, si comme le voulait Jean Huss et les autres, on supprimait le pape.

Et il pouvait, et il arrivait à cette conclusion, qui est le fond de toute la controverse que soutint plus tard le grand Bossuet contre les Eglises protestantes :

Que, si l'autorité du pape était ébranlée, l'Eglise de Rome, dont le pape est l'évêque particulier, perdrait immédiatement sa primauté entre les Eglises ;

Qu'alors le catholicisme, manquant de centre visible et d'unité, ne serait plus qu'un assemblage d'Eglises indépendantes, égales en autorité et juridiction ;

Qu'aucune de ces Eglises ne pouvant être jugée, remontrée ni condamnée par les autres, la foi perdrait son caractère d'universalité, et de chose nécessaire et universelle, deviendrait chose individuelle et locale ;

Que, par le mouvement incessant et la curiosité indiscrète de l'esprit humain, la foi chrétienne, n'ayant plus ni gouvernement ni paradigme traditionnel, serait livrée au changement, à l'instabilité, aux innovations, et conséquemment tendrait à une inévitable dissolution ;

Que le lien ecclésiastique venant à se rompre, et les esprits n'ayant plus de guide, le dogme chrétien, parcourant toute la chaîne des hérésies, aboutirait, par une insensible dégradation, au déisme ;

Que le déisme conduisait fatalement au panthéisme ;

Que le panthéisme n'était qu'une étape sur la route de l'athéisme ;

Que l'athéisme se résolvait dans le pyrrhonisme, et finalement le pyrrhonisme dans le nihilisme, dans la négation de Dieu, de l'homme et de l'univers !

En sorte que, suivant le raisonnement de ce théologien, de la reconnaissance du pape et de ses sandales, dépendait l'existence, non seulement du catholicisme, non seulement encore de la foi chrétienne, mais de la religion naturelle, mais de la raison et de la philosophie.

Si bien enfin, qu'entre la croyance à l'infaillibilité du pape et le pyrrhonisme le plus absolu, le plus absurde, il n'y avait pas de moyen terme où la raison pût s'établir ; qu'il fallait choisir entre l'un ou l'autre, à peine de rester dans le libertinage, c'est-à-dire de n'être qu'un mauvais plaisant et un raisonneur de mauvaise foi.

Et, chose singulière, l'événement a justifié la prévision de ce théologien. Partout où l'esprit s'est insurgé contre le pape, soit au nom de l'autorité spirituelle locale, comme ont fait, en France, les gallicans ; soit au nom du libre examen comme il est arrivé pour les protestants ; soit par une distinction entre le fait et le droit, comme le voulaient les jansénistes, on a vu la foi catholique et chrétienne se résoudre peu à peu à un pur déisme ; et, comme le déisme n'est, comme toutes les opinions de juste-milieu, qu'une hypocrisie, l'immense majorité des nations a été plongée tout à coup dans l'indifférence et le libertinage. Il n'y a pas un ministre de la confession d'Augsbourg qui reconnaisse la divinité du Christ : demandez à M. Athanase Coquerel ; — il n'y en a pas un qui ait le courage de se déclarer pyrrhonien.

C'est la même chose pour les catholiques. On parle de religion, on invoque le Christ, on prie Dieu, on se recommande à l'Eternel, on espère en l'Être suprême. Hypocrisie ! hypocrisie ! nous ne croyons plus à rien ; nous n'avouons que notre fantaisie et notre bon plaisir ; il n'y a pas plus de foi que de bonne foi, ni en deçà du Rhin, ni au delà.

Et ce qui est vrai en Europe du pape, est vrai en Asie du grand lama, vrai du muphti, vrai de tout sacerdoce et de toute religion. Partout où vous supprimez l'autorité visible, vous anéantissez la foi ; et, la foi anéantie, ou vous arrivez au néant, ou vous créez l'arbitraire, le libertinage.

Cependant comme il répugne également à la raison de se précipiter dans le doute absolu, ou d'admettre l'infaillibilité du pape, et que d'autre part l'expérience et la logique ont démontré des millions de fois qu'entre ces extrêmes il n'est point de parti honorable, de station possible, que c'est là une vérité passée en force de chose jugée, le premier dogme de toute philosophie, force a été de chercher, hors de cette ligne fatale, un point solide où pût s'accrocher la raison.

Et voici ce que l'on a découvert.

On s'est aperçu que cette fatalité logique, qui conduit invinciblement la raison à l'esclavage par la superstition, ou au suicide par le doute, avait sa cause dans une certaine maladie ou hallucination de la pensée, connue dans l'école sous le nom d'ONTOLOGIE. L'ontologie, voilà ce qui faisait le désespoir des pauvres chrétiens autant que des libres-penseurs : c'était le cauchemar de la raison et des sociétés. Qu'est-ce, me direz-vous, que l'ontologie ?

L'ontologie est cette hypothèse que personne ne s'était avisé de contester jusque-là, tant elle semble naturelle! et qui consiste, à affirmer la distinction substantielle de la matière et de l'esprit. Je n'ai nulle envie, croyez-le bien, de vous embourber dans cette ornière métaphysique; j'en ai déjà trop dit pour un pamphlet. Je répète seulement, et j'en atteste l'expérience des quatre derniers siècles, et le libertinage du nôtre, que pour quiconque croit à l'ontologie, pour quiconque admet la réalité, soit de la matière, soit de l'esprit, soit de ces deux natures ensemble, mais séparées pour celui-là, point de milieu : ou bien il est le serviteur du pape, ou il est le disciple de Pyrrhon.

Pour ceux, au contraire, qui ne reconnaissent point l'autorité de l'ontologie, qui considèrent la matière et l'esprit, non plus comme des substances réelles, mais comme les deux faces générales de l'ETRE ; pour ceux-là, dis-je, l'affranchissement est complet. Ils n'ont plus rien à redouter ni des indulgences du pape, ni des séductions de Méphistophélès. Leur dialectique établie sur un terrain solide, marche sans broncher à la construction de la science humaine, à l'intelligence de la religion et du progrès.

Dans un autre ordre d'idées, celui dont nous nous occupons aujourd'hui, il arrive quelque chose de tout à fait semblable.

Depuis quatorze siècles, la France s'est posée la question *de auferibilitate regis*, — s'il est possible de se passer de roi? sans avoir pu jusqu'à présent la résoudre.

L'inclination secrète du pays, l'indocilité du caractère national pousse sans cesse les esprits vers la démocratie; l'expérience et la théorie les ramènent continuellement au despotisme, à l'autorité d'un seul. Il est démontré, pour quiconque y a voulu voir, qu'entre le bon plaisir monarchique et l'anarchie universelle, deux extrêmes également inadmissibles il n'y a pas de position tenable; ceux qui l'ont cru ont été frappés du sobriquet de *doctrinaires;* ils ont perdu déjà une fois la République, et trois ou quatre fois la monarchie.

Ainsi, d'une part, nous ne cessons de démolir la royauté; de l'autre, l'anarchie, dernier terme de la démocratie, nous fait horreur. La monarchie en France est impossible; la république impossible; tous les termes mitoyens impossibles; nous ne pouvons ni vivre ni mourir, et comme pour attester notre indélébile contradiction, nous prenons pour devise à la fois la *liberté* et l'*ordre!* — Sortez de là !!!

C'est une pauvre philosophie que d'accuser tour à tour des oscillations révolutionnaires de notre malheureux pays, tantôt la sottise, tantôt le machiavélisme des princes, ou la corruption des ministres, comme de s'en prendre à la violence des passions démocratiques et à la division des démagogues. C'est toujours alléguer le fait en explication du fait, prouver la révolution par la révolution. Ce qui amène la tyrannie et la mauvaise foi du monarque, c'est l'impossibilité organique du système; ce qui produit l'anarchie des démocrates, ce qui fait qu'en ce moment même le peuple français, républicain de cœur et d'esprit, va nommer, en jurant et maugréant, un président de la République, et recommencer la restauration de la royauté, c'est encore la même impossibilité. Pourrions-nous donc, une fois, sortir de cette alternative fatale, bien autrement intéressante pour le peuple que la querelle des papistes et des protestants?

Je connais votre impatience, ami lecteur, et je ne veux pas vous faire attendre.

Ce qui produit la situation fâcheuse où nous sommes en ce moment, après y être tombés déjà tant de fois, c'est une certaine maladie de l'opinion, connue dès la haute antiquité, et qu'Aristote, grand philosophe, grand historien, grand naturaliste, a nommée POLITIQUE.

La question est dans les affaires humaines ce qu'est l'ontologie dans la question du salut : c'est une hypothèse qui, faisant du gouvernement une chose, non de raison, mais d'habileté ; non de science, mais de sentiment (appelez ce sentiment comme vous voudrez, ambition, orgueil, dévouement, ou patriotisme), deux volontés, l'une qui *pense*, l'autre qui *exécute*.

Or, s'il est une chose prouvée dans la philosophie et dans l'histoire, c'est que, de quelque manière que se fasse le partage, quelque équilibre que l'on mette entre les attributions ; qu'on fasse la nation tout entière législatrice ou souveraine, et le roi simple mandataire de ses volontés; ou bien que le despote veuille et ordonne seul ce qu'auront à exécuter ensuite tous les citoyens; ou bien, enfin, que la puissance législative soit confiée à une ou plusieurs assemblées de représentants, et la puissance exécutive à un conseil de directeurs ou de ministres : toujours, par cela même qu'il y aura distinction, il y aura opposition, antagonisme, impossibilité ; toujours il y aura révolution et catastrophe.

La pensée et l'action doivent être dans le gouvernement, comme dans l'homme, indivisiblement unies : voilà le point de départ de la nouvelle critique. En conséquence de ce principe, l'Assemblée nationale, représentant la nation exerce tous les pouvoirs, le pouvoir exécutif comme le pouvoir législatif, non point par délégation à des ministres, comme le supposaient et l'amendement Grévy et l'amendement Flocon, comme le supposent encore la plupart des démocrates, mais par elle-même, en divisant le travail entre ses comités, lesquels nomment chacun leur ministre et leurs agents, sauf ratification et contrôle de l'Assemblée.

De plus, tous les citoyens étant égaux, tous étant censés, par conséquent, participer au gouvernement et à la loi, il résulte que le gouvernement et la loi doivent découler d'une science exacte et mathématique, qui n'ait plus rien de personnel, d'occasionnel, de circonstanciel, mais qui, absolue dans ses principes et ses conclusions, implique le consentement et l'adhésion de tous les citoyens, ce mode de participation au gouvernement et à la loi étant le seul possible dans une démocratie de 36 millions d'hommes !...

Voilà, encore une fois, ce qu'ont dit, sur la politique, les nouveaux réformateurs, plus connus généralement sous le nom de *socialistes*.

Les socialistes sont opposés aux politiques, comme les idéalistes, ceux qui nient l'ontologie, le sont aux matérialistes et aux psychologues. Pour les premiers, la politique est tour à tour et indifféremment anarchie ou arbitraire; comme l'ontologie est pour les idéalistes, tour à tour et indifféremment, le culte des indulgences ou le doute obsolu. Quant aux politiques, l'arbitraire est tout ce qu'ils veulent : sans l'arbitraire, en effet, il est évident qu'ils ne seraient rien.

Le socialisme aspire à gouverner la société par une science positive : la politique n'est que fantaisie.

Le socialisme dit, par exemple : Tant que le salaire du travailleur ne sera pas égal à son produit, le travailleur sera spolié, et la production au lieu de donner la richesse, créera la misère. Cela est démontré, cela est aussi sûr que deux et deux font quatre. Il faut donc trouver une formule d'opérations industrielles qui, en respectant toutes les libertés, faisant la part de toutes les aptitudes, donne moyen d'équilibrer le travail et le salaire. — C'est possible, dit la politique; mais ces choses-là ne sont pas bonnes à dire; il faut s'en déférer à la tradition révolutionnaire. Occupons-nous de dégommer les ministres et de changer les préfets!

Le socialisme dit : La vraie et réelle fraternité des nations consiste dans la libre communication de leurs idées, dans la circulation de leurs produits et dans le juste équilibre de leurs échanges. Tant que vous n'aurez pas, d'un seul coup et par une même opération d'économie générale, aboli les douanes et garanti le travail national, les peuples, quoi que vous fassiez, seront divisés d'intérêts, séparés par des barrières : ils seront ennemis. — C'est encore possible, répond la politique; mais je ne connais rien à votre balance du commerce, et je m'en soucie comme de cela! Commençons par déchirer les traités de 1815; marchons au secours de l'Italie et de la Pologne; envoyons une garnison à Ancône!...

Le socialisme dit encore : Il faut centraliser le crédit, réduire le tarif de l'intérêt, organiser l'échange direct et mutuel.

Car le droit au travail n'est autre chose que le droit au capital ;

Le droit au capital, aujourd'hui que tout est approprié, ne peut s'exercer, pour ceux qui ne possèdent rien, que par le crédit;

Et le crédit, là où manque l'hypothèse, c'est l'échange.

Tant que vous n'aurez pas trouvé moyen de créer la richesse pour tous par la facilité de la circulation, l'extension du débouché, la gratuité de l'échange, le peuple sera misérable, mal nourri, mal logé, mal vêtu, vicieux, crapuleux, ignorant, sujet à toutes les infirmités du corps et de l'âme. Cela est prouvé par A plus B; c'est certain comme une proposition d'algèbre. — Et qu'y a-t-il de commun entre l'algèbre et moi? s'écrie sur ce coup la politique. Je ne connais rien à vos X. Je m'en vais décréter 400 millions d'assignats, tant pis pour les derniers porteurs! prendre un milliard aux riches, tant pis pour les citoyens qui ne seront pas pauvres! abolir l'hérédité, tant pis pour les pauvres qui auront des parents riches! imposer les objets de luxe, tant pis pour les ouvriers de luxe! faire des ateliers nationaux, tant pis pour l'industrie libre! la liberté n'est pas nationale. Je m'y connais, allez, en économie *politique!* Ne porte-t-elle pas mon nom? ne suis-je pas sa marraine?...

Le socialisme reprend : Les affaires d'une nation doivent être administrées comme celles d'une société anonyme, suivant les règles de la science économique et de la comptabilité, par des agents dont les attributions soient rigoureusement définies, relevant directement de l'assemblée des actionnaires, et contrôlées à toute heure par un conseil de surveillance. L'autorité doit rester une, impersonnelle; les fonctions être séparées, le travail divisé, les emplois coordonnés...

— Je vous dis que l'économie politique est la servante de la politique, répond celle-ci, et vous, vous êtes un endormeur du peuple, vous n'êtes point révolutionnaire. Je vous parle constitution, constitution, entendez-vous? c'est-à-dire séparation des *pouvoirs*, et vous me répondez par la séparation des *emplois !*... Il s'agit de gouvernement, et vous vous occupez d'équilibre ! Nous sommes dans la hiérarchie, et vous faites de l'économie !... Laissez donc, socialiste rêveur, le monde aller comme il va, et mêlez-vous de vos affaires !

— Ah ! s'écrie le socialisme, politique menteuse, politique hypocrite, je te connais, je sais ce que tu demandes ! Tu es aujourd'hui ce que tu étais il y a soixante ans; tu veux toujours recommencer l'histoire; sous le nom de démocratie, c'est la royauté que tu appelles. Tiens, te reconnais-tu dans ce tableau phrophétique ? Regarde :

ÉPOQUES PARALLÈLES DE L'HISTOIRE DE FRANCE

1789-1800	1848
Louis XVI, roi.	Louis-Philippe, roi.
Mirabeau	Lamartine.
Lafayette	Cavaignac.
Robespierre	Ledru-Rollin.
Barras	Thiers.
Bonaparte, empereur	Bonaparte, empereur.

Est-il clair, à présent, qu'en votant pour la présidence tu votes pour la monarchie? Est-il clair que Lamartine, Cavaignac et Ledru-Rollin, qui ne s'en doutent guère, te mènent droit à Bonaparte? Veux-tu, oui ou non, politique maudite, être du peuple? veux-tu être socialiste?...

Il est deux choses que les moins éclairés du peuple ont comprises : c'est, d'un côté, que la présidence est la pierre d'attente de la monarchie, tous les démocrates l'avouent : d'autre part, que, pour opérer une révolution, il faut des principes. En 89, la révolution était plus spécialement politique; elle a eu ses principes politiques qui nous régissent encore. En 1848, la révolution est plus particulièrement économique et sociale; l'idée politique étant épuisée, il faut donc découvrir de nouveaux principes, absolus en théorie, mais que la société appliquera selon la mesure de ses forces et de ses besoins.

Les démocrates, conduits par leur lanterne politique, n'en sont pas là.

Ainsi, après des votes réitérés contre la présidence, ils votent la Constitution, c'est-à-dire la présidence, puisque sans distinction des pouvoirs, en un mot sans présidence, il n'y a pas de Constitution ; — c'est-à-dire qu'ils votent la monarchie.

Ceux qui ne votent pas s'abstiennent : c'est-à-dire que sur la question monarchique, nettement posée par la Constitution, ils n'ont pas le mot à dire, ils sont indifférents.

Et ceux en très petit nombre — dix ou douze ! — qui ont voté contre la Constitution, n'en trouvent pas moins très bon, très légitime, très démocratique, de poser ensuite une candidature à la présidence, c'est-à-dire d'adhérer à la Constitution ! Le principe est sacrifié à l'homme, la politique immolée à la politique !

Quant aux principes qui doivent régir la société nouvelle, les démocrates s'en inquiètent peu, ou plutôt ils les nient. Ils déclarent qu'ils sont avant tout hommes politiques, qu'ils veulent vivre de la vie politique. Seulement, comme le peuple n'est pas tout à fait du même sentiment, ils se disent, en murmurant, qu'il serait IMPOLITIQUE de repousser ouvertement le socialisme, et vite ils publient un *manifeste*, le plus socialiste, à les en croire, de tous les manifestes.

Lisez plutôt :

> Organisation du travail par l'Etat ;
>   item   des banques par l'Etat ;
> Exploitation des chemins de fer par l'Etat ;
>   item   des canaux par l'Etat ;
>   item   des mines par l'Etat ;
>   item   des assurances par l'Etat ;
> Colonisations par l'Etat ;
> Apprentissage par l'Etat ;
> Etc., etc., etc., par l'Etat ;
> Rien par les citoyens, tout par l'Etat !

En vain le socialisme leur crie que ce qu'ils veulent est monarchie pure, pur despotisme ; ils n'entendent pas. L'Etat, par lui-même, est improductif ; il ne travaille point ; n'importe, on le fera organisateur. L'Etat est obéré : c'est lui qui donnera crédit. Les travaux confiés à l'Etat coûtent 50 pour 100 plus qu'ils ne valent : on chargera l'Etat des exploitations les plus difficiles.

Ajoutez à ce système des inventions comme celles-ci :

Abolition des octrois, — qu'on remplacera par une autre taxe ;

Abolition de l'impôt direct, — précisément le seul normal, le seul conforme aux principes, le seul démocratique et égalitaire, quand on l'aura établi sur sa véritable base ;

Substitution de l'impôt direct et progressif à tous les autres : — ce qui est précisément reconnaître la suzeraineté du capital et consacrer le privilège.

Le socialisme dit qu'il faut faire PRODUIRE au peuple, par la réforme économique, la liberté, l'égalité et la fraternité, comme il produit, par le travail, la richesse. La politique confisque la liberté, prend d'une main à la propriété ce qu'elle donne de l'autre au prolétariat ; et elle appelle cela du socialisme.

Comment est-il possible que le peuple, étourdi, démoralisé, tiraillé en tous sens, ne prenne à la fin une résolution funeste ?

Comment, pour ne parler ici que de politique, alors que la prudence et les principes commanderaient de s'abstenir en masse, et de renvoyer à l'Assemblée nationale la nomination du président de la République, comment la nation ne tomberait-elle pas dans le piège tendu à sa bonne foi ? Comment échapperait-elle à la contradiction ? Comment, après avoir voté la République en avril, ne voterait-elle pas la Monarchie en décembre ? Comment à une question mal posée, ferait-elle une réponse raisonnable ?...

C'est en vain que le socialisme, qui, lui, cherche la paix avant tout, qui ne veut triompher que par la discussion, qui ne s'adresse qu'à la raison, montre les conséquences funestes du vote politique sur la présidence, l'essor donné aux espérances royalistes, les coups d'État, la guerre civile !

La politique ne veut rien entendre. Suivant elle, l'*agitation* est nécessaire à la vie politique ; il lui faut de l'éclat, des manifestations, du mouvement. Quand elle n'y trouve pas matière à portefeuilles, elle y trouve matière à discourir : elle a son compte, elle est satisfaite.

Ce que cherche la politique, hélas ! à moins que le bon sens populaire ne vienne déjouer ses intrigues, elle l'obtiendra. La Constitution y passera. Examinons, s'il vous plaît, ce chef-d'œuvre de la politique.

En faisant la Constitution, l'Assemblée nationale, il faut lui rendre justice, a montré plus de bonne volonté que de jugement. Elle a pris toutes les précautions imaginables pour empêcher l'usurpation du président. Elle a enlacé, emmaillé, garrotté le chef du pouvoir exécutif, de manière à faire de lui un instrument passif, docile, obéissant. Par malheur, l'Assemblée nationale ne s'est pas aperçue que ces précautions tournaient contre elle-même, et qu'en vertu des principes qu'elle a elle-même posés, si le président de la République, le jour de son arrivée au pouvoir, s'emparait de l'autorité et jetait les représentants par la fenêtre, il ne ferait, après tout, que se conformer à la Constitution, violée dans ses propres articles et par ses propres auteurs.

Si j'étais président de la République, voici la harangue que je ferais pour ma bienvenue à l'Assemblée nationale :

« Citoyens représentants,

» La Constitution est renfermée tout entière dans
» les articles 20 et 43, que je vais vous rappeler :

» Art. 20. *Le peuple français délègue le* Pouvoir
» Législatif *à une Assemblée unique.*

» Art. 43. *Le peuple français délègue le* Pouvoir
» Exécutif *à un citoyen qui reçoit le titre de président*
» *de la République.*

» Ces deux articles préexistaient à votre mandat. Ils résultaient *en fait,* de la volonté du peuple qui demandait une Constitution, et qui vous a envoyés pour en faire une ; *en droit,* du principe reconnu par vous, article 19, et hors duquel il n'y a pas de Constitution, savoir, que la *séparation des pouvoirs est la première condition d'un gouvernement libre.*

» Or, la Constitution que vous avez faite, citoyens représentants, est d'un bout à l'autre la violation de ce principe, de ce droit et de ce fait. Et le premier acte de mon autorité sera de revendiquer vis-à-vis de vous les droits que je tenais du peuple avant que je fusse désigné par ses suffrages, avant même que vous eussiez proclamé la Constitution, droits que vous avez arbitrairement, abusivement, frauduleusement sacrifiés et méconnus.

» Par votre article 49, vous obligez le président de la République *à prêter serment à la Constitution, en présence de l'Assemblée nationale.*

» Je suis prêt à jurer devant Dieu et les hommes, mais à condition que vous prêterez à votre tour serment entre mes mains. Car les pouvoirs de l'État sont égaux, émanés tous deux du suffrage universel, également soumis à la Constitution, et réciproquement responsables, comme double manifestation de la souveraineté du peuple. Pourquoi, je vous le demande, le président de la République serait-il tenu de jurer, quand les représentants ne jurent pas?

» Par votre article 48, vous limitez la durée de la présidence à quatre ans, de même que, par l'article 31, vous avez borné à trois années la durée de votre propre mandat. A cela je n'ai rien à dire. Mais vous ajoutez que le président de la République ne pourra être réélu, qu'au bout de quatre autres années, pendant que les représentants demeurent, eux, toujours et indéfiniment rééligibles.

» Je serais indigne des suffrages du peuple, si je ne m'opposais à cette inégalité de conditions entre les pouvoirs, à cette insultante contradiction. Ou je suis votre égal, citoyens représentants, ou je ne suis rien; je m'en réfère à l'article 19.

» Vous dites, article 50 : *Le président dispose de la force armée sans pouvoir jamais la commander en personne.*

» Je vous demanderai, citoyens, comment vous accordez ensemble la libre *disposition* et la privation de l'autorité; l'interdiction du *commandement* et la qualité de chef du pouvoir exécutif, et, qui plus est, de chef responsable? Qui donc commandera, si je ne commande? Sera-ce vous, citoyens? sera-ce le pouvoir *législatif?* Entre vous et moi, il n'existe pas, il ne peut exister d'autorité mitoyenne : je demande la réforme de cet article.

» L'article 53 porte :

» *Le président de la République négocie et* RATIFIE *les traités* — MAIS, ajoute-t-il aussitôt, *aucun traité n'est définitif qu'après avoir été approuvé par l'Assemblée nationale.*

» Quelle différence, je vous prie, mettez-vous entre l'*approbation* et la *ratification?*... Evidemment ce n'est plus ici le pouvoir exécutif qui exécute, c'est l'Assemblée. Car l'approbation, c'est tout. Que diriez-vous d'un conseil de surveillance qui, dans une société en commandite, ferait acte d'administration? Vous diriez que dans cette société les pouvoirs ne sont pas divisés, mais confondus; que surveillance et gérance, étant même chose, ne sont plus rien... Je demande sur l'article 53, que le second paragraphe soit supprimé.

» Art. 54. *Il veille à la défense de l'Etat,* MAIS *ne peut entreprendre aucune guerre sans le consentement de l'Assemblée nationale.*

» Donc encore, c'est l'Assemblée nationale qui veille à la défense de l'Etat; ce n'est pas le président de la République, qui n'est plus qu'une sentinelle en faction devant l'ennemi.

» Ou conservez par devers vous tous les pouvoirs, citoyens représentants; ou bien, si la charge vous semble trop lourde, et que vous teniez à la Constitution, vous supprimerez le second membre de cet article, qui, sans cela, serait une violation flagrante du principe constitutionnel.

» Art. 55. *Il a le droit de faire grâce,* MAIS *il ne peut exercer ce droit qu'après avoir pris l'avis du conseil d'État. — Les amnisties ne peuvent être accordées que par une loi.*

» Toujours des *mais!* — Mais le conseil d'État est votre créature, citoyens représentants; mais le conseil d'État est un bureau établi par vous, afin de vous assister dans vos travaux; mais, si le président de la République doit, pour l'exercice de son autorité, prendre l'avis du conseil d'État, le président de la République n'est plus que le procureur de l'Assemblée nationale! Croyez-moi, rayez ce *mais* et ce qui s'ensuit.

» Par les articles 57 et 58, sous prétexte que vous seuls avez le droit de légiférer, vous ôtez au président de la République le droit de faire opposition à vos décrets, alors même qu'il les trouverait inexécutables, et ne lui accordez qu'un mois pour la promulgation.

» Ceci est de la tyrannie, citoyens représentants. Si vous pensiez que le chef du pouvoir exécutif pût répondre de l'exécution des lois qu'il n'aurait point faites, tandis que les auteurs mêmes de la loi demeuraient irresponsables, il fallait retenir par devers vous l'exécutif aussi bien que le législatif, et supprimer la Constitution. Citoyens, vous allez faire de deux choses l'une : ou vous accorderez le *veto* au président de la République; ou bien, à défaut du *veto* vous

vous donnerez à vous-mêmes une seconde Chambre pour contrôle et contre-poids : sans cela, nous ne pouvons marcher d'accord et je déclare dès aujourd'hui que je m'oppose à la promulgation de vos lois, je ne les exécuterai pas.

» Art. 59. — *A défaut de promulgation par le président de la République, dans le délai déterminé par l'article précédent, il y sera pourvu par le président de l'Assemblée nationale.*

» Usurpation de pouvoirs, conflit d'autorités. Je vous défends, citoyens représentants, de promulguer quoi que ce soit ; sinon, je m'oppose à vos délibérations.

» Art. 65. *Il a le droit de suspendre, pour un délai qui ne pourra excéder trois mois, les agents du pouvoir exécutif élus par les citoyens.*

» Suis-je donc le *chef* du pouvoir exécutif, ou n'en suis-je que l'*instrument?* Suis-je responsable ou non?... Je demande formellement la suppression de cette incidente, *pour un délai qui ne pourra excéder trois mois.*

» *Il ne peut les révoquer que de l'avis du conseil d'État.*

» Je vous défends, une fois pour toutes, à vous et à votre conseil d'État, de vous ingérer dans mes attributions.

» Art. 68. *Le président de la République, les ministres, etc., sont responsables.*

» Je vous rappelle, citoyens représentants, au principe de la séparation et de l'égalité des pouvoirs. — Ou le président de la République ne répondra de l'exécution que comme l'Assemblée nationale répond de la législation; c'est-à-dire que sa personne sera déclarée constitutionnellement inviolable et élevée au dessus de toute responsabilité effective; ou bien, il participera à la confection de la loi, et la loi résultera du concours des deux pouvoirs, comme disait notre ancien droit public : *Lex fit consensu populi et constitutione regis.* Vous ne pouvez sans injustice, sans péril pour l'autorité présidentielle et pour l'ordre public, le vouloir autrement.

» *Toute mesure par laquelle le président de la République devant l'Assemblée nationale, la proroge, ou empêche l'exercice de son mandat, est un crime de haute trahison.*

» Ajoutez donc, citoyens représentants :

« Tout empiétement de l'Assemblée nationale dans
» les attributions du président de la République;
» toute usurpation dans ses pouvoirs, tout empêche-
» ment à l'exercice de son autorité, est un crime de
» haute trahison. »

» *Par ce seul fait, le Président est déchu…. le pouvoir exécutif revient de plein droit à l'Assemblée nationale.*

» Je demande la radiation de ces mots : *Le pouvoir exécutif revient de plein droit à l'Assemblée nationale*, comme inconstitutionnels, et impliquant cette idée anarchique que le pouvoir exécutif est une délégation du législatif.

» Art. 75. *Le conseil d'État est consulté sur les projets de lois du gouvernement.*

» Oui, si tel est le bon plaisir du président de la République.

» *Il* (le conseil d'État) *propose les règlements d'administration publique.*

» Oui, encore, lorsqu'il en sera requis par le président.

» *Il fait seul ceux de ces règlements à l'égard desquels l'Assemblée nationale lui a donné une délégation spéciale.*

» Je renouvelle à votre conseil d'État toutes inhibitions et défenses d'intervenir en rien dans l'administration, dont je suis seul chef plénipotentiaire et responsable.

» Tels sont les principaux articles de la Constitution pour lesquels je requiers une révision immédiate, avec les modifications indiquées par moi.

» Mais ce n'est pas tout, citoyens.

» Le décret du 28 octobre, par lequel vous avez fixé le jour de mon élection, et auquel je dois l'insigne honneur de représenter devant vous le peuple français, ce décret renferme une série de nullités sur lesquelles j'appelle votre attention patriotique.

» Le jour où vous avez voté la Constitution, citoyens représentants, ce jour-là, bien que non appelé encore, bien que non élu, j'existais. J'existais, dis-je, avec la plénitude de mes droits, comme l'enfant au sein de sa mère existe avec la plénitude des droits du fils de famille. Vous n'étiez plus alors, en attendant ma venue, que les dépositaires de mon autorité, que vous deviez conserver intacte, et me remettre dans son intégrité. Comment donc avez-vous pu, en votant le décret pour la nomination du président de la République et la mise à exécution du pacte national, vous réserver, pour un temps indéfini, l'exercice d'une partie de mes pouvoirs? Comment avez-vous pu donner et retenir? faire à la fois du provisoire et du définitif; d'un côté, amoindrir mon autorité, et puis confisquer le reste?

» Vous dites dans votre décret :

» Art. 6. *Aussitôt après qu'il aura été proclamé par l'Assemblée nationale, le président de la République exercera les pouvoirs qui lui sont conférés par la Constitution à l'exception toutefois des droits qui lui sont attribués par les articles 55, 56, 57, 58, le droit de promulgation étant réservé au président de l'Assemblée nationale.*

» Usurpation!

» *L'Assemblée nationale constituante conservera, jusqu'à l'installation de la prochaine Assemblée législative, tous les pouvoirs dont elle est saisie aujourd'hui, sauf le pouvoir exécutif, confié au président.*

» Usurpation!

» Art. 7. *Jusqu'à la constitution définitive du conseil d'État, une commission de trente membres, élus par l'Assemblée dans les bureaux, au scrutin secret et à la majorité relative, exercera les pouvoirs attribués au Conseil d'État par les articles 54, 64 et 69 de la Constitution.*

» Usurpation!

» En vain prétendez-vous que les lois organiques font partie intégrante de la Constitution, que jusqu'à ce que ces lois soient votées, votre mission n'est pas remplie, et que vous gardez la plénitude de vos pouvoirs.

» Les lois *organiques* sont des lois comme toutes les autres, ainsi que nous l'a dit un homme qui s'y entend, l'honorable M. Barrot. Toutes les lois sont de nature organique, vous dis-je, regardez-y de plus près, et vous en resterez convaincus.

» Elles sont si bien organiques, qu'il ne vous est pas possible de déterminer rationnellement le nombre, l'objet ni l'importance de celles auxquelles vous prétendez réserver cette qualification, et que le provisoire que vous avez arbitrairement créé pourrait ne jamais finir !

» Ou plutôt, la seule chose qui soit véritablement organique, c'est la séparation de nos pouvoirs respectifs. Hors de là, toute loi est loi, indistinctement, et comme telle elle doit être délibérée en commun entre l'Assemblée nationale qui la vote et le président de la République, seul responsable de l'exécution.

» En saisissant le pouvoir qui m'est confié par la Constitution, je déclare donc solennellement, à l'Assemblée nationale et au peuple, qu'à dater de ce jour la Constitution est en vigueur, et que vos pouvoirs sont expirés. Je vous invite, en conséquence, citoyens, à vous dissoudre et à faire place à l'Assemblée législative qui doit vous succéder immédiatement. Des ordres sont donnés pour faire fermer le lieu de vos séances !... »

Croit-on que l'Assemblée nationale constituante eût quelque chose à répliquer à cela ? Et si la politique, qui n'est autre chose que la tactique de l'arbitraire, qui ne vit que de division de pouvoirs et de conflits d'autorités ; si cette politique qui, après six mois de bavardages, est enfin accouchée de la Charte-Marrast, digne sœur de la Charte-Bérard, devait prévaloir dans les conseils du pays, croit-on que le peu-

ple dût protester contre les prétentions du président
et remuer un passé pour la défense de ce chef-d'œuvre ?

A Dieu ne plaise que j'excite le peuple au mépris,
pas plus qu'à l'émeute, pour ce chiffon de papier qu'il
appelle aujourd'hui sa CONSTITUTION ! Et puisque nous
sommes condamnés, de par la politique, à prendre
parti sur cette ridicule question de la présidence,
puisque nous avons la main forcée, à Dieu ne plaise
que je conseille aux citoyens de rester dans l'inaction !...

La politique l'a voulu : il faut voter! Votons donc,
non pour choisir, mais pour protester. Votons, puisque la monarchie est à nos portes, et que chaque vote
qui se dérobe donne une chance de plus au candidat
monarchique. Votons, par égard pour nos législateurs,
par respect pour l'ordre et la paix publique! Votons :
mais n'oublions pas que si, aux termes de la Constitution, la présidence, la royauté, aurait tout droit
contre l'Assemblée nationale, ce droit tombe devant
la souveraineté du peuple, qui seul peut dire en
quelle mesure il entend donner son pouvoir et conférer son autorité.

CHAPITRE XII

Pourquoi nous avons combattu la candidature de Louis-Napoléon. — Le comité électoral central de Paris. — Cavaignac considéré comme pis-aller de la démocratie. — Les responsabilités de l'élection. — La loi du vote. — Retour vers le système monarchico-constitutionnel. — Les trois pouvoirs balancés. — Napoléon se trompe de route. — Quel est le passif ? — Le manifeste aux électeurs. — Silence prudent. — *Vive la République!* et *Amnistie!* — Résultat exagéré des impôts. — Il faut dégrever le prolétariat. — M. Léon Faucher et les socialistes. — Le président a tué le prétendant. — *La Révolution, c'est moi!* — Idée constitutive du pouvoir.

Nous avons combattu la candidature de Louis-Napoléon par les moyens qui étaient en notre puissance, la polémique et le vote.

Toute question de personnes mise à part, nous savions, et nul ne pouvait l'ignorer, que l'élection de Louis-Napoléon, posée par la réaction, ne pouvait profiter qu'à la réaction. *A priori* donc, nous devions nous prononcer contre cette candidature.

D'accord ensuite avec le comité électoral central de Paris, qui crut devoir au lieu de s'abstenir, intervenir dans le vote, nous voulûmes, en choisissant un candidat, élever le chiffre de la majorité absolue, et par là rendre plus difficile l'avénement de Bonaparte.

Tout le monde, dans le parti démocratique et social, semblait si bien d'accord de cette tactique, que, lorsqu'il s'agit de choisir un candidat, symbole de leur protestation, il fut unanimement reconnu que l'homme sur lequel seraient appelés les suffrages des démocrates ne pouvait être qu'un candidat honoraire : M. Ledru-Rollin, dans une lettre adressée au comité, l'a formellement reconnu.

Cavaignac était donc le pis-aller de la démocratie, qui, mieux inspirée alors qu'elle ne le fut plus tard, voulait avant tout, en sauvant l'intégrité de la forme, se ménager le travail plus facile pour la réforme du fonds...

Nous entrâmes franchement dans cette voie dont nous n'avions point pris l'initiative ; et, en faisant le sacrifice de notre opinion personnelle, nous donnâmes l'exemple de la discipline. Le but de notre vote ainsi marqué, peu nous importait le candidat ; il était même égal pour nous qu'il y en eût deux ou un seul : toute la question était de connaître nos forces et d'écarter Napoléon.

Depuis, nous n'avons pu juger, à la vivacité de l'opposition qui nous fut faite au sujet de la candidature de Raspail, que plusieurs de nos coreligionnaires politiques, tout en signant la foi démocratique et sociale, et faisant serment de haine à la présidence, cachaient la pensée, coupable à nos yeux parce qu'elle était aussi contraire au socialisme qu'à la démocratie, de faire aboutir leur candidat. La candidature de M. Ledru-Rollin, qui ne devait être, comme celle de Raspail, qu'une simple protestation, devint tout à coup une candidature sérieuse, aussi sérieuse, par conséquent aussi menaçante, aussi hostile pour nous que celles de Napoléon et de Cavaignac. C'était une apostasie contre laquelle notre devoir était de protester, une combinaison machiavélique que nous avons combattue de tous nos efforts, mais que nous ne nous vantons pas d'avoir fait échouer : la minorité flagrante du parti démocratique et social rendant, pour le moment, l'échec inévitable.

Au reste, pour mettre tout le monde à l'aise et ne rien déguiser de notre pensée, nous dirons sans feinte qu'indépendamment de notre fidélité inviolable au principe antiprésidentiel, si la candidature de M. Ledru-Rollin avait eu la moindre chance de succès, et qu'il eût dépendu de nous de la faire avorter, nous l'eussions fait. Nous n'avons pas plus de confiance aux idées que représente aujourd'hui M. Ledru-Rollin qu'à celles représentées par le *National* et Cavaignac. M. Ledru-Rollin, — nous voulons dire la fraction démocratique dont il est le chef, — n'a pas fait une assez longue quarantaine dans le lazaret socialiste pour que nous le croyions déjà transformé, purifié de cette rouille politique qui a produit tous les échecs de la Révolution depuis février.

Ainsi donc, si aujourd'hui Louis-Napoléon Bonaparte est élu président de la République, la responsabilité ne peut nous en revenir. Elle est tout entière à ceux qui, mangeant le mot d'ordre, ont voulu exploiter à leur profit l'horreur qu'inspirait Cavaignac, et qui, ne pouvant faire croire à leur succès, ont précipité vers Napoléon la plupart des démocrates.

Qu'on essaie, maintenant, d'atténuer la portée du vote ; qu'on l'explique, qu'on le torture, qu'on l'excuse, il n'en demeurera pas moins vrai que le fruit appartient tout entier à la réaction : car, en toute guerre, ceux-là seuls profitent de la victoire qui ont tenu le drapeau dans le combat. La démocratie socialiste a commis la même faute que le parti légitimiste, qui, lui aussi, a voté, par tactique, pour Napoléon, croyant servir les intérêts de Henri V, et qui n'a fait autre chose que couronner le prétendant bonapartiste à la place du sien.

Quoi qu'il en soit, Louis-Napoléon Bonaparte est président. C'est le président de la réaction, non pas de la réaction légitimiste, qui s'est annihilée en lui portant ses voix; non pas de la réaction jésuitique, réduite, depuis 89, à se dissimuler sous tous les gouvernements et à chanter le *Domine salvum fac* pour tous les princes ; non pas même de la réaction financière et bourgeoise, qui depuis juin s'était personnifiée en Cavaignac; mais de la réaction monarchique-constitutionnelle, qui, sur ce pivot de la présidence, s'apprête à reconstruire le système à bascule brisé en février.

Voilà ce que, de par la loi du vote, est pour nous Napoléon.

En vain vous protesterez, démocrates ; en vain vous essaierez de pallier votre défaite par les calculs d'une misérable tactique. Louis-Napoléon vous dirait, le sénatus consulte de 1804 et l'acte additionnel de 1815 à la main : Je suis le vrai monarque constitutionnel qui devait régner sur la France. Louis XVIII, Charles X et Louis-Philippe n'ont été que des intrus, des usurpateurs, contre lesquels le peuple a protesté en juillet 1830 et février 1848, comme il vient de protester, en me choisissant pour président, contre la République du Luxembourg et des 45 centimes. La restauration et le dernier règne n'ont été qu'une surprise de l'histoire, un vol fait à la famille du grand Napoléon. Est-il surprenant que cet admirable système constitutionnel, œuvre de Sieyès et de l'Empereur, exploité par le mensonge, n'ait produit que le mensonge, et qu'il ait été balayé par deux révolutions ? Français, vous n'avez pas vécu depuis 1814 : A recommencer avec moi !...

Tel pourrait être le discours de Louis-Napoléon, appuyé sur son parrain le *Constitutionnel* et sa marraine la *Presse*, et escorté de cinq millions et demi de suffrages ! Recommençons donc, puisqu'ainsi l'a voulu le peuple. La voix du peuple, dit-on, est la voix de Dieu ; cette idée nous revient sans cesse depuis que nous voyons fonctionner le suffrage universel. Il faut convenir pourtant que le peuple a parlé comme un homme ivre. Mais, dit le proverbe, il est un Dieu pour les ivrognes. Recommençons. Combien durera l'expérience ? C'est ce qu'il s'agit de calculer.

S'il n'est pas douteux que l'élection de Napoléon-Louis soit un retour vers le système monarchico-constitutionnel, aux trois pouvoirs balancés, à l'allure équivoque et bourgeoise, il est certain aussi qu'il y a dans cette élection quelque chose qui en amortit singulièrement l'effet, disons même qui en condamne le principe. Napoléon le Jeune, de même que Napoléon le Grand, porte avec lui l'idée, le dard qui le tuera. Notre devoir, à nous démocrates socialistes, loyaux adversaires qui ne voulons pas la mort du pouvoir, mais qu'il se convertisse, est de dégager publiquement cette idée. Notre plan de campagne était fait d'avance contre Cavaignac : nous allons dire quel il sera contre Napoléon, si, dans le labyrinthe où il vient de s'engager, Napoléon se trompe en route !

Dans l'élection de Louis Bonaparte, nous faisons deux parts, ou, pour employer le style des gens d'affaires, nous établissons deux comptes : l'un qui comprend tous les progrès de la réaction triomphante sans l'emblème de Bonaparte et qui se résume dans cette expression décisive : Monarchie Constitutionnelle ; l'autre, qui contient toutes les obligations contractées envers le pays et les électeurs par le prétendant. Le premier de ces comptes forme, pour ainsi dire, l'*actif*, le second forme le *passif* de la présidence.

Nous savons suffisamment par l'expérience de ces trente-trois dernières années, en quoi consiste l'actif : voyons un peu quel est le passif.

Dans son manifeste aux électeurs, Louis-Napoléon Bonaparte a dit, entre autres choses, que son unique ambition était, après avoir rendu la République heureuse et prospère, de rendre, à l'expiration des quatre années de sa présidence, le pouvoir, tel qu'il le reçoit aujourd'hui, à son successeur.

Par ces paroles, Louis-Napoléon a fait acte d'adhésion formelle, non seulement à la République, mais à la Constiutlion. Il s'est engagé à respecter et à faire respecter la Constitution. Il a abjuré toute prétention monarchique, toute arrière-pensée contre-révolutionnaire. Et ceux qui ont voté pour lui ont fait comme lui acte d'adhésion à la République, à la Constitution.

C'est une première obligation, une première dette, qui engage l'avenir de Louis-Bonaparte, qui l'arrête tout court sur la ligne où le porte fatalement le sens politique de son élection. — Louis Bonaparte, par le principe de sa candidature, bien plus encore que par son inclination, tend à rétablir la monarchie constitutionnelle, et, comme Louis-Philippe, à fonder une autre dynastie. Par les articles de son manifeste, au contraire, et par le principe de vote, il s'est obligé à rendre au bout de quatre ans la Constitution présidentielle en l'état où il l'aura reçue : je voudrais savoir comment lui et ses conseillers pensent satisfaire en même temps au vœu du principe et au devoir de l'engagement ?...

Ce n'est pas tout. Louis Bonaparte, qui, depuis son entrée à l'Assemblée nationale, a constamment gardé un silence prudent; qui a su avec tant d'habileté se taire, alors que tout le provoquait à parler; Louis Bonaparte n'a pas eu toujours la même réserve. Il a eu dans sa vie le malheur d'écrire : il a écrit des choses singulièrement hasardées, et ces choses-là, bien loin de les dissimuler, il les a reproduites à l'occasion de sa candidature; il s'en est servi comme d'un levier électoral ; elles font partie de son manifeste, car elles l'accompagnaient. Nous voulons parler ici surtout de la brochure intitulée : *Extinction du paupérisme*.

Un Bonaparte doit savoir ce qu'il dit. L'extinction du paupérisme, c'est l'émancipation du prolétariat; c'est le droit au travail; c'est la société sens dessus dessous. Bonaparte, en un mot, n'a fait ni moins ni plus que Raspail et Ledru-Rollin : pour obtenir des voix, il s'est fait socialiste. Ainsi l'ont compris les paysans et ouvriers qui ont donné leurs voix à Louis-Napoléon.

Vive la République! criaient les uns ; *Amnistie!* disaient les autres. *A bas Cavaignac! A bas les riches!* c'était le refrain de la majorité. Les plus déterminés ajoutaient : *Nous lui donnons six mois!* doublant le terme assigné au gouvernement provisoire par les insurgés de février.

Tout cela, qu'est-ce autre chose que le commentaire du *Manifeste* et de l'*Extinction du paupérisme?*

Vive la République! donc, à bas l'Empire! à bas la monarchie constitutionnelle, bâtarde de l'Empire et de la République!

Amnistie! c'est-à-dire : Rendez-nous Barbès, Raspail, Blanqui, Caussidière, Louis Blanc. Rendez-nous les transportés de Brest, de Cherbourg et de Rochefort. Oublions nos querelles de mars, d'avril, de mai, de juin, de décembre! Amnistie! Ah! président de la République, si vous avez jamais pressé la main du prolétaire, si votre cœur a battu sur sa poitrine; ce sera de toutes vos dettes la plus douce à acquitter, la moins périlleuse! L'amnistie vous fera durer autant que vos cinq millions de suffrages.

A bas Cavaignac! c'est-à-dire à bas le capital ! *A bas les riches!* traduisez : A bas les pauvres! à bas l'exploitation de l'homme par l'homme! à bas la misère! — Les représentants du peuple, dévoués à la conservation du monopole, étaient allés solliciter en faveur de Cavaignac. — Non! non! point de Cavaignac, leur ont répondu les paysans : *Vive Napoléon! A bas les riches!*

La République, la Constitution, l'amnistie, l'extinction du prolétariat, l'organisation du travail; voilà ce que nous appelons, nous, le passif de la présidence.

Maintenant, il s'agit, pour le nouvel élu, de faire honneur à sa signature. Avec quoi paiera-t-il, le citoyen président? Comment pensez-vous qu'il satisfasse à toutes ces demandes, qu'il remplisse ces promesses, qu'il acquitte ces obligations, qu'il évite le protêt à l'échéance? Croyez-vous que ce soit avec la remise de quelques impôts, qu'il faudrait immédiatement remplacer par d'autres, que Louis Bonaparte donnera le change à ses créanciers?...

L'impôt sur le sel, la gabelle, produit au Trésor 56 millions. Je suppose cet impôt intégralement aboli et la consommation doublée : ce sera comme si Louis Bonaparte faisait don au peuple, qui l'a élu, de 116 millions par an.

L'impôt sur les boissons produit 103 millions. Je suppose cet impôt aboli, et la consommation doublée, c'est-à-dire l'usage ou bénéfice du vin augmenté du double pour le consommateur qui s'en prive et par conséquent la vente doublée pour le vigneron qui ne sait qu'en faire : ce sera comme si Louis Bonaparte faisait un nouveau don au peuple de 206 millions.

Je porte à 100 millions les droits d'octroi et de douane sur la viande, les céréales et autres substances alimentaires, supposant ces droits abolis et la consommation doublée : bénéfice pour le peuple : 200 millions.

Les droits sur les sucres produisent 70 millions.

Supposons cette perception abolie et la consommation doublée ; ce sera un nouveau surcroît de bien-être pour le peuple de 110 millions.

Ensemble 662 millions, dont il faudra dégrever immédiatement le budget des communes et de l'Etat, dans l'intérêt du bien-être et de la santé publics !

Six cent soixante-deux millions divisés par 36 millions de citoyens, et 365 jours dont se compose l'année, donnent au quotient — comme expression arithmétique de l'amélioration physique, morale et intellectuelle du peuple obtenue par l'abolition de 662 millions d'impôts — *cinq centimes dix millièmes* par jour et par tête !...

Mais ce résultat est exagéré, parce que 662 millions défalqués au profit de la classe travailleuse devront être reportés sur la classe riche : c'est-à-dire que pour combler le déficit du budget, il faudra toujours augmenter ou créer d'autres impôts ; or, c'est ici que la question se complique et que l'embarras augmente.

L'impôt foncier ne peut pas subir d'accroissement : ce ne sont pas seulement les 45 centimes de la République qu'il faudrait en retrancher, ce seraient plutôt 90 centimes.

La patente est dans le même cas.

La personnelle et mobilière peut être rendue progressive au moyen d'un impôt sur le revenu : on évalue à 60 millions la recette qu'on en tirerait.

L'enregistrement et le timbre sont déjà excessifs : seulement on pourrait, par le procédé Goudchaux, faire rendre davantage au droit établi sur les successions collatérales : soit 20 millions par an.

Tabacs, postes, droits de navigation et transit, déjà trop forts : pas d'augmentation possible.

Soit donc 80 millions à déduire des 662 dont il faudrait dégrever la consommation du peuple ; ce qui ramène à cinq centimes, au lieu de cinq centimes six dixièmes, la somme de bien-être que pourrait donner au peuple l'abolition des quatre catégories d'impôt que nous avons précédemment énumérées : impôt sur le sel, impôt sur la viande et les céréales, impôt sur les sucres.

Ainsi, pour donner au peuple cinq centimes de revenu par jour et par tête, on endetterait chaque année l'État de 582 millions. Mais, comme l'État ne peut pas plus se passer de budget que la société ne peut se passer de gouvernement, il arriverait infailliblement, avant l'expiration de la première année, ou que tous les impôts seraient rétablis, et par conséquent la misère ramenée au *statu quo*; — ou que l'État ferait banqueroute, c'est-à-dire que la nation n'aurait plus de gouvernement, chose impossible dans une république à présidence.

Au lieu de 662 millions, ne diminuez que la moitié, le tiers ou le quart ; faites telle combinaison et compensation que vous voudrez : vous ne sortirez jamais de ce cercle de la misère du peuple et de la banqueroute de l'État.

On parle en ce moment d'un emprunt de 500 millions à 6 0/0, sous la caution de l'empereur Nicolas ! — J'admets que cet emprunt soit rempli demain. Quand vous aurez comblé le déficit déjà connu pour l'année 1848, et le déficit prévu pour l'année 1849, il ne restera des 500 millions empruntés, qu'une rente annuelle de 30 millions à ajouter au budget de la République et à répartir entre les travailleurs. Tel est le résultat le plus clair, le plus net qui puisse nous advenir de la nomination de Napoléon.

Je demande donc à Louis-Napoléon Bonaparte, président de la République française:

Avez-vous de quoi faire face à vos obligations électorales?

Et, sans m'enquérir des questions politiques, faciles à résoudre, quand vous aurez résolu le problème de la misère, pouvez-vous, dites-moi, réduire des trois quarts votre budget, doubler la production nationale, quadrupler la moyenne du revenu du travailleur?

Pouvez-vous dégrever le prolétariat, non pas momentanément, de 500 millions, qu'il vous faudra lui redemander ensuite, à peine de livrer le pays à l'anarchie, mais à perpétuité, de cinq milliards de rente que le travail paie au capital.

Pouvez-vous créditer les associations ouvrières, faire cesser l'antagonisme industriel, garantir à tous l'instruction, le travail, la santé, la richesse, la liberté?

Si vous le pouvez, hâtez-vous de nous le faire connaître et de justifier le choix du peuple : car nous sommes vis-à-vis de ceux qui nous gouvernent, impatients et impitoyables. Sinon, je vous le déclare au nom de ce même peuple, vous n'êtes qu'un emprunteur de mauvaise foi, un misérable faussaire, qui, le jour même où il signe son contrat, rêve déjà aux moyens de faire banqueroute.

C'était il y a trois jours le 29 janvier. On parlait

du coup d'État; car depuis que vous êtes président, on en parle, et tant que vous serez président on en parlera. J'étais curieux de savoir s'il était vrai que l'on songeât à l'Elysée, à célébrer ce glorieux anniversaire. Je me rappelais cette journée mémorable où vous parûtes tout à coup à cheval, au milieu des canons, des clairons, des tambours, prêt à enlever de votre épée jésuitique et absolutiste cette couronne qui dort sur la tombe du grand empereur. M. Léon Faucher sonnait l'hallali contre les socialistes; un réquisitoire, signé *Baroche*, venait d'être fulminé contre un représentant du peuple, votre serviteur, qui, dans un article de journal, avait mal parlé de vous. On s'attendait à un 18 brumaire. Eh bien! citoyen président, où en est aujourd'hui le thermomètre bonapartiste? Quel progrès a fait depuis un an l'idée impériale?

Grâce à Dieu, grâce surtout à votre loyauté et à votre patriotisme, la Révolution est désormais hors de péril. L'audacieux aventurier s'est éclipsé devant l'homme d'État : décidément le magistrat l'emporte en vous sur le conspirateur. Ce que sollicite instamment celui-ci est obstinément refusé par celui-là; et nous sommes forcés de convenir que la République, cette chaste fiancée du peuple, pour mettre sa vertu à l'abri des entreprises du prince Louis et le tenir à distance respectueuse, n'avait rien de mieux à faire que de le prendre pour chaperon. Le président a tué le prétendant : là est le secret de votre situation; là est la pensée de notre gouvernement. Le socialisme, par ma bouche, vous en félicite et vous en remercie.

Que le vulgaire vous reconnaisse et vous raille;

que les badauds sifflent ces velléités de consulat et d'empire qui échappent toujours, comme des bouteilles l'ivresse, à la faible nature de l'homme, malgré les rebuffades du chef de l'Etat ; que les chauvins de la démocratie maudissent la lâcheté et l'hypocrisie qui forment le fond de votre système ; les vrais révolutionnaires savent apprécier vos services ; ils rendent justice, citoyen président, à la profondeur de vos vues ; et tandis que les imbéciles déplorent l'humiliation de la patrie, ils applaudissent à vos succès. Ils savent que, comme il y a en vous deux hommes, l'un, ambitieux, sans vergogne, bohémien de haute lignée, qui ne vise à rien de moins qu'à régner sur la France, *et par droit de scrutin, et par droit de naissance;* l'autre, magistrat incorruptible, occupé les trois quarts de son temps à réprimer cette ardeur usurpatrice : de même, pour assurer le triomphe de la Révolution, il n'y avait qu'à suivre une seule politique, vous l'avez adoptée du premier coup avec un désintéressement suprême.

Puissance du droit, puissance du devoir, ce sont là de vos miracles ! qui nous dira comment, en quatorze mois, le président de la République est parvenu à dompter en lui le vieil homme, à faire taire le prétendant, à museler le conspirateur ? Car, nous pouvons le dire, à présent que nous ne le craignons plus, ce n'était pas un esprit ordinaire, que cet échappé de Ham, couvert des huées de la Constituante, et qui, trois semaines après, recueillait cinq millions et demi de suffrages.

Il avait parfaitement compris le héros si ridiculement dédaigné de Strasbourg et de Boulogne, et il avait été seul à le comprendre, que le nom de Napoléon était une force capable de précipiter une dynastie, d'escamoter une République, et de révolutionner l'Europe. En cela il s'était montré plus intelligent mille fois que Louis-Philippe et tous ses ministres : l'élection du 10 décembre l'a fait voir. Napoléon, revenant d'Égypte, ou de l'île d'Elbe, n'avait pas jeté à la nation un regard plus puissant.

Il était merveilleusement inspiré, le neveu du grand homme, en juin 1848, quand il faisait appuyer sa rentrée en France par des républicains de la veille et des socialistes ; comme aussi lorsqu'il chercha à se rapprocher de la Montagne, et n'en fut empêché que par la rivalité de sa candidature avec celles de Raspail et Ledru-Rollin. Il savait que le jacobinisme est essentiellement dictatorial : or la dictature, c'est l'empire, témoin Jules César, proclamé du même coup par la plèbe *dictator* et *imperator;* témoin Napoléon lui-même, renégat du jacobinisme, et que madame de Staël appelait *Robespierre à cheval.* L'affinité entre Louis Bonaparte et la Montagne était si vraie, que, ne pouvant s'exprimer par une alliance, elle se résolut en un antagonisme : la cause première du 13 juin est là.

N'avait-il pas raison encore, au point de vue de son ambition, Louis Bonaparte, quand, après l'élection de décembre, il voulait que le président de la République mît à la porte cette assemblée d'eunuques, s'emparât résolument de l'autorité, et, au lieu de descendre bourgeoisement à l'Élysée, se fît proclamer chef inamovible de l'État? Qui donc, en ce moment, lui eût résisté? Le 23 décembre Louis Bonaparte était aussi fort que le prolétariat le 24 février.

Et le 29 janvier, trente-six jours après son installation au domicile présidentiel, pensez-vous qu'il fût déjà trop tard? La proposition Rateau, si mal développée, si mal appuyée, ne fournissait-elle pas à un acte de vigueur un magnifique prétexte? Un homme résolu se fût-il niaisement retiré, comme firent O. Barrot devant l'attitude passive de l'Assemblée, et Changarnier devant le calme du peuple? La victoire du 13 juin, remportée dans des conditions bien plus difficiles, a donné la mesure de ce que pouvait oser Louis Bonaparte, dans les quarante jours qui suivirent son élection. Le succès était certain : le président et ses conseils n'ont pas voulu.

Depuis lors, la chance pour Louis Bonaparte, et conséquemment le péril pour la République, n'a fait que diminuer : honneur, encore une fois, en soit rendu au président, dont la vertu civique nous a servi de sauvegarde. Mais Louis Bonaparte manquait-il de clairvoyance, le 8 mai, en applaudissant aux efforts de l'armée d'expédition; le 18 août, en parlant de haut à la papauté; le 31 octobre, en flétrissant une Assemblée rétrograde, et tout récemment en publiant le premier numéro de *Napoléon*, donnant à entendre, par chacun de ses actes, que la politique suivie par le Gouvernement du 10 décembre était diamétralement contraire aux vœux de son ambition, et que, plus le temps l'éloignait du jour de son élection, plus il perdait de son prestige, plus s'évanouissaient ses espérances ?...

Il faut le dire et le proclamer bien haut : Louis

Bonaparte a été, après février, l'unique danger de la République ; et rien que Louis Bonaparte, élu par le suffrage universel ne pouvait nous en délivrer. Le président seul a triomphé du prétendant. Louis Bonaparte a commencé de déchoir du jour où il lui a fallu lutter avec le rôle que lui faisait son mandat ; le premier de ces échecs a été son élection. L'empire lui était assuré, si, par un accident de scrutin, Cavaignac ou Ledru-Rollin avaient été élus, ou si l'Assemblée constituante avait déclaré la candidature de Louis Bonaparte comme celles de Joinville et de Chambord, inconstitutionnelles. Pour arriver aux Tuileries, avec le fanatisme des masses, ce n'était pas la route de l'élection qu'il fallait prendre ; c'était comme comme à Strasbourg, à Boulogne, celle de la conspiration.

Gloire à vous donc, citoyen président, qui avez su remporter sur vous-même la plus belle victoire ! Nous avions admiré Cavaignac vous remettant le pouvoir, quand il n'eût peut-être tenu qu'à lui de le garder ? Vous, en ne prenant du pouvoir que ce que vous en accorde la Constitution, vous avez surpassé Cincinnatus. Nous n'aurons point d'empereur ; l'occasion est échappée ; Louis Bonaparte ne la rattrapera pas.

Que si, de la considération de l'homme, je passe à celle du système, je trouve encore que la Révolution, le socialisme, la démocratie européenne vous doivent, citoyen président, une impérissable reconnaissance.

La Constitution votée, le chef du pouvoir exécutif élu, Louis Bonaparte devenu plus que jamais redoutable à la liberté, deux politiques s'offraient au président : l'une consistait à amortir, à annihiler la Révolution, en s'en faisant hardiment le chef et l'organe; l'autre à généraliser l'idée révolutionnaire, et à lui donner une impulsion irrésistible en l'irritant. Ici encore Louis Bonaparte s'était montré d'une habileté consommée : l'abnégation du président a déjoué ses calculs.

Louis Bonaparte avait compris, avec cet instinct rapide et sûr, qui est le propre des grandes ambitions, deux choses : c'est d'une part, que le nom de Napoléon était, avant tout, un nom révolutionnaire, et, de l'autre, que, l'ancienne féodalité vaincue, le champ de bataille de la Révolution n'était plus dans la politique, mais dans les intérêts. Il s'était, de longue main, préparé pour cette situation : comme la majorité de ses électeurs, mais avec plus de conscience que ses électeurs, Louis Bonaparte était socialiste; socialiste, dis-je, non pas du lendemain, et pour le besoin de sa candidature, mais socialiste de la veille, socialiste dogmatique, qui avait jugé le problème du siècle, et qui en avait essayé, comme tant d'autres, la solution.

Supposons que le nouvel élu, plus fidèle à ses appétits Napoléoniens qu'à son mandat constitutionnel, se fût fait, comme son passé littéraire et son intérêt évident l'y poussaient, le héraut du socialisme; qu'il eût dit, à l'exemple de son oncle, *la Révolution c'est moi* et qu'appuyé sur les masses, il eût rompu en visière avec la majorité conservatrice et réactionnaire de l'Assemblée : par cette simple manœuvre, les vieux partis étaient éliminés, les chefs d'école balayés, Louis Bonaparte porté en triomphe. Le gage de l'empire, pour Louis Bonaparte, était dans la garantie que son nom donnait à l'idée révolutionnaire; le progrès du socialisme, qui s'est depuis dix mois accompli parmi les paysans, montre à quel point une manifestation en ce sens était de sa part attendue, avec quelle ivresse elle eût été accueillie. Avec ces deux noms, *Napoléon* et *Révolution*, accouplés ensemble comme un mot de passe, Louis Bonaparte mettait la République démocratique et sociale dans sa poche; il devenait en trois jours plus puissant que cinquante victoires n'avaient fait son oncle, l'empereur. L'exemple de celui-ci, fournissait, du reste, un argument : ce fut à force de se montrer révolutionnaire, terroriste même, à Toulon, à Saint-Roch, à Campo-Formio, aux Pyramides, que Napoléon réussit à prendre le consulat à Saint-Cloud, et, quatre ans après, l'empire à Notre-Dame. Louis Bonaparte le sentait : le président seul l'a empêché.

— Non, a dit l'élu du 10 décembre, se parlant à lui-même, tantôt par la bouche d'Odilon Barrot, tantôt par celle de Dufaure ou Changarnier : cette Révolution appartient au peuple; il faut qu'elle s'accomplisse exclusivement par le peuple. L'État ni le prince n'y doivent en rien intervenir. Le véritable empereur, aujourd'hui, c'est le prolétaire, sorti tout à coup du sol en février; le prolétaire, qui, en posant la question du travail, a reculé de cent mille lieues l'horizon politique; le prolétaire, qui déjà, par l'immensité de ses idées, fait paraître si mesquine l'épopée de 89 et 93, et pâlir l'astre impérial. Nul n'a droit de parler de la Révolution que le prolétaire; nul, hors lui, ne sera sacré empereur. C'est à lui qu'il faut faire gagner les grades; c'est lui qu'il faut conduire, par la persécution, à la victoire. Donc, ni consul, ni empereur, et pas de coup d'état; mais, au nom de la liberté, réaction à l'idée de Février. Guerre au socialisme; respect à la Constitution!

— Eh quoi, a dû, mainte et mainte fois, répondre au stoïque président l'impétueux Louis Bonaparte : vous, le neveu, l'héritier de l'empereur, vous continuerez la politique du gouvernement provisoire; vous suivrez les errements de la Constituante et de Cavaignac! Vous vous ferez, par dévouement au socialisme, le bouc émissaire du juste-milieu; vous serez l'âme damnée des doctrinaires et des jésuites! Pour la gloire de cette République que répudia l'empereur, vous livrerez au mépris du monde le nom de Bonaparte! Pour attiser le feu des révolutions, et laisser au prolétariat le temps de grandir et de prendre la robe virile, vous vous ferez, pendant quatre ans, eunuque volontaire, quitte, à l'expiration de ce temps, de vous retirer avec les économies obtenues sur vos appointements et les menus profits de la place!

— Il le faut : les temps sont venus où la liberté, moyen et but des Révolutions, doit renouveler toutes choses. Jadis, on distinguait le pouvoir en *spirituel* et en *temporel* : le pape, vicaire de Dieu, avait le premier; l'empereur, image du peuple, tenait le second. A présent, le pouvoir se divise également en deux, mais sous une autre formule : le *matériel* et l'*idéal*. Ce n'est rien d'avoir pour soi la force des canons et des baïonnettes; de disposer des armées; de faire courir des myriades de procureurs et de mouchards. Tel qui passe sa vie entre les murs d'une prison est plus puissant, avec sa plume et un carré de papier, que le président de la République avec toutes les forces de l'État. Le vrai pouvoir, c'est l'idée : ce que vous appelez pouvoir, et qui excite si fort votre convoitise, n'en est que le *caput mortuum*.

Or, l'idée constitutive du pouvoir, c'est la LIBERTÉ. Liberté! âme du monde, principe créateur, conservateur et régénérateur, vie des nations, force universelle, idée absolue, devant laquelle les autres idées sont comme des étincelles voltigeant dans l'infini, sans laquelle Dieu lui-même est le mal, et la propriété le vol!...

Mais l'idée de liberté est encore vague : le gouvernementalisme dépravant les nations, l'esprit d'indépendance s'est éteint au cœur des masses. Pour que la liberté pénètre de nouveau les âmes, il faut la chasser de vive force avec le marteau de la persécution et le coin de la calomnie. Le pouvoir d'un côté; la liberté, ou pour mieux dire, l'humanité de l'autre : il ne faut pas moins que cette opposition suprême, pour soutenir la Révolution, avortée de février. Du despotisme, encore du despotisme, et toujours du despotisme, tel est l'ordre de la Providence, telle est l'œuvre suprême des gouvernements au XIXe siècle. Depuis trop longtemps bercé par ses tribuns et ses empereurs, le peuple sommeille : lève-toi, bonhomme Jacques ; lève-toi, John Bull; lève-toi, Hans le Têtu, tes princes et les prêtres te défient : c'est ton président, ton mandataire, ton serviteur qui t'appelle, qui te sollicite, à force d'oppression, à conquérir ta liberté. Hurrah, le prolétaire!...

Merci donc à vous, citoyen président, merci! Persévérez dans votre guerre liberticide. Le peuple maudira votre mémoire : celui qui règne là-haut, et qu'adorent les Thiers, les Montalembert, les Faucher récompensera vos mérites. Sans vous, le pouvoir, tombé aux mains de quelque empereur populaire, eût obscurci longtemps encore la pure notion de la liberté. L'idée est mûre à présent; vous pouvez lâcher la bride à votre sosie. Louis Bonaparte, grâce à vous, méprisé, coulé, ruiné, n'est plus à craindre pour la démocratie. Faites le coup d'Etat qu'il vous demande : chassez-moi ces vieux parlementaires, installez-vous aux Tuileries, et proclamez-vous, de votre pleine autorité, empereur. Ce sera pour le pays engourdi, comme la nouvelle d'une invasion de Cosaques. Les républicains attendent de vous ce dernier bienfait, pour vous dire ce qu'ils ont dans la tête et dans le cœur. C'est maintenant chose assurée, nous aurons un coup d'Etat. Louis Bonaparte a fait un pacte avec le Diable. Le Diable, après avoir coupé en cinq ou six tronçons la majorité parlementaire, ainsi que le constate ce matin le *Crédit*, d'après le témoignage des *Débats*, du *Constitutionnel*, de l'*Ordre*, de l'*Assemblée nationale*, a écrit lui-même, sous la figure de M. Véron, et signé de sa griffe la cédule par laquelle il garantit l'empire à Louis Bonaparte. Le *Constitutionnel* d'avant-hier contenait une copie de l'acte que tout Paris a lu, et qui, dénoncé hier par divers journaux, n'a reçu ce matin ni explication, ni désaveu. Ce que le Diable a écrit est donc écrit : nous aurons un empereur, nous aurons un coup d'Etat. Voici ce que dit le Père du Mensonge, le Vieux de la Calomnie, l'Enterreur des dynasties et des républiques, qui s'appelle le Diable ou le *Constitutionnel* :

« Au milieu des pouvoirs mobiles qui, après la Révolution de février, ont été dévorés en moins d'un an, le pouvoir élu au 10 décembre tire un surcroît d'influence de sa seule durée comparative. Sans doute il a amélioré notre situation par la sagesse de ses actes politiques; mais le seul fait d'avoir franchi plus d'une année depuis son installation doit être compté comme une des causes de ce qu'il a rendu de sécurité au pays.

» La renaissance du travail et du bien-être a été en quelque sorte progressive, comme la durée du pouvoir, *image croissante de la stabilité politique*. Peut-on se flatter que cette progression parallèle dans la *durée du pouvoir* et dans la confiance publique se continuera? Il faut bien reconnaître que non. Nous sommes menacés de voir se produire un effet tout contraire; car, tandis que nous serions naturellement conduits à nous confier davantage à mesure que le pouvoir s'éloigne de ses commencements, nous nous inquiéterions au contraire davantage, à mesure qu'il s'approchera de sa fin. Le repos d'esprit que sa durée effective nous donnerait, sa durée légale nous le retire. »

A coup sûr, ce n'est pas M. Thiers qui a dicté cet entortillage.

C'est quelque Allemand ou Suisse, faisant son apprentissage de gent de lettre politique et quotidien, comme qui dirait, le journaliste. Traduit du velche en français, l'apologue du *Constitutionnel* signifie :

Que la prospérité et la confiance ont été, depuis le

10 décembre, toujours croissantes : — Opinion du *Constitutionnel*;

Que cet accroissement de la confiance et de la prospérité est dû à la durée, comparativement plus longue, du pouvoir de Louis Bonaparte : — Assertion du *Constitutionnel*;

Qu'il n'y aurait plus de bornes à la prospérité et à la confiance, si le pouvoir de Louis Bonaparte devait durer toujours :

— Foi du *Constitutionnel*.

Mais que, vu la cessation, dans deux ans, du pouvoir de Louis Bonaparte, la confiance et la prospérité s'éteindront infailliblement sous peu : — Prédiction du *Constitutionnel*.

Donc, conclut le *Constitutionnel*, ou plutôt Satan :

« Là est, qui pourrait le nier? l'*énorme inconvénient de la* constitution. Le pouvoir ne se fonde qu'avec du temps; et la Constitution, il faut le dire, lui a refusé le temps. Si encore elle avait changé profondément ses attributions! Mais non : elle lui a laissé tout ce qu'il embrassait; elle lui a maintenu son rôle immense dans l'ensemble de l'activité nationale. Elle a continué à le charger de tant de choses, que pouvoir et société sont unis, dans toutes leurs chances d'ordre ou de trouble, par la plus étroite des solidarités. »

En vérité, citoyen président, vous vous plaignez de graisse. Mais, si vous trouvez qu'il y en a trop, qui donc vous empêche de partager le fardeau? Qui vous oblige à gouverner et administrer seul? Pourquoi n'avez-vous souffert dans vos ministères que des commis? Vous aviez dans Odilon Barrot une fière monture ; dans M. Dufaure un vigoureux limonier : pourquoi vous êtes-vous défait de ces deux excellentes bêtes ?

« Et c'est ce pouvoir, auquel la société tient par tant de points, c'est ce pouvoir qui ne peut être ébranlé sans que toute la société en ressente les contrecoups, c'est ce pouvoir, disons-nous, qu'on a créé dans les conditions d'une instabilité personnelle.

» Les défiances de la Constituante ont été excessives. Elle a craint de donner trop de force en donnant trop de temps au pouvoir exécutif, et, en lui en donnant si peu, elle nous a ôté ce qui est le nerf d'un peuple travailleur, la foi à l'avenir. C'est cette inquiétude du lendemain qui est le mal de notre situation actuelle... »

Suit un tableau lamentable de la situation, duquel il résulte, contrairement à ce qu'on nous disait tout à l'heure, que, depuis le 10 décembre, grâce à l'*instabilité du pouvoir*, il n'y a, dans ce pays, ni prospérité, ni confiance. Car c'est à cela que le diable se reconnaît : il ne peut parler sans mentir, et il ne peut mentir sans se couper : ainsi l'a voulu la justice divine. Je termine ma citation :

« On pourrait presque dire qu'on n'a pas donné à la durée du pouvoir politique en France l'espace de temps que demande une opération rurale pour s'accomplir : là est, en grande partie, le secret des souffrances de nos compagnons. On nous dira peut-être que, si l'instabilité du pouvoir est un mal, c'est un mal sans remède, au moins immédiat, puisque c'est la Constitution qui le contient. Il n'en est pas moins permis d'ÉTUDIER la situation. Un jour ne viendra-t-il pas, d'ailleurs, où on aura le droit de l'améliorer?... »

Etudier la situation est joli, — surtout en attendant *le jour où l'on aura le droit de l'améliorer!* — Belzébuth, mon ami, vous ne dites pas toute votre pensée. Quel crapaud avez-vous donc là, sur le cœur, qui n'ose pas sortir? Le Diable aurait-il de la pudeur? Allons, je m'en vais vous servir d'interprète.

S'il est une chose certaine, indubitable, et vous qui savez tout vous ne l'ignorez point, c'est qu'en 1852, Louis Bonaparte, président actuel de la République, ne sera pas réélu ; il ne reviendra pas seulement avec le titre de représentant du peuple; il n'y aura pas de conseil municipal, de comice agricole qui veuille de lui. La Constitution sera revisée pour sûr. De savoir, après cela, quel nouvel ÉLU sortira de cette revision, si ce sera Ledru-Rollin, Cavaignac, Changarnier, Joinville ou Chambord; de savoir même si le peuple se donnera un ÉLU, c'est une autre question, que je n'ai nulle envie d'examiner en ce moment. Tout ce que je vous puis dire et prédire, c'est que l'élu ne sera pas, cette fois, un Bonaparte. J'ai de votre esprit assez bonne opinion, citoyen Satan, pour croire qu'en traitant avec Louis Bonaparte, vous tablez là-dessus.

Or si, comme vous le dites, la *durée* et la *stabilité* du pouvoir, tranchons le mot, si la prolongation, si l'hérédité du pouvoir présidentiel est indispensable à la confiance et à la prospérité publique; et si, en même temps, cette prolongation ou hérédité du pouvoir, à supposer qu'elle résulte d'une revision de la Constitution, n'a pas la moindre chance de profiter, dans deux ans, à Louis Bonaparte, il est évident d'un côté, qu'en homme d'Etat dévoué à son pays, Louis Bonaparte ne doit point attendre jusqu'à l'année 1852 de provoquer la revision de la Constitution ; d'autre part, que, candidat prudent et avisé, il ne peut se laisser souffler l'élection.

Donc, la prospérité et la confiance exigeant un coup d'Etat, et Louis Bonaparte n'ayant de ressource que dans un coup d'Etat, vous voulez un coup d'Etat. Je défie le grand diable d'enfer de raisonner plus juste.

Eh bien! vous voulez un coup d'Etat, nous le demandons aussi ; et ce qui vous surprendra bien davantage, c'est que nous sommes des vôtres. Vienne le coup d'Etat, vous dis-je, nous marchons avec vous, au même cri, sous la même enseigne.

N'y a-t-il pas de l'inhumanité, en effet, à attendre encore deux ans le bien-être du peuple, quand nous pouvons, avec l'aide de Louis Bonaparte, faire la chose tout de suite? Que risquons-nous? Le prolétariat n'a rien à perdre, et tout à gagner ; la bourgeoisie, quasi ruinée, tient peu à conserver ce qui lui reste : pour elle, la meilleure spéculation est de jouer son va-tout et d'en finir. Tout est d'accord pour un branle-bas universel : le pouvoir, la bourgeoisie, le peuple. Il n'y a que les légitimistes, les orléanistes, les capitalistes et les jésuites qui puissent faire quelque difficulté. Combien sont-ils? pas un sur cent. Va donc pour le coup d'Etat, et VIVE L'EMPEREUR!

Vive l'Empereur! — Vous nous permettrez, n'est-il pas vrai, citoyen président, de crier à votre joyeux avénement : Vive l'Empereur! Vous voulez bien que le peuple vous acclame, et n'entendez point être seul de la fête. Nous irons tous, la ville, les faubourgs, la banlieue, vous donner une sérénade.

Vive l'Empereur! A bas l'Assemblée nationale! — Nous avions résolu de la respecter et faire respecter jusqu'à la fin, parce qu'elle aussi, elle est, quoique indigne, l'élue du peuple. Ceux que nous avons engendrés, voyez-vous, nous les aimions à la perdition de nos âmes — Vous nous avez fait changer d'avis, citoyen président. Nous pensons aujourd'hui, sur le compte de l'Assemblée nationale, exactement comme vous. A bas les hommes des vieux partis, les idéologues, les avocats! Ils sont là quatre à cinq cents qui méritent bien, n'est-il pas vrai, que le peuple, en proclamant son empereur, leur fasse une petite visite domiciliaire?

Vive l'Empereur! A bas l'impôt! — Vous nous l'aviez promis, citoyen; et nous ne sommes pas moins empressés de toucher le prix de notre suffrage, que vous de remplir votre promesse. Les financiers vous ont fait manquer de parole, les scélérats! Dites un mot, faites un geste, et comptez sur nous! En un clin d'œil, les bureaux des percepteurs, directeurs, contrôleurs, receveurs généraux et payeurs, dévastés; les rôles des contributions brûlés; les octrois démolis; le mur d'enceinte ouvert en dix mille endroits : les fiscaux n'en reviendront pas, je vous jure, ou ils seraient plus malins que nous!

Vive l'Empereur! A bas l'usine! A bas les dettes! — Jusqu'à présent, nous avions horreur de la banqueroute : plutôt que de manquer aux engagements contractés en notre nom par l'État, nous étions résolus de travailler à mort, de vivre au pain et à l'eau, et d'acquitter nos dettes. De tout temps la classe

14

exploitée a fait fi! du bien d'autrui : comment donc sans cela serait-elle exploitée? Votre ministre Fould, nous donnant à entendre que nous étions dupes, a quelque peu modifié, sur ce point, nos sentiments. Et puis, citoyen président, vous ne voudriez pas que tout fût pour vous. Le peuple, vous faisant la part du lion, peut bien prétendre aux miettes du festin. Au premier signal du coup d'État, nous mettons garnison à la Banque, nous prenons la Bourse d'assaut, nous brûlons le Grand-Livre, nous jetons à l'eau les registres de l'hypothèque; nous détruisons, aux cris de vive l'Empereur! les dossiers des notaires, avoués, greffiers, tous les titres de créance, de propriété. Du temple de Plutus, de la citadelle capitaliste, il ne restera pas pierre sur pierre.

Vive l'Empereur! A bas les calotins, les jésuites, les ignorantins! — Ils ne l'auront pas volé. Nous voulions bien leur continuer leur traitement, ainsi que leur casuel : quarante millions pour le budget des cultes, sans compter deux ou trois cents millions escroqués aux familles, en dépit de l'article 405 du Code pénal : c'est payer cher, qu'en dites-vous, la liberté de conscience. Nous les enfermerons si bien dans leurs capucinières, leurs évêchés, leurs chapitres, leurs séminaires, qu'il ne leur prendra jamais fantaisie de vous trahir, citoyen président, comme ils ont trahi tour à tour Louis-Philippe, Louis XVIII et l'Empereur.

Vive l'Empereur et *Mort aux tyrans!* — On dit que les têtes couronnées veulent vous forcer de vous coaliser avec elles pour expulser de la Suisse Mazzini, Félix Pyat, et quelques autres proscrits, amis du peuple. Entendez bien ceci, président. Le jour où nous irons vous prendre à l'Elysée, déclaration de guerre sera faite aux empereurs d'Autriche et de Russie, aux rois de Prusse, de Bavière et de Saxe ; signification au pape, au roi de Naples et au duc de Sardaigne, d'avoir à déguerpir, *instanti quo*, parce qu'*ainsi le veut le peuple français*. Ah! nous sommes un peu plus avancés aujourd'hui que nous ne l'étions en février. Nous savons ce que nous voulons et ce qu'ils veulent.

Nous ne demandions pas mieux qu'une Révolution lente, progressive, pacifique : on nous souffle la terreur et la guerre.

Nous ne voulions, quand nous étions les maîtres, que deux choses, deux choses qu'aucune société n'a le droit de refuser, même aux malfaiteurs, du travail et du pain : on nous a donné du sang et du plomb.

Plus d'hypocrisie, plus de merci ! Faites votre coup d'Etat, les travailleurs vous appuieront. Pas n'est besoin de les provoquer en coupant, sous leurs yeux, des arbres de liberté.

La liberté, elle est dans le cœur du prolétaire : elle ne pend pas à vos mâts de cocagne.

Paraissez seulement au balcon des Tuileries, en costume impérial ; et la société, qui devait renaître du développement régulier de ses institutions, broyée sous nos mains frémissantes, commencera sa palingénésie par le chaos.

CHAPITRE XIII

A propos du 2 décembre. — Violation de l'Assemblée ; arrestation des généraux. — Les sarcasmes des conservateurs. — Le Saint-Père fait baiser ses mules. — Poignée de républicains et protestation bourgeoise. — *Sois libre!* — Quelles étaient les chaînes que nous avions à rompre. — Ce qui existait en France, au 21 février. — Le rapport de la chose et où il avait conduit nos hommes d'État. — Matière sociale et pas de société. — L'immolation systématique du grand nombre au plus petit. — Le feu n'est que cendre. — Ce ne sont pas les actes du peuple trop faciles à prévoir, que je discute.

Il y a des gens qui, à propos du 2 décembre, commentant la *Décadence des Romains*, vous disent le plus sérieusement du monde : La nation française est corrompue, dégénérée, lâche. Elle a trahi sa mission providentielle, renié sa gloire. Il n'y a plus rien à attendre d'elle : qu'une autre prenne sa place, et reçoive sa couronne ![1].

Beaucoup de Français répètent ces sottises, tant ils sont prompts à médire d'eux-mêmes !

1. Cf. *La Révolution sociale*, p. 11.

D'autres, affectant un air hippocratique, accusent le socialisme. C'est le socialisme, assurent-ils, qui a perdu la démocratie. Le peuple, de lui-même, était plein de bon sens, pur, vertueux, dévoué. Mais son âme a été matérialisée par les prédicants du socialisme, son cœur désintéressé de la chose publique, détourné de l'action. C'est par l'influence de ces idées léthifères qu'il a pu se tromper sur la signification du coup d'État, battre des mains à la violation de l'Assemblée, à l'arrestation des généraux. On lui avait appris à mépriser ses représentants : il a manqué à leur appel, et dans le guet-apens du 2 décembre, il n'a vu que le rétablissement de son droit, le suffrage universel.

Le citoyen Mazzini, l'archange de la démocratie, s'est fait l'éditeur de cette opinion.

Voici encore, sur le même événement d'autres variantes :

C'est la gauche qui a assuré le succès du coup d'État, en votant, le 17 novembre, contre la proposition des questeurs.

C'est la presse de l'Elysée qui a effrayé de ses récits la bourgeoisie, et retenu son indignation.

C'est l'armée, féroce et vénale, dont l'attitude a désespéré le patriotisme des citoyens.

C'est ceci, c'est cela !..

Toujours les grands événements expliqués par les petites causes !

Aussi l'étranger, prenant acte de ces misérables défaites, ne comprenant point qu'une masse de 36 millions d'hommes se laisse, en un même jour, mystifier et museler, siffle sur notre nation, et à son tour la proclame déchue. Ceux qui ne nous connaissent point, qui ne savent de quelle révolution la France est en travail, ou qui, ayant entendu vaguement parler de cette révolution, la jugent aussi absurde que nos conservateurs, jettent le sarcasme à cette race, élue entre toutes, et la vouent à l'opprobre. L'Anglais, déguisant mal sa joie, dévorant d'avance notre territoire, rougit de notre aventure; l'Américain, avec son insolence d'affranchi, crache sur notre nom; l'Allemand métaphysique, le Hongrois féodal, l'Italien bigot, l'un après l'autre, nous clouent au pilori. Tandis que le Saint-Père nous fait baiser ses mules, voici le prophète Mazzini qui nous présente l'éponge de fiel, et prononce sur nous le *Consummatum est !* Quel triomphe, dans toute l'Europe, pour l'envie! et quelle leçon à la postérité! La France de 1848, la fille de 92 et de 1830, eh bien! cette France émancipatrice, un moment adultère, met au monde le socialisme; et tout aussitôt elle trahit les nationalités, elle assassine les républiques, s'agenouille devant le cadavre de la papauté, embrasse le fantôme de la tyrannie, et meurt !..

Oh! si je n'avais qu'à répondre à des pédants ignares! s'il ne s'agissait pour moi que de flageller une fois de plus ces mystagogues, sycophantes des révolutions qu'ils n'ont pas prévues et qui les dépassent !.. — Mais un devoir plus sérieux me commande. Il faut justifier ma nation devant l'histoire, lui ôter ce poids d'infamie, dont ses rivales espèrent l'écraser. Un seul jour de remords pour la France! c'est cent mille fois plus que la passion de l'Homme-Dieu... Oublions donc tous, s'il se peut, nos griefs;

raisonnons de sang-froid, repassons les faits et les causes. Que l'histoire, nous montrant dans nos erreurs les causes de nos défaites, nous apprenne enfin à les réparer. Qu'au feu de l'adversité disparaissent parmi nous les partis et les sectes; que l'intolérance soit flétrie, qu'on n'estime plus que la liberté !

Le 24 février 1848, une poignée de républicains, franchissant les limites de la protestation bourgeoise, renverse le trône et dit au peuple : *Sois libre !*

C'était hardi, cela aurait été sublime, si, avec moins de modération et d'honnêteté, je le ferai voir tout à l'heure, avec moins d'égards pour les préjugés du pays, avec moins de religion démocratique, les auteurs de ce coup de main, tenant plus de compte de leur position que de leur principe, avaient voulu profiter de leur succès pour engrener la Révolution. Qu'ils sachent tous, néanmoins, qu'en rappelant ici leur timidité, je ne leur en fais aucun reproche, et puissent-ils eux-mêmes n'en éprouver pas plus que moi de regret ! Au lieu de présumer, comme d'autres, la volonté nationale, ils ont préféré l'attendre; leur premier acte a été de mettre en pratique la théorie qu'ils venaient de faire triompher, au risque d'en perdre bientôt, par l'incapacité de la multitude, tout le fruit : aucun blâme ne peut les frapper. Et si, en présence des faits qui ont suivi, on se prend à regretter, par moments, que des chefs populaires aient poussé aussi loin la foi politique, ces mêmes faits, nécessaires d'ailleurs à l'éducation nationale, ne font que relever davantage leur vertu.

Que signifiait cependant dans la bouche des hommes de février cette parole si vaste, adressée au peuple, *Sois libre*? Quelles étaient les chaînes que nous avions à rompre, le joug qu'il fallait briser, l'oppression dont nous devions disperser les ressorts? sur quoi portait enfin cette effusion de liberté qu'on annonçait?

Car toute révolution est, par essence, négative : nous verrons même qu'elle ne peut ni ne doit être jamais que cela. Celle de 89, dans ce qu'elle a eu de décisif, de réel et d'acquis, n'a pas été autre. Y avait-il donc pour nous matière à négation, en février? restait-il quelque chose à abolir, ou bien n'avions-nous qu'à améliorer? Dans le premier cas, pourquoi cette abstention du Gouvernement provisoire? dans le second, pourquoi avoir chassé Louis-Philippe, et que signifiait la République? Ou les chefs de la démocratie trahissaient, en gardant le *statu quo*, leur mandat; ou bien ils avaient agi sans mandat, et il ne fallait voir en eux que des usurpateurs : impossible, ce semble, d'échapper à ce dilemme.

C'est ici que commence le martyre des fondateurs de la République : car, comment supposer qu'ils aient ignoré le but de leur entreprise? Mais ils n'ont pas osé, ils ne pouvaient pas oser!.. De là, l'appel au peuple, et ses tristes résultats.

Il existait en France, au 21 février :

1° Un *clergé* organisé, comprenant environ 50,000 prêtres et autant d'individus des deux sexes répartis dans des maisons religieuses; disposant de 300 millions de propriétés, sans compter les églises, biens curiaux, le casuel, le produit des dispenses, indulgences, collectes, etc.; organe, présumé indispensable, de la morale publique et privée, exerçant à ce titre sur tout le pays une influence occulte, d'autant plus redoutable par cette raison, et en bien des cas irrésistible.

2° Une *armée* de 400,000 hommes, disciplinée, dépaysée, sans relation avec les gardes nationales, qu'on lui apprenait à mépriser, et à la dévotion entière du pouvoir, seul jugé capable de garder le pays et de le défendre.

3° Une *centralisation administrative*, maîtresse de la police, de l'instruction publique, des travaux publics, de l'impôt, de la douane, des domaines ; occupant au delà de 500,000 fonctionnaires, salariés des communes ou de l'État ; tenant dans sa dépendance directe ou indirecte, toute propriété, toute industrie, tout art mécanique ou libéral ; ayant partout la haute main sur les personnes et sur les choses ; gouvernant tout et ne laissant aux contribuables que la peine de produire et de payer l'impôt.

4° Une *magistrature* fortement hiérarchisée, étendant à son tour, sur les rapports sociaux et les intérêts privés, son inévitable arbitrage : Cour de cassation, Cour d'appel, Tribunaux de première instance et de Commerce, Justice de paix, Conseils de prud'hommes, etc. ; le tout en parfaite intelligence avec l'Église, l'administration, la police et l'armée.

5° Cet immense organisme, servant à la fois de moteur et d'instrument à l'action collective, attirant sans cesse à lui la force et la richesse du pays, trois grands PARTIS s'en disputaient la direction, et jaloux de procurer le bonheur de la patrie, troublaient, déchiraient son sein de leur ardente compétition. C'étaient : le parti *légitimiste*, représentant la branche aînée de Bourbon, et jusqu'à certain point l'ancien régime ; le parti *orléaniste*, représentant les idées constitutionnelles ; le parti *républicain*. Ces trois partis se subdivisaient à leur tour en plusieurs nuances : en dehors, le parti *bonapartiste*, qui allait reparaître, enfin le parti *socialiste*, qui devait attirer sur lui la malédiction de tous les autres.

6° Quant à la NATION, parfaitement homogène au point de vue juridique, elle se divisait, sous le rapport des intérêts, en trois catégories principales, que nous essayerons, comme suit, de définir :

La *Bourgeoisie*. Je range dans cette classe tout ce qui vit des capitaux, de la rente des propriétés, du privilège des offices, de la dignité des emplois et sinécures, plutôt que du produit effectif du travail. La bourgeoisie moderne, ainsi entendue, forme une espèce d'aristocratie capitaliste et foncière, analogue, pour la force numérique et la nature de son patronage, à l'ancienne noblesse ; disposant presque souverainement de la banque, des chemins de fer, des mines, des assurances, des transports, de la grande industrie, du haut commerce, et ayant pour base d'opérations une dette publique, hypothécaire, chirographique et commanditaire, de 20 à 25 milliards.

La *Classe moyenne*. Elle se compose des entrepreneurs, patrons, boutiquiers, fabricants, cultivateurs, savants, artistes, etc., vivant, comme les prolétaires, et à la différence des bourgeois, beaucoup plus de leur produit personnel que de celui de leurs capitaux, privilèges et propriétés, mais se distinguant du prolétariat, en ce qu'ils travaillent, comme on dit vulgairement, à leur compte, qu'ils ont la responsabilité des pertes de leur état comme la jouissance exclusive des bénéfices, tandis que le prolétaire travaille à gage et moyennant salaire.

Enfin, la *Classe ouvrière* ou *Prolétariat*. C'est elle qui, vivant comme la précédente, plus de son travail et de ses services que de ses capitaux, ne possède aucune initiative industrielle, et mérite à tous égards la qualification de *mercenaire* ou *salariée*. Quelques individus de cette classe, par leur talent et leur capacité, s'élèvent à une condition d'aisance à laquelle souvent ne parviennent pas les entrepreneurs et patentés ; de même que, parmi ces derniers, quelques-uns obtiennent des bénéfices qui dépassent de beaucoup le revenu moyen des bourgeois. Mais ces inégalités, tout individuelles, et qu'on pourrait considérer presque comme des anomalies, n'affectent point les masses ; et comme la classe moyenne, composée en général des producteurs les plus habiles et les plus énergiques, demeure fort au-dessous pour la sécurité et les garanties, de la classe bourgeoise ; de même le prolétariat se compose d'une multitude pauvre, sinon misérable ; n'ayant toute sa vie du bien-être que le rêve ; connaissant en beaucoup de lieux, l'usage du blé, du pain et de la viande ; chaussé de sabots, vêtu en toute saison de coton et de toile, et dont un grand nombre ne sait pas lire. Les économistes ont peint, en traits émouvants, la misère du prolétariat ; ils ont prouvé jusqu'à l'évidence, que dans cette misère était la cause de l'affaiblissement de la moralité publique et la dégradation de la race.

La France est le pays de l'Europe où se trouve le plus grand écart entre la civilisation et la barbarie, où la moyenne d'instruction est la plus faible. Tandis que Paris, centre du luxe et des lumières, passe à juste titre pour la capitale du globe, il est dans les départements une foule de localités où le peuple, à peine affranchi de la glèbe, et déjà corrompu par le salariat, semble avoir rétrogradé sur le moyen-âge.

Le pays compte au delà de 36 millions d'habitants. Son produit annuel est d'environ 9 milliards, dont un tiers sert à payer les frais de l'Etat, églises et autres fondations appelées improductives ou parasites ; un autre quart appartient à titre d'intérêt, rente, loyer, dividende, agio, commission, bénéfice, etc., aux propriétaires, capitalistes et entrepreneurs ; ce qui laisse pour la classe travailleuse, en y comprenant ceux de la classe moyenne qui ne réalisent pas de bénéfices, et c'est le grand nombre, un revenu ou salaire qu'on peut évaluer à 41 centimes par tête et par jour, et qui dans les cas extrêmes est au-dessous de 15.

Telles étaient les choses au 24 février, et tel était leur rapport : bornons-nous à constater à quel résultat, en l'absence d'idées positives, il avait conduit nos hommes d'Etat.

Toute la force de cette nation, abstraction faite du territoire et des habitants, ce qui constitue son importance comme organe politique et fonction dans l'humanité, lui vient donc uniquement de sa féodalité gouvernementale et bourgeoise. Le peuple, la masse servile, exploitée mais non organisée, est sans valeur politique. Son rôle est, à peu de chose près, celui de l'esclave chez les anciens. Supposez pour un instant la hiérarchie, qui le contient et le met en œuvre, détruite ; le pouvoir anéanti, dans son personnel et ses emplois ; la bourgeoisie exterminée, ses richesses partagées ; supposez cette multitude, indigente et illettrée, barbare si l'on veut, mais non pas *vile*, devenue maîtresse par un coup de baguette révolutionnaire, passant le niveau sur l'Eglise et sur l'Etat, et réalisant à sa manière la parabole de Saint-Simon, comme elle aurait très bien pu s'en donner le plaisir après le 24 février : aussitôt et jusqu'à nouvelle réorganisation, la France, dépouillée, comme Samson par Dalila, de sa chevelure, n'est plus qu'une masse inerte, à l'état chaotique ; il y a bien une matière sociale, il n'y a plus de société.

Ainsi, le peuple français, dans ses masses profondes, avec la centralisation qui l'enserre, le clergé qui le prêche, l'armée qui le surveille, l'ordre judiciaire qui le menace, les partis qui le tiraillent, la féodalité capitaliste et mercantile qui le possède, ressemble à un criminel jeté au bagne, gardé à vue nuit et jour, avec cotte de mailles, camisole de force, chaîne, carcan, une botte de paille pour lit, du pain noir et de l'eau pour toute nourriture. Où et quand voit-on une population mieux garrottée, serrée, gênée, mise à une diète plus sévère ! Les Américains qui n'ont ni clergé, ni police, ni centralisation, ni armée ; qui n'ont point de gouvernement, dans le sens que l'ancien monde attache à ce terme ; qui ne savent que faire de leur bétail, de leurs farines et de leurs terres, parlent de nous fort à l'aise ! Nous portons depuis des siècles un poids qui, en moins d'une génération, aurait écrasé toute autre race ; et telle est notre misère, que si on nous ôte ce poids nous cessons de vivre, si on nous le conserve nous ne pouvons pas exister. Voilà ce qu'a fait de nous la politique, la raison d'Etat !..

Certes jamais occasion plus belle ne s'offrit à des révolutionnaires. Tout le monde, la bourgeoisie elle-même, le sentait. Il répugne que la société ne soit autre chose que l'immolation systématique du grand nombre au plus petit, quand ce grand nombre se compose d'individus de même sang, doués d'aptitudes identiques, capables enfin de tenir à leur tour, par l'instruction et le travail, aussi savants, aussi artistes, aussi puissants inventeurs, aussi grands capitalistes, aussi profonds hommes d'Etat que leurs cousins de la classe gouvernante bourgeoise.

Je n'ai nulle envie de rallumer des discordes éteintes. Je sais que je n'écris point un article du *Représentant du peuple*, qu'il n'y a plus de multitude qui me lise, et que je remuerais en vain ce foyer qui n'est que cendre. La classe la plus nombreuse et la plus pauvre, cette grande armée du suffrage universel, que nous avons essayé d'affranchir par sa propre initiative, a donné par deux fois, au 10 décembre 1848 et au 20 décembre 1851, une réponse telle que la comportait l'état de son âme, la poésie de ses souvenirs et la naïveté de ses sentiments. Le peuple français, pour quelque temps encore, entend qu'on le gouverne, il ne m'en coûte rien de l'avouer, et il cherche un homme fort ! Il a dévolu sa souveraineté au nom qui lui représentait la force : quelle idée d'avoir voulu faire de cet enfant, un souverain !

quelle fiction dans la série déjà si longue de nos fictions!.. Je n'appellerai pas de ce *plébiscite*, qui me met à l'aise, et je n'entends en aucune façon infirmer le vote du 20 décembre. Le peuple, si ce n'est par raison, au moins par instinct, SAIT ce qu'il fait ; seulement ce qu'il sait n'est pas à la hauteur de ce que nous, les gens de la classe moyenne et les bourgeois, nous savons. Ce ne sont pas les actes du peuple, parfaitement authentiques, quoi qu'on dise, et trop faciles à prévoir, que je discute: Je me demande : Comment, au 24 février, les chefs de la démocratie ont-ils résigné leurs pouvoirs entre les mains d'un pareil peuple; et comment celui-ci, à son tour, a-t-il trompé les espérances des démocrates ?

CHAPITRE XIV

L'éducation des peuples. — La Révolution économique et anti-gouvernementale. — La religion, symbolique de la société. — En 1848, devait-on entretenir, aux frais de la nation, un corps aussi redoutable que le clergé? — Le peuple peut-il se passer du culte? — Foi dans la moralité du peuple. — Le passé de la Révolution écrase le présent. — Changeant de gouvernement, la France n'a fait que changer de tyrannie. — Tableau de nos Révolutions pendant les soixante-quatre dernières années. — Le pays subordonné au pouvoir. — Histoire d'Etat. — Faire des citoyens *gens de leur pays*. — Attribution du droit de vote au peuple, réputé ignare. — Le peuple étant mineur, on ne peut l'abandonner à ses propres conseils. — La question économique. — L'émancipation du prolétariat. — L'histoire n'est que le résultat des situations.

L'éducation des peuples, dit Lessing, est comme celle des individus. Chaque progrès obtenu dans cette éducation amène la suppression d'un organe éducateur et se résout pour le sujet en accroissement d'indépendance, cessation de discipline.

La révolution économique et anti-gouvernementale, en vue de laquelle on avait renversé la monarchie constitutionnelle, a appelé dix millions de Français à l'exercice des droits politiques, créé la plus immense anarchie dont l'histoire fournisse l'exemple; cette révolution, si grosse déjà de préparatifs, ne pouvait donc consister, d'une part, que dans l'abrogation, partielle ou totale, en tout cas progressive, des grands organismes qui à l'origine des sociétés servirent à dompter la nature rebelle des peuples; en second lieu, dans l'extinction des dettes, la propagation du bien-être, la transformation de la propriété, l'annihilation des partis; enfin, et pour tout dire d'un seul mot, l'éducation sociale et égalitaire des masses.

Ainsi la religion, symbolique de la société, fut de tout temps la première manifestation intellectuelle du peuple; le sacerdoce, son premier maître.

Sans que la révolution témoignât la moindre haine pour le culte, il y avait lieu de se demander, en 1848, si, d'après le principe de la liberté religieuse et le progrès de la raison publique, on devait entretenir plus longtemps, aux frais de la nation, un corps aussi redoutable que le clergé; si le temps n'était pas venu pour la société française de commencer la renonciation au culte, considéré comme principe de morale et instrument d'ordre; s'il ne convenait pas à cette heure, dans l'intérêt des mœurs elles-mêmes, et sans dogmatiser aucunement, de transporter l'autorité religieuse au père de famille, comme on venait de transporter l'autorité politique au citoyen; d'apprendre aux masses que la prière n'est qu'un supplément de la réflexion, à l'usage des enfants et des simples; les sacrements et les mystères, une allégorie des lois sociales; le culte, un emblème de la solidarité universelle; de leur dire, enfin, que l'homme qui n'a de vertu privée, de fidélité aux engagements, de dévouement à la patrie, que par crainte de Dieu et du bourreau, loin d'être un saint, est tout simplement un scélérat?

Car, si l'on continuait de penser, avec quelques-uns, que le peuple ne peut se passer de culte; que s'il ne va pas à la messe il dévastera les campagnes, brûlera les granges, pillera les magasins; qu'en admettant même, comme fait notoire, la décadence du catholicisme, la seule conséquence à tirer de ce fait serait de remplacer la religion officielle par une autre plus en harmonie avec les besoins et les idées, nullement d'abandonner un intérêt si grave à l'arbitre des consciences; qu'en attendant il était de bonne politique d'appeler les prêtres à la bénédiction des drapeaux de la liberté et aux funérailles de ses martyrs; si, dis-je, tel devait être le jugement de la démocratie sur l'importance des cultes, alors on avait eu tort de chasser la dynastie d'Orléans; il fallait s'en tenir à la réforme demandée par M. Duvergier de Hauranne, appuyer simplement MM. Odilon Barrot et Thiers. La théorie démocratique de la liberté est incompatible avec la doctrine théologique de la grâce : il faut choisir entre Augustin et Pélage, deux maîtres qui s'excluent réciproquement. Point de révolution dans l'Eglise, point de république dans l'Etat.

Pour moi, j'avais une telle foi dans la moralité du peuple, malgré l'influence délétère du paupérisme, que je n'eusse point hésité à appuyer la liberté la plus entière, et en respectant les croyances individuelles, à mettre définitivement la religion hors l'Etat, c'est-à-dire d'abord hors du budget. Et certes, l'opinion des chefs de la démocratie sur l'importance ultérieure des idées religieuses ne peut non plus être un doute pour personne : leur principe leur défendait d'avoir du peuple une opinion si dégradante.

Mais ils n'osèrent assumer la responsabilité d'une décision aussi grave; ils crurent devoir en référer à la nation. Nous ne sommes pas le souverain, pensaient-ils; la religion est une de ses propriétés; il ne nous appartient pas de préjuger les dispositions de la conscience, encore moins d'attirer sur la démocratie la réprobation qui de tout temps s'est acharnée aux athées!... Le peuple, l'Assemblée nationale décidera.

C'est ainsi que les souvenirs sanglants et obscènes de l'hébertisme arrêtèrent le parti républicain sur la pente de la liberté. Le passé de la Révolution écrasait le présent : or, la question renvoyée au jugement populaire, l'Eglise était sûre du triomphe.

La même chose devait arriver pour le gouvernement.

Qu'est-ce que le gouvernement dans la société ? Le maillot, si j'ose ainsi dire, d'un peuple au berceau; après le culte, l'organe principal de l'éducation des masses; aux époques d'antagonisme, l'expression armée de la force collective.

Déjà le problème de la réduction à opérer dans le pouvoir central avait été posé en 89. A moitié résolu par la formation spontanée des gardes nationales et des fédérations de province, il avait rendu possible les journées des 14 juillet, 5 et 6 octobre et 10 août. C'est sous l'influence de ce principe que la France tout entière fut révolutionnaire pendant les années 89, 90, 91, 92, et jusqu'au 31 mai 93 ; que se formèrent les bataillons de volontaires, et que le peuple se leva en masse sous la Terreur. Affirmé, quoique obscurément, par le parti de la Gironde, combattu à la fois par les royalistes de l'Assemblée et par la Montagne, il succomba dans la guerre civile allumée par la journée du 31 mai. On peut dire qu'à dater de cette époque la France a été rayée de nouveau de la liste des nations libres; en changeant de gouvernement, elle n'a plus fait que changer de tyrannie. Désorganisée, désarmée, musclée, sans point de ralliement, sans cohésion d'intérêts, ailleurs que dans l'Etat; ne reconnaissant d'autorité que celle du centre; accoutumée à le suivre comme le soldat suit son chef de file, elle a perdu jusqu'à la notion de son indépendance et de ses droits. Depuis soixante ans elle assiste aux tragédies de son gouvernement, réduite, pour toute initiative, à poursuivre tour à tour ses maîtres de ses vœux et de ses malédictions. Toute action propre lui est ôtée; toute tentative pour la ressaisir et que n'appuie pas l'un au moins des pouvoirs constitués, est réprimée à l'instant et impitoyablement.

C'est ce dont on peut juger d'après le tableau de nos révolutions pendant les soixante-quatre dernières années.

ANNALES DE LA LIBERTÉ, EN FRANCE,
DU 24 JANVIER 1789 AU 24 FÉVRIER 1848.

1789. — 23 janvier-4 mai. — Convocation des Etats-Généraux, rédaction des cahiers. La nation, appelée à la vie politique, fait pour la première fois acte de volonté, exprime ses intentions et nomme ses représentants.

20 juin. — Serment du Jeu de Paume : l'Assemblée des

représentants se déclare souveraine et supérieure à la prérogative royale.

14 juillet. — Le peuple appuie ses représentants; la royauté est subalternisée; les gardes nationales se *fédéralisent*.

1790. — 14 juillet. — Grande *fédération*; le roi prête serment à la nation; la nation jure par la Révolution.

1791. — 14 juillet. — Nouvelle *fédération*. La nation pardonne au roi; ELLE commande, IL exécute.

1792. — 10 août. — La royauté, ne pouvant supporter sa condition inférieure, conspire contre la souveraineté nationale. Elle est vaincue : la nation se forme en *Convention* pour fonder une RÉPUBLIQUE.

1793. — 31 mai — 2 juin. — Réaction de l'idée d'autorité contre l'idée de liberté. La raison d'Etat, sous le nom de République *une* et *indivisible*, triomphe de la raison du Pays accusé de *fédéralisme*. Le peuple appuie l'*unité* : la nation est remise sous le joug par les Jacobins. Commencement de la Terreur.

Ici finit la période de la liberté, inaugurée par la convocation des Etats-Généraux.

1794. — 24 février-5 avril. — Élimination des Hébertistes et Dantonistes par la faction de Robespierre. Le pouvoir se concentre de plus en plus.

27-28 juillet (9 thermidor). — Le pouvoir incline à la dictature d'un seul. Révolution de palais où Robespierre est vaincu par ses collègues du comité de Salut public. D'abord, la population n'ose s'y fier, et le triomphe de la Convention paraît douteux, tant le triumvir avait su éteindre la faculté politique dans les masses. Peu à peu les Parisiens se prononcent; Robespierre est guillotiné, et le pays, échappé de cette tyrannie, retombe sous celle des thermidoriens.

1795. — 1er avril-20 mai, (12 germinal-1er prairial). — Insurrection du peuple de Paris contre les réacteurs de thermidor. Comprimée par l'autorité conventionnelle.

5 octobre (13 vendémiaire). — La désaffection est au com-

.e. : es e ec ions emeurent libres, les royalistes seront nommés en majorité, et ce sera fait de la République. Une loi, dite du 13 fructidor, ordonne donc que les deux tiers des représentants seront choisis parmi les membres de la Convention. Révolte des sections : écrasée par Bonaparte.

1797. — 4 septembre (18 fructidor.) — De nouvelles élections amènent une majorité royaliste. Coup d'Etat du Directoire, appuyé par l'armée et les jacobins. La constitution est violée, la représentation mutilée, et la République immolée pour la seconde fois par ses défenseurs.

1799. — 9 novembre (18 brumaire). — Révolution de palais au profit de Bonaparte. La nation, qui n'a pas été consultée, se tait ou applaudit.

1814. — Avril. — Révolution de palais au profit des Bourbons revenus à la suite de l'étranger. La nation salue ses princes, qu'elle ne connaissait plus.

1815. — Mars. — Conspiration militaire et révolution de palais. Une partie de la nation bat des mains au retour de l'Empereur.

Juillet. — Deuxième restauration des Bourbons par la faveur de l'étranger. L'autre partie de la nation, qui avait gardé le silence pendant les cent jours, prend sa revanche d'applaudissements, et les proscriptions commencent.

1830. — Juillet. — Un conflit s'élève entre les grands pouvoirs de l'Etat; le peuple de Paris appuie les 221; le maréchal Marmont retire les troupes. Révolution de palais au profit de Louis-Philippe.

1832-1834. — Emeutes républicaines et carlistes : vaincues par le gouvernement.

1839. — Coalition parlementaire : une société secrète essaye de profiter de la circonstance pour appeler le peuple aux armes. La couronne cède : révolution ministérielle.

1848. — 22-24 février. — Conflit entre le ministère et l'opposition, soutenue par la garde nationale. Louis-Philippe s'enfuit, laissant la place aux républicains.

Non, ceux qu'a surpris l'attitude de la France au 2 décembre 1851 ne connaissent pas son histoire. Ils n'en ont retenu que es gran es ates par ementaires et militaires. prenant, les trois quarts du temps, l'action du pouvoir et des partis pour celle de la nation.

La France, qu'on le sache une fois, depuis le commencement du siècle, n'a pas eu cinq années d'existence nationale. Elle a vécu de sa propre vie, du 24 janvier 1789, date de la convocation des États-généraux, jusqu'au 31 mai 1793, date de l'expulsion des Girondins. Pendant cette courte évolution, on voit le pays se subordonner le pouvoir, le diviser, le déduire ; les libertés locales et individuelles se former ; et si la situation est loin encore d'être heureuse, l'esprit et la volonté surgissent de partout dans le corps social. Après le 31 mai, le rapport est interverti : le pouvoir, comme sous les rois, se subordonne au pays ; la nation n'est plus qu'une partie intégrante de l'État ; le contenant est compris dans le contenu. On reconnaît, dans la centralisation préconisée par les Jacobins, l'influence de l'instinct populaire, plus facilement saisi de la notion simple du pouvoir que de l'idée compliquée du contrat social. La faculté politique s'absorbant de plus en plus dans les agents supérieurs, de l'autorité, les citoyens perdent une à une toutes leurs libertés, et ne conservent pas même la sécurité de leurs correspondances. La société a disparu : c'est un domaine, avec ses régisseurs, ses employés et ses fermiers.

Certes, on ne peut nier que les divers gouvernements qui se sont succédé en France après la mort de Louis XVI, n'en aient parfois tiré de grandes choses : que, soit par leur initiative, soit par leur réaction, ils n'en aient fait jaillir de vives étincelles. Mais tout cela, encore une fois, est histoire d'État ; ce n'est pas l'histoire du peuple. Or, si le mot de démocratie signifie quelque chose, si c'est par elle et pour elle qu'avait eu lieu la révolution de février, c'était le cas, en 1848, de mettre fin à une anomalie monstrueuse, et, si l'on osait aller jusqu'à l'*anarchie*, qui, comme tout principe, indique plutôt un idéal qu'une réalité, on ne pouvait du moins se refuser à une signification générale de l'institut politique.

Le peuple était-il donc déclaré hors de tutelle, et *sui juris?* La centralisation, ce vaste champ d'orgueil, devait être immédiatement attaquée et les citoyens envoyés en possession d'eux-mêmes. On restituait, sauf les transitions à ménager, aux départements et aux communes la gestion de leurs affaires, le soin de leur police, la disposition de leurs fonds et de leurs troupes. De quel droit des individus, nommés par leurs pairs, auraient-ils prétendu savoir mieux à Paris ce qui convient aux provinces, que les électeurs eux-mêmes?... Pour faire des Français, la première condition était de faire des citoyens, c'est-à-dire, dans notre langue, des gens *de leur pays*, ce qui ne peut s'obtenir que par la décentralisation. On fondait l'armée dans les gardes urbaines ; on laissait aux intérêts en litige le choix des arbitres, la forme des procédures, l'autorité des solutions...

Pensait-on, au contraire, que dans cette démocratie sans dictateur, sans factotums et sans mouchards, l'ordre ne durerait pas huit jours ; que le peuple avait besoin, suivant le style de Rousseau, d'un prince, comme il avait besoin d'un dieu ; que, hors de là, les particuliers se battraient entre eux, que le faible serait livré à la merci du fort, le riche exposé à l'envie du misérable, qu'une force était nécessaire à la République, pour contenir les mauvaises passions, punir les délits et donner aux honnêtes gens la sécurité?

Alors, encore, puisque l'on devait conserver le système, c'était une hypocrisie de parler révolution, et l'on s'était rendu coupable d'attentat en renversant la dynastie. En proclamant le peuple souverain, on le trahissait doublement; d'abord, parce qu'il ne devait jouir que d'une souveraineté fictive; ensuite, parce que dans l'hypothèse il était indigne de l'exercer. Rien que l'attribution du droit de vote à ce peuple réputé ignare, capable des plus scandaleuses aberrations et des plus irréparables lâchetés, ce vote ne dût-il être donné que tous les cinq ans, était un crime contre le progrès et contre le genre humain.

Je n'ai pas besoin de dire quelle était sur ce point, comme sur l'autre, l'opinion du gouvernement provisoire. Nul ne professait pour le peuple une plus haute estime; et si la chose eût dépendu de ses sentiments, sans doute il eut à l'instant coupé les lisières. Mais, pour la seconde fois, *ils n'osèrent pas!* retenus qu'ils étaient par le préjugé général et par la crainte de l'inconnu qui trouble les plus grands génies. Bien loin de conseiller la démolition de l'autorité, quelques-uns conseillaient de s'emparer de la dictature: pourquoi faire, si l'on ne voulait ni de la suppression du culte, ni de la diminution de l'Etat, et, quant aux améliorations industrielles, si on n'était pas d'accord?... L'impossibilité de reconnaître le dictateur, et par dessus tout le respect du principe démocratique, des considérations toutes de principes, apposèrent le *veto* sur les velléités d'exécution. La question politique fut dévolue, comme la question ecclésiastique, à l'Assemblée nationale : on put dès lors prévoir, qu'elle y serait enterrée. Là, il fut sous-entendu que le peuple étant mineur, on ne pouvait l'abandonner à ses propres conseils ; le gouvernementalisme fut maintenu avec un surcroît d'énergie ; on en fut quitte pour donner à la constitution nouvelle la qualification de démocratique, ce qui, à en juger d'après la rédaction publiée le 4 novembre 1848, était peut-être moins vrai que la Charte de 1830...

Je ne m'étendrai pas sur la question économique, la plus grave de toutes. Posée dans ses véritables termes, elle ne me semble pas plus que les deux précédentes susceptible de contradiction.

La nation se divisant, ainsi qu'il a été dit, en trois catégories naturelles, dont l'une a pour formule : *opulence et consommation improductive* ; l'autre, *industrie et commerce libre, mais sans garanties* ; la troisième *sujétion absolue et misère progressive* : le problème pour la Révolution était de résoudre la première et la troisième classe dans la seconde, les extrêmes dans le moyen ; et par là, de faire que tous, sans exception, eussent en proportion égale, le capital, le travail, le débouché, la liberté et l'aisance. En cela consiste la grande opération du siècle et l'objet, encore si peu compris, du socialisme. L'histoire et l'analogie des principes montrent que cette solution est la vraie.

Ce que le socialisme a nommé *exploitation de l'homme par l'homme*, à savoir, la rente du propriétaire, l'intérêt du capitaliste, la dîme du prêtre, le tribut de l'État, l'agio de l'entrepreneur et du négociant, toutes ces formes de prélibation de l'autorité sur le travail, ramenées à leur origine, aux premiers temps de la production humaine, sont un corrélatif du gouvernement et du culte, une des formes de l'initiation primitive. De même que l'homme ne s'est originairement discipliné que par la terreur religieuse et la crainte du pouvoir, il ne s'est livré au travail que forcé et contraint. Pour obtenir de lui un labeur quotidien, il a fallu le soumettre à une retenue quotidienne : au fond, la rente et l'intérêt ne sont que les instruments de cette éducation énergique.

Actuellement le peuple de nos villes et de nos campagnes dont la moyenne de salaire est de 41 centimes par jour et par tête ; ce peuple était-il capable de supporter, sans tomber dans la crapule et l'insolence, une part plus forte de richesse? Était-il à craindre qu'en augmentant son bien-être, au lieu de doubler son activité et de le faire monter dans la vertu, on ne le précipitât dans la fainéantise et le vice? Fallait-il, de plus en plus, le tenir en bride par un rude labeur, un maigre salaire, et comme l'avaient pratiqué sur eux-mêmes, le Christ, les apôtres, les moines du moyen-âge, ne laisser d'espérance au prolétaire que dans une autre vie?

Poser ces questions, c'était les résoudre. La difficulté pour le gouvernement provisoire, n'était pas dans le but, elle était dans le moyen. Comment garantir le travail, ouvrir le débouché, équilibrer la production et la consommation, augmenter le salaire, attaquer la rente et l'intérêt, sans faire disparaître le crédit et arrêter la formation des capitaux?... L'émancipation du prolétariat se présentait à certains esprits comme la dépossession de la bourgeoisie ; les projets variaient à l'infini, source intarissable de calomnies pour le parti républicain. Bref, ILS N'OSÈRENT PAS, ILS NE POUVAIENT PAS OSER ! Quand il y va de la fortune et de la liberté publique, nul en particulier n'a le droit de se charger de la réforme. Huber est convenu avec moi, à Doullens, qu'en prononçant le 15 mai, la dissolution de l'Assemblée, il avait commis un acte d'usurpation. Le gouvernement provisoire se fut trouvé dans le même cas en statuant, de son chef, sur la nécessité du culte et du gouvernement, et sur l'organisation du travail. L'opinion n'étant pas faite, il ne lui appartenait pas de la devancer. Après tout, la misère du peuple est encore un moindre mal que l'arbitraire dans le pouvoir. Le droit au travail, décrété *en principe* par le gouvernement provisoire, fut renvoyé par l'organisation à l'Assemblée constituante, où les contradicteurs ne pouvaient manquer d'être en majorité. Croyez donc que les représentants des intérêts menacés allassent, dans des conditions pareilles, se dévouer à l'émancipation du prolétariat !...

Ainsi la démocratie, quelle que fût sa volonté et sa foi, se trouvait en face de questions sans fond ni rive. De toutes parts, la tradition de 89 aboutissait à l'inconnu. On ne pouvait pas reculer, on n'osait plus avancer. Il semblait bien à tous que la moralité publique s'était élevée, la richesse accrue, les principes d'ordre et de bien-être multipliés en tous sens ; qu'il était juste, par conséquent raisonnable, utile, de développer les libertés publiques, de donner plus d'essor à la liberté individuelle, d'émanciper les consciences, de faire au peuple une part plus large dans la félicité sociale. La révolution de 89 nous avait laissé à combler ces lacunes ; c'était pour avoir reculé devant cette œuvre que la monarchie de juillet, hypocrite et corruptrice, avait été renversée. Puis, quand on voulait mettre la main à l'œuvre, tout ce mirage de liberté, d'égalité, d'institutions républicaines, s'évanouissait. Au lieu d'une terre de promission, émaillée de bosquets, de vignobles, de moissons, d'eau courante, de vertes vallées, on ne découvrait qu'une plaine aride, silencieuse, sans limites!...

L'histoire n'est que le résultat des situations. La situation de la France, telle qu'elle existait en 1848, toute nation, par le progrès de ses idées, le jeu de ses institutions et de ses intérêts, y arrivera. C'est pour cela que l'histoire de France est l'histoire de tous les peuples, et que ses révolutions sont les révolutions de l'humanité.

CHAPITRE XV

La situation faite, les événements vont se déduire. — La classe nantie jure haine à la République. — Louis-Bonaparte devient l'organe de la Révolution. — Principe : Le chef d'Etat, même héréditaire, ne représente pas un parti, n'hérite point d'une propriété. — Apparition de la démocratie aux affaires. — L'Elysée s'abstient de voter sur la loi municipale; la Montagne l'imite. — Par la proposition de rappel, Bonaparte était le défenseur armé du suffrage universel. — Opinion de Michel (de Bourges) et Victor Hugo. — Le sujet du rappel de la loi du 31 mai. — Les passions ne laissent plus de place à la réflexion. — Le 2 décembre a été un guet-apens, un acte de brigand. — L'armée féroce, le peuple lâche. — Bataille gagnée avant d'être livrée. — Journées du 17 mars, 16 avril, 15 mai. — Bonaparte s'en réfère aux idées de 89: *Voilà la Révolution.* — A qui vouliez-vous donc que le peuple donnât ses suffrages? — O patrie, patrie mauvaise, patrie des chantres de l'éternelle révolution !...

La situation faite, les événements vont se déduire. Tandis que la classe nantie jure haine à la république, que le parti républicain, tombé en constitutionnalisme, donne son désistement, Louis Bonaparte, porté par cinq millions et demi de voix, devient l'organe de la révolution. Ainsi va la logique des choses, que la compétition des partis, le chassé-croisé des intrigues, l'animation des personnalités, ne nous permettent pas de comprendre.

Quel que fût l'élu du 10 décembre, en effet, produit d'une situation révolutionnaire, il était forcé de devenir, à peine d'une prompte déchéance, l'organe de la révolution. La coalition des réacteurs, en appuyant Louis Bonaparte, agit comme si, en s'assurant de l'homme, elle pouvait conjurer la chose ; — la démocratie, de son côté, en persistant après l'élection dans une opposition trop bien justifiée, oublia trop souvent aussi que sa cause ne pouvait dépendre du bon plaisir de celui que la révolution venait de se donner pour chef. Contradiction des deux parts, qui devait en amener une foule d'autres.

J'insiste sur ce principe que j'ai eu l'occasion déjà de rappeler : Le chef d'État, même héréditaire, ne représente pas un parti, n'hérite point d'une propriété ; il représente une situation, il hérite d'une nécessité. Les rois de France de la troisième race, avec des tempéraments très différents, poursuivirent tous, et de main en main, la même œuvre, l'abolition de la féodalité.

Louis Bonaparte, indépendamment des sympathies populaires qui l'avaient élevé au pouvoir, était donc, après le 10 décembre, le représentant de la révolution ; par son alliance avec les chefs des vieux partis, au contraire, et par l'opposition des républicains, il était le chef de la contre-révolution. Ce renversement de rôles, qui mettait tout le monde dans une fausse situation, faillit coûter cher au nouveau président. Il était ruiné sans ressource si, dès la fin de 1849, il n'eût désavoué, d'une manière plus ou moins directe et formelle, la politique de la majorité; si surtout cette majorité ne lui eût ménagé, dans la loi du 31 mai 1850, une branche de salut...

Passons sur les années 1849, 50, 51, et arrivons de suite au 2 décembre.

L'apparition de la démocratie aux affaires n'avait produit en réalité qu'un résultat, c'était de populariser, au moins pour quelque temps, le suffrage universel, en le représentant au peuple comme l'instrument infaillible de la révolution sociale. Or, la loi du 31 mai ayant réduit d'un tiers, et dénaturé, par le système des exclusions, le suffrage universel; la démocratie, de son côté, faisant du maintien de cette loi un *casus belli* pour 1852, l'occasion était décisive pour Louis Bonaparte. Sa réélection dépendant de sa popularité et sa popularité de la conduite qu'il allait tenir sur le rétablissement du suffrage universel, toute la question pour lui était de savoir si, en appuyant la loi que ses ministres avaient votée, il se faisait le Monck d'une nouvelle restauration, ou bien si, en se joignant aux républicains, il deviendrait une seconde fois le chef visible de la révolution. Avec la majorité royaliste, Louis Bonaparte descendait du fauteuil, comme Cincinnatus, Monck, Washington, tout ce qu'on voudra, n'emportant pas même une pension de retraite; joint aux démocrates, c'est-à-dire au principe démocratique, il était à la tête d'une force supérieure et sans concurrent possible. La Constitution lui donnait congé sans doute; mais le peuple le rappellerait!... Que Louis Bonaparte, en vertu de son initiative, proposât donc l'abrogation de la loi du 31 mai et mit ainsi la cause du suffrage universel sous sa protection : toute sa popularité lui revenait à l'instant; il devenait, *ipso facto*, et malgré tout, maître de la position.

Et d'abord il gagnait à cette conduite deux avantages immenses : le premier, de faire voter avec lui, pour lui, quelque répugnance qu'elle en eût, toute la gauche, et par là de se montrer aux yeux du peuple comme le chef de la révolution, puisqu'il était d'accord avec les révolutionnaires; — le second, de placer la majorité dans la triste alternative ou d'être entièrement subalternisée, déconsidérée, si elle suivait le président, ou de donner elle-même le signal de la guerre civile, si elle persistait. A lui le beau rôle, à elle le personnage odieux. Ce dernier parti était le pire, puisque la majorité se prononçant pour le maintien de la loi, sacrifiant à une question de dignité toutes les chances de sa cause, et le président refusant de prêter main-forte à ces décrets, dans ce conflit entre la monarchie et la démocratie, Louis-Bonaparte apparaissait à la fois, au peuple, comme le défenseur de son droit, à la bourgeoisie, comme le protecteur de ses intérêts.

Ce fut pourtant ce parti que choisit la majorité. L'histoire flétrira ces intelligences décrépites, ces consciences impures, qui préférèrent à une réconciliation avec la gauche le risque des libertés, et qui, dans une situation aussi nette, pouvant d'un mot annuler la fortune de Bonaparte, travaillèrent de tout leur pouvoir, de toutes leurs rouéries, au triomphe de l'homme qu'elles haïssaient.

Du 4 au 30 novembre 1851, l'action marche avec

une prestesse militaire. L'Elysée propose, dans son message, le rappel de la loi du 31 mai : la Montagne appuie. L'Elysée s'abstient de voter sur la loi municipale : la Montagne l'imite. L'Elysée s'emparant du système d'abstention, recommande aux électeurs de ne pas se présenter aux comices de Paris : la démocratie engagée par ces précédents, s'abstient également. L'Elysée enfin repousse la proposition des questeurs : la Montagne vote comme lui. La Montagne et l'Elysée font corps, la fusion paraît complète.

On a critiqué ce dernier vote des montagnards : à mon avis c'est sans justice. Déjà ils étaient dominés, absorbés : une volte-face du côté de la majorité n'eût servi qu'à rendre la situation plus compliquée, plus périlleuse, sans rien enlever de ses avantages au président.

Par la proposition de rappel, ne l'oublions pas, Bonaparte était devenu le défenseur armé du suffrage universel; la faveur du peuple pour lui, en ce moment, était au niveau du 10 décembre 1848. Lui ôter le commandement de l'armée, et livrer ce commandement au général Changarnier, à la contre-révolution, c'était pour la Montagne une inconséquence qu'expliquait sans doute la haine de l'homme, mais inexcusable devant la logique. Or, c'est la logique qui mène les affaires; le sentiment n'y est qu'une cause de déception. On a dit que, le président renversé, la Montagne aurait eu bon marché d'une majorité impopulaire. Peut-être : le 2 décembre a fait voir comment l'armée observe la discipline, et Changarnier, armé d'un décret de l'Assemblée n'eût pas moins fait de besogne que Saint-Arnaud. Mais qui ne voit que, si la Montagne se fût tournée contre le président, le président, résolu à ne pas céder, se serait insurgé au nom du suffrage universel contre l'Assemblée, que le peuple se serait joint à celui qui portait le drapeau de ses droits, que la Montagne n'aurait pu suivre jusqu'au bout les conséquences de son vote et aurait fini par se rallier à Bonaparte, qu'alors son inconséquence eût éclaté au grand jour, et que, victorieuse ou vaincue en compagnie de l'Elysée, elle perdait, avec sa dignité, le fruit de sa tactique ?

Pour moi je partage entièrement l'opinion exprimée par Michel (de Bourges) et Victor Hugo. Ils ne pouvaient pas, comme ils l'ont dit, aimer la loi du 31 mai, la contre-révolution ; ils ne pouvaient, sans abandonner la politique des principes pour celle des personnalités, mettre à ce point leur conduite en opposition avec leurs paroles. Le sujet du rappel de la loi du 31 mai et la proposition des questeurs étaient deux actes solidaires, que le bon sens défendait de scinder. Autant par la proposition de l'Elysée, on rentrait dans la constitution, autant, par celle des questeurs, vraie escobarderie, on en sortait. Voter aujourd'hui pour le suffrage universel, c'était prendre l'engagement de voter demain contre l'érection d'une dictature en opposition à la présidence : tout le malheur de la Montagne, dans cette occasion, a été de ne pas embrasser résolument la situation qui lui était faite, d'accepter, telle quelle, son alliance du moment avec l'Elysée, et d'en poursuivre jusqu'au bout les conséquences.

Mais les passions trop animées, les ressentiments trop âcres ne laissaient plus de place à la réflexion.

A partir du 17 novembre, les rôles sont complètement intervertis, au détriment de la majorité et sans bénéfice pour la Montagne. Au lieu de subalterniser la première, l'Élysée traîne à sa remorque la seconde, et comme il n'est l'allié d'aucune, il les domine toutes deux. La gauche sentait parfaitement ce qu'avait de fâcheux pour elle son attitude : ses orateurs et ses journaux n'épargnèrent rien pour établir leur indépendance, se séparer de la politique présidentielle, etc. Ces apologies récriminatoires étaient, dans la circonstance, fort inutiles, par conséquent elles étaient une faute de plus. Les démocrates, suivant leur habitude, par excès de scrupules, se perdaient. En politique, alors surtout qu'on opère sur l'intelligence bornée des masses, alors que les questions multiples et complexes tendent à se résumer dans une formule simple, il n'y a que les faits qui comptent, le mérite des individualités est zéro. La Montagne tombait dans le piège où s'était prise la majorité. Au lieu de faire une opposition toute personnelle à Louis Bonaparte, elle n'avait qu'à se taire et à se tenir prête à partager avec lui le fruit de la victoire. Ne valait-il pas mieux, je raisonne ici, comme Thémistocle ou Machiavel, au point de vue de l'utile, que Michel (de Bourges) fût ministre d'État ou président du conseil le 4 décembre, que d'aller à Bruxelles, dans un exil sans gloire, pleurer l'erreur de l'*invisible souverain?* Je sais bien que le peuple, sarcastique et goguenard, commençait de traiter les montagnards de *sénateurs*, et qu'ils ne pouvaient, sans se démentir, tolérer de si injurieuses suppositions. Leur susceptibilité sera un trait de plus de notre époque. César s'inquiétait peu des plaisanteries de ses soldats. Restez chez vous, âmes vertueuses; donnez à vos femmes et à vos enfants l'exemple quotidien de la modestie et du parfait amour; mais ne vous mêlez pas de politique. Il faut, demandez à ceux de 93, une alliance adultère, la foi publique violée, les lois de l'humanité foulées aux pieds, la constitution couverte d'un voile, pour faire la besogne des révolutions...

Si la pensée du 24 février fut sans comparaison plus grandiose, plus généreuse, plus élevée que la fatalité du 2 décembre, il s'en faut qu'elle portât avec elle un aussi profond enseignement. Qu'un gouvernement s'affaisse sous le dégoût public; qu'une démocratie se montre à son début pacifique, conciliatrice, pure de violence, de mensonge et de corruption; qu'elle pousse la délicatesse jusqu'à la minutie, le respect des personnes, des opinions et des intérêts jusqu'au sacrifice d'elle-même : tout cela produit une civilisation déjà avancée, matière à poésie et à éloquence, comme dit Juvénal : *Ut pueris placeas et declamatio fias*, très bon à rapporter dans la *Morale en action*, n'a rien de grave pour l'esprit, rien de philosophique.

Mais qu'un homme dans l'état de délabrement où était tombé Louis-Napoléon avant le 2 décembre, président en partance, n'ayant depuis son élection, absorbé qu'il était ou couvert par ses ministres, rien fait qui fît valoir sa personne, contrarié, contredit, abandonné par ses fidèles, surveillé par tous les partis, n'ayant de recommandation que celle d'un oncle mort aux îles, il y avait de cela trente-deux ans! que cet homme, dis-je, seul et contre tous, avec des moyens connus, et l'aide de deux ou trois affidés jusqu'alors profondément obscurs, tente un coup d'État et réussisse : voilà ce qui, mieux qu'aucun événement, montre la force des situations et la logique de l'histoire. Voilà sur quoi nous devons, républicains, profondément réfléchir, et qui doit nous mettre en garde pour la suite contre toute politique subjective et arbitraire.

Qu'on répète tant qu'on voudra que le 2 décembre a été un guet-apens, un acte de brigand, où l'armée s'est montrée féroce, le peuple lâche, le pouvoir scélérat, tout cela ne fait qu'embrouiller l'énigme. Certes, il fallait être un peu l'homme de Strasbourg et de Boulogne pour accomplir le 2 décembre ; mais, en accordant à l'événement tous les caractères qu'on lui donne, il reste toujours à expliquer ceci : comment celui qui échoua si misérablement à Boulogne et à Strasbourg, dans des circonstances qui, d'après nos mœurs insurrectionnelles, ne pouvaient que lui concilier une certaine estime, réussit à Paris dans des conditions odieuses ; comment, à point nommé, le soldat, si sympathique à l'ouvrier, sous prétexte de discipline, s'est montré impitoyable ; comment le peuple a été lâche, plus lâche que le gouvernement renversé par lui en 1848 ; comment, un matin, il s'est pris de haine féroce pour la liberté, de mépris pour la Constitution et d'adoration pour la force !

Il est certain, quoi qu'on ait dit du courage de l'armée au 2 décembre, que ce courage a été singulièrement excité par la défection complète, disons mieux, par l'adhésion formelle du peuple. Il est certain qu'un moment, les 3 et 4, il suffit d'une poignée d'insurgés pour rendre douteux le coup d'Etat, et que si, à cette heure, le peuple, remplissant les rues, avait magnétisé le soldat, la chance tournait contre Louis Bonaparte.

La masse, il faut l'avouer, parce que cela nous est encore plus honorable que de se taire, la masse, en haut et en bas, a été complice, ici par son inaction, là par ses applaudissements, ailleurs par une coopération effective au coup d'Etat du 2 décembre. Je l'ai vu, et mille autres, aussi peu suspects de bonapartisme, l'ont vu aussi : ce n'est pas la force armée, c'est le peuple, indifférent ou plutôt sympathique, qui a décidé le mouvement en faveur de Bonaparte.

La bataille était gagnée avant d'être livrée. Depuis trois ans, la révolution méconnue, outragée, mise en péril, appelait un chef, je veux dire par là non plus un écrivain, un tribun, elle en avait de reste ; mais un homme en position de la défendre. Bonaparte n'avait à répondre que ces deux mots : ME VOILA! Eh bien, ces deux mots, il les a dits, et comme en politique les intentions ne sont rien, les actes tout ; comme depuis un mois Bonaparte faisait acte révolutionnaire, la révolution l'a pris au mot. Elle lui a donné la victoire, sauf plus tard à compter avec lui.

Comment, direz-vous, le peuple, au lieu de crier : *Vive le roi!* ou *Vive la ligue!* n'a-t-il pas crié : *Vive moi-même?* comment, en soutenant d'une main le suffrage universel avec Bonaparte, n'a t-il pas défendu, de l'autre, contre Bonaparte, la Constitution ?
— Comment ?

Rien n'est moins démocrate, au fond, que le peuple. Ses idées le ramènent toujours à l'autorité d'un seul, et si l'antiquité et le moyen-âge nous ont transmis le souvenir de quelques démocraties, on trouve, en y regardant de près, que ces démocraties résultaient bien plus de la difficulté de poser le prince que d'une intelligence véritable de la liberté.

A Athènes et dans toute la Grèce, les annales de la démocratie ne présentent guère qu'une série d'usurpations qui, ne parvenant jamais à se légitimer, à fonder des royautés, *basileias*, comme en Orient, étaient appelées *tyrannies*, dominations.

A Rome, lorsque l'institution antique des patronages et des clientèles eut été anéantie et que la plèbe, sous la conduite des tribuns, eut triomphé du patriciat, personne n'eut garde de comprendre que ce qui restait à faire pour assurer la liberté, c'était, après une loi agraire et une autre sur l'usure, une institution de garantie contre le cumul et la centralisation des pouvoirs. Une telle idée était prématurée pour l'époque ; l'humanité était réservée pour d'autres destins. Jules César, héritier des Gracques, fut donc créé dictateur perpétuel, et la même dignité continuée, sous le nom de *principat*, à Octave et à ses successeurs : la constitution de la République fut remplacée par la constitution impériale. Le peuple eut du pain et des jeux, mais ce fut fait de la liberté...

Dix-huit siècles se sont écoulés depuis cette révolution, lorsque le peuple français, ayant aboli ses institutions féodales, se trouve dans la même situation que celui de Rome. Que font alors les chefs populaires ? Toujours pleins du même préjugé, ils font décréter, sous le nom de *République une et indivisible*, un gouvernement plus savamment concentré que l'ancien et qui faisait dire aux émigrés : « La royauté existe toujours en France : il n'y manque que le roi. » Aussi la royauté ne se fit pas attendre : après quelques années d'agitation, le pouvoir tomba, aux acclamations de la foule, aux mains de Napoléon...

En 1848, la centralisation créée par la République, l'empire et la monarchie constitutionnelle, tendaient à se dissoudre, quand tout à coup la démocratie se trouva de nouveau maîtresse des choses. Alors, comme si l'analogie des situations devait ramener perpétuellement les mêmes antinomies, l'influence rendue au peuple eut de nouveau pour résultat, non pas de remplir le vœu des classes moyennes en poussant à la décentralisation, mais de réveiller la pensée d'une dictature. Les journées du 17 mars, 16 avril, 15 mai n'eurent pas d'autre but ; enfin, aux journées de juin, la dictature fut instituée en la personne du général Cavaignac, l'homme qui l'ambitionnait le moins, contre ceux qui le voulaient le plus. L'exemple, couvert du prétexte du salut public, ne fut pas perdu ; en 1849, nouvel essai de dictature, et toujours contre la démocratie qui, dès ce moment préparant sa revanche pour 1852, ne caressa plus d'autre idée.

A la date du 2 décembre, les masses, fatiguées, aussi incapables de délibération que d'initiative ; la bourgeoisie inquiète, aimant à se reposer sur un chef complaisant de la garde de ses intérêts ; tous les partis étaient préparés pour cette grande mesure, dont on espérait des résultats décisifs. Du côté des républicains, ce qui distinguait les *hommes d'action* des *endormeurs*, c'est que les premiers voulaient procéder par la dictature énergique, tandis que les seconds prétendaient qu'on se renfermât quand même dans la Constitution.

Ajoutons que les idées monarchiques, reproduites chaque jour avec une publicité insultante, aidaient singulièrement à la marche de l'opinion dictatoriale. Le principe d'autorité admis par les royalistes comme nécessaire, par la démocratie comme transitoire, la pensée en ce moment était une : on ne différait que sur les mots. Des deux côtés, le pouvoir personnel, l'autorité d'un seul, apparaissait comme organe logique et moyen indispensable de solution. Aussi bien, sur la fin de 1851, n'était-il plus question de réformes, d'améliorations quelconques. Il s'agissait avant tout de se battre. Tous les partis armaient, fabriquaient de la poudre, captaient la faveur des militaires. Pour les uns, le dictateur futur était Changarnier, pour les autres Ledru-Rollin ou n'importe qui. La situation que tout le monde avait faite, mais avec laquelle personne ne comptait, voulait que ce fût Bonaparte.

Le 2 décembre au matin, une proclamation affichée dans la nuit apprend aux Parisiens à peine réveillés « que l'Assemblée nationale est dissoute, le suffrage universel rétabli, le peuple convoqué dans ses comices à l'effet de déclarer, par *oui* ou par *non*, s'il adhère au coup d'État et s'il autorise Louis-Napoléon à faire une constitution sur les bases de celles de l'an VIII et d'après les principes de 89 ». Le tout appuyé d'un nombre de canons et d'une force armée respectable.

Telle est en substance la proclamation. Le surplus, on peut le considérer comme verbiage, eau bénite de cour, phrases de circonstance, parfois même inconsidérées. Le rappel de la constitution de l'an VIII, par exemple, trahissait une préoccupation personnelle et faisait tache au tableau. Mais n'y a-t-il pas des taches au soleil? Et puis, qu'importait au peuple la constitution de l'an VIII, plutôt que celle de l'an II, plutôt que celle de l'an III? Est-ce que la société écrit ses constitutions? demandait M. de Maistre. Le peuple ne les lit pas davantage.

Or, voyez comme tout cela tombe d'à-propos :

Bonaparte dissout l'assemblée par la force : voilà l'*homme*, le *dictateur !*

Bonaparte en appelle au peuple : voilà le SUFFRAGE UNIVERSEL !

Bonaparte s'en réfère aux idées de 89 : voilà la RÉVOLUTION !

Le peuple est logique, non pas à la façon des philosophes qui distinguent et qui augmentent ; il est logique comme le boulet qui sort du canon, comme le marteau de l'horloge, comme l'automate de Vaucanson. Comment eût-il pu s'opposer à l'entreprise de Louis-Bonaparte? Il lui aurait fallu comme à Sganarelle distinguer entre fagots et fagots, accepter le suffrage universel d'une main, repousser de l'autre la constitution de l'an VIII; applaudir du cœur à la déconfiture de la majorité réactionnaire et soutenir du vote le principe de la représentation nationale : opérations subtiles dont la masse est incapable.

Ce n'est pas tout. Le président s'était fait connaitre jadis par des écrits socialistes : ses amis conservateurs en avaient presque demandé pour lui pardon au pays. Le peuple, qui juge les hommes d'après lui-même, sait qu'ils peuvent trahir et se vendre, mais qu'ils ne changent pas. Il dit, le mot est historique : *Barbès a demandé pour nous un milliard aux riches : Bonaparte nous le donnera!* Largesse! comme au temps des rois. C'est tout le socialisme du peuple.

Bientôt on apprend que les généraux Changarnier, la terreur des faubourgs ; Cavaignac, si odieux depuis les journées de juin ; Bedeau, Lamoricière, le colonel Charras ont été enlevés de leurs domiciles, enfermés à Mazas, pour être de là dirigés sur Ham. Le peuple jouit de la satisfaction donnée à ses haines ; il rappelle le mot de Changarnier aux représentants : *Délibérez en paix,* et rit.

Une réunion de représentants, ayant à leur tête MM. Berryer, O. Barrot, Creton, Vitet, etc., se forme au dixième arrondissement. Elle est enlevée par la troupe et conduite entre deux rangs de soldats au quai d'Orsay. Les citoyens, sur le passage de cette puissance déchue, se découvrent : le peuple cruel comme les enfants, sans générosité, insulte à leur désastre : *Ils l'ont voulu!* Vainement ils invoquent la constitution. La Constitution, dit le peuple, c'est un chiffon dans une hotte.

Mais la Montagne! Ses membres les plus populaires, Greppo, Nadaud, Miot, sont arrêtés aussi. C'était le commentaire de certains passages de la proclamation où le président, s'adressant à des égoïsmes d'un autre ordre, s'offrait comme sauveur de la société contre les menaces des rouges, en même temps qu'il se présentait à la multitude comme le procureur de la Révolution. Le peuple, ingrat, infidèle à l'amitié, ne trouve à cette nouvelle que des railleries ignobles sur la perte des vingt-cinq francs. Les Montagnards étaient dépopularisés, savez-vous pourquoi? parce qu'ils étaient indemnisés. Le peuple, qui accueille sans sourciller une liste civile de douze millions, attendu, dit-il, que cela fait aller le commerce, regarde l'indemnité de ses représentants comme un vol fait à sa bourse. Vingt-cinq francs par jour ! des démocrates !... La démocratie, c'est l'envie.

Il n'y avait pas jusqu'à la hardiesse du coup de main qui n'amusât le peuple. On trouvait charmant d'avoir été prendre au lit ces hommes qui, la veille, parlaient de mettre Bonaparte à Vincennes et d'en finir avec la République. — Bravo! *bien touché!* disaient les faubouriens. Aucune victoire de l'empereur ne les toucha plus vivement.

Cependant l'acte du 2 décembre n'en restait pas moins un attentat au premier chef contre la constitution et contre l'assemblée, partant contre la République elle-même. L'appel au peuple ne pouvait le couvrir : l'appel d'un individu au peuple ne peut prévaloir contre le droit écrit du peuple. Pour que l'appel au peuple pût être pris en considération, il aurait fallu au préalable remettre les choses *in statu quo*. Au point de vue de la légalité, Bonaparte était donc coupable, passible de l'article 68 de la constitution qui avait été maintes fois violée par ceux qui parlaient maintenant de la défendre. Mais enfin elle était la loi, le monument de la révolution et de la liberté; loin qu'il fallût déchirer le pacte, la démocratie n'avait d'appui que là.

Le peuple ne voulut rien entendre. Le peuple est toujours pour qui l'appelle, et par cela seul que Bonaparte se soumettait à sa décision, il était sûr d'être absous.

L'avenir dira, à la vue des actes de Louis-Napoléon, si le coup d'Etat du 2 décembre fut, je ne dirai pas légitime, il n'y a point de légitimité contre la loi, mais, au point de vue de l'utilité publique, excusable. Tout ce qu'il m'appartient de faire, c'est d'en rechercher les éléments, la signification, la fatalité ; c'est, en rendant justice à ceux qui s'armèrent pour le combattre, de sauver l'honneur national.

La Montagne a fait noblement son devoir. Elle a scellé de son sang une cause juste, mais désespérée. Ce sang, celui de plusieurs milliers de citoyens, la proscription en masse du parti démocratique, ont lavé la patrie et régénéré la Révolution. L'empereur à Sainte-Hélène disait, parlant des Espagnols : « Ma politique exigeait que l'Espagne entrât dans mon système : le changement de sa dynastie était nécessaire. Le peuple espagnol s'est soulevé ; c'était pour lui une question d'honneur : je n'ai rien à dire. » Qu'il me soit permis en ce moment de m'emparer des paroles de l'empereur. Le salut de la patrie, je veux le croire, et la politique de Louis-Napoléon, politique de progrès sans doute, exigeaient qu'il obtînt à tout prix une prorogation et une extension d'autorité. Les républicains ne pouvaient, sans lâcheté et sans parjure, permettre cette usurpation. Ils se sont immolés : honneur à eux ! Qu'on repousse leur principe, qu'on condamne leurs théories, qu'on proscrive leurs personnes, à la bonne heure ! Que les sycophantes de la tribune, de la presse et de la chaire reçoivent le prix de leurs calomnies : c'est de droit. La postérité rendra une pieuse justice aux vaincus, la France citera leurs noms avec orgueil.

Après l'héroïque Baudin, après Miot, qui, seul entre ses collègues, a retenu le privilège de la déportation, on cite, parmi les protestants les plus énergiques, Victor Hugo, le grand poète ; Michel (de Bourges) le profond orateur ; Jules Favre, le Cicéron républicain ; Crémieux, Chamasaule, Madier Montjau, Victor Schœlcher, Marc Dufraisse, le colonel Forestier, la rédaction du *National*. Le journal qui représentait plus spécialement la Constitution de 1848 ne devait pas y survivre : pourquoi les haines qu'il soulevait jadis ne sont-elles pas restées avec lui sous la barricade ?...

Que l'étranger, mieux instruit sur l'état de notre pays, la question posée en février, le degré d'intelligence des masses, le jeu des situations, la marche des partis, nous condamne à présent, s'il l'ose ! La nation française, qui a accompli déjà de si grandes choses, n'a pas atteint sa majorité. Des préjugés vivaces, une éducation superficielle, donnés par la corruption civilisée plutôt que par la civilisation ; de romanesques légendes en guise d'instruction historique ; des modes plutôt que des costumes ; de la vanité plutôt que de la fierté ; une niaiserie proverbiale qui servait déjà, il y a dix-neuf siècles, la fortune de César autant que le courage de ses légions ; une légèreté qui trahit l'enfantillage ; le goût des parades et l'entrain des manifestations tenant lieu d'esprit public ; l'admiration de la force et le culte de l'audace suppléant au respect de la justice : tel est en raccourci le portrait du peuple français. De toutes les nations civilisées, c'est encore la plus jeune : que fera cet enfant devenu homme ?... Toujours nous avons suivi nos maîtres, et nos querelles d'écoliers nous divisant en une multitude de bandes ; toujours nous avons succombé dans nos protestations contre l'autorité, quand nous n'avons pas eu pour auxiliaire une fraction de l'autorité elle-même.

Au 2 décembre, après une campagne de trente mois de l'Assemblée législative contre les institutions qu'elle était chargée de défendre, le pouvoir exécutif, maître de l'armée, appuyé du clergé, de la bourgeoisie, d'une partie considérable de la classe moyenne, qu'effrayaient les éventualités de 52, tente un coup d'État. Comme Charles X au 15 juillet 1830, le gouvernement partage la représentation nationale et les classes élevées : reste le peuple. Mais, tandis que Charles X, en violant la charte, attaquait la Révolution, Bonaparte ne se réclame de la Révolution et déchire le pacte, il le dit du moins, que pour arriver aux partis royalistes : dès ce moment, la multitude, si elle n'est pas pour lui tout entière, devient neutre. Les blouses de Saint-Antoine refusèrent nettement de marcher : la Montagne les trouva jouant au billard et n'en put même obtenir un asile pour délibérer. Sur le boulevard, près de la mairie du cinquième arrondissement, un poste ayant été enlevé par les insurgés, ceux-ci furent assaillis par une bande d'ouvriers et contraints de faire usage de leurs armes contre ces étranges alliés du pouvoir.

Dans le quartier Saint-Marceau et la rue Mouffetard, on se fût attiré un mauvais parti en arrachant seulement un pavé. Ailleurs, le peuple fraternisait avec la troupe contre l'émeute et lui fournissait des vivres : on eût dit des compères du coup d'Etat. Des bourgeois, chiffonniers parvenus, fusillés par des soldats ivres jusque dans leurs foyers, n'en applaudissaient pas moins à la répression des *brigands*, dont le *Constitutionnel* et la *Patrie* leur racontaient les sinistres exploits.

Dans quelques départements, si l'on en croit les relations officielles, le mouvement eut plus de gravité ; cela tint à l'enrégimentation formée de longue main par les sociétés secrètes. Les paysans, en quelques endroits, étaient descendus sur la ville, avec leurs femmes et des sacs : ne dirait-on pas les hommes de Brennus? Mais à peine la nouvelle se répand qu'à Paris les *rouges* ont le dessous, vite les paysans se retirent et se prononcent pour Bonaparte.

Etonnez-vous, après cela, des 7,600,000 voix données le 20 décembre à Louis-Napoléon. Oh! Louis-Napoléon est bien réellement l'élu du peuple. Le peuple, dites-vous, n'a pas été libre! le peuple a été trompé! le peuple a eu peur! Vains prétextes. Est-ce que des hommes ont peur? est-ce qu'ils se trompent en cas pareils? est-ce qu'ils manquent de liberté? C'est nous, républicains, qui l'avons répété sur la foi de nos traditions les plus suspectes : *La voix du peuple est la voix de Dieu*. Eh bien! la voix de Dieu a nommé Louis-Napoléon. Comme expression de la volonté populaire, il est le plus légitime des souverains.

Et à qui voulez-vous donc que le peuple donnât ses suffrages? Nous l'avons entretenu, ce peuple, de 89, de 92, de 93 ; il ne connaît toujours que la légende impériale. Est-ce qu'il se souvient du comte de

Mirabeau, de M. de Robespierre, de son *ami* Marat, du *Père Duchesne ?* Le peuple ne sait que deux choses, le bon Dieu et l'empereur, comme jadis il savait le bon Dieu et Charlemagne. Si les mœurs du peuple se sont incontestablement adoucies depuis 89, sa raison est restée au même niveau. En vain nous avons expliqué à ce monarque imberbe les *Droits de l'homme et du citoyen* ; en vain nous l'avons fait jurer par cet adage : *La république est au-dessus du suffrage universel* ; il prend toujours ses houseaux pour ses jambes, et il pense que le mieux battant est celui qui a le plus raison.

Comprendrons-nous, enfin, que la république ne peut avoir le même principe que la royauté, et que prendre le suffrage universel pour base du droit public, c'est affirmer implicitement la perpétuité de la monarchie ? Nous sommes réfutés par notre propre principe ; nous avons été vaincus, parce que, à la suite de Rousseau et des plus détestables rhéteurs de 93, nous n'avons pas voulu reconnaître que la monarchie était le produit, direct et infaillible, de la spontanéité populaire ; parce que, après avoir aboli le gouvernement *par la grâce de Dieu,* nous avons prétendu, à l'aide d'une autre fiction, constituer le gouvernement *par la grâce du peuple* ; parce que, au lieu d'être les éducateurs de la multitude, nous nous sommes faits ses esclaves. Comme à elle il nous faut encore des manifestations visibles, des symboles palpables, des mirlitons. Le roi détrôné, nous avons mis la plèbe sur le trône, sans vouloir entendre qu'elle était la racine d'où surgirait tôt ou tard une tige royale, l'oignon d'où sortirait le lis. A peine délivrés d'une idole, nous n'aspirons qu'à nous en fabriquer une autre. Nous ressemblons aux soldats de Titus, qui, après la prise du Temple, ne pouvaient revenir de leur surprise, en ne trouvant dans le sanctuaire des Juifs ni statue, ni bœuf, ni âne, ni phallus, ni courtisanes. Ils ne concevaient pas ce Jéhovah invisible : c'est ainsi que nous ne concevons pas la Liberté sans proxénètes !

Qu'on pardonne ces réflexions amères à un écrivain qui joua tant de fois le rôle de Cassandre ! Je ne fais point le procès à la démocratie, pas plus que je n'infirme le suffrage qui a renouvelé le mandat de Louis-Napoléon. Mais il est temps que disparaisse cette école de faux révolutionnaires, qui, spéculant plus sur l'agitation que sur l'intelligence, sur les coups de main plus que sur les idées, se croient d'autant plus vigoureux et logiques, qu'ils se flattent de mieux représenter les dernières couches de la plèbe. Et croyez-vous donc que ce soit pour plaire à cette barbarie, à cette misère, et non pas pour la combattre et la guérir, que nous sommes républicains, socialistes et démocrates ? Courtisans de la multitude, c'est vous qui êtes les embarreurs de la révolution, agents secrets des monarchies que balaie la liberté et que relève le suffrage universel.

Qui donc a nommé la Constituante pleine de légitimistes, de dynastiques, de nobles, de généraux et de prélats ? — Le suffrage universel.

Qui a fait le 10 décembre 1848 ? — Le suffrage universel.

Qui a produit la législative ? — Le suffrage universel.

Qui a donné le blanc-seing du 20 décembre? — Le suffrage universel.

Qui a choisi le corps législatif de 52? — Le suffrage universel.

Ne peut-on pas dire aussi que c'est le suffrage universel qui a commencé la réaction le 16 avril ; qui s'est éclipsé derrière le dos de Barbès le 15 mai ; qui est resté sourd à l'appel du 13 juin ; qui a regardé passer la loi du 31 mai ; qui s'est croisé les bras le 2 décembre...

Et je le répète, lorsque j'accuse ainsi le suffrage universel, je n'entends nullement porter atteinte à la Constitution établie, et au principe du devoir actuel. J'ai moi-même défendu le suffrage universel, comme droit constitutionnel et loi de l'Etat ; et puisqu'il existe, je ne demande point qu'on le supprime, mais qu'il s'éclaire, qu'il s'organise et qu'il vive. Mais il doit être permis au philosophe, au républicain de constater, pour l'intelligence de l'histoire et l'expérience de l'avenir, que le suffrage universel, chez un peuple dont l'éducation a été aussi négligée que la nôtre, avec sa forme matérialiste et héliocentrique, loin d'être l'organe du progrès, est la pierre d'achoppement de la liberté.

Pauvres et inconséquents démocrates ! Nous avons fait des philippiques contre les tyrans ; nous avons prêché le respect des nationalités, le libre exercice de la souveraineté des peuples ; nous voulions prendre les armes pour soutenir, envers et contre tous, ces belles, ces incontestables doctrines ! — Et de quel droit, si le suffrage universel était notre règle, supposions-nous que la nation russe fût le moins du monde gênée par le tzar ; que les paysans polonais, hongrois, lombards, toscans, soupirassent après leur délivrance ; que les lazzaroni fussent pleins de haine pour le roi Bomba, et les transtévérins d'horreur pour monsignor Antonelli ; que les Espagnols et les Portugais rougissent de leurs reines dona Maria et Isabelle, quand notre peuple à nous, malgré l'appel de ses représentants, malgré le devoir écrit dans la Constitution, malgré le sang versé et la proscription impitoyable, par peur, par bêtise, par contrainte ou par amour, je vous laisse le choix, donne 7,600,000 voix à l'homme que le parti démocratique détestait le plus, qu'il se flattait d'avoir usé, ruiné, démoli, par trois ans de critiques, d'excitations, d'insultes ; quand il fait de cet homme un dictateur, un empereur?...

J'écris, afin que les autres réfléchissent à leur tour et, s'il y a lieu, qu'ils me contredisent. J'écris, afin que la vérité se manifestant, élaborée par l'opinion, la révolution, avec le gouvernement, sans le gouvernement, ou même contre le gouvernement, puisse s'accomplir. Quant aux hommes, je crois volontiers à leur bonne intention, mais encore plus à l'infortune de leur jugement. Il est dit, au livre des Psaumes : *Ne mettez pas votre confiance dans les princes, dans les enfants d'Adam,* c'est-à-dire dans ceux dont la pensée est subjective, *parce que le salut n'est pas avec eux!* Je crois donc, et pour notre malheur à tous, que l'idée révolutionnaire, mal définie dans l'esprit des masses, mal servie par ses vulgarisations, laisse encore au gouvernement l'option entière de sa politique ; je crois que le pouvoir est entouré d'impossibilités qu'il ne voit pas, de contradictions qu'il ne sait point, de pièges que l'ignorance universelle lui dérobe ; je crois que tout gouvernement peut durer, s'il veut, en affirmant sa raison historique, et se plaçant dans la direction des intérêts qu'il est appelé à servir, mais je crois aussi que les hommes ne changent guère, et que si Louis XVI, après avoir lancé la révolution, a voulu la retirer, si l'Empereur, si Charles X et Louis-Philippe ont mieux aimé se perdre que d'y donner suite, il est peu probable que ceux qui leur succéderont s'en fassent de sitôt, et spontanément, les promoteurs.

C'est pour cela que je me tiens en dehors du gouvernement, plus disposé à le plaindre qu'à lui faire la guerre, dévoué seulement à la patrie, et que je me rallie corps et âme à cette élite des travailleurs, tête du prolétariat et de la classe moyenne, parti du travail et du progrès, de la liberté et de l'idée, qui, comprenant que l'autorité n'est de rien, la spontanéité d'aucune ressource ; que la liberté qui n'agit point est perdue, et que les intérêts qui ont besoin pour se mettre en rapport d'un intermédiaire qui les représente sont des intérêts sacrifiés, accepte pour but et pour devise l'*Education du peuple.*

O patrie, patrie française, patrie des chantres de l'éternelle révolution! patrie de la liberté, car, malgré toutes les servitudes, en aucun lieu de la terre, ni de l'Europe, ni dans l'Amérique, l'esprit, qui est tout l'homme, n'est aussi libre que chez toi! patrie que j'aime de cet amour accumulé que le fils grandissant porte à sa mère, que le père sent croître avec ses enfants! te verrai-je souffrir longtemps encore, souffrir non pour toi seule, mais pour le monde qui te paie de son envie et de ses outrages; souffrir innocente, pour cela seulement que tu ne te connais pas ?... Il me semble à tout instant que tu es à ta dernière épreuve ! Réveille-toi, mère ; ni tes princes, tes barons et tes comtes ne peuvent plus rien pour ton salut, ni tes prélats ne sauraient te réconforter avec leurs bénédictions. Garde, si tu veux, le souvenir de ceux qui ont bien fait, va quelquefois prier sur leurs monuments : mais ne leur cherche point de successeurs. Ils sont finis ! Commence ta nouvelle vie, ô la première des immortelles ; montre-toi dans ta vertu, Vénus Uranie ; répands tes parfums, fleur de l'humanité !

Et l'humanité sera rajeunie, et son unité sera créée par toi : car l'unité du genre humain, c'est l'unité de la patrie, comme l'esprit du genre humain n'est que l'esprit de ma patrie.

CHAPITRE XVI

Politique, caractère, etc., de Napoléon III. — Comment les affaires vont en France : — Coup d'Etat, etc. — A propos des derniers projets de traités entre les Compagnies de chemin de fer et l'Etat. — Résumé des causes qui ont amené le rétablissement de l'Empire. — Caractère antijuridique de cette restauration. — Position qu'elle a faite à la bourgeoisie conservatrice et à la démocratie sociale.

Depuis le 2 décembre 1851, la vie collective en France semble paralysée. Tout le monde le sent et s'en plaint ; les affaires, comme les mœurs, en souffrent ; la littérature, par sa décadence accélérée, l'exprime ; le Pouvoir s'en inquiète ; l'Etranger ne sait s'il doit railler ou craindre : chacun d'appeler la fin d'un engourdissement qui menace de gagner l'Europe. Comment l'Empire, aux souvenirs héroïques, à la légende populaire, n'est-il revenu que pour plonger la plus vivante des nations dans une pareille léthargie ? Les vieux partis dorment ou spéculent ; les prétendants s'abstiennent ; il n'y a pas jusqu'aux haines révolutionnaires qui, représentées par des conspirateurs sans principes, ne s'évanouissent en des coups sans portée.

Telum imbelle sine ictu!...

Quelle est la cause de cette crise, si l'on peut appeler crise un état qui ressemble si fort à la mort?

Il est aisé de répondre :

C'est le scepticisme des opinions; c'est la corruption des mœurs; c'est que la France a fait son temps et qu'elle baisse; c'est la terreur des proscriptions, etc., etc.

Mais comment la France de juillet qui chassa la monarchie légitime, infidèle à la charte; la France de février qui renversa par mégarde, dans un instant d'impatience, la monarchie élue, accusée de corruption; la France républicaine, si vive, si enthousiaste du progrès, si religieuse observatrice de la loi, surtout si probe; comment cette France s'est-elle trouvée changée tout à coup, un matin de décembre, en une Chambre pourrie, rétrograde et lâche? Comment, après avoir brisé avec tant de promptitude un pouvoir bien moins haï, et, quoi qu'en pense le vulgaire, bien plus fort que celui de Napoléon III, supporte-t-elle avec une si profonde résignation cette larve du despotisme? Est-ce parce que l'Empire n'a pas l'air de croire à sa propre existence que la nation l'endure? Comment, hier si énergiques, si unanimes dans la résistance, sommes-nous aujourd'hui si indifférents, si couards, dans la servitude?

Evidemment, les explications qui courent n'expliquent rien. Elles ne rendent pas raison du fait; elles n'en révèlent tout au plus que des symptômes. Pour avoir l'intelligence d'un fait d'histoire, il ne suffit pas de le décrire ; il faut le rétablir dans sa filiation historique, dans sa série. Dans l'espèce, il faut donner la généalogie de ce que nous obtenons à considérer depuis sept ans comme n'en n'ayant pas, puisque nous le rapportons à un coup d'État, la généalogie naturelle et raisonnée du gouvernement.

Bien entendu, d'ailleurs, que la raison générique d'un fait n'en est pas la justification. La logique, qui s'exerce avec inflexibilité pour le mal et pour le bien, n'est pas la morale ; et nous n'avons garde de croire, à l'exemple de certains optimistes, qu'on a établi la légitimité d'un pouvoir parce qu'on en a démêlé les causes.

Qu'est-ce donc enfin qui, antérieurement et supérieurement au coup de main du 2 décembre, a rétabli l'Empire ? Car, il est évident que la raison de l'empire expliquée, nous aurons le mot de la situation : le tableau de la situation nous apprendra ensuite si l'Empire est condamné ou non.

Personne n'ignore que la Charte de la monarchie de 1848 et la proclamation de la République furent suivies d'une opposition formidable, devant laquelle ces deux événements, déjà si graves, demeurèrent éclipsés : nous voulons parler du *socialisme*.

Laissons de côté les utopies, prélude inévitable de toute éclosion intellectuelle.

Oublions, s'il se peut, et la Communauté de Babeuf, d'Owen, de Cabet, et les phalanges passionnées de Fourier, et le sacerdoce androgyne d'Enfantin, et la triade de P. Leroux et le culte positif d'Aug. Comte. Ne nous laissons pas indisposer non plus par le mot, de création équivoque, malsonnant aux oreilles conservatrices, de *socialisme*, demandons-nous tranquillement, en dehors des manifestations d'écoles et des clameurs réactionnaires, ce que signifiait cette apparition.

Le socialisme, qu'on le définisse comme on voudra, par la partie ou par le tout, Droit au Travail, Organisation du Travail, Organisation du crédit, Association ouvrière, Abolition du salariat, Fusion du travail et du Capital, Science sociale, Économie sociale, Harmonie intégrale, Nouveau christianisme, Réhabilitation de la chair, Philosophie positive, etc., etc., le socialisme, déduction logique des principes de 89, était l'affirmation d'un *Droit économique*, complément et but du *Droit politique*.

Par cette affirmation, qui devint aussitôt le mot d'ordre du peuple, la République de février, de gouvernementale se faisait sociale ; elle prenait une extension et une portée qui dépassaient de beaucoup les établissements de 89 et 93, les prévisions des chefs à la diriger, et les idées de la nation. Pour ne parler que des intérêts matériels, qui en 1848 préoccupaient surtout le pays, le débat se trouvait transporté de la question d'État aux questions bien autrement radicales du Travail et de la Propriété. Que serait-ce, tout à l'heure, quand on entendrait dire que le socialisme embrassait dans son plan de régénération jusqu'au spirituel, à la Religion ? La Révolution, qui, par la constitution civile du clergé, s'était déclarée, de bouche et pour la forme, quasi-chrétienne ; qui, par le Concordat, avait ajourné de nouveau ses prétentions au spirituel, allait voir se renouveler contre elle les anciennes accusations d'impiété, d'immoralité, d'anarchie, devant lesquelles à plusieurs reprises, en 1797, en 1799, en 1814, en 1830, etc., elle avait été forcée de se replier ; et la jeune République, comme son aînée, disparaîtrait dans la tempête du droit divin.

L'idée que la justice, c'est-à-dire l'ordre, dont nous sommes si généralement amoureux en France, n'existait pas dans les rapports économiques; qu'une classe de la nation, la plus nombreuse et la plus pauvre, était systématiquement lésée, l'autre, la plus aisée et la plus intelligente, sans cesse compromise ; que c'était même uniquement à cause de cela que le gouvernement était instable ; qu'en conséquence il y avait lieu de rechercher, sur des données nouvelles, et plus approfondies, la constitution de la société, cette idée dont le peuple acquérait pour la première fois pleine conscience, était-elle fondée?

Nous n'avons pas la moindre velléité de recommencer la polémique socialiste ; à nos yeux, cette première campagne est finie, et les résultats en ont été tels que nous le pouvions désirer. Le peuple français, à qui depuis 89 on n'avait parlé que de droits politiques, est resté convaincu, en masse, de la réalité de ses droits économiques; c'est par là qu'il juge le gouvernement, l'Eglise, les partis et les hommes ; il n'a plus d'autre idée, plus d'autre foi.

Nous ne disons qu'une chose : c'est que, fondée ou non, l'idée socialiste devrait être examinée sérieusement. C'était le droit du peuple, déclaré souverain, qu'elle fût mise à l'étude; c'était le droit du gouvernement, de l'Assemblée nationale, mandataire du peuple, qu'elle fût prise en considération. Sous aucun prétexte, on ne pouvait sans manquer à la Révolution, dont les principes étaient la loi commune, sans se rendre coupable de lèse-majesté envers le peuple, sans violer tous ses droits, sans fausser l'histoire, écarter cette idée par une fin de non-recevoir, lui opposer la question préalable.

La Révolution avait créé pour le peuple, au spirituel aussi bien qu'au temporel, un état nouveau. En abolissant le droit divin dans l'Etat, elle s'était obligée implicitement à l'abolir aussi dans le travail, le commerce, la propriété, la famille même; à reconstituer, par conséquent, sur d'autres bases, la raison et la morale publique; ce qui impliquait le système entier des intérêts.

En introduisant la notion de progrès, elle avait fait naître dans le prolétariat de hautes et légitimes espérances. La déclaration des droits avait refait les consciences; le principe d'égalité devant la loi, si vieux dans le monde, si populaire en France, et toujours, et partout si mal appliqué, réclamait, comme condition de réalisation, un équilibre de fortune qui ne pouvait sortir que d'une déclaration des droits économiques, d'une réformation de l'économie sociale.

Le socialisme, d'ailleurs, qu'on accusait de nouveauté, n'était-il pas la raison secrète de la Révolution? Né, au milieu du XVIIIe siècle, de la doctrine des physiocrates, laquelle, se divisant en deux branches avait abouti, d'un côté à l'empirisme de Malthus, de l'autre, au communisme de Morelly, et s'était officiellement produite, en 1789, par la bouche de Makouet, demandant à l'Assemblée constituante la reconnaissance du Droit au Travail. C'était lui qui, sous la compression bourgeoise, avait fait éruption à l'incendie de la manufacture Réveillon; lui, que le malheureux Bailly avait fait fait fusiller, sans le connaître, au Champ-de-Mars; lui qui, sous le nom burlesque de *sans-culottisme*, s'était manifesté, au procès et aux funérailles de Marat, et dans toutes les journées fantastiques de 93, 94 et 95; Babeuf, en 96, était devenu dépositaire de l'idée et son martyr; puis, après une longue incubation, elle s'était personnifiée, dans un philosophe d'un génie extraordinaire, Saint-Simon.

Les forces motrices de l'histoire sont comme les idées et les besoins de la multitude; la politique des gouvernements n'agit qu'en sous-œuvre. Les guerres de la République et de l'Empire ayant épuisé l'élan militaire de la nation, l'arène fut ouverte aux luttes parlementaires, philosophiques et industrielles. Bientôt les événements de 1830 vinrent resserrer encore le champ de bataille et concentrer l'action; les Bourbons chassés, l'Eglise éliminée, la paix assurée, la parole, comme l'influence, fut aux intérêts. Béranger ne chanta plus; la littérature, déroutée, tourna au vagabondage. De nouvelles idées, germant au cœur du peuple, allaient pousser l'historien : malheur à qui ne les saurait comprendre!

Certes, si jamais procès dut être solennellement instruit, ce fut celui-là. Mais le socialisme, dans la diversité de son expression utopique, était peu fait pour séduire : il eût fallu bien de la pénétration de la part des organes de la presse, bien du génie chez les hommes d'état, une spontanéité bien vive dans la classe moyenne, une charité plus grande encore dans la classe élevée, pour deviner, sous les théories étranges de Ménilmontant, du Phalanstère et du Luxembourg, la présence d'une philosophie qui ne tendait à rien de moins qu'à reconstituer la raison et la conscience de l'humanité, et à changer la face du globe. Aussi, lorsque, le 25 février, parut le décret qui consacrait le Droit du travail, la nation en majorité immense fut stupide d'étonnement. Un mouvement de recul, bien naturel, devait s'en suivre ; et le socialisme ne voulant, ne pouvant ni s'abstenir, ni s'effacer, la République se trouva divisée. Ce fut la vraie cause de sa chute. Aussitôt les partis qui naguère se disputaient le pouvoir, se rallient, pour le salut de la société, contre l'ennemi commun ; la réaction, commencée de bonne foi, non sans motifs plausibles, pour les chefs de la République, passe aux mains des ennemis de la Révolution : de ce moment, le Droit économique étant péremptoirement nié, le droit politique fut ébranlé lui-même, et la Révolution tout entière remise en cause.

L'histoire de la Révolution de février a été racontée par une foule d'écrivains, mais avec si peu de discernement qu'elle est devenue, pour les contemporain eux-mêmes, un véritable logogriphe. Dans ces narrations aussi dépourvues de bonne foi que de bon sens, le socialisme figure invariablement comme une folie épisodique, qui ne se rattache au sujet que par la date, et sur laquelle la raison et le goût prescrivent à l'écrivain de passer vite, puisqu'il ne lui est pas permis de sauter par dessus à pieds joints. Quel est le résultat de cette inintelligente critique ? Le socialisme jeté aux Gémonies, les faits se succèdent comme les jours, sans autre lien entre eux que le mouvement du soleil, sans autre signification que les enluminures du narrateur. Établie par une surprise, la République disparaît par une autre surprise, cédant la place à un empire incompréhensible comme elle, et destiné à périr à son tour par une fatalité inexplicable.

La vérité cependant est que la Révolution de février fut faite par et pour le socialisme ; que le socialisme seul l'explique, lui donne une raison suffisante et une portée réelle, comme il lui fournit des combattants. Les républicains du *National* et de la *Réforme* ne furent ici que des agents aveugles, de même que le banquet du 22 février fut une occasion. Cela résulte de tous les faits que les historiens racontent sans les comprendre.

Par contre, *l'Empire est la Raison sociale de la ligue tacitement formée entre les partis politiques pour la résistance au socialisme* : tout ce qui s'est fait depuis le 25 février 1848, comme depuis le 2 décembre 1851, en dehors de l'action socialiste, s'explique originellement par cette donnée. Actuellement la ligue est en voie de dissolution, tant par l'épuisement des partis et du pays, que la réaction ruine, que par le procès même de la Révolution : en principe, cette ligue comprend, avec les années de l'Empire, celles de la Présidence et du gouvernement provisoire ; et quiconque s'est prononcé contre le socialisme a voté, *ipso jure*, pour l'Empereur.

Ce que nous en disons n'est du reste à autre fin que d'expliquer les faits, non de raviver les haines. L'explosion de l'idée socialiste, en 1848, fut imprévue ; la résistance fatale, la bataille inévitable. Chacun a pris parti selon que le cœur et la raison le poussaient : il est oiseux aujourd'hui aux adversaires du despotisme de s'accuser et de récriminer. La guerre civile, produit de l'erreur universelle, se pardonne toujours, le crime seul, le parjure, l'assassinat, le vol, la dérision des principes, l'offense à la majesté nationale, sont irrémissibles.

Ceux qui se figurent le socialisme comme une épidémie passagère, une sorte de choléra moral, qui devait disparaître sous la large saignée de juin 1848 et les épurations de décembre 1851, ne savent ce dont ils parlent; ils ne connaissent pas notre histoire, encore moins notre nation.

Nous disions tout à l'heure que le socialisme, élimination faite des utopies qui ont servi à le produire, n'est autre chose que la question de savoir si, en dehors des constitutions politiques, les seules dont se soient occupés jusqu'à présent les publicistes, il n'existe pas, pour la société, une constitution économique; de telle sorte que comme l'anarchie est prévue et écartée par la première espèce de constitution, l'ignorance, la misère et le crime soient prévus et écartés par la seconde.

Nous avons ajouté que, depuis un siècle, la raison française, par la spontanéité qui lui est propre, s'était saisie officiellement de cette question, qu'à la suite de nombreuses controverses, quelques ébauches de solution s'étaient formulées, propagées; qu'enfin, acceptées sous bénéfice d'inventaire, elles avaient fini par rallier le peuple en une franc-maçonnerie industrielle.

Or, en supposant la question aussi mal fondée, en fait et en droit, qu'on voudra, il est tout d'abord évident, en vertu de la loi d'action et de réaction qui régit l'histoire, qu'une erreur qui a mis cent ans à se répandre, des sommités intellectuelles d'un pays au bas-fonds de l'ignorance, ne peut pas être guérie en un jour, par des opérations chirurgicales comme celles de juin 1848 et décembre 1851; et s'il était prouvé que les faits religieux, politiques, philosophiques, industriels, littéraires, qui, pendant le même laps de temps, ont rempli la scène, n'ont été en dernière analyse, qu'une sorte d'écho de cette erreur, il faudrait en conclure que le mal tient ici à des causes profondes que le législateur doit attaquer, s'il veut guérir le malade.

Nous serons donc ramenés toujours à la question posée en 1848 par le socialisme : Puisque l'agitation est incessante, le pouvoir toujours instable; que rien n'y sert, ni la religion, ni la constitution, ni le progrès de l'industrie et des sciences, ne faut-il pas croire que tout en déclarant le Droit politique et l'organisant, on a laissé en souffrance le droit économique?

Qu'on se récrie et que l'on traite le socialisme de chimère, à la bonne heure! Cela ne s'adresse qu'à des systèmes désormais peu à craindre et que nous n'avons pas mission de défendre. Nous demanderons simplement à nos contradicteurs : 1º s'il est vrai qu'à la fin du dernier siècle, il s'est passé quelque chose qui s'appelle *la Révolution française*; 2º s'ils s'imaginent que cette Révolution qui abrogeait le Droit divin, ne devait être qu'une réédition, corrigée et illustrée, du régime créé par le droit?...

Le peuple français, à qui l'on peut reprocher d'aimer trop le changement, et trop la liberté, le peuple français, s'il se montre, en politique, praticien médiocre, en revanche est éminemment dialecticien et juriste. Ce qu'il exige sur toute chose de ceux qui le gouvernent, c'est la fidélité aux PRINCIPES reconnus, et au *Droit*, quel qu'il soit, qui en découle.

Les questions qui depuis plus de deux siècles agitent la France, qu'on veuille bien le remarquer, sont toutes des questions de principe, non de pratique pure, comme en Angleterre et ailleurs. Commencée pour tout de bon cette recherche des principes qui fait le tourment des sociétés modernes; et nulle part, autant qu'en France, cette recherche ne s'est emparée de la multitude, qui, à partir de 89, en a fait son aliment et sa boussole.

Nous sommes loin, quoi qu'on ait dit, de dédaigner la liberté. Nous l'estimons autant que peuvent le faire nos voisins; mais, sans compter que nous faisons médiocrement de cas d'une liberté purement négative, nous affirmons le droit encore plus haut que la liberté. Nous cherchons l'ordre légitime avec plus d'ardeur que la richesse même : de là nos luttes, qui nous rendent parfois si malheureux, mais dont nous sommes au fond de l'âme presque aussi fiers que de nos vertus. Car s'il est glorieux à une nation de maintenir intacte, au dedans et au dehors, sa liberté, il l'est encore plus, selon eux, de savoir la risquer quelquefois pour la Justice.

Cette disposition d'esprit a fait naître en nous l'esprit d'égalité, qui, à tort ou à raison, nous distingue, qui n'existe même que parmi nous.

En Angleterre, le peuple a conservé la religion de l'aristocratie; en France, où la féodalité ne fut pas moins cultivée jadis qu'en Angleterre, le peuple suit, depuis 89 surtout, la religion de l'égalité.

On a pu dire à la plèbe irlandaise, qu'il n'y avait plus place pour elle sur le sol natal, plus de travail, plus de pommes de terre; qu'il fallait partir : et elle est partie; deux millions d'hommes sont partis. L'Irlandais, le Suisse, l'Allemand, le Belge, l'Anglais, réduits à l'indigence se décident à l'expatriation : le prolétaire français proteste. Pourquoi, dit-il, m'en irais-je plutôt que les autres?... Je veux du travail; je reste. Et il s'interroge; il se fait transporter à Cayenne et à Lambessa, plutôt que de s'en aller. Que la bourgeoisie lui donne l'exemple, il ira coloniser le désert, il entreprendra de donner de l'eau au Sahara.

Partout on voit le pauvre se résigner à la pauvreté; il croit que cette pauvreté n'est le fait que du démon; que la Providence l'a ainsi permis; que telle est la destinée sociale et la raison des choses. Le travailleur français a osé se poser la question : Pourquoi suis-je pauvre, alors que je travaille ? Est-ce cela que m'avait promis la Révolution ?...

Les principes! les principes! criait sans cesse Camille Desmoulins. C'est par là que Robespierre, faible génie, caractère timide, qui faisait au nom du salut public tant de fautes, tant de crimes, obtint cette popularité qui dure encore : on le croyait fidèle aux principes, et l'on mettait sur le compte de sa vertu les aberrations de sa politique. C'est par là que Mirabeau perdit un jour le suffrage de l'opinion; on le crut, malgré son éloquence, sur la question de la paix et de la guerre, infidèle aux principes; et l'on attribuait à la corruption de sa conscience ce qui n'était que l'effet de sa logique constitutionnelle. Et c'est encore par là que nous avons, nous autres Français, l'insigne vanité de nous croire supérieurs aux autres peuples, que nous nous posons en initiateurs et rédempteurs du genre humain : notre conscience du droit, notre passion des principes, nous semblent supérieures à toute liberté et à toute richesse. Oh ! si jamais le travailleur émancipé dans les cinq parties du monde, si le noir comme le blanc jouit de l'égalité et du bien-être, il nous le devra.

Et c'est à cette race de raisonneurs et de justiciers plus occupée des principes que des intérêts, incapable de saisir une autre idée que le droit, qui, pour la satisfaction de son orgueil égalitaire, de tout travail se fait un art, et de tout art une noblesse; c'est à de pareils sujets que les pouvoirs élus de 1848, sans autre raison que leur ignorance, reprenaient le droit au travail!

On décrétait le suffrage universel; on brûlait une Constitution politique; on créait la Constitution économique.

Nous l'avons dit, et nous devons à notre désir de conciliation de le redire : La résistance au socialisme, tel surtout que pour son malheur il lui était donné de se laisser voir, fut, dans les premiers jours, un acte de conservation excusable. Mais cette résistance n'en constituait pas moins, vis-à-vis des classes travailleuses, un déni de justice, et, dans le système de la nouvelle république, une contradiction. De ce moment la situation politique du pays, son état légal, étaient faussés : démocratique dans la forme le gouvernement passait de fait à l'aristocratie; il tendait au despotisme. Aussi longtemps que la pensée d'une révolution sociale ne serait pas étouffée, on pouvait accuser le pouvoir de trahison, le déclarer illégitime. Une sorte de nullité constitutionnelle frappait tous ses actes, nullité que ni les votes des représentants, ni les suffrages du peuple même, ni la force de armes ne pouvait couvrir. Quoi que fit le Pouvoir, et quels qu'en fussent les dépositaires, son principe était l'iniquité. Plus à ce principe il se montrerait fidèle, plus la situation du pays empirerait.

On ne fait pas, quoi qu'on ait dit, de la vérité avec du mensonge, de la vertu avec du vice, de l'ordre avec du désordre. Le pacte de 89, d'un côté, étant donné avec ses conséquences sociales, le gouvernement, d'autre part, ne pouvant ni développer dans l'application, les principes de ce pacte, ni les abjurer, l'Etat, constitué sur un déni de justice, se trouvant condamné à une perpétuelle équivoque, il était fatal que le pays légal, sorti du droit, allât d'immoralité en immoralité, d'hypocrisie en hypocrisie, et, si rien ne le pouvait retenir, qu'il s'abîmât dans le despotisme et la banqueroute.

Ainsi la réaction deviendrait à elle-même sa honte et son supplice : ce phénomène, qui dure depuis onze ans, est bien autrement grave que les trois journées de février, et les quatre de juin; comment les élégants historiographes ne l'ont-ils pas encore aperçu !

Quoi, dit-on, c'est parce que le gouvernement provisoire, l'Assemblée constituante, le Président et le 2 décembre ont fait grief au socialisme, que la France est descendue aussi bas, qu'elle a perdu la vertu, etc.! On ne s'attendait, certes, pas à ce paradoxe...

Eh bien, il s'agit de savoir si on l'a combattu par la justice et le droit.

Est-ce l'importance qui manque à la secte?

Est-ce l'importance, le nombre, la force qui manque au socialisme?

16 avril, 15 mai, juin, 11000 morts; 14000 transportés.

Lois contre la presse, les clubs, guerre de Rome, abandon des Hongrois, Polonais, Piémontais, etc.; loi du 31 mai 1850.

Long combat, longue conspiration contre le socialisme.

Contre quoi fait le coup d'État? Qui transporté? 11000 transportés de l'aveu de ses exécuteurs.

Qu'est-ce que la *marine*? Demandez donc à M. Delangle si la Révolution est morte? Qui a fait réussir le coup d'État? — Que fait encore aujourd'hui l'Empire? — Tous les *journaux* des vieux partis ont survécu, moins le journal socialiste. Loi de sûreté générale; moyen de transportation.

Immoralité de l'élection du Président.

Immoralité du gouvernement présidentiel; mensonges télégraphiques.

Loi restrictive du suffrage : c'est-à-dire *mis hors la loi*.

Rue de Poitiers.

Constitutionnel, — Calomnie.

Institut, Caverne de scélérats.

1er août 49, Conspiration générale.

Protestation de Louis-Napoléon.

Ni prorogation ni coup d'État.

La justice est tout à la fois *le fait premier*, l'idée ou principe premier, de laquelle part toute philosophie.

Elle est la méthode première, élémentaire, et le critère premier, fondement de toute certitude.

Elle est la philosophie politique et théorique.

Elle dispense de toute abstraction, de toute métaphysique *à priori*.

Pas besoin de discuter sur la sensibilité, le moi et non-moi, le circulus, la triade.

C'est la réalité souveraine, qui grandit à mesure qu'on l'étudie.

Car telle est la loi de l'histoire, que liberté et prospérité ne se rencontrent qu'avec le droit, et que hors du droit tout devient corruption et fatalisme.

Passons sur le gouvernement provisoire, instrument de conservation honnête et de répression modérée, bien qu'on puisse signaler dans ses actes une multitude de violences. Passons sur les journées de juin provoquées par le machiavélisme de la réaction, souillées par la perfidie, les massacres d'août et la transportation sans jugement. Le général Cavaignac a porté seul la responsabilité de ces faits, il en fut le seul coupable.

CHAPITRE XVII

Résumé chronologique : l'Assemblée ; la Constituante. — Ateliers Nationaux. — Le Président, 20 déc. 1848. — Parti républicain. — Eglise, 1848-52. — Coup d'Etat. — Caractère de Napoléon Bonaparte. — La France a un chef. — Le mariage. — La France a été trompée.

Complot des questeurs.
La Montagne leur fait avaler leur iniquité. Bon.
Et on arrive à cette conséquence :
Le socialisme étant la constitution économique, la réaction le *statu quo* économique, ceux qui avaient crié au pillage deviennent des voleurs publics, des pillards.
Le pays conservateur immoral en 48, le devient davantage encore en 51, en acceptant le coup d'Etat, parjure envers lui-même, abandonnant ses chefs;
Donc surcroît d'iniquité constitutionnelle civile et économique.
Spectacle corrupteur.
Caractère de la bourgeoisie.
Immoralité de l'élection de 1848, par le choix du *sujet*, qui devait être exclu du concours et du pays; ancien condamné politique.
Par les fauteurs de la candidature, légitimistes, orléanistes, républicains.

Par les attaques à Cavaignac,
Par la tradition *anti-républicaine*,
Par l'équivoque de l'élection,
Immoralité du pays, conservateur.
Immoralité de la gauche irritée.
Gouvernement présidentiel universel.
Mensonges télégraphiques.
Loi contre la presse et les clubs.
Loi du 31 mai contre le suffrage universel.
Expédition contre Rome.
Tout est bon pour détruire la *secte*; on ne réfléchit pas qu'on lui donne des forces.
Conspiration du Président; Intrigues.
Personne n'avait le droit de lui reprocher son parjure.
La Constitution et le gouvernement étaient une hypocrisie.
Les actes de la Présidence, un complot.
L'élection avait été un soufflet à la République.
La législative, Complot.
Au point de vue de la plus grande scélératesse, le Président devait l'emporter s'il osait être parjure.
Surcroît de servitude et de corruption: l'écluse est lâchée.
L'Empire, Despotisme, c'est tout dire.
Plus de liberté, plus de droit, plus de morale publique, plus d'opinion.
Du travail au peuple, de l'argent aux bourgeois.
Immoralité dans la *guerre*, la *colonisation*, les *concessions*, les *coalitions*, la *liste civile*, les *pots-de-vin*, les *accaparements*, manœuvres des *compagnies*, la *discussion du budget*, le *corps législatif*, le *Sénat*, la *discipline de la presse*, le *système financier*, la *justice*, la *police*, l'*organisation de l'armée*, les *Rapports de l'Église et de l'État*, la *politique*, *le règne définitif de la Raison d'État*, les *baux*, les *Emprunts*, la *Bourse*, etc., dans l'enseignement *à tous les degrés*.
Equivoque du texte. De quoi subsiste l'Empire? L'Empire voudrait faire de la vertu, qu'il ne peut pas: il fait de l'escobarderie.
Sic pour Montalembert.

Résumé de la Présidence.
Du 20 déc. 1848 — 2 déc. 51.
— 2 ans 11 mois et 12 jours.

Nominations et renvois de ministres.
Promenades, revues, banquets, réceptions, intrigues;
Il se plaint de ne pouvoir agir.
Une lettre à Oudinot.
Deux messages à l'Assemblée.
Un maréchal créé.
Traité. Le Président.
A nommé et révoqué pas mal de fonctionnaires. Dans quel but? Tuer le temps. Il se contente de SURNAGER, dit un historien.
Résumé de l'Assemblée législative.
27 mai 1849. — 1er déc.
2 ans, 6 mois, 6 jours.
Provocation à la République, 13 juin.
Rétablissement de l'impôt sur les boissons.
Paiement du douaire de la princesse Hélène ! On refuse 600.000 fr. à Napoléon.
Loi sur l'enseignement, abandonnée.
Loi du 31 mai, abandonnée.
Projets de loi sur la responsabilité.
    id.   Réforme hypothécaire.
Projets de loi sur le Libre échange.
    id.   Révision.
    id.   Sur le Revenu.
Proposition des questeurs.
    id.   Léon de Laborde.
Agglomération lyonnaise : aide aux 4 grands commandants.
Proposition d'impôt *chien*.
    id.   Berryer.
    id.   Benoît d'Azy.
Loi sur l'assistance publique.
    id.   Larochejaquelein.
    id.   Napoléon Jérôme.

Le Président pouvait faire présenter des lois : Aucune ?

Il devait surveiller et conserver l'exécution des lois : l'a-t-il fait? — Non.

Il promulgue les lois. — Pourquoi promulguée celle du 31 mai?

L'Assemblée.

1° La CONSTITUANTE. — 4 mai 48. 27 mai 49. — 1 an et 24 jours.

Très mêlée : formée de républicains modérés, sérieux; d'une portion de montagnards exaltés; de beaucoup d'honnêtes gens, dupes de l'adhésion générale à la République, et prêts à se contenter de cette forme de gouvernement; du noyau réactionnaire, alors en minorité.

Faible, indécise, justement à cause de ce mélange.

Tant que dure cette assemblée, la République n'est pas en péril.

La victoire de juin voudrait arrêter court la réaction.

Trompée par son inexpérience et la rouerie des vieux parlementaires.

Trompée par la question de *la rentrée de Louis Napoléon*; de la *Présidence*; de la *guerre de Rome*; des *ateliers nationaux* et de la *transportation*.

Les erreurs de cette assemblée ont fait l'immoralité de la politique.

1. — *Ateliers nationaux.*

L'idée n'avait rien de contraire ni au droit ni à la science; rien de compromettant pour la fortune publique.

Elle découlait de la reconnaissance du *Droit au travail*; elle avait pour base l'existence de travaux d'*utilité publique*, dont le budget, sous Louis-Philippe, atteignait déjà un chiffre fort élevé et qu'on pouvait doubler en rendant ces travaux plus productifs; elle supposait d'ailleurs un provisoire.

Mais on ne voulait pas de *Droit au travail*.

On voulait d'ores et déjà faire échec au socialisme et à la République.

Au lieu de donner un travail utile, les choses furent arrangées de façon à ce que les ouvriers n'eussent rien à faire du tout, un travail dérisoire, et que la subvention fût payée à des bandes de désœuvrés.

Qui fit cela? On l'ignora. Chacun s'en est lavé les mains; personne n'osait prendre d'initiative; tout le monde à la politique, etc.

2. — Le gouvernement provisoire avait déposé un projet de loi pour la retraite des chemins de fer.

Repoussé à grands cris comme *socialiste*.

3. — *Commission des travailleurs* : impuissante, ce fut l'enterrement de la question.

4. — Autorisation de rentrée à Louis-Napoléon.

Une portion de la République complice de cette œuvre. Puisque l'on rejetait les prétendants des familles de *Bourbons* et d'*Orléans*, il fallait rejeter celui de la famille Bonaparte; coupable d'ailleurs de tentative d'usurpateur à main armée, et déjà notoirement compromis dans l'agitation de juin. Mais, en 1818, avoir été condamné sous Louis-Philippe était un titre à la considération. Les Républicains ne savaient plus même que les gouvernements sont solidaires.

5. — Transportation sans jugement : imité des anciens despotes.

6. — Refus de fixer la journée de travail à 10 heures. Idée juste, comme unité de mesure générale du travail, mais qui, isolée, et rendue obligatoire, était impuissante. Elle fut repoussée par de sordides et sophistiques motifs, qui laissaient voir l'arrière-pensée de l'exploitation.

7. — Candidature de Louis-Napoléon. Abandon de celle du général Cavaignac. La majorité de l'Assemblée n'est pas suivie par le pays.

Ralliement de tous les partis monarchiques.

8. — Expédition de Rome : conçue dans un but de pacification et d'influence nationale, mais aussitôt détournée de son but, par le ministère, d'accord avec la minorité de l'Assemblée.

2ᵉ LÉGISLATIVE. — 28 mai 1849. 2 déc.— 2 ans, 6 mois, 5 jours.

9. — Trahison sur l'affaire de Rome; défi à la Montagne.

Qui amène le 13 juin : bien heureux qu'il n'y ait pas eu une seconde édition de l'affaire de l'année dernière.

La législative se regarde comme ayant seulement pour mandat de contenir et de refouler la Révolution, et de surveiller le Président.

Tactique périlleuse, comme on verra.

10. — Cette assemblée représente le pur esprit de la réaction. C'est à ses chefs et à ses journaux qu'on peut attribuer cette grande et profonde immoralité de la comédie du ralliement à la République, dont la *Majorité nationale* fut dupe, ce qui amena des malentendus favorables au Président.

Les Républicains s'émeuvent de cette adhésion si prompte, et si accusée. De là, la distinction des républicains de la *veille* et du *lendemain*.

Professions de foi ampoulées, fracassées, de gens qui, dans quelques mois, diront imprudemment : *La République n'est pas ce que nous avons cru, elle nous a trompés.*

Ce fut là un crime qui devait porter de tristes fruits.

Que ne se taisait-on? L'abstention eût été morale, digne; peu utile peut-être, mais, en tous cas, meilleure que l'apostasie et la trahison.

Mauvais conseils des *prudents*.

11. — Pratique large, effroyable, de la calomnie, contre les républicains. Bruits atroces, propagés en avril, mai, juin, 48, et décembre 51. Faits, idées, écrits, pensées, intentions, tout est travesti, accusé. Et chaque jour, on a l'air de se dire : Tiens, tiens, c'est cela qui est la République !...

Cela était pris pour de l'habileté.

Sans cesse, la société, la famille, la religion, la propriété, tout était en péril, parce que le peuple demandait du travail...

12. — Exécution des meurtriers (supposés) du général Bréa. Assassinat juridique des meurtriers dans leur droit vis-à-vis d'un officier général qui trahissait.

Historique.

Il est certain que la Constituante était inconciliable avec le Président.

Les dates suivantes le prouvent :

29 janvier : Complot bonapartiste ;

9 février : Refus de confiance de l'Assemblée ;

22 mars : Déclaration que la Constitution est violée ; une partie de l'Assemblée fait scission et se retire ;

7 mai : Ordre donné au pouvoir exécutif de ramener l'expédition romaine à sa destination ;

11 mai : Blâme infligé à L. Faucher, faussaire.

Evidemment cela ne pouvait aller d'accord.

D'ailleurs, l'Assemblée cavaignaquiste était en contradiction avec le pays.

De là, la proposition Ratteau, appuyée d'une masse de pétitions qui forcèrent enfin l'Assemblée Constituante à se dissoudre, bien qu'elle se crût le droit de faire les *lois organiques.*

A peine celle-ci est arrivée qu'elle dévoile ses pensées.

Elle avoue que l'expédition romaine a pour but de combattre la *démagogie européenne.*

Projets de réviser la Constitution.

Projets de rappel des familles royales exilées.

Candidature du prince de Joinville.

Paiement du douaire de la princesse Hélène.

Refus de pension aux veuves des citoyens morts pour la République.

Procès de Bourges.

Procès de Versailles, etc.

———

Quoi qu'il en soit, Ledru-Rollin, fut pris avec les siens dans un vrai *traquenard.*

L'ordre de bombardement était contraire aux décisions de l'Assemblée: il y avait trahison flagrante de la République ; violation de la Constitution par la partie réactionnaire et monarchique de l'Assemblée, d'accord avec le Président. A partir de ce jour, la Bourgeoisie, ou plutôt l'Assemblée, est en *demeure d'agir*, de procurer le travail, l'aisance, l'ordre ! c'est-à-dire de faire marcher la République, ce que précisément elle ne voulait pas, ni le Président non plus.

Mais ici la division se met au camp.

Quel sera le bénéficiaire de la trahison ?

Trois partis : Bourbon, Orléans, Bonaparte.

Dès juillet 49, les journaux blancs s'aperçoivent qu'ils sont pris pour dupes. Ils protestent ; ils parlent comme les républicains ; *La Gazette* demande la *liberté de la Presse*, accuse Montalembert de s'être *trompé d'erreur*.

10. Août. — *Loi sur l'état de siége !*...

Proposition d'Amnistie du prince J. Napoléon repoussée par le Président parce qu'elle met de pair tous les bannis.

Inertie générale du pouvoir et de l'Assemblée.

Réglementations d'ateliers : Avances aux ouvriers entrepreneurs, logements insalubres, Cités ouvrières, lavoirs, crèches, salles d'asiles, etc.

Prisons, hôpitaux, hospices.

On s'occupe de la *misère*. Philanthropie.

Rétablissement de l'impôt sur les boissons.

Ne pouvant donner à boire au peuple, on le lui défend.

Guerre aux instituteurs, réputés des ennemis des prêtres.

Emancipation d'urgence de l'enseignement, c'est-à-dire création extralégale, de collèges ecclésiastiques, (Avignon, etc.) en attendant la loi qui doit renverser l'enseignement laïc.

Mais l'Assemblée surveille l'anarchie et le Président ; coupe des arbres de liberté.

15 mars 1850. — Loi sur l'*Enseignement*, œuvre de Thiers. — Montalembert.

L'Eglise est *affranchie*.

300 professeurs expulsés.

300 mis à la retraite.

Proposition d'appel au peuple par Larochejaquelin : — Un chef et un pouvoir, dit-il.

Ecartée par Dupin comme inconstitutionnelle.

Proposition de lois sur les transferts ; commencement d'impôt sur la rente rejeté comme socialiste.

Projets d'impôts sur les chiens.

Pétition pour le repos du dimanche, rejetée.

Projet de pension pour les veuves des citoyens morts en février : écartée.

31 mai. — *Loi restrictive du suffrage universel.* Votée d'urgence *ab irato.* Offensive prise contre le socialisme, dit Montalembert.

Juin 1850. — Loi sur la déportation.

2 juillet. — Loi Grammont sur les mauvais traitements.

18 juillet. — Projets de l'Assemblée pour 3 mois.

16 juillet. — *Loi contre la presse.*

30 id. Sur les Théâtres.

Loi sur la Presse, 11 août 1848.
     27 juillet 1849.
     16 juillet 1850.
     17 juillet 1852.

Septembre. — Manifeste de Wiesbaden.

Vœux des conseils généraux pour la révision de la Constitution.

Intrigues orléanistes.

Loi sur les prestations pour chemins vicinaux.

Projet d'une réforme hypothécaire, — préservatif.

19 décembre. Loi relative aux délits d'usure.

Novembre. Procès aux journaux.

— Id. Aux associations ouvrières.

Renaissance des loteries.

Projet de loi sur la Responsabilité du Pouvoir exécutif.

Loi sur l'Assistance publique : Thiers.

Les villes condamnées à payer les dégâts causés par les Révolutions et émeutes contre le pouvoir central.

1ᵉʳ décembre. *Projet d'affermage des canaux.* Rejeté.

Proposition Berryer, pour le remboursement des 45 centiers : rejetée.

Proposition Benoît-d'Azy, sur les caisses de retraite : rejetée.

Proposition libre échangiste d'....[1] et Sainte-Beuve : rejetée.

1. Nom propre illisible.

Pétition pour la révision de la Constitution; 14,000 pétitions; 1,200,000 signatures soutenues par Barrot, etc., rejetée.

---

22 février. — Contrat d'appel. Apprentissage.
10 mars. — Lois sur les grands commandements.
17 mai. — Travail des enfants.
5 juin. — Rente publique.
13 Juin. — Loi sur la garde nationale, tout de discipline.
Proposition de L. de Laborde : rétablissement de la monarchie légitime.
Proposition des questeurs.
Agglomération lyonnaise, soumise au préfet du Rhône. Destruction de l'autorité communale décrétée par l'Assemblée, perfectionnée plus tard par le Président.

Il est certain que l'Assemblée retirant la loi du 31 mai, faisant quelques concessions à la gauche, la loi des questeurs accordée en échange, l'Assemblée maîtresse du soldat, tous les efforts concentrés contre le Président, la candidature Joinville passait, et Napoléon était jeté aux ordures.

C'était simple, clair, certain; le coup d'Etat de ce jour devenait impossible.

Mais alors la réaction faisait retraite; elle cessait d'être implacable; elle amendait ses propres actes; pour être conséquente, elle devait revenir sur les lois de *Presse*, sur la campagne de Rome, etc., — *impossible*.

LE PRÉSIDENT. 20 décembre 1848. 2 décembre 51. — 2 ans, 11 mois 12 jours.

Les pouvoirs du Président étaient plus restreints que ceux du Roi constitutionnel; la Constitution avait marqué des restrictions.

Cependant, il avait assez à faire.

Il pouvait faire présenter des projets de loi;
— faire les observations sur les lois offertes à sa promulgation.

« Il devait surveiller l'exécution des lois et le respect de la Constitution.

Quelle loi proposée? Aucune.

Pourquoi promulguer la loi du 31 mai?

A-t-il fait respecter la Constitution? Non, il conspire contre elle, d'accord avec les ennemis de la République, qui sont ses adversaires, mais pour son compte particulier.

Et il se sert de l'administration pour se faire des créatures.

La Législative ne voulait pas que la République allât bien. Le Président ne le voulait pas non plus.

1849. Janvier. — Ministère Barrot : sage, modéré, mais il s'en moque.

Fondation de la société du 10 décembre. Formation d'un parti bonapartiste.

Sortie de Malleville et Bixio du ministère pour refus de papiers relatifs au procès du camp de Boulogne.

Promenade à travers la France, Tours, Orléans, Angers, Nantes;

Recherche de popularité. Il affecte de dire qu'il a les mains liées.

18 juillet. — Lettre à Ney, affaire de Rome. Elle déconcerte les ministres, la réaction, détonne avec l'esprit général de l'Assemblée, est le premier coup de tête du Président.

Que voulait-il? Se réserver sur la question romaine, aux yeux des badauds, des Italiens, tandis que la législative avançait; et se ménager l'opinion, peu favorable aux moyens de violence.

A cette époque, Dufaure ministre repoussait l'idée de révision que soutenaient L. Faucher et O. Barrot.

25 juillet. — Visite au fort de Ham; se confesse de ses erreurs : après le 2 décembre il s'en vantera.

Proteste contre discussion aux représentants de l'industrie : *Proposition socialiste.*

Conseils généraux, peu favorables à l'idée d'une révision. Sur 86, 3 pour, 3 contre, 80 muets.

---

31 octobre. — Renvoi de ses ministres, qui disaient :

Nous tâcherons de faire de bonnes choses si nous ne pourrons en faire de glorieuses.

Entrée du parti bonapartiste au gouvernement.

Les honnêtes gens ne vont pas à Napoléon.

Message présidentiel; pipée pour les moineaux, de M. Veut agir.

Que lui demandait-on? il les reconnaissait : de faire appliquer les lois.

Que pouvait de plus l'Assemblée? Rien.
    id.   le Président? Rien.

Mais l'Assemblée ne voulait pas de la Constitution; le Président non plus.

10 décembre. — Chacun travaillait pour lui. Recherche des vieux soldats de l'empire.

1850. — Le bâton de maréchal donné au roi Jérôme.

Février. — Article *Vive l'Empereur.* — La Conspiration se voit partout.

Mars. — Création de quatre commandements militaires en représailles des élections du 10-12 favorables à la République.

Baroche, ministre de l'Intérieur.

Revues militaires. — *Conspirations.*

Avril. — L'intimité est au plus haut entre le Président et Changarnier.

23 avril. — Election d'Eugène Sué : témoigne que Paris ne veut pas de réaction.

31 mai. — Nouvelle opposition à la loi.

21 juin. — Demande de subvention accordée à 2,160,000, 3,000,000.

Août. — Tournée Dijon, Châlons, Lyon, Besançon, Colmar, Strasbourg, Nancy, Metz, Châlons-sur-Marne.

31 août. — L'*Assemblée Nationale* demande du *définitif*; encourage par conséquent l'Elysée.

Banquet des officiers.

Banquet des sous-officiers, empêché par Changarnier. Brouille.

13 novembre. — Message : de quoi il *se vanta* entre autres :

ceci montre l'état des esprits, non absolument tel qu'il était, mais que l'avait cru voir Napoléon.

Dissolution de la société du 10 Décembre; cède aux menaces de l'Assemblée.

Procès aux journaux, aux associations ouvrières.

Revue de la flotte à Cherbourg, banquets. Revue de Satory : plaintes de la Commission de permanence.

Remplacement du général Mennager : plainte de Changarnier.

Affaire *Yon* : complot bonapartiste.

Le Président semble prendre à tâche de montrer ses actes au pays, que payer un gouvernement, « c'est soudoyer une conspiration. »

1851. — Compliments de bonne année, réponse aigre-douce.

Démission des ministres devant les manifestations de l'Assemblée.

Destitution de Changarnier.

13 janvier. — Composition du ministère en dehors du Parlement : double échec, par le Président, d'une part à la majorité, de l'autre à la gauche. On voyait l'inertie systématique de l'Assemblée, et l'on en était mécontent.

Sortie de deux ministres, attribuée à une question de brouille anglaise; le Président, comme le cardinal Dubois, se crée un appui au dehors; l'Angleterre mord à l'appât. Lord Palmerston appuiera le coup d'État.

19-20. — Proposition Rémusat : la gauche vote avec la majorité contre le Président. Contre-échec.

Nouvelle demande de subvention du Président.

Un moment l'Elysée faillit passer à la gauche : il est question d'un ministère Lamartine.

Août. — Démission des ministres, qui refusent de demander l'abrogation de la loi du 31 mai, à laquelle le Président avait coopéré.

Recherche de popularité : complots, toujours.

En matière de *complots*, le plus scélérat est le maître; l'Assemblée est un juste-milieu.

Novembre. — Préparatifs. Annonce du jour fatal.

Parti républicain.

Immoralité de ce parti :
1° Colère contre le socialisme ;
2° Enrôlement de bataillons de garde mobile ;
3° *Projets de guerre.* Cf. affaire du 15 mai. C'est une manière pour plusieurs que, pour occuper la multitude, il fallait l'envoyer sur les champs de bataille ;
4° Ignorance absolue de la matière économique, et manie gouvernementale.

Armée du Rhin.
Armée des Alpes.
Guerre à la Russie, à l'Autriche, à la Prusse, Italie, Hongrie, Pologne.

Tempérament bonapartiste.

A partir de juin 1848, la Révolution abandonne peu à peu le club, la rue, le Parlement, en un mot, la politique d'action et de discussion.

Elle se réfugie au plus profond des esprits, au plus épais des masses, et cherche sa route par l'idée seule.

Cela résulte : du nombre décroissant des élections républicaines ;

De l'abstention du peuple au 13 juin ;

De l'abstention électorale, après la loi du 31 mai, et du silence qui l'accueille ;

De la diminution des journaux populaires et de leurs abonnés ;

Des divisions de la gauche, aberration de ses idées, de l'incertitude croissante de ses jugements ; perte du sens politique et de l'intelligence des faits.

Cependant on voit que la Révolution ne meurt pas :

1° La pensée ouvrière manifestée d'abord par des centaines d'associations, plus tard abandonnées, il est vrai, mais avec réflexion ;

2° Questions économiques et sociales à l'ordre du jour ;

3° Tentatives nombreuses d'organisation populaire du crédit et de l'échange ;

4° Sociétés secrètes populaires, formation de la Marianne ;

5° Emeutes, agitation jusqu'en Afrique ;

6° Elections éclatantes, comme celle d'Eugène Sue ;

7° Appui cherché par la gauche dans l'idée socialiste.

La loi du 31 mai, votée d'urgence, à la suite de l'élection d'Eugène Sue ; Montalembert déclarant que son but était de prendre l'offensive contre la *Sociale*.

Février 1850. — Agitation dans les faubourgs, à l'occasion de la destruction des arbres de la liberté.

23 avril. — Elécțion d'Eugène Sue, 1,000 voix de plus que Leclerc.

Sociétés *la Némésis, l'Union des Communes*.

Comité de résistance ; solidarité républicaine.

Complot gouvernemental (?)

1851. — Discussion sur le gouvernement direct, la Constitution de 93.

Réminiscences historiques, plantations d'arbres, costumes, couleurs, emblèmes, copies, naïvetés, enfantillages de toute espèce.

Tout cela sera imité à un autre point de vue par le Président.

L'Aigle, les maréchaux, etc.

Eglise.

1818-1852. — Adhésion empressée du clergé. Il satisfaisait une vieille haine contre la révolution de juillet et la dynastie qui en était sortie.

L'archevêque de Paris, Affre, se hâte de reconnaître le gouvernement ; son exemple est suivi par tout l'épiscopat français.

Bénédiction empressée des arbres de liberté.

Pourquoi le prêtre ne restait-il pas à l'église ? Pourquoi, dès ce jour, le clergé ne professait-il pas ces beaux sentiments d'indifférence politique, préconisés à la veille de 1852 par le successeur d'Affre, qui recommandait à ses prêtres de se tenir en dehors des révolutions politiques ? Que venaient faire à l'Assemblée Mgrs Fayet, Graverand, Parisis, Lacordaire ?...

Idiotie des orléanistes qui se rapprochent de l'Eglise qui les méprise.

Idiotie des républicains qui n'ont que la haine.

1849. — Concile provincial de Paris, 17 septembre, autorisé par le gouvernement, suivi de ceux d'Avignon, Rennes, Lyon, Bourges, Soissons, Sens, Bordeaux, Reims, Auch.

Synodes tenus, à la suite, pour la promulgation des décrets des conciles, à Montpellier, Viviers, Nîmes, Quimper, Vannes, etc.

L'Etat ecclésiastique se constitue ; le seul fait de ses assemblées est une attaque au Concordat.

En même temps, on ferme les clubs, on dissout les sociétés républicaines.

Retour général à la religion ; rétablissement de l'image du Christ dans les Tribunaux et Cours.

Consécration d'églises nouvelles.

Communion générale à Noël et à Pâques.

Bénédiction de monuments religieux, civils et industriels.

Procession du Saint-Sacrement.

Congrégations, missions, jubilés, érections de croix et de statues.

Association pour le dimanche, favorisée par le pouvoir, qui en fait une condition à ses entrepreneurs.

Mission dans les bagnes ; ŒUVRE, dite des *Galériens*, par le jésuite Lavigerie.

La *loi sur l'enseignement* du 15 mars devancée par la création de collèges, illégale, du clergé.

Collèges concurrents à Avignon, Saint-Etienne, Saint-Affrique, Saint-Chamond, Arles, Montélimar, Mende, Saint-Benoît-du-Sault (Indre), Cambrai, Besançon, Soissons, Vannes, Roanne, Saint-Lô, Nîmes, Strasbourg, Dôle, Alby, Nantes.

En revanche, fermeture des cours de Michelet, destitution de Jacques

Suppression des chaires à la suite de la loi du 15 mars.
300 professeurs expulsés.
300 mis de force à la retraite.
Interdiction des répétitions.
Depuis la loi du 15 mars au coup d'Etat, *cent institutions ou collèges catholiques libres.*
Un Etat qui abandonne l'*éducation* et l'*enseignement* des citoyens;
Une puissance qui se dessaisit en faveur d'une puissance hostile;
Oui, il y avait des réformes à opérer dans l'enseignement universitaire : fallait-il pour cela sacrifier l'enseignement? Crime, triple crime.
Les jésuites partout;
Les communautés religieuses de tous côtés;
Trappistes à Sept-Fonts, à Font-Gouillant;
Servites, à Sainte-Anne, près Langres;
Capucins à Paris;
Carmes à Carcassonne (1850), le 5ᵉ de l'ordre, avec 65 maisons de religieuses;
Pénitents gris à Avignon, sans préjudice des noirs, des blancs, de toutes sortes;
Armée de l'Eglise, une chevalerie nouvelle;
Jésuites partout, et, pour contrebalancer cet ordre puissant, on crée des *Dominicains* et des *Bénédictins*;
La bienfaisance publique aux mains du clergé et des couvents partout : le Christianisme est la religion de la misère; la misère est d'institution divine : depuis 89 on s'occupait de prévenir, éteindre le paupérisme. L'Eglise nous désabuse de cette erreur, c'est son royaume;
Crèches diverses destructives des habitudes de famille;
Salles d'asile;
Société de Saint-Joseph, à Lyon, pour les *pauvres ouvriers*;
Société de la maternité, à Avignon, pour les *pauvres femmes en couches*;
Capucins, à Paris, pour les *morts du peuple*;
Frères enseignants à Bayeux et Séez. — Ignorantins, agents d'ignorance et de superstition;

Ecoles des *apprentis*;

Petites sœurs des *pauvres*, transportées de Bretagne à Paris.

Et puis des fêtes :

Conférences de Saint-Vincent de Paul;

Apostolat de Zobel, liguorien;

Restauration des cathédrales;

Toute la liturgie ramenée au rite romain, par Guéranger, abbé de Solesmes;

Souscription pour la Vierge de Fourvières;

Création d'un grand séminaire à Tulle;

Etablissement à Paris des *Quarante-Heures* perpétuelles;

Rétablissement de la procession de la Fête-Dieu, en Provence, selon le rite du roi René;

Essai de proscription en masse de tous les auteurs classiques, latins et grecs, remplacés par les Pères de l'Eglise;

Saint Hilaire de Poitiers, élevé par le pape au rang de docteur de l'Eglise;

Le Pallium archiépiscopal envoyé aux évêques de Marseille et d'Arles;

Le nombre des cardinaux français porté à 6 ou 8.

Conversion miraculeuse *in extremis* de Balzac, Bastiat, Saint-Arnauld, Raousset (?) Boulbon, (?) et quasiment Béranger.

Apparition de la Vierge à la Sallette.

Mouvements d'yeux des images du Christ;

Sueur de sang;

Miracles;

Le clergé français, en masse, passe à l'ultramontanisme; le gallicanisme hué, vaincu;

Le czar offrant ses services à Pie IX;

La diplomatie occupée à négocier à Constantinople l'affaire des *Lieux-Saints*.

Après le coup d'Etat, redoublement d'activité.

Le Panthéon rendu au culte;

Le Chapitre de Saint-Denis rétabli;

Aumôniers dans l'armée et la marine ;

Les scandales du clergé étouffés ; la plus affreuse immoralité éclatait partout : la pédérastie, la séduction, l'adultère, la séquestration.

Oh ! Tartuffes ! la Révolution mettra un jour la main sur vous : ce jour-là, vous aurez vécu !

Pendant dix siècles, l'Europe n'a cessé de se soulever contre la papauté ;

Elle proteste sous saint Louis, sous Philippe-le-Bel ;

L'Italie, à la fin du moyen âge, la réprouve ;

La France la réprouve ; les conciles de Bâle et de Constance l'accusent ;

La Réforme l'accuse et lui enlève toutes les races germaniques.

Et aujourd'hui c'est dans son sein que la conception réactionnaire se réfugie.

Mariage de la fille (catholique) d'un représentant avec un banquier *juif*, par un ministre *protestant*, aussi représentant du peuple.

Voilà tout ce que sait répondre la bourgeoisie.

Coup d'État.

Insolence du Sire. Défense à l'Opéra d'applaudir, de rire.

Le Jardin des Tuileries pris.

Le Bois de Boulogne, impraticable.

On l'a un peu *moralisé*, humanisé ;

On l'a *marié*.

Atrocité du Coup d'État.

Union intime avec les puissances absolutives. (Elle se gâtera.)

Vol — Réalisation de prises, 40 millions.

Trafic de prises ; procès d'un représentant condamné.

Il est positif qu'il y a eu un instant de joie folle à l'Elysée à la suite du succès.

Mais le succès de l'Elysée ne fait pas l'événement.

Il est positif que le Président pensait médiocrement

avant le coup d'Etat au parti qu'il pouvait tirer .. lergé.
Vote du paysan. Basses-Alpes.
Le suffrage universel déshonoré.
Parole nationale déshonorée.
Les *prêtres*.
Deuil à l'Elysée le 21 janvier 1852. Notre pauvre oncle.
Massacres dans les départements. Tortures.
Vol au décret. Dupuis. *Discours de Persigny.*
Décret du Président. Mot de Morny : Le Bonaparte a trouvé bon de devenir un homme *rangé*. Il valait mieux quand il ne l'était pas.

La double opposition de la *droite* et de la *gauche*, au Président, détermine l'esprit du coup d'Etat, la forme de la Constitution, c'est-à-dire précisément l'*Empire*.
La logique de position d'accord avec les vues personnelles de Louis-Napoléon.
L'opinion, médiocrement enthousiaste du Président, encore plus mécontente des deux fractions.
A ce moment le respect du *Pacte* nul.
On l'avait désappris depuis deux ans.
L'*immoralité* générale transporte la question du terrain du *droit* sur celui de l'*utile* ou du moins nuisible.
Mais elle grandit d'une autre façon :
25 millions pris à la Banque ;
Achat d'adhésion de généraux à beaux deniers comptant.
On a prétendu qu'en février, certains républicains décrétés de prise de corps en dirent autant de certains agents du Coup d'Etat.
Appel au Sabre et à la Croix ;
Soldats grisés ;
Massacres ordonnés de promeneurs inoffensifs.
Jeu de la force destituée du droit; Machiavélisme de la raison d'Etat.
Le socialisme jeté en pâture à la réaction.
Transportation en masse; pourquoi?
Ralliement aux intérêts;

Aigle; devise républicaine effacée;
Te Deum, 1er janvier.
Fermeture de *cafés*, estaminets;
Destitution du jury, en matière politique;
Désarmement des gardes nationales;
Travaux commencés sur chemin de fer.
Vol. — Concussions.
CONSTITUTION. — Démolition systématique des garanties publiques.
Rétablissement des titres de noblesse.
Vol. — Spoliation de la famille d'Orléans; ses biens partagés : et *omne animal capitur esca.*
Loi sur la Presse.
Création de l'abattoir de Cayenne (injustifiable aussi bien pour les forçats que pour les politiques).
Vol et Corruption. — Recherche des vieux serviteurs de l'Empire.
Hypocrisie. — Gages à l'Egiise; amovibilité des fonctions universitaires.
Suppression de chaires.
Chapitre de Saint-Denys.
Sociétés de secours sous la direction des curés.
Mensonges. — Décentralisation administrative.
Levée de l'état de siège, par tout le territoire.
Agglomération lyonnaise; cinq arrondissements.
Médaille militaire.

CARACTÈRE DE L'HOMME.

Monomanie.
Timidité d'esprit.
Précipitation.
Faiblesse de conscience.
Nullité de principes.
Impertinence.
Culte de la Raison d'Etat.
Capable d'amitié, d'affection, de reconnaissance.
Désireux de s'illustrer.
Impatient de le faire.

Amoureux de tous les genres de succès : exercices du corps, exploits bachiques.

Silencieux par tactique.

Esprit en désordre, coq-à-l'âne, fausse logique.

Goût faux.

Jugement au-dessous du médiocre.

Difficulté très grande de *parler* et d'*écrire*.

Amoureux de l'éclat, du faste, des titres, des colifichets.

Admirateur des actes les plus répréhensibles de son oncle, des formes sévères, du rudoiement, etc.

Affectant le commandement, la résolution, etc.

Antipathie prononcée contre toute pensée, parole, écriture.

Voulant faire seul, et sans conseil.

— Tous les ministres s'en plaignent.

Avril 1848.

Mai. Id.

Juin. Id.

10 décembre.

Janvier 1849.

Juin. Id.

Affaire de Rome.

31 mai 1850.

Décembre 1851.

7 ans d'Empire.

Corruption. — Retraites des magistrats, obligations, coutumes, traitements, étiquettes, uniformes, boutons, chasses.

Hypocrisie. — Union du culte et du sabre. Aumôniers, etc. Amalgame.

Vol. — Douze millions de liste civile, portée plus tard à 25 millions et jouissances.

Distribution des aigles.

Jésuites rappelés partout.

Conversions, Associations, Processions.

Continuation du régime inauguré par le Premier Consul et la réaction.

La France a un chef, qui fait, défait, refait.

Promenades du Président.

Religion affectée.
Complot de *Marseille*.
Pour arriver à l'Empire, assurances réitérées de *paix universelle*.
L'Empire c'est la paix : *Impossible*.
Protestation du duc de Bordeaux ; elle sert de *sanction*.
Bâton de maréchal aux généraux Castellane, Magnan, Saint-Arnaud.
Armée : Son immoralité systématique, esprit de vol et rapine.
Bourgeoisie : parvenus, sceptiques, immoraux.
Massacres de prisonniers : ordres impitoyables. Fusillades d'innocents, la foule pressurée, sans provocation, sans sommations, de nuit et de sang-froid.
Dans la théorie de Louis-Napoléon il fallait qu'il y eût du sang. C'est italien : on tue, sans prévenir, sans faire crier.
Hausse de 6 francs à la Bourse, à 96 fr.
Remerciement de Louis-Napoléon aux OUVRIERS DE PARIS. Faites du bien à un vilain.
(Nous sommes les gens du droit, pour tout, et envers et contre tous).
Le Panthéon rendu au Culte.
Le Coup d'Etat fait du Président un homme sérieux, lui donne des proportions gigantesques... — Comme un *Marengo*.
Calomnies démesurées.
Stupidité de la multitude.
Le Bourgeois dit : Sans ce massacre, nous étions perdus.
Le peuple était réellement satisfait du coup.
Résultats positifs du coup d'Etat, non voulus par le pouvoir, non prévus par la multitude.
Vote de Paris.
Les *Messianistes* polonais à l'Elysée.
Réception de Montalembert à l'Académie.
Trahison de Dupin.
Vol. — Cabarets fermés.
Demandes d'emplois réprimées.

Protestations, déclarations, etc., anti-socialistes, de Louis-Napoléon, Thiers, Mazzini.

Lettre à Dupin.

Id. à Louis Blanc.

Le Président convoite les biens d'Orléans. Détails sans nombre sur les orgies de l'*Elysée*.

Lord Granville a peur du socialisme.

Discours de Louis-Napoléon.

Socialisme de Delamarre, du gouvernement.

Banque de crédit, etc.

Boucheries sociétaires, etc.

La raison du coup d'Etat n'est pas dans le Bénéficiaire, elle est ailleurs.

Contradiction du Panthéon ; trait de caractère.

Louis-Napoléon. — Petit, mal bâti.

Mysticisme.

SON MARIAGE.

En annonçant qu'il allait épouser la fille d'un ancien soldat de l'Empire, il a été trompé, et il a trompé la France.

Eugénie n'est point la fille de celui qu'on lui a donné pour père ; elle est née quatre ou cinq ans après la mort dudit homme ; elle est fille naturelle d'on ne sait qui.

Cela peut fournir matière à attaquer la validité de son mariage, — *Conditio* (en droit canon).

Et si le prince Napoléon allait jusqu'à prétendre que Napoléon n'est pas un Bonaparte ?...

On pourrait argumenter ainsi :

Le mariage des princes importe aux Etats ; il doit être honorable, sans tache.

Or, la France a été trompée; elle n'accepte pas le mariage de Napoléon III.

De même l'*hérédité* : — La noblesse du sang, et la légitimité de naissance chez les princes importe; tout bâtard est exclu de la succession à la couronne.

C'est pour cela que Louis XIV fut tant blâmé d'avoir essayé de légitimer ses bâtards.

Que fera Eugénie en présence de la princesse de Turin?

Une grisette, devant une fille de roi?...

La brouille doit venir de par là.

CHAPITRE XVIII

Affaires d'Italie, Rome. — Abstention. — Les rapports de l'Eglise et de l'Etat. — Napoléon III soutient le pape. — Protestation du peuple italien contre le séjour de Rome. — L'empire est une contradiction de plus en plus frappante. — Du principe de l'unité de Dieu. — Théologie et réforme morale. — Napoléon Bonaparte infidèle au principe philosophique de la Révolution. — Napoléon III veut refaire l'œuvre de Napoléon Ier. — Réaction en sens contraire de la république. — L'Allemagne est disposée à prendre les armes. — La démocratie inférieure. — On doit s'attendre à un démembrement. — Les apostats de la république. — Ce qu'il faut faire pour ramener en France la Liberté et le Droit.

Affaires d'Italie, Rome.

Un des points essentiels de la politique impériale, ç'a été, au point de vue de la religion, de reprendre l'œuvre de Napoléon Ier, qui était la continuation de Charlemagne et de Constantin.

Déterminer les rapports de l'*Eglise* et de l'*Etat* : le Concordat fut une transformation du pacte de Charlemagne.

Le Pape, souverain temporel, pour la sûreté de sa

personne et l'indépendance de son gouvernement des âmes, avait l'autorité spirituelle : il était l'*évêque du dedans*; Napoléon devait être celui du dehors.

Les deux pouvoirs devaient marcher d'*accord*.

C'est pour cela que Napoléon Iᵉʳ fut couronné par le Pape, et, d'abord, le plus ferme appui de la Papauté et de la Religion. C'est pour cela aussi que, le conflit s'étant levé entre les deux puissances, et la contradiction, ou la violation du pacte, venant de l'Empereur, celui-ci fut vaincu. On est vaincu, quand on est en contradiction avec ses promesses et dans son tort.

Il faut donc que Napoléon III soutienne le Pape, qu'il lui rende ses états, qu'il reçoive la couronne de sa main; ou bien, s'il laisse tomber la Papauté, et se prononce contre elle, qu'il chasse de France les jésuites, les moines, et toutes les confréries religieuses; qu'il mette les cardinaux hors du sénat, supprime le budget ecclésiastique et prenne des mesures pour substituer au spirituel chrétien un autre spirituel.

Car, plus de Pape, plus de catholicisme, plus d'Empereur.

L'Empereur païen lui-même faisait partie du système; il en était la pierre d'attente.

Pape-Empereur sont corrélatifs, comme la gauche et la droite.

« Toute la politique est dans la tête de notre Parti : on regarde s'il fronce le sourcil. » (Beslay, lettre du 9 sept. 1861.)

Fort bien. Qui alors sert de conseil, et de critique à Napoléon?

Les nécessités, les impossibilités, les périls, à mesure qu'ils se révèlent à lui;

L'opinion elle-même, quand il arrive à celle-ci de se prononcer;

Enfin, la contradiction des puissances étrangères et leurs réclamations.

Si la politique française est contenue, c'est parce que l'Empereur rencontre des critiques hors de France, et une force qui l'arrête.

Mais ces critiques, cette force étrangère, il est tenu par son titre, d'en triompher, afin que le peuple français ne puisse pas croire que l'étranger est maître du pays, puisqu'il l'est de la volonté impériale, et que l'influence du dehors est plus puissante sur les conseils de l'Empire que l'influence du dedans.

Or, en ce moment, l'expansion impériale est de toutes parts refoulée : et la position n'est vraiment pas tenable.

Défense de rester en Syrie;

Défense de prendre la Sardaigne;

Protestation de la Belgique contre l'annexion;

Protestation du peuple italien contre le séjour à Rome;

Formation de l'unité italienne, contre la volonté formelle de l'Empereur, et à l'instigation des Anglais;

Reconnaissance de cette unité par la Prusse et la Russie, qui y voient un moyen de plus contre l'expansion française.

Dans ces conditions l'Empire est un non-sens.

L'avénement de Napoléon III devait être la reprise de l'idée napoléonienne, c'est-à-dire la formation d'un Empire d'Occident, ou suprématie de la France.

Si ce n'est pas là le but, à quoi bon cette restauration ?

Pourquoi Louis-Napoléon a-t-il échangé son titre de Président de la République, contre celui d'Empereur ? Pourquoi les Bonaparte rentés, honorés des suffrages populaires, ont-ils quitté la qualité de *citoyens* pour celle de princes ? Pourquoi le mariage du prince Napoléon ; les prétentions de Murat ? etc.

Pourquoi ce développement militaire, cette concentration de pouvoirs, cette constitution absolutiste ?

L'institution devient sans objet ; la restauration n'a donc pas d'idée ? C'est un jeu, une équivoque.

Conclusion : ou la *guerre* et la conquête, ou le retour au régime constitutionnel parlementaire, le tout sur la base du suffrage universel.

Empire. — *Abstention.* — L'Empire est une contradiction de plus en plus flagrante et qui ne peut durer, de quelque façon qu'on l'envisage.

D'abord, il faut bien comprendre ce qu'a été l'Empire, dans toute sa durée, depuis César jusqu'à Augustule ; et plus tard, depuis Charlemagne jusqu'à Napoléon Ier.

Rome ayant soumis les nations, la mort du culte s'ensuivait naturellement. Les dieux indigènes avaient été partout vaincus, expulsés, ou enlevés ; la religion devenait la même pour tous les peuples ; chacun adorait les dieux de tous. — Cette logique fut comprise par Auguste, qui éleva le Panthéon.

De là une conséquence nouvelle devait en résulter.

Du Panthéonisme sortit, par une épuration nécessaire, l'*unité de Dieu*. — Les Empereurs, Marc-Aurèle, par exemple, Constantin lui-même, étaient *monothéistes*, bien avant de se rallier au christianisme. La *conversion* de Constantin fut l'acte qui manifesta cette transition.

Du principe de l'*unité de Dieu*, et de la division des cultes, résulta une autre conséquence : celle de la séparation du pouvoir spirituel et temporel. — L'unité de Dieu n'était pas l'œuvre des Empereurs; ils reçurent eux-mêmes l'impulsion; une chose nouvelle naquit autour d'eux, la *théologie*, qui devint l'apanage des églises. En principe, la séparation de pouvoir date de Jésus-Christ. En fait, elle entre dans la politique à Charlemagne.

Ainsi la Dictature de César, annexée par la conquête romaine, contenait toutes ces choses :

1° Fusion des cultes; 2° Unité de Dieu; 3° Conception d'une *théologie*, et réforme morale, manifestée par la fondation d'une Église, en J.-C., la séparation, *ipso facto* du spirituel et du temporel.

Mais il résulte de tout cela aussi, que le spirituel et le temporel étant corrélatifs, nécessaires l'un à l'autre, le Pape et l'Empereur, qui les représentent, sont aussi corrélatifs, et n'ont pas de signification complète l'un sans l'autre.

Pendant les trois premiers siècles, l'Empereur et l'Église ne se connaissent, ou plutôt le premier ne reconnaît pas la seconde qui elle reconnaît l'Empire. Il y a dissidence, et, de temps en temps persécution. L'Empereur cherche son spirituel, son analogue, son corrélatif, il ne le trouve pas, il se fait Pontife, etc. Enfin le conflit cesse en 313, à Constantin.

L'Empire d'Occident étant tombé, le Pape alors se trouve seul, il n'a plus son corrélatif du temporel; tantôt il le met sous la protection de l'Empereur d'Orient, qui d'abord conserve son prestige, puis qui est repoussé par le nationalisme italien et le principe fédératif hostile au despotisme oriental. Enfin le schisme éclate; le spirituel est subalternisé en Orient par le Temporel, et la Papauté se sépare.

C'est à la suite de tous ces faits que l'Empire est restauré en 800, 325 ans après la chute de l'Empire d'Occident et après de nombreuses et inutiles tentatives. Charlemagne, roi des Francs, devient le fondateur du deuxième Empire, qui n'est toujours, avec des formes différentes, que la continuation du premier.

Ce nouvel ordre de choses dure tout le moyen-âge, avec des oscillations variées, et des conflits sans fin, entre les deux grands pouvoirs.

Tous deux sont battus, d'abord par la France qui affranchit le roi de la suzeraineté impériale, séparation du royaume de France de l'Empire Germanique; puis par le gallicanisme, qui essaye une limitation de la puissance spirituelle; puis enfin par la Réforme, qui nie à la fois le spirituel du Pape, et son temporel propre; et l'autorité de l'Empereur.

Le pacte de Charlemagne est déchiré à Charles-Quint.

Et tout l'édifice s'écroule à la Révolution française, par l'expulsion des prêtres, la saisie de leurs propriétés, la captivité de Pie VII à Savone; et la conversion du titre d'Empereur germanique en empereur d'Autriche.

C'est la maison de Habsbourg qui, elle, spontanément, sans contrainte, jugeant après Austerlitz et Wagram que tout est fini, abandonne ce vain titre et se retranche dans son temporel.

Cependant la Révolution française ayant tout ébranlé, et le pouvoir étant tombé aux mains d'un soldat, un essai de restauration du système romain et carlovingien devait avoir lieu.

Napoléon Bonaparte, infidèle au principe philosophique de la Révolution, après avoir rétabli l'Eglise par son concordat, et le Pape lui-même, essaya de rétablir aussi l'Empire, en se faisant *Empereur* des Français et roi d'Italie. — L'imitation frappa tous les esprits : Napoléon fut regardé universellement par le sacerdoce et par le civil, comme le continuateur de César, de Constantin et de Charlemagne.

Et quand, après une dépossession de trente-neuf ans, la dynastie de Napoléon remonte sur le pouvoir, annonçant le projet de continuer la pensée et les institutions de son auteur, quand, à cette fin, elle augmente la force militaire, donne à l'Eglise la prépondérance, rétablit la Constitution impériale, etc., il est permis de voir en Napoléon III un continuateur de son oncle.

C'est donc cette restauration impériale, c'est la reprise de cette tradition *Césareo-chrétienne* politico-religieuse qu'il s'agit d'apprécier, de juger aujourd'hui.

Napoléon Ier, décidé à abolir la forme républicaine, appuyé dans ses projets par tous les ambitieux et les apostats du temps et une partie de la nation qui aspirait au repos et vivait d'indifférence, Napoléon Ier ne voulut pas revenir à la monarchie constitutionnelle, définie en 1791, et qui était l'œuvre de la Révolution ; — il ne voulut pas de l'ancienne royauté, il ne l'eût pas osé. Il chercha un titre nouveau pour la France, et traditionnel en même temps pour l'Europe ; il adopta l'Empire. Les anciens rois de Prusse n'avaient été que des rivaux de l'Empereur ; lui, il fut ce qu'avait ambitionné François I*er*, il fut empereur.

Son plan de restauration fut aussi rapidement exécuté que rapidement conçu.

Il rouvrit les Eglises, et donna au Pape les plus grandes *consolations*, en cela imitateur des Constantin, des Pépin, des Charlemagne, qui tous, avant de sceller leur alliance avec la Papauté, l'avaient comblée de richesses, de propriétés.

Puis il se fit couronner par le Pape.

Puis, enfin, il reforma de son mieux l'Empire : 1° en réunissant au groupe français la Lombardie, le Piémont, la Toscane, toute la rive gauche du Rhin, plus tard, une partie de l'Allemagne du Nord, jusqu'à Hambourg ; 2° en créant des royautés feudataires, en Allemagne, à Naples, et en Espagne.

Tout cet échafaudage dura moins que son auteur ; en quatre ou cinq ans, le monde d'abord étourdi reprit courage ; tout fut culbuté ; et l'on ne peut pas même dire aujourd'hui que de cette immense restauration il ait été accompli autre chose que la pose de la première pierre.

Qu'est-ce qui amena la ruine de cette grande entreprise ?

Les causes en sont bien simples, si simples, qu'elles font douter du génie de Napoléon.

La Réforme, en premier lieu, et tôt après la Philosophie avaient ruiné l'antique catholicisme. Le spirituel chrétien était aboli; la France voltairienne n'y croyait pas; la restauration religieuse tentée par le Concordat, exprimée par Chateaubriand, n'était qu'une fantaisie romantique. Devant cette réalité tout échoua. Peu d'années après son couronnement Napoléon se trouva en conflit avec l'Église et avec le pape, qu'il dépouilla, en un tour de main de ses États. En frappant le Pape, il démentait sa propre pensée, et défaisait son ouvrage.

Dépourvu de signification morale et religieuse, comme il l'avait été de signification philosophique révolutionnaire, l'Empire se réduisait à un pur matérialisme; c'était la conquête dans toute son insolence; la mise sous le joug des nations, le mépris des peuples et des rois. Napoléon, à partir de 1810, se trouva tout seul avec son armée déjà fatiguée et mutinée; il ne représentait plus ni l'Église, ni la Révolution, ni la Philosophie, ni la Réforme, ni le Droit public; il ne représentait rien. Il fut vaincu par toutes les forces réunies. Chose facile à prévoir, plus facile encore à comprendre, mais qui n'est pas encore entrée dans la pensée des Français.

Napoléon était un organisateur de la force, il savait à merveille la faire agir, et en exercer les droits; mais il finit par ne plus reconnaître qu'elle, il oublia qu'au delà de la force, il y a les idées, la liberté, le Droit; et que toute force brute, qui ne sert aucun principe, qui n'a en soi ni intelligence, ni conscience, ne tarde pas à passer au service de qui peut lui donner ce qui lui manque, Droit et Idée.

Je viens maintenant à Napoléon III.

Louis-Napoléon, après avoir été trois ans Président de la République, a repris le titre d'Empereur, les Constitutions de l'an VIII-XIII; — il se fait appeler IIIe du nom; il a repoussé avec énergie les formes constitutionnelles de 1814, 1830, 1848; il a appelé à lui l'Eglise, et écarté la Révolution démocratique et sociale. Il a publié un livre connu sous le titre d'*Idées Napoléoniennes*.

Tous ses actes témoignent d'une intention de restauration. Faut-il croire à cette intention, ou bien ne faut-il voir dans tout ce qui s'est fait, que des *mots* et des *cadres*?...

Si Napoléon III veut refaire l'œuvre de Napoléon Ier, il est évident qu'il doit éviter, avant tout, le conflit avec la Papauté, et, ne s'accordant avec elle, comme Constantin, Charlemagne, Napoléon Ier lui-même, dans les premiers temps, s'efforcer seulement de devenir pour l'Europe, au point de vue de l'Etat, ce qu'est le Pape au point de vue de la religion.

Ceci implique une modification profonde dans toute la politique de l'oncle. Il faut qu'il s'attache de plus en plus à la pensée chrétienne, au spirituel chrétien, exprimé par les conciles, les Papes, les Evêques, d'abord, parce que l'Empire n'est accepté par les hommes, qu'autant qu'il est sanctionné par l'intelligence et la conscience; — puis, parce que, hors du catholicisme, l'Empire n'aurait pas de sens. L'association du spirituel et du temporel ne se comprend plus dans le protestantisme, l'anglicanisme, l'Eglise grecque, pas plus que dans la philosophie.

Pour toute nation protestante, anglaise ou slave, l'Empereur n'est rien.

Napoléon III est venu à la suite d'une réaction comme son oncle.

Cette réaction est en sens contraire de la République, c'est vrai.

Comme en 99, il a refoulé philosophie, socialisme, et république, invoqué le principe d'autorité. Tout cela est vrai, voilà l'analogie.

Mais si Napoléon Ier n'a pas réussi, Napoléon III a cent fois moins de chance.

1° En 99, toute la nation française œuvre chrétienne; en 52, elle est incrédule.

2° En 99, la nation accoutumée au pouvoir absolu; en 52, il n'y a que la canaille du suffrage universel qui s'en accommode.

3° En 99, Bonaparte avait pour complices toute l'Europe; en 1861, l'Europe est constitutionnelle, et révolutionnaire, et anti-papiste.

4° En 99, Bonaparte fait la guerre au nom de la Révolution; en 1861, guerre au nom de quoi?

5° En 99, les puissances étrangères divisées; en 1861, on les trouvera unies. Voilà les différences.

En fait, Napoléon III pas sacré.

id. n'a rien donné, ou fait gagner au Pape.

id. brouillé avec son clergé. — Différence grave : Napoléon Ier n'avait pas voulu souffrir les jésuites, en même temps qu'il rouvrait les églises, et faisait venir le Pape à son couronnement. Napoléon III se brouille avec le Pape et souffre les jésuites.

Napoléon III est bien loin d'avoir refait l'Empire de l'oncle. — Son panceltisme ne va pas vite. Il lui faudrait encore, le pays Wallon, Neuchâtel, Fribourg, le Valais et la Catalogne, environ 4 à 5 millions d'âmes.

Panceltisme. — France en 1859 36,000,000
                Savoie et Nice 700,000
Approximation, (*à vérifier*) :
                Lausanne, Genève . . . 350,000
                Neuchâtel 70,000
                Fribourg et Valais (?) . . 1,000,000
                Pays Wallon 1,660,000
                Catalogne 1,500,000
                                  40,370,000

Il faut ajouter l'Irlande 6,000,000
Soit 46 millions 300,000 âmes,

Avec cela, la France a pied sur l'Europe.

La réunion de la Catalogne, province celtique, entraîne l'inféodation de toute la péninsule ibérique.

Celle du pays Wallon, implique l'incorporation de la Flandre, et par suite la ligne du Rhin.

Avec Neuchâtel, Genève, Vaud, etc., — on tient la Suisse.

Avec Nice, on saisit Gênes, etc.

Il y a des affaires à tenter.

Si ces idées entrent pour tout de bon dans la tête de cet homme, la France est perdue.

———

Napoléon III n'a pas épousé une archiduchesse. Bien plus malheureux que son oncle, qui, simple aventurier, obtint la main d'une fille des empereurs, il n'a pu, lui, fils de roi et de reine, neveu d'empereur, cousin de tant de princes, épouser qu'une aventurière de la rue de Bréda, bâtarde d'une catin.

Et nous attendons ce second empire à l'œuvre, depuis dix ans. Qu'a-t-il fait ? il patauge dans son traité de commerce avec les Anglais; il patauge avec l'Italie; il patauge avec Saint-Simon, Louis Blanc et Peyrat; il est abandonné aux empiriques, et gâte tout ce qu'il touche, comme un *gâteux* qu'il est.

Ainsi le mot d'Empire est un pur mot ; et la politique basée sur ce mot est nulle, absurde.

Napoléon III a vaincu, en 1854, la Russie, par les fautes de Nicolas, et d'ailleurs en compagnie de l'Angleterre, de la Turquie, du Piémont : Quatre contre un, et appuyé de l'opinion européenne qui blâmait le tsar, de la défection de l'Autriche, et de la neutralité de la Prusse.

Il a vaincu à Solférino, avec l'alliance du Piémont, bien entendu, le soulèvement de l'Italie, et l'opinion des puissances, qui blâmaient la politique autrichienne. — Et combien il s'en est fallu de peu qu'il ne succombât !...

Maintenant qu'il attaque l'Europe entière, qui le hait, le réprouve, et ne le craint point, on verra.

En ce moment, septembre 1861, l'Allemagne est de plus en plus irritée, et disposée à prendre les armes. La France et son empereur sont pour elle sans prestige. On se moque du panslavisme ; et, en cas de défaite, on peut s'attendre, en France, à un démembrement.

Avec l'*Allemagne unitaire*, l'*Italie unitaire*, l'*Autriche constitutionnelle*, le *paysan russe émancipé*, la

France n'est plus comme en 1815, indispensable à l'équilibre européen.

Ceci est un épouvantail à exploiter contre l'Empire.

Sans alliés, sans principes, avec un risque cent fois plus grand, Napoléon III engage la lutte ; une lutte qui aboutirait, très facilement, à faire rayer de la politique l'influence française.

Je me trompe ; l'Empereur a pour allié la Démocratie inférieure, les bas-fonds de la plèbe, les résidus des sectes, tout ce qui appartint jadis à Enfantin, Cabet, L. Blanc ; la bohème chauvinique et artistique, la presse vénale, les traîneurs de sabre pillards ; — tous les apostats de la république, de la bourgeoisie et de la légitimité ; les aigrefins de la Bourse, la bande des Mirès et leur clientèle commençant aux plus hautes régions du pouvoir, et finissant par les portiers.

Ainsi, la démocratie, en tant qu'elle forme encore une masse, est entraînée aujourd'hui, par son opposition à l'Orléanisme, à prendre parti pour la TYRANNIE. Elle le fait, et elle le fera ; il faudra la mitrailler comme en juin, pour son *prétorianisme*.

Les démocrates reçoivent des faveurs de S. M. I., et l'en *remercient*... Et ils calomnient ceux qui vont au Palais-Royal.

La démocratie appuie le despotisme, l'illégalité, l'absolutisme, l'arbitraire, le bon plaisir, et c'est elle qu'il faut vaincre aujourd'hui, si l'on veut immaner en France, la liberté et le droit.

APPENDICE

NOTES ET POSTFACE

NOTES ET POSTFACE

On lit, dans le *Moniteur Universel* du 21 avril 1808 :

« Aujourd'hui, mercredi 20 avril, à une heure du matin, S. M. la reine de Hollande est heureusement accouchée d'un prince.

» En conformité de l'article 40 de l'acte des Constitutions du 28 floréal an XII (18 mai 1804) S. A. S. monseigneur le prince archichancelier de l'empire a été présent à la naissance. S. A. a écrit de suite à S. M. l'Empereur et roi, à S. M. l'Impératrice et reine et à S. M. le roi de Hollande, pour leur apprendre cette nouvelle. M. de Villeneuve, chambellan de la reine de Hollande, a été chargé des lettres pour LL. MM. et RR. M. Othon de Bylan, chambellan du roi de Hollande, s'est rendu pour le même effet auprès de S. M. et tous deux sont partis, à cinq heures du matin.

» S. Em. monseigneur le cardinal Fesch, ayant été averti par un des chambellans de la reine que S. M. était accouchée, s'est rendu sur-le-champ à son palais, où, assisté de l'amônier de l'Empereur, vicaire général de la grande aumônerie et du maître des cérémonies de la chapelle impériale, elle a ondoyé le prince nouveau-né en présence de S. A. S. madame mère; de S. A. S. madame la grande-duchesse de Berg; de LL. AA. SS. les princes archichancelier et architrésorier de l'empire et de S. A. S. le prince de Bénévent, vice-grand électeur; les cérémonies du baptême devant être suppléées, suivant l'usage, lorsque le prince aura sept ans.

» A cinq heures du soir l'acte de naissance a été reçu par S. A. S. le prince archichancelier, assisté de S. Exc. monseigneur Regnault (de Saint-Jean d'Angély), secrétaire d'État de la famille impériale. Attendu l'absence de S. M. l'Empereur et roi, le prince nouveau-né n'a reçu aucun prénom, ce à quoi il sera pourvu par un acte ultérieur et d'après les ordres de S. M. I. et R.

» Les témoins de l'acte ont été LL. AA. SS. le prince architrésorier et le prince vice-grand-électeur. Ils ont été désignés par le prince archichancelier, en conformité de l'article 19 des statuts impériaux du 30 mars 1806, attendu l'absence de tous les princes du sang.

S. A. I. madame mère, S. M. la reine de Hollande, S. A. I. madame la princesse Caroline, grande-duchesse de Berg; S. Em. monseigneur le cardinal Fesch et S. Exc. M. l'amiral Verhuel, ambassadeur de S. M. le roi de Hollande, près S. M. l'Empereur et roi, ont été présents à l'acte. »

Napoléon Ier se trouvait au château de Marsac, attendant Joséphine, alors à Bordeaux. Il lui écrivit aussitôt :

« Bayonne, 23 avril 1808.

» Mon amie, Hortense est accouchée d'un fils, j'en ai éprouvé une vive joie. Je ne suis pas surpris que tu n'en dises rien, puisque ta lettre est arrivée du 21, et qu'elle est accouchée le 20 dans la nuit.

» Tu peux partir le 26, aller coucher à Mont-de-Marsan et arriver ici le 27. Fais partir ton premier service le 25 au soir. Je te fais arranger ici une petite campagne à côté de celle que j'occupe. Ma santé est bonne. J'attends le roi Charles IV et sa femme.

» Adieu, mon amie.

» NAPOLÉON. »

Joséphine ne trouva pas le temps d'écrire à sa fille. Elle chargea de ce soin madame Marco de Saint-Hilaire, sa première femme. En se remémorant la date de la lettre écrite par l'Empereur, on voit que madame Marco de Saint-Hilaire fit un gros mensonge. C'est sans importance, du reste : dans la famille Bonaparte on n'en est pas à un mensonge près.

« Madame,

» Sa Majesté l'Impératrice et reine, votre auguste mère, me charge d'avoir l'honneur d'apprendre à Votre Majesté que le courrier Ferrari a apporté ce matin, 24 du courant, au palais de Marsac, où elle réside depuis quatre jours, ainsi que l'Empereur, la nouvelle si impatiemment attendue que Votre Majesté est heureusement accouchée d'un prince, le 20 de ce mois.

» Ce courrier a mis soixante heures à faire la route.

» Sa Majesté l'Impératrice, ma souveraine et maîtresse, me charge également d'avoir l'honneur de dire à Votre Majesté que ses nombreuses occupations, eu égard à l'arrivée au Palais de LL. MM. le roi et la reine d'Espagne, l'empêchent de vous écrire aujourd'hui, comme elle en avait le plus vif désir. Elle ne saurait non plus fixer à Votre Majesté l'époque de son retour, subordonné qu'il est aux intentions de l'Empereur qu'elle ne connaît pas encore.

» Vous daignerez m'excuser, madame, si cette lettre ne contient pas pour Votre Majesté l'expression de toute l'effusion du cœur maternel de S. M. l'Impératrice pour sa bien-aimée fille et reine. Je me bornerai donc à lui apprendre que son auguste mère, jusqu'à l'arrivée du courrier, a vécu de jour en jour et de minute en minute dans l'espoir et dans la crainte.

» Le respect m'empêche de me livrer aux sentiments que je serais heureuse d'exprimer à Votre Majesté dans cette circonstance si flatteuse pour moi. Je ne dois que remplir fidèlement les intentions de S. M. l'Impératrice, ma maîtresse ; mais au moins qu'il me soit permis, madame, de mettre aux pieds de Votre Majesté les sentiments le profond respect et d'inaltérable dévouement avec lesquels j'ai l'honneur d'être,

» Madame,

» De Votre Majesté,

» La très humble et très obéissante servante.

» MARCO DE SAINT-HILAIRE,

» *Première femme de S. M. l'Impératrice et reine.*

» Au palais de Marsac, ce dimanche 24 avril 1808. Six heures du soir. »

Louis Bonaparte, de dix ans plus jeune que son frère Napoléon, avait épousé par ordre Hortense de Beauharnais : un caprice impérial l'avait placé, le 5 juin 1806, sur le trône de Hollande. Louis a raconté l'incident de son mariage dans un ouvrage intitulé : *Documents historiques de la Hollande*, et publié en 1820.

« Le jour de la cérémonie fut fixé ; et, le 4 janvier 1802, le contrat, le mariage civil et la cérémonie avaient lieu. Il était âgé de vingt-trois ans, sa constitution s'était formée de bonne heure, mais son esprit, son caractère ne l'étaient pas. Il avait cette naïveté, cette extrême bonne foi qui appartient exclusivement à l'enfance, résultat d'une éducation privée et du caractère grave et réfléchi d'un homme forcé de s'habituer à vivre en lui-même. Cette fâcheuse situation changea son caractère ; elle altéra aussi sensiblement sa santé, sans qu'il s'en aperçût pour ainsi dire, mais progressivement ; il n'eut plus de repos depuis lors. Il n'y a pas de malheurs plus réels que les peines domestiques. Ceux de Louis imprimèrent à son esprit, à toute sa vie, une sorte de tristesse profonde, un découragement, un dessèchement, si l'on peut s'exprimer ainsi, auquel rien n'a jamais pu et ne pourra jamais remédier. On ajoutera deux mots sur son mariage. Avant la cérémonie, pendant la bénédiction, et sans cesse, depuis lors, ils sentirent également et constamment qu'ils ne se convenaient point, et cependant ils se laissèrent entraîner à un mariage que leurs parents, et surtout la mère d'Hortense, croyaient essentiellement politique et nécessaire. Depuis le 4 janvier 1802, jusqu'au mois de septembre 1807, qui est l'époque de leur dernière réunion, ils ont demeuré ensemble un espace de temps d'à peine quatre mois, à trois époques séparées par de longs intervalles. »

Des pamphlétaires à la solde des Bourbons ont raconté que l'Empereur avait des relations avec Hortense. Cette accusation a été formulée nettement dans les *Mémoires de Fouché*; elle nous paraît inadmissible. La fille de Joséphine a eu assez d'aventures pour ne pas lui attribuer celle-là. Et, dans l'espèce, nous tenons pour vrai le *Mémorial de Sainte-Hélène* :

« On avait fait courir les bruits les plus ridicules sur les rapports de Napoléon avec Hortense : on avait voulu que son aîné fût de lui; mais de pareilles liaisons n'existaient ni dans les idées, ni dans les mœurs; et, pour peu qu'on connût celles des Tuileries, on sent qu'il a pu s'adresser à beaucoup d'autres, avant d'en être réduit à un choix si peu naturel et si révoltant. Louis savait bien apprécier la nature de ces bruits; mais son amour-propre, sa bizarrerie, n'en étaient pas moins choqués; il les mettait souvent en avant comme prétexte. »

Le prince Louis fut nourri par madame Bure qui ne le quitta que fort tard. Elle était encore près de lui en 1830. Il avait été baptisé en 1810. Le cardinal Fesch ayant ondoyé le jeune prince dans les bras de sa mère, l'Empereur s'adressa à sa belle-fille:
— Madame, donnez-moi mon fils.
Et comme l'enfant commençait de crier :
— Ah ça! monsieur, voulez-vous venir avec moi?
En sortant de la chapelle, Napoléon dit à ceux des grands dignitaires placés près de lui:

— Avant peu, messieurs, nous aurons, je l'espère, un autre enfant à baptiser.

L'enfant grandit entre sa grand'mère et sa mère. De temps à autre, l'Empereur faisait demander les deux frères : — le prince Napoléon Charles, l'aîné mourut du croup à cinq ans, — et bien que Louis, ce dernier, ne fût pas d'âge à comprendre, il se plaisait à lui dicter de véritables règles de conduite.

Napoléon III eut l'intention de publier ses *Mémoires*. La mort ne lui en laissa pas le temps, mais quelques fragments manuscrits ont été communiqués à M. Blanchard Jerrald, de Londres, et reproduits par M. G. Duval, dans son livre de *Napoléon III* :

Souvenirs de ma vie.

« Quand, arrivé à un certain âge, on se rappelle les premiers temps de son enfance, on ne se souvient que de scènes séparées qui ont le plus souvent frappé notre imagination. Ce sont de vrais tableaux qui se sont fixés dans notre mémoire et qu'il nous est impossible de coordonner. Le premier de mes souvenirs remonte à mon baptême, et je me hâte de dire que j'ai été baptisé à l'âge de trois ans. Né à Paris le 20 avril 1808, je fus baptisé en 1810 dans la chapelle de Fontainebleau. L'Empereur fut mon parrain et l'impératrice Marie-Louise fut ma marraine. Mon souvenir me reporte ensuite à la Malmaison. Je vois encore l'impératrice Joséphine dans son salon au rez-de-chaussée, m'entourant de ses caresses et flattant déjà mon amour-propre par le soin avec lequel elle faisait valoir mes bons mots. Car ma grand'mère me gâtait dans toute la force du mot, tandis que, au contraire, ma mère, dès ma plus tendre enfance, s'occupait à réprimer mes défauts et à développer mes qualités. Je me souviens qu'arrivés à la Malmaison, mon frère et moi, nous étions les maîtres de tout faire. L'Impératrice, qui aimait passionnément les plantes et les serres chaudes, nous permettait de couper les cannes à sucre pour les sucer, et toujours elle nous disait de demander tout ce que nous voudrions. Un jour qu'elle nous faisait cette même demande, la veille d'une fête, mon frère, plus âgé que moi de trois ans, et par conséquent plus senti·mental, demanda une montre avec le portrait de notre mère. Mais moi, lorsque l'Impératrice me dit : « Louis, » demande tout ce qui te fera le plus de plaisir », je lui demandai d'aller marcher dans la crotte avec les petits polissons. Qu'on ne trouve pas cette demande ridicule ; car, tant que je fus en France, où je demeurai jusqu'à sept ans, ce fut toujours un de mes plus vifs chagrins que d'aller dans la ville en voiture à quatre ou six chevaux. Lorsqu'en 1815, avant notre départ, notre gouverneur nous conduisit un jour sur le boulevard, cela me fit éprouver la plus vive sensation de bonheur qu'il me soit possible de me rappeler.

» Comme tous les enfants, mais plus que tous les enfants peut-être, les soldats attiraient mes regards et étaient le sujet de toutes mes pensées. Quand, à la Malmaison, je pouvais m'échapper du salon, j'allais bien vite du côté du grand perron, où il y avait toujours deux grenadiers de la garde impériale qui montaient la garde. Le factionnaire, qui savait qui j'étais, me répondait en riant, et avec cordialité. Je lui disais — je m'en souviens — « Moi » aussi, je sais faire l'exercice ; j'ai un petit fusil. » Et le grenadier de me dire de le commander, et alors me voilà lui disant : « Présentez armes ! Portez armes ! Armes bas ! » Et le grenadier d'exécuter tous les mouvements pour me faire plaisir. On conçoit quel était mon ravissement. Mais voulant lui prouver ma reconnaissance, je cours vers un endroit où l'on nous avait donné des biscuits. J'en prends un et je cours le mettre dans la main du grenadier, qui le prit en riant, tandis que moi j'étais honteux du bonheur, croyant lui en avoir fait un grand.

» Souvent j'allais avec mon frère, qui avait trois ans de plus que moi, déjeuner chez l'Empereur. On nous faisait entrer dans une chambre dont la fenêtre donnait sur le jardin des Tuileries. Dès que l'Empereur entrait, il venait à nous, nous prenait avec les deux mains par la tête, et nous mettait ainsi debout sur la table. Cette manière tout exceptionnelle de nous porter effrayait beaucoup ma mère, à laquelle Corvisart avait assuré que cette manière de porter un enfant était très dangereuse.

» En 1815, ma mère avait obtenu la permission de rester à Paris. Lorsqu'on reçut la nouvelle du premier débarquement de l'Empereur, une grande irritation se manifesta parmi les royalistes et les gardes du corps contre ma mère et ses enfants. On répandit le bruit que nous devions être assassinés. Un soir notre gouvernante vint nous prendre, et, suivis d'un valet de chambre, nous fit traverser le jardin de la maison de ma mère, qui était rue Cerutti, n° 8; et nous conduisit dans une petite chambre sur le boulevard, où nous devions rester cachés. C'était la première marque des revers de la fortune. Nous fuyions pour la première fois le toit paternel, et cependant notre jeune âge nous empêchait de comprendre la portée des événements; nous nous réjouissions de ce changement de situation. »

L'Empereur va partir pour Waterloo :

« J'ai vu le jeune prince Louis dans son enfance, raconte l'auteur des *Lettres de Londres*, il y a de longues années, lors d'une circonstance que je ne puis oublier. C'était la veille du départ de Napoléon pour la fatale campagne de Waterloo. Ce jour-là, l'Empereur m'avait fait appeler pour me confier une mission importante. Quand j'arrivai à l'Elysée, l'Empereur, qui avait déjeuné avec sa famille, était encore renfermé avec elle. Entre ses frères et la reine Hortense, il y avait auprès de lui ses deux neveux, fils de cette princesse et de son frère Louis, avec lesquels il se plaisait à jouer, et dont il faisait de véritables enfants gâtés, surtout du plus jeune, le prince Napoléon-Louis actuel, qui, par son âge et sa figure, lui rappelait davantage son fils le roi de Rome, alors prisonnier de l'Autriche.

» J'avais été introduit dans une pièce voisine de celle où était l'Empereur.

» Il paraissait triste et soucieux, quoique sa voix fût brève et accentuée, sa pensée claire et précise. J'écoutais avec la plus profonde attention tout ce qu'il me disait, lorsque, détournant les yeux, par hasard, je m'aperçus que la porte par laquelle était entré l'Empereur était restée entr'ouverte. J'allais faire un pas pour la fermer, mais je vis tout à coup un jeune enfant se glisser dans l'appartement et s'approcher de l'Empereur. C'était un charmant garçon de sept à huit ans, à la chevelure blonde et bouclée, aux yeux bleus et expressifs, et revêtu d'un uniforme des lanciers de la garde impériale. Sa figure était empreinte d'un sentiment douloureux : toute sa démarche révélait une émotion profonde qu'il s'efforçait de contenir.

» L'enfant s'étant approché, s'agenouilla devant l'Empereur, mit sa tête et ses deux mains sur ses genoux, et alors ses larmes coulèrent en abondance.

» — Qu'as-tu, Louis? s'écria l'Empereur d'une voix où perçait la contrariété d'avoir été interrompu; pourquoi viens-tu ici? pourquoi pleures-tu?

» Mais l'enfant intimidé, ne répondait que par des sanglots; peu à peu cependant il se calma, et, d'une voix douce et triste, il dit enfin :

» — Sire, ma gouvernante vient de me dire que vous partez pour la guerre. Oh! ne partez pas! ne partez pas!

» — Mais pourquoi ne veux-tu pas que je parte? s'écria l'Empereur d'une voix subitement adoucie par la sollicitude de son jeune neveu. Ce n'est pas la première fois que je vais à la guerre. Pourquoi t'affliges-tu? Ne crains rien. Je reviendrai bientôt.

» — Oh! mon cher oncle! C'est que les méchants alliés veulent vous tuer. Laissez-moi aller, mon oncle ; laissez-moi aller avec vous!

» Ici l'Empereur ne répondit rien. La tendresse de cet enfant lui allait au cœur. Il prit le jeune prince sur ses genoux, le serra dans ses bras et l'embrassa avec effusion. En ce moment, remué par cette scène touchante, je ne sais quelle idée me passa par la tête, mais j'eus la sottise de parler du roi de Rome.

» — Hélas! s'écria l'Empereur, qui sait quand je le reverrai!...

» L'Empereur paraissait profondément ému. Bientôt reprenant toute la fermeté de sa parole : Hortense ! Hortense ! appela-t-il ; et comme la reine s'était empressée d'accourir :

» — Emmenez mon neveu, et réprimandez sévèrement sa gouvernante qui, par des paroles inconsidérées, exalte la sensibilité de cet enfant. »

Puis, après quelques paroles douces et affectueuses au jeune prince pour le consoler, il allait le rendre à sa mère, quand s'apercevant, sans doute, combien j'étais attendri :

« — Tenez, me dit-il vivement, embrassez-le. Il aura un bon cœur et une belle âme. »

Et pendant que je couvrais le jeune prince de mes baisers et de mes larmes :

« — Eh ! mon cher, ajouta-t-il, c'est peut-être l'espoir de ma race... »

Le temps passe et vite. Un soir, comme Benjamin Constant lui lisait *Adolphe,* on annonce à la reine Hortense la visite du duc de Rovigo. L'Empereur a été battu, la France est de nouveau en danger, les alliés marchent sur Paris. La nouvelle du désastre de Waterloo est confirmée. Napoléon rentre à l'Élysée.

C'était la dernière étape avant Sainte-Hélène.

L'empereur à jamais prisonnier, il s'agissait de prendre une détermination. On avait aperçu la reine à la terrasse de son hôtel et des passants n'avaient pas craint de l'apostropher. La reine Hortense confie ses deux enfants à une marchande du boulevard Montmartre, madame Terrier, et se cache dans un appartement de la rue Taitbout. Après la rentrée de Louis XVIII, à Paris, le conseil des ministres ayant découvert sa retraite, lui signifie qu'elle ait à quitter la France sur-le-champ. Le lendemain, le général prussien Muffling, commandant de Paris pour les armées alliées, ne lui accorde que deux heures pour elle et les siens. Elle obtient d'être escortée du comte de Voyna, chambellan de l'Empereur d'Autriche, part avec les deux jeunes princes, M. de Marmold, son écuyer, madame Bure et une femme de chambre. A Dijon, on crie : « Vive les Bourbons ! » sous ses fenêtres. Un garde national veut l'arrêter, et l'eût arrêtée sans l'intervention de M. de Voyna...

« Sa légitimité fut mise en doute dès l'époque de sa naissance. La légèreté bien connue de sa mère donna quelque crédit au bruit que l'amiral hollandais Verhuel, qui était alors fort avant dans les bonnes grâces de la reine Hortense, pouvait bien être son père. Le roi Louis ne tarda pas, du reste, à se séparer avec éclat d'une femme qu'il n'avait épousée qu'à contre cœur et dont il suspectait depuis longtemps la fidélité. Il ne devait jamais témoigner au dernier enfant qu'elle lui avait donné que froideur et même aversion[1]. »

«... Marié en deux jours et malgré lui à Hortense de Beauharnais, déjà citée pour sa légèreté de conduite, et dont Duroc refusait la main, Louis Bonaparte avait trouvé dans cette union forcée une cause permanente de tristesse et de douleurs domestiques. Longtemps, avant la naissance de son troisième enfant, Hortense comptait au nombre de ses amis intimes l'amiral hollandais Charles-Henri Verhuel, celui-là même qui, en 1806, avait présidé la députation chargée de demander Louis-Napoléon pour roi de Hollande. L'amiral fut présent, le 20 avril 1808, à l'acte officiel qui constata la naissance de Louis; à ce propos, la chronique scandaleuse mit en circulation des bruits qu'on a rapportés depuis. D'autre part, le pauvre roi de Hollande paraît avoir eu des doutes au sujet de ses droits réels à cette paternité nouvelle; il en témoigna, dit-on, son mécontentement à sa féconde épouse qui, à partir de ce moment, lui épargna la douloureuse nécessité de laisser son nom couvrir les fruits de ses amours clandestines (V. Morny). »[2]

L'antipathie de Louis pour sa femme est un fait avéré, authentique :

« Ceux qui étaient dans le secret des antécédents, accu-

1. *La Grande Encyclopédie*, T. 21, p. 793. Paris, sans date.
2. *Grand Dictionnaire*, par P. Larousse, t. XI, p. 819.

saient que cet éloignement pour sa femme existait même avant l'époque de leur mariage, qui fut décidé entre Napoléon et Joséphine, sans que ni lui ni Hortense aient été consultés [1]. »

Lors de l'insurrection des Romagnes, l'ex-roi écrivit à Grégoire XVI :

« Saint père, mon âme est accablée de tristesse et j'ai frémi d'indignation quand j'ai appris la tentative criminelle de mon fils (Napoléon-Louis) contre l'autorité de Votre Sainteté. Ma vie déjà si douloureuse devait donc être éprouvée par le plus cruel des chagrins, celui d'apprendre qu'un des miens ait pu oublier toutes les bontés dont vous avez comblé notre malheureuse famille. Le malheureux enfant est mort, que Dieu lui fasse miséricorde! Quant à l'autre (le futur empereur des Français) qui usurpe mon nom, vous le savez, saint père, celui-là, grâce à Dieu, ne m'est rien. *J'ai le malheur d'avoir pour femme une Messaline qui accouche...* [2] »

On relève dans la *Cour de Hollande sous Louis Bonaparte*, une amusante anecdote qui établit quels rapports existaient entre le roi et la reine :

« Peu de jours après l'arrivée du roi, en 1810, les différents corps de l'Etat furent admis à l'honneur de voir S. M. et de le féliciter sur son retour, mais le roi ne put donner à la nation l'espoir d'un avenir heureux. Les prétentions de la France, l'attitude presque menaçante de ses troupes sur le territoire hollandais, le découragement de quelques hommes d'Etat, tout affligeait le roi, qui pourtant, au milieu de la tempête, résistait avec courage et s'efforçait de conserver le vaisseau de l'Etat. A toutes ces agitations, vint se rejoindre le malaise que lui causait la présence de la reine, qui après avoir passé quelques jours à Utrecht, vint occuper ses appartements au palais d'Amsterdam. Pendant le peu de jours que Louis avait précédé la reine

---

1. *Mémoires sur la Cour de Louis Napoléon, et sur la Hollande.* (Paris, 1828) par Louis Garnier.
2. Cf. *La France Impériale*, par Elie Sorin, p. 28. — Paris, 1875.

au palais, il avait donné des ordres pour que ses appartements, qui précédemment communiquaient avec ceux de la reine, n'offrissent plus aucun moyen de passer les uns dans les autres ; et, pour éviter toute espèce de surprise, cette incommunicabilité fut poussée au point de faire murer les embrasures des portes. Cet éloignement des deux époux et que le roi semblait affecter de vouloir rendre ostensible ressemblait presque à une entière séparation de corps, car LL. MM. ne se trouvaient ensemble qu'au déjeuner, où assistait le prince royal, et très rarement le roi et la reine se réunissaient le soir au salon. La reine recevait chez elle, et ce n'était qu'avec la crainte de déplaire au roi qu'on allait lui faire la cour. Mais quelque soin, quelque mystère que l'on mit à aller chez elle, le roi parvenait toujours à savoir quelles étaient les personnes qui lui rendaient des hommages, et comme elle était très aimée, la contrainte était d'autant plus pénible. »

Et, dans le *Mémorial*, on doit lire encore :

« Hortense, si bonne, si généreuse, si dévouée, n'est pas sans avoir eu quelques torts envers son mari. J'en dois convenir en dehors de toute l'affection que je lui porte et du véritable attachement qu'elle a pour moi. Quelque bizarre, quelque insupportable que fût Louis, il l'aimait ; et, en pareil cas, avec d'aussi grands intérêts, toute femme doit être maîtresse de se vaincre et avoir l'adresse d'aimer à son tour. Si elle eût su se contraindre, elle se serait épargné le chagrin de ses derniers jours ; elle eût eu une vie plus heureuse ; elle eût suivi son mari en Hollande ; Louis n'eût point fui Amsterdam : je ne me serais pas vu contraint de réunir son royaume à l'empire Français, ce qui a contribué à me perdre en Europe, et bien des choses se seraient passées différemment. »

Le prince Louis passa des bras de madame Bure, dans ceux de sa gouvernante, madame de Baubers, dans ceux aussi de mademoiselle Cochelet, lectrice de l'ex-reine. Un précepteur lui fut donné : l'abbé Bertrand.

Le 27 août 1815, les puissances alliées décident que madame la duchesse de Saint-Leu pourra habiter la Suisse avec les deux princes ses fils, mais qu'elle y demeurera sous la surveillance des quatre cours étrangères et de Sa Majesté très chrétienne (Louis XVIII).

A Aix, le baron de Zinti vint réclamer de la part du roi Louis, le plus âgé des fils, le prince Napoléon Louis, ainsi que l'y autorisait la cour. La mère fut très affectée.

Extrait du procès-verbal des conférences des ministres réunis des cours alliées.

SÉANCE DU 27 AOUT 1815

« MM. les membres de la conférence conviennent de faire exiger des personnes, auxquelles il serait accordé asile dans les Etats alliés, une soumission conforme au formulaire prescrit.

» Les ministres réunis des cours alliées ont considéré que la fixation du séjour des personnes de la famille Bonaparte devait être soumise à des restrictions, attendu que le lieu de leur établissement n'est pas indifférent au maintien de la tranquillité publique. Dans le cas où un Bonaparte aurait, ainsi qu'on l'assure, l'intention de s'établir dans les Etats Romains, les cours alliées n'y apporteront aucune difficulté.

» Pour ce qui est de madame la duchesse de Saint-Leu et de ses deux enfants, les cours alliées sont disposées à leur laisser continuer leur séjour en Suisse, où ils seront sous la surveillance des ministres des quatre cours et de celle de Sa Majesté très chrétienne, près de la Confédération helvétique. »

C'est à propos de la mort de Napoléon Ier que nous trouvons la première lettre du prince Louis. Elle est adressée à sa mère et datée d'Augsbourg, le 24 juillet 1821 :

« Ma chère maman,

» Le jour approche où je vous reverrai, où je pourrai vous témoigner mon attachement, où je tâcherai de vous consoler, autant qu'il me sera possible, de ce malheureux événement.

» Cette mort m'a fait, comme vous pouvez le croire, une très grande peine, et elle est agrandie encore, en pensant à la douleur que causera cette triste nouvelle à toute ma famille; heureusement il est dans un monde meilleur que le nôtre, et où il jouit paisiblement de ses bonnes actions. Ce qui me fait beaucoup de peine, c'est de ne pas l'avoir vu, même une seule fois, avant sa mort, car à Paris j'étais si jeune, qu'il n'y a presque que mon cœur qui m'en fasse souvenir. Quand je fais mal, si je pense à ce *grand homme*, il me semble sentir en moi une ombre qui me dit de me rendre digne du nom de *Napoléon*. Cependant je m'arrête, car si j'écrivais tout ce que je sens pour lui, ma lettre ne serait pas terminée à l'heure du courrier. Ma chère maman, qu'il est triste pour moi de penser à la tristesse où vous devez être, j'espère pourtant bien qu'elle ne détruira pas le bon effet que les bains ont produit sur vous.

» Vous devez bien penser les consolations que M. Le Bas me prodigue dans cette circonstance. Pendant les trois jours qui ont suivi celui où j'ai appris cette tristesse nouvelle, il m'a donné congé, m'a fait faire une petite promenade, et nous avons été dîner chez madame Le Bas, qui était un peu malade en ce moment. Heureusement je suis jeune et je parais souvent avoir oublié ce malheur, mais si, cependant ma gaieté habituelle revient quelquefois, cela n'empêche pas que mon cœur soit triste et que je n'aie une haine éternelle contre les Anglais.

» Il y a encore un Próloco. Je serai moi-même le porteur de son résultat. Je puis vous assurer d'avance que je n'ai pas dégringolé.

» Adieu, ma chère maman, bien des choses de ma part à tout le monde; je vous aime et vous embrasse de tout mon cœur.

» Votre respectueux fils,
» Charles Louis Napoléon. »

M. A. Morel, dans son étude sur *Napoléon III*, trace alors le caractère du prince Charles-Louis.

« Les caractères typiques des princes résultent avant tout du milieu artificiel dans lequel ils vivent et s'entretiennent.

» Même dans l'exil, même primé par les droits de Napoléon, et d'un frère aimé, Louis-Napoléon s'élevait dans une atmosphère morale où tout devait fomenter sa foi dans sa destinée particulière. Et je ne parle pas seulement de prédictions flatteuses qui lui furent faites à diverses reprises par des prophétesses — comme sont souvent les nourrices ou les servantes devenues imbéciles et fatidiques par la longue domestication et la contemplation unique d'un enfant de maître, — non, cette instruction privée que donne un précepteur de famille fait sur un jeune cerveau une ineffaçable impression. Habitué à se voir l'objet unique des soins d'un homme à moitié maître, à moitié domestique, quelquefois favori de la mère ou familier du père, en tout cas oscillant de la servitude à la domination, habitué, dis-je, à cette présence d'un homme qui ne semble exister que pour lui, l'enfant, avec sa logique mystérieuse, ne tarde pas à comprendre qu'il est un bijou rare, une plante singulière, d'une culture délicate et d'une forme insolite mais curieuse, un être, enfin, qui ne ressemble pas à tout et qui vaut mieux que tout.

» A cet égard, Louis-Napoléon eut fortuitement lieu de prendre de bonne heure cette haute opinion de sa propre nature. En effet, s'il fut élève d'un collège public, c'était encore dans des conditions de privilège et d'exception qui favorisent l'orgueil. Tout jeune, il avait reçu les soins d'un vieillard débonnaire et simple, l'abbé Bertrand, qui l'environna d'une de ces affections molles et séniles, qui dégénèrent en manie d'adoration. Plus tard, on aperçoit près de lui, à Augsbourg même, et après les quatre années de séjour dans cette ville, un directeur plus énergique et plus ferme, un homme de race républicaine, non pas dégénéré, mais dévié, qui, précepteur par nécessité, demeura toujours au fond de l'âme un réfractaire, mais comprimé par la dépendance où il vivait, fut l'instrument résigné, subalterne, utile néanmoins, d'une éducation dont il apercevait avec chagrin la tendance désastreuse. Philippe Lebas était fils de ce jeune conventionnel, dévoué à la fortune de Robespierre et de Saint-Just, et qui aima mieux se brûler la cervelle que de porter sa tête sur l'échafaud thermidorien. M. Lebas, marin à seize ans, passa ensuite dans l'armée de terre, où il devint maréchal-des-logis de la garde impériale. Il fit les campagnes de 1813 et de 1814, occupa un emploi dans les bureaux de la Préfecture de la Seine, et fut appelé, en 1820, auprès de Louis-Napoléon; il ne rentra en France qu'en 1828. Entraîné par une ardeur démocratique tout à coup exaltée, il prit une part active à la révolution de juillet. Mais alors, comme s'il avait épuisé, quoique jeune encore, la somme d'activité militante qui était en lui, il se voua aux études savantes et s'absorba dans des travaux, les uns de simple pédagogie, les autres d'érudition curieuse, d'épigraphie surtout. Esprit net, suffisamment ouvert, imbu de la meilleure littérature latine, il avait su communiquer à son élève le goût de l'histoire et quelque adresse à prendre dans les anciens certains mouvements de style, qui, chez un imitateur, peuvent faire illusion et dissimuler la faiblesse ou l'embrouillement de la pensée.

» Philippe Lebas eut pour successeur M. Narcisse Vieillard, que nous avons vu, en 1842, député de la gauche, en 1848 et dans les années suivantes, républicain de nom aux Assemblées constituante et législative, sénateur après le 2 décembre. Il avait été officier d'artillerie; après avoir achevé l'éducation de Napoléon-Louis, il devint le précepteur de Louis-Napoléon, et probablement c'est lui qui donna au prince ces notions techniques relatives aux armes spéciales, dont Napoléon III aime à faire montre. C'est aussi, sans doute, dans ses entretiens d'ancien élève de l'Ecole polytechnique, que M. Vieillard inspirait au futur empereur cette habitude d'employer des comparaisons de géométrie élémentaire, dont la présence dans quelques écrits de Louis-Napoléon a fait croire qu'il était entré dans la partie abstruse des mathématiques.

» Outre les leçons de ces maîtres, Louis-Napoléon, avons-nous dit ailleurs, entendit celles d'un collège ; il suivit pendant trois années, avec peu d'éclat (il était le 21° de sa classe), les cours de Sainte Anne d'Augsbourg.

» Au total, son éducation fut supérieure à celle que reçoivent la plupart des Français : évidemment il avait à vaincre la nature, qui lui avait donné la lenteur de l'esprit ; mais il n'était pas incapable d'application. De plus, sa mère, avec beaucoup de prévoyance, le força d'être attentif à deux études extrêmement avantageuses dans la vie moderne.

» Elle voulut, sur le conseil de M. de la Valette, qu'il se rendît habile dans tous les exercices du corps ; un prince court de jambes peut encore, se juchant à cheval, montrer un air de dignité. D'ailleurs, les exercices violents donnent la santé.

» Hortense exigea, en outre, qu'il apprît plusieurs langues étrangères, dont l'une entre autres, l'allemand, devait lui coûter peu de peine, puisqu'il vivait ordinairement en Allemagne.

» En Italie où, avant 1830, il séjournait de temps à autre, on lui enseigna également la langue originaire des Bonaparte. »

Entourée de ses amis, visitée par des hommes qui venaient sans cesse lui apporter l'hommage des Bonapartistes de France et lui confier le secret de mille complots contre les Bourbons, l'ex-reine Hortense rappelait continuellement à ses fils la fortune passée de leur famille. Le plus jeune surtout était l'élève qu'elle instruisait avec complaisance et à tout événement dans l'art de corriger les mauvais destins, d'en préparer de meilleurs. L'aîné réclamé judiciairement et obtenu par le père, par l'ex-roi Louis, n'était pas tout à fait, néanmoins, perdu pour Hortense, qui pouvait l'avoir près d'elle ; mais au cadet, qui lui appartenait exclusivement, elle dévoilait davantage la leçon d'expérience qu'elle avait acquise dans tant d'aventures diverses.

Elle l'aurait voulu plus vif, plus français, mais elle se consolait de le voir un peu hésitant de caractère et d'allure, un peu tardif, et, par instants, d'une indolence presque féminine. Un mot célèbre lui revenait en mémoire; elle se rappelait que Catherine de Médicis citait souvent ce proverbe italien : « Le monde appartient aux lymphatiques. » Sans être une savante, elle n'ignorait pas que cette constitution modifiée par le régime et par l'âge devient à la longue une prédisposition favorable pour la réflexion et l'opiniâtreté. Le type parfait d'un tel tempérament, s'il est équilibré, c'est Guillaume, l'indomptable Taciturne.

Chez les hommes doués ainsi par la nature les impressions n'entrent qu'une à une, mais elles sont durables; avec des idées peu nombreuses ils vont devant eux impassiblement en apparence. Si un obstacle se présente, ils essaient de le tourner, et, comme ils sont tenaces, presque crochus des doigts, ils finissent par se cramponner si bien que cet obstacle même leur devient un point d'appui. Le peu de résistance qu'ils semblent d'abord offrir empêche leurs ennemis de s'acharner contre eux ; on en a compassion ou on les dédaigne, mais ils avancent à raison même de la négligence que l'on met à les arrêter. Un jour on est tout surpris de l'espace qu'ils ont gagné; peut-être est-il déjà trop tard pour les déposséder; il faut compter avec eux. A ce moment même, ils fatiguent encore par leurs tortuosités les esprits prompts et mobiles, qu'ils achèvent tout à coup d'engluer dans un piège inattendu. Le meilleur écolier politique entre les mains d'un maître habile et qui insiste, c'est celui dont la jeunesse, surtout si le fond comporte en outre promesse de nervosité, présente cette nature froide, molle, atone ou d'un ton jaune pâle, comme la cire.

Hortense était institutrice par vocation, comme elle s'en vantait dans la note dont il a été question au moment de son procès avec son mari [1] ; elle l'était d'autant mieux que ses regrets la prédisposaient à toutes les espérances Sa foi dans le hasard et dans une industrieuse adresse à le diriger l'invitait à n'être prise au dépourvu sur rien. Aussi revenait-elle toujours à ses préceptes; elle les imprimait sous mille formes dans l'âme obéissante de son fils de prédilection, de celui qu'elle façonnait comme son élève exclusif. Par elle il apprit à connaître et sa famille et la France, à se préparer tout en se réservant.

Elle lui disait :

« La fortune la plus extraordinaire des temps modernes est celle des Bonaparte. Ils endurent aujourd'hui des revers pénibles, mais sans avoir dit leur dernier mot.

» Avec votre nom, vous serez toujours quelque chose soit dans la vieille Europe, soit dans le Nouveau Monde. Les hommes sont partout et en tout temps les mêmes : ils révèrent malgré eux le sang d'une famille qui a possédé une grande fortune. Un nom connu est le premier acompte

1. Elle y parlait ainsi d'elle-même et de ses soins maternels, en imitant le langage d'une Campan ou d'une Genlis, les éducatrices en vogue à l'époque de sa jeunesse : « Le tableau fidèle de son existence actuelle suffit pour apprécier le sentiment profond qui est le mobile de toutes ses actions, et on peut le dire, l'âme de toutes ses pensées. A son réveil, son premier sentiment est chaque matin pour ses enfants; elle les demande, les embrasse et reçoit le rapport de la visite des médecins. C'est aussi de ce premier moment que, se rappelant les petits événements de la veille, elle encourage ou réprime avec une douce sévérité ce qu'il peut y avoir eu de reprochable dans leur conduite. Madame la duchesse détermine elle-même si le temps permet de sortir et si ses enfants peuvent prendre l'exercice qui leur est recommandé. Ordinairement elle se charge du plus jeune (Louis-Napoléon) et le promène elle-même ; sa délicatesse exigeant un exercice plus modéré que celle de son frère, qui sort avec son instituteur. Plusieurs fois le matin, elle se rend à la salle d'études de ses enfants, qu'elle encourage ainsi par l'assiduité de sa surveillance. Leur récréation est le seul moment où elle en jouit pour elle-même, en donnant à leurs jeux la direction conforme à leur situation... Les principes d'éducation que dirige madame la duchesse sont en général plus doux que sévères, mais exacts. Sous le rapport

fourni par le destin à l'homme qu'il veut pousser en avant.

» Napoléon, l'auteur de notre célébrité, a sans doute écrasé les peuples sous le poids de son ambition, mais il a suscité de magnifiques espérances chez tous les pauvres et d'étonnantes admirations partout. Je l'ai connu dans sa force et dans ses faiblesses, et je ne vous le donne pas comme un modèle accompli. Souvent on eût pu le comparer à un roseau peint en fer.

» Il avait deux défauts, la faiblesse et l'indiscrétion; comme il aimait trop à discuter, on lui faisait dire tous ses secrets. Un prince doit savoir se taire ou parler pour ne rien dire.

» Trop de gens, par sa faute, eurent prise sur lui; il se laissait souvent mener par d'anciens amis ou de nouveaux flatteurs. Evitez d'appartenir si exclusivement à personne que vous ne puissiez plus vous délier. Du reste, soyez fidèle à vos amis : c'est auprès des autres hommes une recommandation utile, qui leur inspire vaguement le désir de s'attacher à vous.

physique, elle a toujours veillé elle-même à la santé de ses enfants. Le plus léger changement dans le régime lui a été soumis dans tous les temps, et ne s'exécute qu'avec son assentiment. Elle a toujours exigé une grande exactitude dans leur manière de vivre et une sobriété qui a beaucoup contribué à les fortifier en écartant de la table tout ce qui n'offre pas une nourriture également saine et simple. Dans tous les temps elle a réglé leur manière d'être vêtus et les degrés de précautions qu'exigeaient les saisons. Sous le rapport moral, elle a toujours écarté de ses enfants tout ce qui pouvait avoir le caractère de la faiblesse et de l'adulation. Ennemie née de tout ce qui est factice, elle s'est attachée à leur donner une tenue naturelle, polie et simple pour tout le monde, confiante pour elle et respectueuse pour leurs maîtres. Elle sait trop le prix d'une bonne éducation pour n'avoir pas tenu essentiellement à tout ce qui peut en former les bases en suivant progressivement les degrés de leur âge. C'est donc aussi en suivant constamment ce principe et en y joignant l'étude des arts agréables, qu'elle se flatte d'en faire des hommes pour la société et de travailler à leur bonheur par les jouissances que ces derniers doivent leur procurer. » Cornélie élevant les princes de l'avenir à la brochette!

» Dans notre disgrâce actuelle, incertain de ce que vous pouvez devenir, ne vous lassez pas d'espérer. Toujours l'œil aux aguets, surveillez les occasions propices. Si la France vous échappait définitivement, l'Italie, l'Allemagne, la Russie, l'Angleterre, vous présenteraient encore des ressources d'avenir : partout il se produit des caprices d'imagination qui peuvent élever aux nues l'héritier d'un grand homme illustre.

» Héritiers de Napoléon, vous et votre frère, vous l'êtes assurément, après le roi de Rome : en effet, votre oncle Joseph n'a que des filles, et Lucien, par les frasques de son esprit, a laissé échapper l'occasion de s'asseoir autrefois sur le degré le plus voisin du trône. Ce n'est pas, je le sais, un homme sans valeur : il est hardi et rusé, mais sa fougue lui a toujours fait perdre le profit des entreprises, qu'il a su tenter avec audace. Le véritable héros du 18 brumaire, c'est lui ; Napoléon y fut faible, irrésolu, presque poltron. Après Waterloo, Lucien, courageux dans l'adversité de sa famille comme un gentilhomme italien du quinzième siècle, combattit énergiquement pour faire proclamer Napoléon II, et si l'Empereur avait eu le bon sens de l'écouter, on aurait jeté à la Seine la Chambre des pairs et le Corps législatif : des factieux ! Avec ce qui restait de l'armée, on eût achevé cette besogne en un tour de main, et l'on eût pu ensuite disputer pied à pied le territoire de la France aux ennemis. La dictature aurait été le salut de la dynastie impériale. Malheureusement pour elle, son chef n'était, à cette heure-là, que l'ombre de lui-même. Je l'avais vu, à minuit, lorsqu'il montait en voiture pour rejoindre son armée sur la frontière de Belgique : il souriait, en m'embrassant, mais avec une crispation de visage qui faisait mal à voir. Son âme était malade comme son corps. Il était épuisé déjà par l'effort de ses trois mois de lutte. Depuis, l'oisiveté de Sainte-Hélène lui a rendu une partie de sa lucidité d'intelligence. Comme il avait infiniment d'esprit, avec une entente complète du caractère des hommes, il a arrangé là-bas sa vie, sa défense et sa gloire, avec la coquetterie profonde d'un bon auteur de théâtre qui soigne son cinquième acte et surveille les dispositions de l'apothéose finale.

» Vous n'aurez jamais, mon cher enfant, cette fécondité de saillies, cette rapidité de conception, cette entente de la scène du monde, qui l'ont rendu si extraordinaire. Mais étudiez la machination de ses grands actes politiques. C'est amené de loin, mais, étant données des circonstances analogues, infaillible comme une des manœuvres militaires de sa jeunesse inspirée.

» Ne vous figurez pas que le monde ne puisse être pris deux fois au même lacet. Les hommes sont oublieux, par suite ignorants. L'histoire de leur siècle est d'ailleurs ce qu'ils savent le moins; on les fait aisément passer dix fois, sans qu'ils s'en doutent, par le même chemin où on les a fait achopper d'abord.

» La parole est, au surplus, d'une admirable puissance pour séduire les esprits; elle colore tout ce que l'on veut enluminer. Elle est admirable surtout pour envelopper d'une obscurité qu'on calcule d'avance les projets habiles. Il y a un art des princes, et vous l'apprendrez, pour faire miroiter les phrases de manière à ce que, par un phénomène d'optique, elles fassent voir aux peuples tout ce qui leur plaît. On arrive à se faire un langage qui ait la diversité d'aspects de la robe du caméléon, ou si vous vous la rappelez, de cet « habit d'arlequin » que Florian nous montre dans une jolie fable. Chacun, selon son préjugé, de ses yeux y aperçoit la couleur qui le flatte.

» Ainsi votre oncle l'Empereur a pu établir son autorité en donnant à tous les partis l'espérance particulière qui amusait la badauderie royaliste ou républicaine.

» Je vous parle là de partis politiques. Souvenez-vous d'une remarque que je fis alors en France : c'est qu'en réalité il y a peu d'esprits vraiment voués à la passion politique. Le gros de la nation est court d'idées, facile à émouvoir, facile à calmer, aisément enthousiaste pour les hommes qui tiennent le pouvoir; on leur demande rarement où sont leurs titres pourvu qu'ils rassurent les intérêts, et tous les moyens de régner sont bons, suffisants, légitimes, pourvu qu'on maintienne l'ordre matériellement.

» Quant à cette faculté que les *idéologues*, comme les appelait votre oncle, ont nommée l'entendement, elle est en France d'une faiblesse enfantine, même chez les gens qui ont la manie de paraître raisonner. La Révolution a épuisé pour longtemps la force raisonnante des Français; mais ils sont restés sensibles aux accents de la voix humaine. Des mouvements pathétiques, une éloquence forte et brillante ont encore le pouvoir de ranimer pour quelques instants l'ardeur populaire. Seulement elle ne dure pas. C'est, quand elle se réveille par hasard, un splendide feu de paille. La prudence commande pourtant de ne pas s'y fier, d'éviter les occasions de la laisser ranimer par d'autres que le gouvernement. Les Bourbons, qui sont un peu bêtes, ont le tort de laisser trop d'aliments inflammables dans leur établissement et de permettre que les orateurs des Chambres battent trop librement le briquet. A la longue il en peut résulter un incendie...

» Votre oncle l'entendait mieux. Tant qu'il a été le maître, lui seul parlait au peuple. Il poussait même la précaution jusqu'à faire écrire les journaux sous ses yeux. Je ne sais si nous pourrions, nous, pratiquer un jour cette même surveillance; mais il est avéré pour moi que la liberté de la Presse, durant les Cent-Jours, a été une cause de chute pour l'Empire recouvré.

» L'Empereur, qui connaissait son peuple, avait fini par supprimer le Tribunat institué en 1799 et qui parlait, pour ne laisser subsister que le Corps législatif obligé par la Constitution de voter les lois silencieusement.

» Ma mère, qui avait l'oreille fine, et, toute frivole qu'on l'eût jugée, était utile à votre oncle pour faire causer les habitués des Tuileries et lui reporter leur babillage en 1802, eut avec lui un entretien que je peux encore vous rapporter. Car j'y étais et il me frappa. Voici leur dialogue, mot pour mot :

JOSÉPHINE. « — On dit que le Tribunat n'est pas content.
NAPOLÉON. — Ce sont des brouillons et des bavards.
JOSÉPHINE. — C'est possible.

NAPOLÉON. — Je veux, d'ailleurs, faire un Corps législatif qui ne parle pas. Tous nos maux viennent de la tribune.

JOSÉPHINE. — C'est vrai; mais les choses peuvent changer.

NAPOLÉON. — C'est justement ce que je ne veux pas; les choses ne doivent pas être changées, elles doivent être conservées. »

« En ce temps-là, je pensais comme ma mère; mais la suite des événements a prouvé qu'elle avait tort et que votre oncle avait raison. Si jamais vous étiez le maître de pourvoir à l'organisation du pays, ne souffrez donc pas qu'on y parle quelque part sans votre autorisation expresse; que ce soit seulement sous votre surveillance. L'Acte additionnel de 1815, qui parut une nécessité de l'époque, se trouva par le fait la négation même de l'Empire dont il paraissait devoir consolider l'existence. Je ne dis pas qu'il y ait rien d'absolu dans le monde et qu'il ne faille jamais donner aucune liberté d'écrire ou de parler; mais mettez le plus possible la politique en dehors des discours publics. Il n'y a presque pas de gouvernement qui puisse résister à l'examen de ses origines et à la discussion des actes personnels du maître. Le pouvoir est comme une source dont il ne faut pas remuer le fond.

» Toutefois, votre situation personnelle semble exiger présentement que vous ne dédaigniez pas le concours et la sympathie des journalistes. Ils sont incomparables pour rendre le malheur intéressant, et je dois même dire que la plupart ont le goût, presque la manie, de ressusciter les vaincus. Ils y trouvent occasion de faire pièce au vainqueur, ce qui réjouit leur malice, et de se satisfaire eux-mêmes, parce qu'au total ce sont des âmes impressionnables chez qui la méchanceté est rare. »

L'ex-reine disait encore : « Lisons ensemble cette lettre que l'Empereur écrivait au commencement de 1815 à Regnault, qui m'en a laissé prendre copie :

« . . . . . . Je vous parle ouvertement, parce que vous êtes un de mes fidèles (lui disait-il), un de ceux sur lesquels je compte le plus. Il y a peu d'hommes de votre trempe en France, où plus que partout ailleurs l'attachement pour moi croît de jour en jour. Mais aussi je pense qu'il n'y a pas de peuple plus oublieux et plus girouette que les Parisiens; mais, tel qu'il est, son héroïsme fait oublier ses défauts. Je crois cependant qu'il est bon de ne pas lui laisser le loisir de s'accoutumer à un autre ordre de choses. S'il venait à prendre les Bourbons en fantaisie, si un caprice allait les mettre à la mode, tout serait consommé; il me mettrait au rebut comme une vieille machine........

» Une autre cause non moins majeure me porte encore à presser mon retour. Etes-vous bien persuadé que le reste des républicains qui se mêlent dans vos rangs soient sincères? Je ne me fie à aucun d'eux..... Ces hommes ne m'ont jamais aimé; ils ont pris ce que je leur ai donné, mais sans en avoir aucune reconnaissance; ils ont toujours regretté ce pouvoir dont ils n'ont pas su faire usage et que je leur ai ravi. Je voudrais qu'on les surveillât, qu'on cherchât à s'assurer s'ils ne gardent pas la pensée de rétablir la République, tout en ayant l'air de travailler pour l'Empire.

» Pensez-vous que Carnot, par exemple, veuille franchement de moi? Ses antécédents ne sont-ils point là pour prouver qu'il ne rêve qu'une égalité chimérique? Merlin, Réal, Barrère, Thibaudeau, Ramel, au fond, ne valent pas mieux que lui; ils reviendraient à leur marotte si on les laissait faire. Ne vous fiez donc pas à ces gens-là; employez-les, mais pas trop; tâchez surtout qu'une transaction soit inutile: il me serait pénible d'être contraint de leur donner une garantie.

» Je compte peu sur Davoust et sur Suchet, point sur les ducs de Bellune, de Trévise et de Dalmatie; Masséna deviendra mon bras droit. Quant aux autres, que voulez-vous que j'en fasse, eux qui n'ont pu se décider à venir me voir à Fontainebleau, tant ils craignaient de se compromettre? Je sais ce que vaut leur dévouement; le ciel me garde d'en rencontrer de pareils! Savary, sans esprit, n'est bon qu'à mener la police.

» Je vous recommande de vous entendre avec madame Hamelin; elle a de bonnes intentions.

» Voyez aussi Hortense; il faut se servir d'elle, puisqu'on la laisse à Paris, quoique au fond, je sois fort mécontent de ses coquetteries avec les nouveaux venus. Je lui ai écrit deux fois et elle ne m'a pas répondu : celle-là encore est femme des pieds à la tête.

» Il faut aussi vous assurer des hommes de lettres; la *Restauration* les traite mesquinement et avec dédain : elle les perdra. Ils sont vains et avides.

» Les royalistes ont pris les infiniment petits, toutes les obscurités réunies; ils nous ont laissé Daunou, Etienne, Jouy, Arnault et nombre d'autres qui font la vraie gloire de la France. Dites à ceux-ci de ne pas se presser; que j'arriverai à temps pour les dédommager du jeûne qu'on leur fait faire. Portez aussi les jeunes gens à écrire pour moi : les lyres vierges sont les plus honorables.

» Je vous charge de beaucoup de soins; mais je sais qui vous êtes et ce que vous pensez.

» Murat a enfin reconnu son abominable sottise; il voudrait être à même de la réparer. Je ne lui confie rien, c'est un fou qui n'est bon que le sabre à la main; il répandrait en jactance ce que j'ai tant d'intérêt à cacher. Faites en sorte que de Paris on ne lui demande rien de positif. Adieu. Vous pouvez parler en sûreté avec celui qui vous remettra ma lettre.

» Sur ce, monsieur le comte Regnault, la présente n'étant à d'autres fins, je prie Dieu qu'il vous ait en sa sainte et digne garde.

» NAPOLÉON. »

L'ex-reine ajoutait : « Les Bourbons et leurs défenseurs manquent d'esprit. Au moment où se prépara le retour de l'île d'Elbe, un bandeau épais les empêchait de distinguer la vérité! Aussi, plus on allait, moins la police était à craindre : elle ne voyait rien, et le préfet, M. Dandré, trompé par tous ses entours, M. Dandré, le roi des gobe-mouches, du reste le plus brave homme du monde, mais bien digne successeur de M. Beugnot, vint un soir chez moi; il y avait beaucoup de monde, et, quoique la conversation fût générale, on ne lui en soutira pas moins et sans peine les secrets qu'il pouvait avoir. Il nous divertit beaucoup et ne s'en aperçut pas. Réal, voulant le mystifier, lui demanda en riant : Que feriez-vous, M. Dandré, si Napoléon s'adressait à vous pour obtenir une permission de rentrer en France momentanément, dans le but de mettre ordre aux affaires d'intérêt privé qu'il peut y avoir encore?

» — Je refuserais cette permission, Monsieur le comte, à moins cependant que le roi ne me donnât l'ordre de l'accorder.

» — Mais si c'était pour cause pressante de maladie?

» — Dans ce cas, je l'accorderais sans hésiter. »

Elle disait ensuite :

« L'Empereur avait su aiguiser mieux l'esprit de la police. Quant à votre père, il s'est toujours abstenu de créer en Hollande une police qui eût secondé son gouvernement par une surveillance sévère. Qu'en est-il résulté? C'est qu'il est resté dans une profonde ignorance sur une foule de choses qu'il lui eût été de la dernière importance de connaître.

» La Cour impériale offrait des plaisirs que celle de Louis XVIII n'a jamais goûtés.

» Une fois l'hiver venu, il ne se passait pas de soirée aux Tuileries sans un concert, un ballet, une comédie ou un opéra, joué, soit dans la salle de spectacle, soit dans les appartements intérieurs. Ces réunions avaient un aspect de véritables féeries. Il n'y avait rien au-dessus du coup d'œil enchanteur de la salle de spectacle le jour d'une grande représentation. L'Empereur et l'Impératrice occupaient alors une loge richement drapée en face du théâtre; ils y étaient entourés de la famille impériale, des dames et des officiers de leur maison. A droite étaient les ambassadeurs, dans la loge qui leur était réservée; à gauche on voyait celle des ministres de France; tout le reste de la vaste galerie servait à placer les femmes, toutes parées de manière à rivaliser d'élégance et de richesse.

» Tout ce que la France avait alors de grand, tous les hauts fonctionnaires surchargés de cordons et de plaques étincelantes, formaient le parterre. On admettait dans les secondes loges les femmes étrangères à la Cour, ainsi que les hommes non présentés, qui ne pouvaient assister au spectacle qu'en habit habillé, c'est-à-dire à la française, avec l'épée et le chapeau à plumes. Des valets de pied circulaient sans cesse et présentaient des glaces et des rafraîchissements de toute espèce. Un silence profond régnait dans la salle, les applaudissements étant interdits.

» Le même luxe, la même pompe se faisaient remarquer dans les bals, où l'on venait souvent en habit de caractère ; c'est là que se nouaient une foule d'intrigues plus drôles les unes que les autres, et dont les fils ne pouvaient être saisis par tout le monde. On cherchait le plaisir avec une sorte de fureur ; on le rencontrait assez facilement dans ces réunions brillantes. Les étrangers invités y puisaient une grande sympathie pour la France, dont ils appréciaient la force et la richesse : nous savions alors également ordonner des fêtes et conquérir des royaumes.

» Napoléon, que l'on s'est plu à montrer comme le plus sombre, le plus mélancolique des hommes, était, au contraire, fort gai dans l'occasion, et montrait une amabilité peu commune au milieu de cette foule enchantée. Il en donnait la preuve en se pliant à des délicatesses qu'au fond du cœur il devait mépriser. Mais s'il était affable envers les étrangers, ses premières prévenances étaient pour les Français, qu'il regardait comme liés à lui plus particulièrement, comme identifiés avec sa gloire, qu'il leur devait. Il prétendait que les autres nations eussent pour la France la vénération que celles de l'antiquité avaient pour Rome ; enfin, il voulait faire de son peuple un peuple roi.

» Mais il portait en même temps un regard sévère sur l'intérieur de son palais ; il fallait que tout y fût grave, mesuré et soumis à l'étiquette. Tout se faisait avec une régularité extrême, avec une économie sage sans parcimonie, qui, au reste, n'enlevait rien à la magnificence du service et à la majesté du trône. Cette absence de toute dilapidation laissait à la liste civile le moyen de fournir aux ameublements, aux décorations, aux embellissements des demeures impériales, à d'immenses achats de tableaux et d'objets d'art. Elle permettait encore les encouragements, les récompenses à donner à une foule de militaires, d'artistes, de littérateurs. Ces libéralités, au reste, n'avaient rien que d'honorable pour ceux qui en étaient l'objet. Je ne crains pas de le dire, l'Empereur ne sera bien apprécié que lorsqu'on le comparera à ceux qui l'ont précédé et aux deux rois qui sont venus après lui. Seul il avait compris la véritable grandeur.

» C'est un mot de lui, mot profond, « qu'une victoire appartient toujours à celui des deux belligérants qui dit le plus haut : je l'ai gagnée. » Aussi ne laissait-il jamais prendre barre sur lui par ses adversaires. S'il était vainqueur en quelque endroit, sans contestation possible, il rappelait continuellement son avantage ; il était infatigable à varier les termes propres à graver ce souvenir dans l'esprit du peuple. « L'homme du destin » était alors imposant comme Jupiter. Si le sort des armes avait été douteux, il se gardait bien d'en convenir. Battu, l'Empereur ne convenait point qu'il l'eût été par sa faute ; il en rejetait le tort sur ses lieutenants, sur l'armée même, sur le climat, sur la fatalité, sur tout ; mais lui, supposer qu'il eût fait une gaucherie, manqué d'attention ou de prévoyance, jamais! C'est ainsi que l'on est grand aux yeux des hommes. Ils sont crédules.

» Il est tombé deux fois, la seconde d'une manière irrémédiable pour lui, mais non pour les siens. S'il les a entraînés dans sa ruine, il leur a préparé les moyens de se relever, d'abord en arrangeant lui-même sa gloire à loisir dans les habiles conversations et dans les écrits de Sainte-Hélène ; ensuite, en nous donnant l'exemple de la plainte infatigable! On finit par faire croire ce que l'on dit à satiété ; on obtient toujours ce que l'on demande sans se lasser et sur tous les modes, depuis le ton de la litanie pleurarde jusqu'au rhythme fier de l'ode héroïque.

» Chaque paire d'oreilles est prédisposée à des sensations particulières, chaque esprit est touché d'un genre particulier d'arguments. Employons donc toutes les cordes de la voix, toutes les sortes de raisons. Ne nous fatiguons jamais d'affirmer que l'Empereur était infaillible et qu'il y avait un valable motif national à tous ses actes. Un jour, vous aurez peut-être à suivre d'autres errements que les siens, mais n'abandonnez pas sa trace à la légère.

» Toute jeune, j'avais pris l'habitude de chercher à m'expliquer quelle raison faisait faire telle ou telle chose à l'Empereur. J'approuvais presque toujours; mais j'avoue à ma honte que souvent ce que j'avais découvert ne me satisfaisait pas. J'osais quelquefois le blâmer à part moi. Depuis que j'ai acquis de l'expérience, que de fois je me suis écriée : « Ah! que l'Empereur avait raison et qu'il » connaissait bien les hommes! »

» Vous, ne manquez pas de publier indéfiniment qu'il avait rendu la France puissante et prospère et que chacune de ses conquêtes apportait en Europe des institutions à tout jamais regrettables. Dites bien que le nom de Napoléon porte seul avec lui le principe d'égalité, d'ordre et d'indépendance nationale; que quiconque parle différemment de l'Empereur le méconnaît. Faites entendre que si la jeune bourgeoisie française le jugeait avec peu de faveur, elle se ferait tort à elle-même; que les institutions impériales doivent lui procurer tous les biens qu'elle peut souhaiter : influence, fonctions brillantes dans une hiérarchie savamment construite, hasards prestigieux, fortune enfin. Qu'elle apprenne de vous à se défier de tout homme, écrivain ou orateur, ou politique, dénigrant l'Empire. Ce ne peut être qu'un calomniateur par perfidie ou par duperie. Il ne manque pas, même parmi les libéraux, d'esprits impressionnables qui vous croiront. D'autres, par leur secret amour pour l'autorité, arriveront d'eux-mêmes à se faire les apologistes du règne qui a le plus favorisé le mécanisme du gouvernement libre dans ses actes, obéi dans ses volontés, puissant partout par le fonctionnement de rouages multipliés pour une même fin.

» Si l'on vous dit que Napoléon attenta aux droits de la liberté, répondez : « Le parti des Bourbons pourrait, en
» effet, s'en plaindre, car le 13 vendémiaire et le 18 fruc-
» tidor avaient donné le secret de sa force et de ses espé-
» rances ; mais pour les patriotes, ce reproche serait une
» injustice. La liberté, pendant les guerres, eût été toute
» en faveur des anciens privilégiés et des ennemis de la
» France. Le peuple, fatigué des discordes civiles, ne pa-
» raissait plus disposé à soutenir une émancipation dont il
» tardait tant à ressentir les bienfaits. » Ces raisonnements ne sont pas les plus solides du monde, mais ils seront vraisemblables aux yeux des gens qui connaissent superficiellement les faits. En France, on a facilement le dessus dans les discussions lorsqu'on invoque l'histoire : personne ne l'étudie et tout le monde y croit. On a beau jeu pour l'accommoder à sa guise. Elle impose, parce qu'elle semble le conseil de l'expérience ; mais les Français vivent trop dans le présent ou même dans les espérances ou les craintes de l'avenir, pour être propres à étudier le passé.

» On reproche à l'Empereur d'avoir rétabli la noblesse. Ici, considérez que la noblesse n'est pas un vain mot. Les anciennes familles obtiennent invariablement les hommages de la société française comme de l'étranger. L'antique habitude d'honorer certains noms a fait reporter vers ceux qui les possèdent un intérêt dont ils peuvent profiter pour reprendre crédit, s'ils savent se conduire. L'Empereur, finement, eut l'adresse de placer les vieux nobles dans une situation douteuse qui les mettait à sa merci : sans contester positivement leur titre, c'est-à-dire leur meilleur patrimoine, il ne le reconnaissait que si l'on se mettait à son service. Alors on était librement M. le comte ou M. le duc, comme ci-devant. Ils n'avaient qu'un pas à faire pour retrouver une puissance, subordonnée sans doute, mais fructueuse. Aucun acte législatif, avant le retour de Louis XVIII, ne rendit aux anciens nobles, d'une manière générale, le droit de reprendre tout haut leur qualité. L'empereur, en donnant lui-même des titres dont la splendeur était garantie par des majorats, proposait à l'émulation une récompense dont tous les roturiers sont encore avides, introduisait dans une caste malaisée à détruire un élément nouveau qui, par la ressemblance extérieure, devait se faire confondre avec l'ancien et à la longue le transformer. La Légion d'honneur instituait, en outre, une noblesse personnelle et viagère; c'était comme une candidature ouverte pour parvenir jusqu'à l'ordre de la noblesse héréditaire, où l'individu, à son tour, avait besoin d'illuminer son titre par les rayons de la célèbre étoile : on proposait aux nobles un moyen de l'être deux fois, à ceux qui ne l'étaient pas une espérance de faire voir qu'ils pourraient le devenir et qu'ils étaient déjà désignés pour une occasion propice où leur mérite éclaterait et forcerait la faveur du prince.

» Vous êtes prince vous-même, ne l'oubliez pas, mais sachez aussi sous quelle loi. Votre titre est de date récente : pour le faire respecter il faut vous montrer, avant tout, comme capable d'être utile. Lorsque ceux qui possèdent des biens craindront pour leurs avantages, promettez-leur d'en être garant. Si c'est le peuple qui souffre, montrez-vous comme étant, ainsi que lui, un opprimé; faites entendre qu'il n'a de salut que par vous. En un mot, le rôle des Bonaparte est de se poser en amis de tout le monde : ils sont des médiateurs, des conciliateurs. Et je le dis, non pas seulement au sens humain du mot, mais dans tous les sens. Croyez qu'il ne vous est pas impossible de devenir littéralement une idole, quelque chose comme le rédempteur, l'intermédiaire entre le destin rigoureux du ciel et les intérêts humains. Les hommes aiment à se réfugier auprès d'une providence visible. Il est si facile, d'ailleurs, de gagner l'affection du peuple. Il a la simplicité de l'enfance. S'il voit qu'on s'occupe de lui, il laisse faire : ce n'est que quand il croit à l'injustice ou à la trahison qu'il se révolte. Mais il n'y croit jamais, si on lui parle avec sympathie et douceur pour lui-même, en traitant avec une amère dérision les ennemis qu'on représente acharnés à lui nuire. C'est toujours Jacques Bonhomme.

» A tout événement soyez prêt, jusqu'à ce que vous puissiez vous-même préparer les événements. Ne rebutez personne, sans vous donner absolument à personne. Accueillez tout le monde, même les curieux ; les hommes à projet, les conseilleurs. Tout cela sert. Je vous l'ai dit, surveillez toujours l'horizon. Il n'est comédie ou drame qui, se dévoilant sous vos yeux, ne puisse vous fournir quelque motif d'y intervenir, comme un dieu de théâtre. Soyez un peu partout, toujours prudent, toujours libre, et ne vous montrez ouvertement qu'à l'heure opportune [1]. »

Le prince Louis était à Thun, lorsque éclata la Révolution de 1830. Il écrit à sa mère :

« Ma chère maman,

« Les nouvelles se succèdent ici avec rapidité, et ce qu'il y a d'extraordinaire tout le monde s'en réjouit. Nous sommes très tranquilles dans notre petit coin, tandis que plus loin on se bat pour les intérêts les plus chers. J'espère recevoir aujourd'hui une lettre de vous. Adieu, ma chère maman. Le drapeau tricolore flotte actuellement en France. Heureux ceux qui ont pu les premiers lui rendre son ancien éclat. »

La philosophie et l'abnégation ne sont point l'apanage des Bonaparte. L'ex-reine et son fils lurent avec stupeur la décision de la Chambre des Députés, en date du 2 septembre, qui maintenait contre les Bonaparte l'article 4 de la loi du 12 janvier 1816. Le chef de la famille, Joseph Bonaparte, adresse une protestation à la Chambre des Députés, le duc de Reichstadt étant sous la tutelle autrichienne :

« La famille Bonaparte a été appelée par 3,500,000 votes. Si la nation croit dans son intérêt de faire un autre choix, elle en a le pouvoir et le droit, mais elle seule. Napoléon II a été proclamé par la Chambre des Députés de 1815, qui a reconnu en lui un droit conféré par la nation. J'accepte

---

1. Cf. *Napoléon III*, par A. Morel. Armand Le Chevalier, 1870.

pour lui toutes les modifications faites par la Chambre de 1815, qui fut dissoute par les baïonnettes étrangères ; j'ai des données positives pour savoir que Napoléon II est digne de la France. C'est comme Français surtout que je désire que l'on reconnaisse les titres incontestables qu'il a au trône, tant que la nation n'aura pas adopté une autre forme de gouvernement. Seul, pour être légitime, dans la véritable acception du mot, c'est-à-dire légalement et volontairement élu par le peuple, il n'a pas besoin d'une nouvelle élection. Toutefois, la nation est maîtresse de confirmer ou de rejeter des titres qu'elle a donnés, si telle est sa volonté. »

Voici deux lettres adressées par la reine Hortense à des amis :

« Arenenberg, 2 septembre 1830.

» Vous désirez de mes nouvelles ; je me réjouis, comme vous, du bonheur de la France. Vous avez dû voir que l'enthousiasme de mes enfants n'a pu être contenu, malgré mon désir qu'ils ne parussent en rien ; mais ils sont élevés à apprécier ce qui est noble et grand ; ils sont fiers de leur patrie, qu'ils auraient été heureux de servir, et ils ont de vingt à vingt-cinq ans !... Vous savez aussi combien de fois ils ont entendu répéter que les places les plus élevées ne faisaient pas le bonheur ; mais que l'air de la patrie, des amis et une distinction toute personnelle devaient être le but de leur ambition. Je pense donc, comme vous, qu'ils pouvaient la servir, cette France devenue libre, sans offenser aucun de leurs souvenirs. Ce n'était pas à nous à ne pas reconnaître les droits d'un peuple à se choisir un souverain, mais je viens de lire une loi qui m'étonne autant qu'elle m'afflige. Comment ! dans ce moment d'enthousiasme et de liberté, la France ne devait-elle pas ouvrir les bras à tous ses enfants ? à ceux qui depuis quinze ans partageaient avec elle tant d'abaissement et de souffrances ? Au lieu de cela, on renouvelle, pour une seule famille, un acte de proscription. Quels sont ses crimes ? N'est-ce pas l'étranger qui l'avait chassée ? N'est-ce pas la France qu'elle avait servie? Craindre cette famille, c'est lui faire un honneur qu'elle repousse. Son chef n'existe plus! S'il a donné une grandeur et une gloire qu'on accepte enfin, faut-il repousser tout ce qui lui a appartenu, au lieu d'acquitter une dette sacrée, en exécutant le traité fait avec lui pour sa famille? Aucun des membres de cette famille ne pensait encore à revenir en France. Il y a des convenances que les positions forcent à garder, et sans une invitation du pays, ils ne pouvaient s'y présenter. Mais les voilà encore avec leurs malheurs, sans protection et en butte à toutes les vexations dont les gouvernements se plaisaient à les accabler! Que puis-je dire à mes enfants, moi qui ne cherche qu'à modérer leur jeunesse et à entretenir, en eux, l'amour de la patrie et de la justice? Je ne puis plus que leur apprendre que les hommes sont ingrats et égoïstes; mais qu'il faut encore les aimer et qu'il est toujours plus doux d'avoir à leur pardonner qu'à les faire souffrir.

» Adieu, vous avez désiré de mes nouvelles, vous voyez que l'impression du moment est pénible. Je ne comptais pas aller à Paris; loin de là, je m'arrangeais pour mon voyage d'Italie; mais la vue de cette loi qui nous expulse à jamais de cette France qu'on aime tant, où l'on espérait encore aller mourir, est venue renouveler toutes mes douleurs. Cette proscription, prononcée dans des temps malheureux, était triste, sans doute, mais c'était par des ennemis. Renouvelée par ceux qu'on croyait des amis, cela frappe droit au cœur.

» HORTENSE. »

« Arenenberg, 2 octobre 1830.

» Je reçois votre lettre, monsieur. Je suis on ne peut plus touchée du sentiment qui vous inspire un ouvrage en faveur de la famille Bonaparte, encore exilée de France. Plus que personne, j'ai été vivement affligée de cette loi sévère; mais j'ai dû me résigner parce que, Française avant tout, et ne pouvant supposer à mes chers compatriotes, libres enfin, une ingratitude qui est loin de leur caractère, j'ai appris qu'il avait fallu de fortes raisons pour nous éloigner encore. Notre exil, dit-on, paraît nécessaire au bonheur de la patrie, à sa tranquillité présente; il ne doit être que momentané; comment ne pas y souscrire, quand sa gloire et sa prospérité furent toujours notre premier intérêt? Je vous conseille donc, monsieur, de la peindre, dans vos chants, heureuse et libre, cette France régénérée; mais de ne pas y ajouter une plainte sur ce qui nous regarde. Vous l'attristeriez, et vos vers, à en juger par ceux que je reçois, sont trop bien pour ne pas faire un effet qui ne serait pas en harmonie avec notre résignation. Je recevrai pourtant avec reconnaissance l'ouvrage que vous m'annoncez, mais je serais fâchée, je vous l'avoue, qu'il fût imprimé. Croyez, monsieur, que je saurai toujours apprécier vos nobles sentiments et trouver du plaisir à vous assurer de ma haute considération.

» HORTENSE. »

Le prince Louis écrit à un député :

« Monsieur le Député,

» Je viens de lire avec douleur qu'on proposait à la Chambre de mettre ma famille sur la même liste de proscription que celle des Bourbons. Je demande qu'on sépare deux infortunes aussi opposées. Après la Révolution de 1830, je crus que la patrie serait rendue aux parents de l'Empereur Napoléon.

» La famille de celui dont on relevait la statue devait-elle être traitée comme celle dont on brisait les emblèmes?

» N'avions-nous pas été exilés en même temps que la gloire française et le drapeau tricolore, et pourtant tous deux, en juillet, revinrent sans nous.

» Je me tais sur une loi injuste et cruelle, mais je réclame contre la mesure qui tendrait à confondre la famille de l'homme qui était fier de tout devoir au peuple français avec celle qui, ramenée par l'étranger, revendique sans cesse des droits usés qui n'appartiennent qu'à la nation.

» J'intercède donc, au nom de toute ma famille, qui, j'espère, ne me démentira pas, pour qu'on ne nous place pas à côté des vainqueurs, nous, les vaincus de Waterloo. »

Sur ces entrefaites, éclatèrent des troubles en Italie.

Les fils d'Hortense entrent dans le mouvement, mais ils se dégagent avec assez d'habileté. Napoléon-Louis meurt de la rougeole [1].

La reine Hortense se décide d'aller à Londres ; et le prince Louis, sur le conseil de Casimir-Périer, écrit à Louis-Philippe :

« Sire,

» J'ose m'adresser à Votre Majesté comme représentant de la Grande Nation, pour lui demander une grâce, qui est

---

[1]. Le roi Louis, après avoir, plus tard, fait enlever de la chapelle de Pesaro les restes de son fils, les fit déposer dans un tombeau élevé dans le cloître du Saint-Esprit à Florence ; il composa lui-même l'épitaphe gravée sur le tombeau :

A LA MÉMOIRE DE NAPOLÉON-LOUIS BONAPARTE,
NÉ A PARIS LE XI OCTOBRE
MDCCCIV
MORT A FORLI, EN ROMAGNE, LE XXVII MARS MDCCCXXXI
ENTRE LES BRAS DE SON FRÈRE, MAIS LOIN DE SON PÈRE, MALADE
ET SOUFFRANT,
DONT IL ÉTAIT LA CONSOLATION,
LOIN DE SA MÈRE ET DE SA JEUNE ÉPOUSE,
FRANC ET LOYAL.
IL UNISSAIT UNE GRANDE AMÉNITÉ DE CARACTÈRE A UNE FERMETÉ RARE.
IL PRATIQUAIT SA RELIGION AVEC RESPECT ET SINCÉRITÉ.
IL ÉTAIT BON FILS, TENDRE PÈRE ET LE MODÈLE DES ÉPOUX
PAR SON AMOUR ET SA FIDÉLITÉ EXEMPLAIRES.
FRANÇAIS DE CŒUR ET D'AME,
IL NE SE RAPPELAIT L'EXIL ET LE MALHEUR DES SIENS
QUE POUR EN AIMER DAVANTAGE SA PATRIE.
IL AVAIT, POUR LE BIEN, TOUT L'ENTHOUSIASME DE LA JEUNESSE,
ET POUR LA VANITÉ DU MONDE, LE CALME ET LA FROIDEUR DE
L'AGE MUR.
BIENFAISANT, GÉNÉREUX, CONFIANT,
SES TRAITS PORTAIENT L'EMPREINTE DE SON AME.
LA RELIGION CHRÉTIENNE ET L'ESPOIR DE LE RETROUVER LÀ-HAUT
PEUVENT SEULS ASSOUPIR LA DOULEUR INEFFAÇABLE
DE SON PÈRE, SON MEILLEUR AMI,
ET DONNER A CELUI-CI LA FORCE DE SUPPORTER UNE PAREILLE PERTE.
FLORENCE, VI AVRIL MDCCCXXXI

le seul but de mon ambition. Je viens vous prier de m'ouvrir les portes de la France, et de me permettre de la servir comme simple soldat. Je pouvais me consoler de ne pas être dans ma patrie lorsque, dans un pays malheureux, la liberté m'appelait sous les drapeaux, mais à présent que le courage a dû céder au nombre, je me vois obligé de fuir de l'Italie. Puisque tous les États de l'Europe me sont fermés, la France est le seul où l'on ne me ferait pas un crime d'avoir embrassé la sainte cause de l'indépendance d'un peuple; mais une loi cruelle m'en bannit. Séparé de ma famille, inconsolable de la perte de mon frère, mort en Romagne, après avoir donné tant de preuves de son amour pour la liberté, la vie me serait insupportable si je n'osais espérer que Votre Majesté me permette de rentrer comme simple citoyen dans les rangs français — heureux si je peux mourir un jour en combattant pour ma patrie. La France et Votre Majesté pourraient compter sur mes serments et sur ma reconnaissance. »

Casimir-Périer fait part à la reine de la réception de la susdite et il ajoute :

« — On s'habituera à vous voir en France, ainsi que votre fils. Mais si, plus tard, il prenait du service, il faudrait qu'il changeât de nom. »

Telle est la version de la reine Hortense. M. le duc d'Aumale en fournit une autre, dans sa *Lettre sur l'Histoire de France* :

« Le lendemain du jour où le roi des Français avait donné audience à la reine Hortense, il y avait conseil des ministres. — « Quoi de nouveau? Messieurs, dit le roi en s'asseyant. — Une nouvelle fort grave, sire, reprit le maréchal Soult; je sais, à n'en pas douter, par les rapports de la gendarmerie, que la duchesse de Saint-Leu et son fils ont traversé le midi de la France. » Le roi souriait. — « Sire, dit alors M. Casimir-Périer, je puis compléter le renseignement que le maréchal vient de vous fournir. Non seulement la reine Hortense a traversé le midi de la France, mais elle est à Paris; Votre Majesté l'a reçue hier. — Vous êtes si bien informé, mon cher ministre, reprit le roi, que vous ne me laissez pas le temps de vous rien apprendre. — Mais moi, sire, j'ai quelque chose à vous apprendre. La duchesse de Saint-Leu ne vous a-t-elle pas présenté les excuses de son fils, retenu dans sa chambre par une indisposition? — En effet. — Eh bien! rassurez-vous, il n'est pas malade; à l'heure même où Votre Majesté recevait la mère, le fils était en conférence avec les principaux chefs du parti républicain, et cherchait avec eux le moyen de renverser plus sûrement votre trône. »

Les deux narrations s'accordent sur l'entrevue du roi avec l'ex-reine Hortense. Dès la veille du 5 mai, anniversaire de la mort de l'Empereur, la Colonne fut visitée par de pieux pèlerins qui apportaient des fleurs, couronnaient les aigles du soubassement.

« J'avoue, écrit la reine, qui s'était logée dans un hôtel de la place Vendôme, que je jouissais de ma fenêtre d'être présente à un si touchant souvenir... »

Le 5, dès le matin, ils étaient en masse et criaient à tue-tête : « Vive Napoléon II! » De son hôtel, Louis-Napoléon pouvait les entendre, les compter. Le 9, il y eut un commencement d'émeute; le 10 des rassemblements hostiles se formèrent sur la place Vendôme. A ce moment, le maréchal Lobeau fit venir une pompe à incendie de la caserne de la rue de la Paix, et les agitateurs, arrosés largement, se dispersèrent en grondant, moins par peur de cette arme insolite, que faute d'un mot d'ordre qu'ils attendaient de l'hôtel de Hollande.

« On y négociait en ce moment même. Le ministre de Louis-Philippe était auprès de l'ex-reine, lui rappelant que l'acte de 1816 n'était pas aboli, et que le gouvernement, la soupçonnant à cette heure d'avoir pris part au tumulte, était décidé à faire usage de son moyen légal de défense. Elle avait écrit au roi que son fils continuait à être malade, qu'elle demandait de pouvoir rester encore. La réponse, c'était la visite de Casimir-Périer, et comme elle se récriait contre une mesure qui lui semblait « imméritée, » on entendit des clameurs confuses de : « Vive l'Empereur! » puis un escadron qui commençait de charger la foule.

» — Madame, dit l'envoyé du roi, vous entendez? Voici notre excuse.

» — Monsieur, répondit-elle, la situation de mon fils s'est un peu améliorée depuis hier; si ce mieux se soutient, nous partirons après-demain.

» Six jours plus tard, elle arrivait à Calais, et le lendemain elle était avec son fils en Angleterre [1]. »

A Londres, il y eut des menées sourdes pour faire obtenir à Louis-Napoléon le trône vacant de Belgique. Mais Léopold de Saxe-Cobourg réunit soudainement la grande majorité des suffrages du Congrès belge. Ce prince fut nommé le 4 juin. Avant de partir, il vint saluer Hortense et lui dit en prenant congé : « Vous ne me prendrez pas mon royaume en passant, n'est-ce pas? » Cette allusion ne fut pas entendue sans dépit; et, comme un journal semblait s'être fait l'interprète des soupçons du nouveau roi, Louis-Napoléon adressa, en date du 17 juin, la réclamation suivante :

« Monsieur le Rédacteur,

» Je lis dans votre journal du 13 le paragraphe suivant :
« Madame la duchesse de Saint-Leu vient de passer quel-
» ques semaines à Londres. On suppose que l'ex-reine de
» Hollande a été y guetter une occasion de présenter son
» fils aux Belges, pour le cas où ils éprouveraient quelques
» difficultés dans le choix d'un souverain. »

» Il paraît que l'on veut absolument assigner un but politique au séjour de ma mère en Angleterre. Ma mère est allée à Londres uniquement parce qu'elle n'a pas voulu se séparer de l'unique de ses fils qui survit encore.

» Ayant embrassé la cause sacrée de l'indépendance italienne, je suis obligé de chercher un refuge en Angleterre, la France, hélas! m'étant toujours fermée. Ma mère n'aspire qu'au repos et à la tranquillité.

1. Cf. *Napoléon III*, par A. Morel.

» Quant à moi, loin de nourrir des idées d'ambition, mon seul désir serait de servir mon pays ou la liberté dans les pays étrangers, et on m'aurait vu dès longtemps, en qualité de simple volontaire, dans les rangs glorieux des Belges ou dans ceux des immortels Polonais, si je n'avais craint qu'on attribuât mes actions à des vues d'intérêt personnel, ou que mon nom n'alarmât une diplomatie timide et incapable de croire à un dévouement désintéressé ou à une sympathie sincère pour des peuples malheureux. »

En 1832, le roi de Rome, Napoléon II, meurt à Vienne. Le prince Louis paraissait beaucoup l'aimer. Voici de lui une lettre écrite vers 1830 :

« Mon cher cousin,

» Nous sommes très tourmentés depuis quelque temps de votre maladie. Je m'adresse à tout le monde pour avoir des nouvelles de votre santé, et l'incertitude où me laissent ces rapports indirects me cause la plus grande anxiété.

» Si vous connaissiez tout l'attachement que nous vous portons et jusqu'où va notre dévouement pour vous, vous concevriez notre douleur de ne pas avoir de relations directes avec celui que nous avons été élevés à chérir comme parent et à honorer comme fils de l'empereur Napoléon.

» Ah ! si la présence d'un neveu de votre père pouvait vous faire quelque bien, si les soins d'un ami qui porte le même nom que vous pouvaient soulager vos souffrances, je serais trop heureux d'avoir pu en quelque chose être utile à celui qui est l'objet de toute mon affection.

» J'espère que les personnes auxquelles parviendra ma lettre avant vous seront assez compatissantes pour vous faire parvenir l'expression d'un attachement qui ne peut pas vous être indifférent. »

Napoléon II mort, le prince Louis devenait le chef de l'impérialisme.

Vers cette époque, Chateaubriand se trouvait en Suisse et le prince Louis-Napoléon lui soumit un travail publié depuis sous le titre de *Rêveries politiques*. En effet, ce sont bien les rêveries d'un apprenti politique, d'un spéculatif mécontent de ce qui est, incertain de ce qui sera, désireux de jouer un rôle dans le monde. Louis-Napoléon se déclarait à la fois monarchiste et républicain, patriote surtout.

« D'après les opinions que j'avance, disait-il, on voit que mes principes sont entièrement républicains. Eh ! quoi de plus beau, en effet, que de rêver à l'empire de la vertu, au développement de nos facultés, au progrès de la civilisation ?... Les patriotes d'aujourd'hui sont en grande partie républicains. »

Mais, dans la pratique, il faut renoncer à l'idéal et se résigner à voir subsister un trône.

« Si, dans mon projet de constitution, je préfère la forme monarchique, c'est que je pense que ce gouvernement conviendrait plus à la France, en ce qu'il donnerait plus de tranquillité, de force et de liberté. »

Les raisons sur lesquelles il s'appuie, il les développe :

« Si le Rhin était mer, si la vertu était toujours le seul mobile, si le mérite parvenait seul au pouvoir, alors je voudrais une république pure et simple. Mais, entourés comme nous le sommes d'ennemis redoutables qui ont à leurs ordres des milliers de soldats qui peuvent renouveler chez nous l'irruption des barbares, je crois que la république ne pourrait repousser l'invasion étrangère et comprimer les troubles civils, qu'en ayant recours aux moyens de rigueur qui nuisent à la liberté. Quant à la vertu et au mérite, on voit souvent dans une république qu'ils ne peuvent atteindre qu'un certain degré : ou l'ambition les corrompt ou la jalousie les perd. C'est ainsi que tous les génies transcendants sont souvent écartés par la défiance qu'ils inspirent, et l'intrigue alors triomphe du mérite qui pouvait illustrer la patrie. »

C'est bien regrettable, mais il faut renoncer à la république !

« L'agitation qui règne dans tous les pays, l'amour de la liberté qui s'est emparé de tous les esprits, l'énergie que la confiance en une bonne cause a mise dans toutes les âmes, tous ces indices d'un désir impérieux nous mèneront à un résultat heureux. Oui, le jour viendra et peut-être n'est-il pas loin, où la vertu triomphera de l'intrigue, où le mérite aura plus de force que les préjugés, où la gloire couronnera la liberté. Pour arriver à ce but, chacun a rêvé des moyens différents ; je crois qu'on ne peut y parvenir qu'en réunissant les deux causes populaires, celle de Napoléon II et celle de la République...

« Je voudrais un gouvernement qui procurât tous les avantages de la République sans entraîner les mêmes inconvénients; en un mot un gouvernement qui fût fort sans despotisme, libre sans anarchie, indépendant sans conquête. »

Quelles sont les bases d'un projet de Constitution ?

« Les trois pouvoirs de l'Etat seraient : le Peuple, le Corps législatif et l'Empereur.

» Le Peuple aurait le pouvoir électif et de sanction.

» Le Corps législatif aurait le pouvoir délibératif.

» L'Empereur le pouvoir exécutif. »

L'opuscule fut accueilli avec une profonde indifférence. Néanmoins, le prince publia bientôt une autre brochure : *Considérations politiques et militaires sur la Suisse.*

Les habitants du canton de Thurgovie lurent ou ne lurent pas ces divagations. Mais, peu après, Louis-Napoléon reçut d'eux le titre de citoyen. L'année suivante (1834), il devint capitaine au régiment d'artillerie de Berne.

Il ne perd pas de vue la France et écrit à sa mère :

« Bade, 1 juillet 1834.

» Ma chère mère,

» Je ne suis pas de votre avis, en ce qui concerne la politique de la France. Je trouve que ce qui pouvait faire le plus de tort au gouvernement actuel, c'est une Chambre composée presque entièrement de ses amis. Il s'obstine à voir dans cette mesquine réunion des représentants de 200.000 Français, toute la France, et il se perdra comme les autres. La Chambre de 1830 montra quelque peu d'énergie parce que les Bourbons avaient indisposé même les classes bourgeoises. Cependant, elle était bien loin d'être à la hauteur des sentiments de la rue, et ce n'est que malgré elle qu'on l'entraîna à la Révolution. Tant que le suffrage universel ne sera pas une des lois fondamentales de l'État, la représentation nationale ne sera que la représentation d'intérêts particuliers, les députés ne seront les mandataires que d'une classe, et la Chambre n'aura ni dignité ni influence. Elle ne fera que timbrer les actes d'un pouvoir passionné et aveugle. Telle est mon opinion. »

« Bade, juillet 1831.

« Ma chère mère,

» ... Vous vous plaignez de l'injustice des hommes et moi j'ose dire que vous avez tort de vous en plaindre. Comment les Français se souviendraient-ils de nous, quand nous-mêmes nous avons tâché pendant quinze ans de nous faire oublier. Quand, pendant quinze ans le sens moral des actions de tous les membres de ma famille a été la peur de se compromettre, et qu'ils ont évité toute occasion de se montrer, tout moyen de se rappeler publiquement au souvenir du peuple ?... On ne retire que ce que l'on sème et il n'y a rien de plus vrai que ces deux vers de Racine:

Les Dieux sont de nos jours les maîtres souverains;
Mais, seigneur, notre gloire est dans nos propres mains.

» Je suis fâché de vous voir tourmentée par des affaires d'intérêt, si c'est surtout en pensant à moi que vos inquiétudes s'accroissent, je me marierai bientôt et tout s'arrangera. D'ailleurs, ce n'est pas la fortune qui rend indépendant, c'est le caractère, et, demain, s'il fallait vendre tous mes objets de luxe, qui se bornent à mes chevaux, et travailler pour vivre, je me trouverais sinon aussi content, du moins aussi heureux et aussi indépendant. »

« Bade, 13 juillet 1831.

» Chère mère,

» Je viens de recevoir du gouvernement de Berne le brevet de capitaine d'artillerie honoraire. Cette manière flatteuse de répondre à ma demande, me fait d'autant plus de plaisir qu'elle me prouve que mon nom ne trouvera de sympathie que là où règne la démocratie. Hier, j'étais à me promener à pied sur la route de Zurich lorsque a passé un chariot rempli de tireurs bernois. Dès qu'ils m'ont vu ils se sont mis à crier : Vive Napoléon! Ces démonstrations amicales sont autant de consolations pour un proscrit comme moi. »

« Je me marierai bientôt et tout s'arrangera. »

A quel mariage fait allusion le prince? nous l'ignorons. Ce que nous savons, c'est qu'à cette époque le bruit courait qu'il devait épouser la fille de don Pedro du Portugal. Il le démentit dans les termes suivants rendus publics par l'intermédiaire des journaux :

« Plusieurs journaux, afin de couper court à l'invention, publient la nouvelle que je serais sur le point d'aller en Portugal pour y solliciter la main de la reine doña Maria. Quelque flatteuse que puisse être pour moi la conjecture d'une alliance avec une jeune femme vertueuse et une reine fort belle, j'estime de mon devoir d'opposer un démenti d'autant plus énergique que rien, de mon côté, n'a pu autoriser une semblable erreur.

» Je dois ajouter que, malgré le grand intérêt que je porte à un peuple qui a su gagner sa liberté, je déclinerais l'honneur d'aspirer au trône de Portugal, même si quelques-uns m'y conviaient.

» La noble conduite de mon père qui abdiqua en 1810, dans son impossibilité de concilier les intérêts de la France avec ceux de la Hollande, est encore présente à ma mémoire.

» Par ce grand exemple, mon père m'a montré combien, en toutes circonstances, on doit préférer sa patrie à un trône étranger. En ce qui me concerne, habitué que je suis à aimer mon pays avant tout, rien ne saurait l'emporter sur les intérêts de la France.

» Convaincu que le grand nom que je porte ne sera pas

toujours un titre à l'envie aux yeux de mes compatriotes, puisqu'il leur rappelle quinze ans de gloire, j'attendrai patiemment dans un pays libre et hospitalier que le peuple rappelle au milieu de lui ceux qui ont été bannis par douze cent mille étrangers. L'attente du jour où il me sera permis de servir la France, en qualité de citoyen et de soldat, soutient mon cœur, et vaut mieux, à mon avis, que tous les trônes du monde. »

Citons encore trois lettres, adressées à son ancien précepteur :

« Arenenberg, 18 février 1834.

» Mon cher monsieur Vieillard,

» Nous voici donc encore exilés de la France par ceux qui se disent ses représentants ; ah ! s'ils représentaient fidèlement le peuple, j'aime à croire qu'ils nous ouvriraient les bras au lieu de nous repousser. Oui, d'après le discours de M. Soult, le gouvernement ne nous exile que parce que nous ne sommes pas encore indifférents à la nation. Mais des débats de la Chambre on peut tirer une grande leçon pour les gens qui ont la puissance, c'est que le temps est passé où un individu pouvait espérer de fonder une dynastie ou d'établir pour soi et les siens une espèce de culte. Voyez l'Empereur Napoléon, le plus grand homme des temps modernes, si le peuple en masse lui conserve un tendre souvenir et des sentiments de reconnaissance, il n'a néanmoins pas pu réussir à conserver un parti à la famille et un aussi à sa personne. Chose désolante ! Bertrand, que la bouche mourante de Napoléon qualifiait du nom d'ami, lui, la victime de l'île d'Elbe et de l'île de Sainte-Hélène, accuse les mânes de son Empereur d'une ambition démesurée. Soult, soldat de l'Empire, se lève pour flétrir les restes de cette époque glorieuse. Et Salverte préfère au remède héroïque qui sauve, le système légal qui vous ôte la vie. Eh ! vous avez raison, ce n'est pas dans les salons dorés ni dans les réunions des gens timorés qu'on nous rendra justice, mais dans la rue. C'est là qu'il faut s'adresser aujourd'hui pour trouver quelques sentiments nobles. Que je les plains, ces gens à idées étroites qui se croient forts parce qu'ils ont une coterie, un parti! Ils ignorent que leur puissance serait plus grande, si, au lieu d'avoir pour eux seulement quelques réunions d'individus, ils avaient des idées et des intérêts communs avec toute la nation. Il est vrai qu'avec un parti on peut faire la guerre, mais aussi on ne peut rien consolider parce qu'on n'a pas de racines dans le pays. »

« Arenenberg, 30 janvier 1835.

» ... Quant à ma position, croyez que je la comprends bien, quoiqu'elle soit très compliquée. Je sais que je suis beaucoup par mon nom, rien encore par moi-même. Aristocrate par naissance, démocrate par nature et par opinion ; devant tout à l'hérédité, et réellement tout à l'élection ; rejeté par les uns pour mon nom, par les autres pour mon titre ; taxé d'ambitions personnelles dès que je fais un pas hors de ma sphère accoutumée, taxé d'apathie et d'indifférence si je reste tranquille dans mon coin ; enfin, inspirant les mêmes craintes, à cause de l'influence de mon nom et aux libéraux et aux absolutistes, je n'ai d'amis politiques que parmi ceux qui, habitués aux jeux de la fortune, pensent que parmi les chances possibles de l'avenir je puis devenir un en-cas utile. C'est parce que je connais toutes les difficultés qui s'opposeraient à mon premier pas dans une carrière quelconque que j'ai pris pour principe de ne suivre que les inspirations de mon cœur, de ma raison, de ma conscience, de ne me laisser arrêter par aucune considération d'intérêt secondaire, quand je crois agir utilement dans un but d'intérêt — enfin de marcher toujours dans une ligne droite, quelques difficultés que je rencontre en route, m'efforçant ainsi de m'élever assez haut pour qu'un des rayons mourants du soleil de Sainte-Hélène puisse m'éclairer... »

« Genève, 29 avril 1835.

» ... J'ai été bien péniblement affecté par la mort de mon cousin [1] ; c'est un véritable malheur pour sa famille et pour le Portugal. Le *Constitutionnel* contenait sur sa mort

1. Le duc de Leuchtenberg.

un article qui m'a touché, parce qu'il est vrai. Les jeunes gens de la famille Bonaparte meurent tous dans l'exil comme les rejetons d'un arbre qu'on a transplanté dans un climat étranger; mourir jeune, c'est souvent un bonheur; mais mourir avant d'avoir vécu, mourir dans son lit, de maladie, sans gloire, c'est affreux.

» Vous me demandez des nouvelles de la Suisse, de sa situation présente, de son avenir. Hélas! c'est un chaos — bien difficile à débrouiller. L'esprit fédéral lutte journellement contre l'esprit cantonal. Les intérêts matériels sont aux prises avec les idées généreuses, et les institutions républicaines, bonnes, sans doute, dans un temps calme, pour répandre la civilisation à l'intérieur, sont généralement incapables de créer, dans les moments critiques, cette force qui fait taire les intérêts privés, déracine les abus et les préjugés, dompte les discussions intérieures, pour présenter ensuite aux ennemis du dehors un corps compact uni par une seule volonté et par un seul sentiment.

» On m'a prié de faire un article dans une revue sur un nouvel ouvrage italien, intitulé : *Discorsi della scienza militare di Blanch.*

» L'auteur dit que Charlemagne a été un *météore inutile*, et que son influence sur la civilisation a été réelle... L'opinion de l'auteur est fondée sur ce que, après la mort de Charlemagne, son empire fût démembré; mais chaque partie de cet empire, et surtout la partie allemande, n'emportait-elle pas avec elle ce germe civilisateur que Charlemagne avait imprimé à son époque en répandant une religion civilisatrice et en favorisant les sciences et les arts? »

Le docteur Conneau, à ce moment, publie un livre, dans lequel il professe des opinions politiques et des doctrines gouvernementales. Et le prince Louis lui écrit :

« Je suis convaincu que Napoléon a été utile à la cause de la liberté, et a sauvé la liberté en abolissant les formes arbitraires et surannées, et en mettant les institutions de son pays en harmonie avec le progrès. Du siècle et du peuple, il fallait qu'il favorisât la civilisation, tandis que l'autorité, qui n'est pas basée sur l'élection populaire, est naturellement portée à en arrêter le progrès, c'est ce que le peuple a compris ; et comme Napoléon faisait tout pour le peuple, le peuple, à son tour, a tout fait pour Napoléon. Qui l'a élevé à la dignité de Consul ? le peuple ! Qui l'a proclamé empereur par quatre millions de suffrages ? le peuple ! Qui l'a ramené en triomphe de l'île d'Elbe à Paris ? le peuple ! Quels étaient les ennemis de Napoléon ? les oppresseurs du peuple ! Voilà pourquoi son nom était si cher aux masses, et pourquoi son portrait, qui se trouve dans chaque cabane, est un objet de vénération. »

Nous sommes en 1835. Le château d'Arenenberg est hospitalier. Il a souvent pour hôtes MM. de Chateaubriand, Casimir Delavigne, Cottu, Alexandre Dumas, Labarre, le colonel Brack, le baron Félix Desportes, le comte Demidoff, les duchesses de Préval et de Raguse, la comtesse Sermaise, la princesse de la Moskowa, mesdames Lebon, de Girardin, Solanges de Faverolles, la duchesse de Dino, etc.

Louis-Napoléon s'est particulièrement lié avec un homme décidé à tout, qu'un biographe bienveillant va nous dépeindre :

« M. Jean-Gilbert-Victor Fialin, plus connu sous le nom de Persigny est né le 11 janvier 1808 à Saint-Germain-Lespinasse (Loire). Orphelin dès sa première enfance, il fut d'abord élevé par un de ses oncles, puis entra comme boursier au collège de Limoges, s'enrôla à dix-sept ans, fut en 1826, élève à l'école de cavalerie de Saumur, en 1828, maréchal des logis au 4ᵉ régiment de hussards, imbu, à cette époque, d'opinions royalistes assez prononcées. Il ne tarda pas à les modifier sous l'influence du capitaine de sa compagnie, M. Kersansie et, en 1830, il prit une part des plus actives au mouvement militaire de Pontivy, en faveur de la Révolution de Juillet. Cependant, sa conduite fut taxée d'insubordination par ses supérieurs et, à quelques semaines de là, il reçut son congé de réforme, qui, d'abord temporaire, fut rendu définitif en 1833. Sans état et sans fortune, il vint, en 1831, chercher une position à Paris. Sur la recommandation de M. Baude, il collabora au *Temps*. On a dit, mais par erreur, qu'il suivit les prédications saint-simoniennes et partagea même la retraite du père Enfantin à Ménilmontant. On a aussi raconté à tort qu'à la fin de 1832, il alla faire un assez long séjour en Vendée, où la présence de la duchesse de Berry avait rallumé la guerre civile. Vers cette époque il quitta son nom patronymique de Fialin, pour prendre le titre de vicomte de Persigny, appartenant depuis deux siècles à sa famille, bien qu'elle eût négligé de le porter. »

De nouveaux partisans furent admis dans le cénacle, M. de Gricourt, légitimiste, « par son origine, par son admiration, » mais qui « avait su remonter vers l'Empire en passant sur le corps au juste-milieu [1]; » M. de Quérelles, lieutenant d'infanterie, qui vivait en délicatesse avec l'Administration de la guerre; M. de Bruc, vraiment légitimiste, ancien gentilhomme de la Chambre de Charles X, chef d'escadron en disponibilité depuis 1815 et qui avait alors commandé la cavalerie des Vendéens insurgés.

Au commencement de 1836, le prince mit sous presse à Zurich un livre publié, comme sien, livre technique et d'une apparente innocence : *Le Manuel d'artillerie*, à l'usage des officiers d'artillerie de la République helvétique.

De nombreux envois en furent faits en France, et vers la même époque on répandait à profusion l'histoire du prince par une main amie, dans la *Biographie des hommes du jour*.

Strasbourg devient l'objectif des conspirateurs. Le prince Louis va à Bade. Il cherche à embaucher M. Raindu, officier d'infanterie :

« Je me rendis à Kehl, écrit ce dernier. Vers cinq heures, je vis arriver une méchante carriole de louage dans laquelle était un jeune Suisse que j'avais vu avec le prince à Offenbourg. Il me conduisit à une chambre et revint bientôt avec le prince, qui paraissait souffrant, et don' le

---

[1] *Strasbourg*, p. 191. — Plaidoirie de M⁰ Chauvin.

visage était en partie couvert d'un mouchoir. Il s'enferma avec moi et me dit : « Capitaine, vous avez du courage et de la loyauté, et je crois pouvoir me confier à vous. Vous aimez trop l'Empereur pour ne pas aimer sa famille. Un mouvement est près d'éclater : j'ai compté sur vous, et je me mettrai moi-même à la tête. »

» Je fus extrêmement surpris; il s'en aperçut et parut piqué.

» Je conviens, dit-il, que c'est nouveau, mais nous avons des moyens sûrs d'exécution.

» Je lui déclarai ma façon de penser; il comprit ma franchise, et sembla m'en savoir gré. Une conversation s'engagea entre nous; je tâchai de le détourner de ses idées. Il croyait l'armée mécontente depuis la révolution de Juillet, et il pensait que les vieux compagnons d'armes de son oncle l'auraient soutenu. Je lui dis qu'il était inconnu de la France, que la famille de l'Empereur était plus ignorée peut-être que les Bourbons quand ils rentrèrent chez nous.

» Je lui parlai de l'esprit des troupes de Strasbourg, et je vis qu'il comptait surtout sur cette garnison. Je lui parlai des conflits qui avaient eu lieu souvent entre le militaire et le civil, des affaires de Lyon, de Grenoble, de Paris, où les troupes ne fraternisèrent jamais avec le peuple et restèrent fidèles à leurs devoirs. Je vis bien qu'il comptait sur la garnison de Strasbourg. Je pensai qu'une imagination semblable pouvait se jeter dans les aventures pour peu qu'elle rencontrât d'autres personnes prêtes à la seconder. »

Cette tentative, une autre auprès de M. de Franqueville aide de camp du lieutenant-général Voirol, qui commandait la 5ᵉ division militaire, ne réussissent pas. A la fin, Louis-Napoléon se résout à tenter un grand coup. Et il fait tenir au général Voirol cette lettre :

« Bade, 14 août 1836.

» Général,

» Comptant partir bientôt pour retourner en Suisse, je serais désolé de quitter la frontière de France sans avoir vu un des anciens chefs militaires que j'honore le plus. Je sais bien, général, que les lois et la politique voudraient nous jeter, vous et moi, dans deux camps différents, mais cela est impossible : un vieux militaire sera toujours pour moi un ami, de même que mon nom lui rappelle sans cesse sa glorieuse jeunesse.

» Général, j'ai le cœur déchiré en ayant depuis un mois la France devant les yeux, sans pouvoir y poser le pied ; c'est demain la fête de l'Empereur, et je la passerai avec des étrangers. Si vous pouvez me donner un rendez-vous dans quelques jours dans les environs de Bade, vous effacerez par votre présence les tristes impressions qui m'oppriment. En vous embrassant, j'oublierai l'ingratitude des hommes et la cruauté du sort. Je vous demande pardon, général, de m'exprimer aussi amicalement envers quelqu'un que je ne connais pas ; mais je sais que votre cœur n'a pas vieilli.

» Recevez, etc.

» Napoléon-Louis BONAPARTE.

» Je vous prie de remettre votre réponse à la personne qui vous portera ma lettre. »

Le général se contenta de répondre :

« Tout ce que je peux faire pour lui, c'est de lui donner un quart d'heure pour repasser le Rhin. »

Louis ne réussit pas mieux avec le général Exelmans, auquel il dépêcha M. de Bruc, avec la lettre suivante :

« Arenenberg, 11 octobre.

» Général,

» Je profite d'une occasion sûre pour vous dire combien je serais heureux de pouvoir vous parler. Vos honorables antécédents, votre réputation civile et militaire me font espérer que, dans une occasion difficile, vous voudrez bien m'aider de vos conseils. Le neveu de l'Empereur s'adresse avec confiance à un vieux militaire et à un vieil ami, aussi espère-t-il que vous excuserez la démarche qui pourrait paraître intempestive à tout autre qu'à vous, Général, qui êtes digne de comprendre tout noble sentiment. Le lieutenant-colonel de Bruc, qui mérite toute ma confiance, veut bien se charger de décider avec vous du lieu où je pourrai vous voir.

» En attendant, Général, veuillez recevoir l'expression de mes sentiments et de ma considération.

» Napoléon-Louis BONAPARTE. »

Le général soupçonna quelque intrigue et congédia l'ambassadeur.

C'est alors que le rôle important est offert au colonel Vaudrey, jadis écarté par la Restauration. Le colonel ne refusa pas. Il hésita et se laissa convaincre. Le 25 octobre 1830, sous le prétexte d'une visite à sa cousine et d'une partie de chasse dans la principauté de Harkinger, le prince fait ses adieux à sa mère, qui lui passe au doigt l'anneau-talisman que Napoléon lui avait donné en partant pour Sainte-Hélène.

Pour se guider dans le récit des faits, il suffit de s'aider des lettres écrites par Louis-Napoléon à sa mère :

« Prison de Strasbourg, 1ᵉʳ novembre 1836.

» Ma chère mère,

» Vous avez dû être très inquiète de ne pas recevoir de mes nouvelles, vous qui me croyiez chez ma cousine ; mais votre inquiétude redoublera quand vous apprendrez que j'ai tenté à Strasbourg un mouvement qui a échoué.

» Je suis en prison, ainsi que d'autres officiers ; c'est pour eux seuls que je suis en peine ; car moi, en commençant cette entreprise, j'étais préparé à tout. Ne pleure pas, ma mère, je suis victime d'une belle cause, d'une cause toute française ; plus tard on me rendra justice et on me plaindra. Hier, dimanche, à six heures, je me suis présenté devant le 4ᵉ d'artillerie, qui m'a reçu aux cris de : Vive l'Empereur !... Nous avions détaché du monde. Le 46ᵉ a résisté ; nous nous sommes trouvés pris dans la cour de la caserne. Heureusement il n'y a pas eu de sang français répandu. C'est une consolation dans le malheur. Courage, ma mère ;

je saurai soutenir jusqu'au bout l'honneur du nom que je porte.

» M. Parquin est aussi arrêté. Faites copier cette lettre pour mon père, et contribuez à calmer son inquiétude. Charles a demandé à partager ma captivité, on le lui a accordé. Adieu, ma chère mère, ne vous attendrissez pas inutilement sur mon sort. La vie est peu de chose. L'honneur et la France sont tout pour moi!

» Recevez l'assurance de mon sincère attachement, je vous embrasse de tout mon cœur.

» Votre tendre et respectueux fils,

» NAPOLÉON-LOUIS. »

« Ma mère,

» Vous donner un récit détaillé de mes malheurs, c'est renouveler vos peines et les miennes, et cependant c'est en même temps une consolation pour vous et pour moi, que de vous mettre au fait de toutes les impressions que j'ai ressenties, de toutes les émotions qui m'ont agité depuis la fin d'octobre. Vous savez quel est le prétexte que je donnai à mon départ d'Arenenberg, mais ce que vous ne savez pas, c'est ce qui se passait alors dans mon cœur. Fort de ma conviction qui me faisait envisager la cause napoléonienne comme la seule cause civilisatrice en Europe, fier de la noblesse et de la pureté de mes intentions, j'étais bien décidé à relever l'aigle impériale ou à tomber victime de ma foi politique.

» Je partis, faisant dans ma voiture le même chemin que j'avais suivi, il y a trois mois, pour me rendre à Unkirch et à Baden; tout était de même autour de moi; mais quelle différence dans les impressions qui m'animaient! J'étais alors gai et serein comme le jour qui m'éclairait; aujourd'hui triste et rêveur, mon esprit avait pris la teinte de l'air brumeux et froid qui m'entourait. On me demandera ce qui me forçait d'abandonner une existence heureuse pour courir tous les risques d'une entreprise hasardeuse. Je répondrai qu'une voix secrète m'entraînait, et que, pour rien au monde, je n'aurais voulu remettre à une autre époque une tentative qui me semblait présenter tant de chances de succès.

» Et ce qu'il y a de plus pénible à penser pour moi, c'est qu'actuellement que la réalité est venue remplacer mes suppositions, et qu'au lieu de ne faire qu'imaginer, j'ai vu; je puis juger, et je reste dans mes croyances, d'autant plus convaincu que si j'avais pu suivre le plan que je m'étais d'abord tracé, au lieu d'être maintenant sous l'équateur, je serais dans ma patrie. Que m'importent les cris du vulgaire qui m'appellera insensé parce que je n'aurai pas réussi, et qui aurait exagéré mon mérite si j'avais triomphé ! Je prends sur moi toute la responsabilité de l'événement, car j'ai agi par conviction et non par entraînement ! Hélas ! si j'étais la seule victime, je n'aurais rien à déplorer ; j'ai trouvé dans mes amis un dévouement sans bornes, et je n'ai de reproches à faire à qui que ce soit.

» Le 27, j'arrivai à Lahr, petite ville du grand-duché de Baden, où j'attendis des nouvelles ; près de cet endroit, l'essieu de ma calèche s'étant cassé, me força de rester un jour dans la ville. Le 28 au matin, je partis de Lahr, je retournai sur mes pas, je passai par Fribourg, Neuf-Brisach, Colmar, et j'arrivai le soir à onze heures à Strasbourg, sans le moindre embarras [1].

» Ma voiture alla à l'*Hôtel de la Fleur*, tandis que j'allai loger dans une petite chambre qu'on m'avait retenue rue de la Fontaine.

» Là, je vis, le 20, le colonel Vaudrey, et je lui donnai le plan d'opération que j'avais arrêté ; mais le colonel dont les sentiments nobles et généreux méritaient un meilleur sort me dit : « Il ne s'agit pas ici d'un complot en armes ; votre cause est trop française et trop pure pour la souiller en répandant le sang français ; il n'y a qu'un seul moyen d'agir qui soit digne de vous, parce qu'il évitera toute collision. Lorsque vous serez à la tête de mon régiment, nous

[1]. M. de Gricourt était allé au devant de Louis Bonaparte à Illkirch, six kilomètres de Strasbourg, et avait pris place dans sa voiture.

marcherons ensemble chez le général Voirol ; un ancien militaire ne résistera pas à votre vue et à celle de l'aigle impériale, lorsqu'il saura que la garnison vous suit. » J'approuvai ses raisons et tout fut décidé pour le lendemain matin. On avait retenu une maison dans une rue voisine du quartier d'Austerlitz, où nous devions nous retirer tous pour nous porter de là à cette caserne dès que le régiment d'infanterie serait rassemblé.

» Le 20, à onze heures du soir, un de mes amis vint me chercher rue de la Fontaine, pour me conduire au rendez-vous général ; nous traversâmes ensemble toute la ville. Un beau clair de lune éclairait les rues. Je prenais ce beau temps pour un favorable augure pour le lendemain ; je regardais avec attention les endroits par où je passais ; le silence qui y régnait faisait impression sur moi. Par quoi ce calme sera-t-il remplacé demain ?... Cependant, dis-je à mon compagnon, il n'y aura pas de désordre si je réussis ; car c'est surtout pour empêcher les troubles qui accompagnent souvent les mouvements populaires, que j'ai voulu faire la révolution par l'armée. Mais, ajoutai-je, quelle confiance, quelle profonde conviction il faut avoir de la noblesse d'une cause pour affronter, non les dangers que nous allons courir, mais l'opinion publique qui nous déchirera, qui nous accablera de reproches si nous ne réussissons pas ! Et cependant, je prends Dieu à témoin que ce n'est pas pour satisfaire à une ambition personnelle, mais parce que je crois avoir une mission à remplir, que je risque ce qui m'est plus cher que la vie, l'estime de mes concitoyens.

» Arrivé à la maison, rue des Orphelines, je trouvai mes amis réunis dans deux chambres au rez-de-chaussée [1]. Je les remerciai du dévouement qu'ils montraient à ma cause, et je leur dis que, dès ce moment, nous partagerions ensemble la bonne comme la mauvaise fortune. Un des officiers apporta une aigle : c'était celle qui avait appartenu au 7e régiment de ligne... L'aigle de Labédoyère ! s'écria-t-on, et

1. MM. Parquin, de Gricourt, Lombard, ancien chirurgien militaire, de Querelles qui, séance tenante, fut fait chef d'escadron, de Persigny, habillé en capitaine, etc...

chacun de nous la pressa sur son cœur avec une vive émotion... Tous les officiers étaient en grand uniforme ; j'avais mis un uniforme d'artillerie, sur ma tête un chapeau d'état-major. La nuit nous parut bien longue ; je la passai à écrire ma proclamation que je n'avais pas voulu faire imprimer d'avance, de peur d'indiscrétion. Il était convenu que nous resterions dans cette maison jusqu'à ce que le colonel me fit prévenir de me rendre à la caserne. Nous comptions les heures, les minutes, les secondes ; six heures du matin était indiqué. Qu'il est difficile d'exprimer ce qu'on éprouve dans de semblables circonstances ; dans une seconde on vit plus que dans dix années ; car vivre, c'est faire usage de nos organes, de nos sens, de nos facultés, de toutes les parties de nous-même, qui nous donnent le sentiment de notre existence, et, dans ces moments critiques, nos facultés, nos organes, nos sens, exaltés au plus haut degré sont concentrés en un seul point ; c'est l'heure qui doit décider de toute *notre destinée* ; *on est fort* quand on peut se dire : demain je serai le libérateur de ma patrie ou je serai mort ; on est bien à plaindre lorsque les circonstances ont été telles qu'on n'a pu être ni l'un ni l'autre.

» Malgré nos précautions, le bruit que devait faire un certain nombre de personnes réunies, éveilla les propriétaires du premier étage ; nous les entendîmes se lever et ouvrir les fenêtres. Il était cinq heures : nous redoublâmes de prudence, et ils se rendormirent.

» Enfin, six heures sonnèrent ! Jamais les sons d'une horloge ne retentirent si violemment dans mon cœur ; mais un instant après, la trompette du quartier d'Austerlitz vint encore en accélérer les battements. Le grand moment approchait ; un tumulte assez fort se fit aussitôt entendre dans la rue ; des soldats passaient en criant, des cavaliers couraient au grand galop devant nos fenêtres. J'envoyai un officier s'informer de la cause de ce bruit ; était-ce l'état-major de la place qui était déjà informé de nos projets ? avions nous été découverts ? Il revint bientôt, me dit que le bruit provenait des soldats que le colonel envoyait prendre leurs chevaux qui étaient hors du quartier.

» Quelques minutes s'écoulèrent encore, et l'on vint me prévenir que le colonel m'attendait. Plein d'espoir, je me précipite dans la rue. M. Parquin en uniforme de général de brigade ; un chef de bataillon, portant l'aigle en main, sont à mes côtés. Deux officiers me suivent [1].

» Le trajet est court, il fut bientôt franchi. Le régiment était rangé en bataille dans la cour du quartier (d'Austerlitz) en dedans des grilles ; sur la pelouse stationnaient quarante canonniers à cheval.

» Ma mère ! jugez du bonheur que j'éprouvai dans ce moment-là ; après vingt ans d'exil, je touchais enfin le sol sacré de la patrie, je me trouvais avec des Français que le souvenir de l'Empereur allait encore électriser.

» Le colonel Vaudrey était seul au milieu de la cour, je me dirigeai vers lui ; aussitôt le colonel, dont la belle figure et la taille avaient, en ce moment, quelque chose de sublime, tira son sabre et s'écria : « Soldats du 1er régiment
» d'artillerie ! Une grande révolution s'accomplit en ce mo-
» ment, vous voyez ici devant vous, le neveu de l'Empereur
» Napoléon, il vient pour s'occuper des droits du peuple, le
» peuple et l'armée peuvent compter sur lui. C'est autour
» de lui que doit se grouper tout ce qui aime la gloire et
» la liberté de la France. Soldats ! vous sentirez, comme
» votre chef, toute la grandeur de l'entreprise que vous al-
» lez tenter, toute la sainteté de la cause que vous allez
» défendre. Soldats ! le neveu de l'Empereur Napoléon
» peut-il compter sur vous ?... » Sa voix fut couverte à l'instant par les cris unanimes de : Vive l'Empereur ! Je pris alors la parole en ces termes : « Résolu à vaincre et à mou-
» rir pour la cause du peuple français, c'est à vous les

---

[1]. M. Parquin était, comme on sait, commandant ; il devenait général de brigade ; le chef de bataillon, c'était le lieutenant de Querelles. Il y avait encore : MM. Laity, de Gricourt, revêtu d'un uniforme d'état-major, sans avoir été jamais militaire ; Persigny, capitaine improvisé ; Lombard, Gros, lieutenants de pontonniers ; Petry (Charles-Philippe-François) et Dupenhouat, également pontonniers ; le lieutenant d'artillerie de Schaller. Total : neuf. Quels étaient les deux ou trois autres ? Nous l'ignorons. (Note de M. A. Morel.)

» premiers que j'ai voulu me présenter, parce qu'entre vous
» et moi il existe de grands souvenirs. C'est dans votre
» régiment que l'Empereur Napoléon, mon oncle, servit
» comme capitaine ; c'est avec vous qu'il s'est illustré au
» siège de Toulon ; et c'est encore votre brave régiment
» qui lui ouvrit les portes de Grenoble au retour de l'île
» d'Elbe. Soldats ! de nouvelles destinées vous sont réser-
» vées. A vous la gloire de commencer une grande entre-
» prise ; à vous l'honneur de saluer les premiers, l'aigle
» d'Austerlitz et de Wagram. » Je saisis alors l'aigle que
portait un de mes officiers, M. de Querelles, et la leur pré-
sentant : « Soldats, continuai-je, voici le symbole de la
» gloire française, destiné à devenir aussi l'emblème de la
» liberté. Pendant quinze ans, il a conduit nos pères à la
» victoire ; il a brillé sur tous les champs de bataille, il a
» traversé toutes les capitales de l'Europe. Soldats ! ne vous
» rallierez-vous pas à ce noble étendard que je confie et à
» votre honneur et à votre courage ? Ne marcherez-vous
» pas avec moi contre les traîtres et les oppresseurs de la
» patrie au cri de : Vive la France ! Vive la liberté ! » Mille
cris affirmatifs me répondirent. Nous nous mîmes alors en
marche, musique en tête, la joie et l'espérance brillaient
sur tous les visages. Le plan était de courir chez le général, de lui mettre, non le pistolet sur la gorge, mais devant les yeux, pour l'entraîner. Il fallait, pour se rendre
chez lui, traverser toute la ville. Chemin faisant, je dus envoyer un officier, avec un peloton chez l'imprimeur, pour
publier mes proclamations ; un autre chez le préfet, pour
l'arrêter ; enfin, six reçurent des missions particulières de
sorte que, arrivé chez le général, je m'étais ainsi défait volontairement d'une partie de mes forces. Mais avais-je donc
besoin de m'entourer de tant de soldats ?... Ne comptais-je
pas sur la participation du peuple ? Et en effet, quoi qu'on
en ait dit, sur toute la route que j'ai parcourue, je reçus les
témoignages les moins équivoques de la sympathie de la
population ; je n'avais qu'à me défendre contre la véhé-
mence des marques d'intérêt qui m'étaient prodiguées, et
la variété des cris qui m'accueillaient me montrait qu'il

n'y avait pas un parti qui ne sympathisât avec mon cœur !

» Arrivé à la cour de l'hôtel du général, je monte, suivi de MM. Vaudrey, Parquin et de deux officiers. Le général n'était pas encore habillé. Je lui dis : « Général, je viens » vers vous en ami ; je serais désolé de relever notre vieux » drapeau tricolore sans un brave militaire comme vous ; » la garnison est pour moi, décidez-vous et suivez-moi. » On lui montra l'aigle ; il la repoussa, en disant : « Prince, » on vous a trompé ; l'armée connaît ses devoirs ; et je vais » à l'instant vous le prouver. » Alors je m'éloignai et donnai l'ordre de laisser un piquet d'artilleurs, pour le garder. Le général se présenta plus tard à ses soldats pour les faire rentrer dans l'obéissance ; les artilleurs, sous les ordres de M. Parquin, méconnurent son autorité et ne lui répondirent que par les cris réitérés de : Vive l'Empereur!... Plus tard, le général parvint à s'échapper de son hôtel par une porte dérobée.

» Lorsque je sortis de chez le général, je fus accueilli par les mêmes acclamations de : Vive l'Empereur!... Mais déjà ce premier échec m'avait vivement affecté. Je n'y étais pas préparé, convaincu que la seule vue de l'aigle devait réveiller chez le général de vieux souvenirs de gloire et l'entraîner.

» Nous nous remîmes en marche. Nous quittâmes la grande rue et nous entrâmes dans la caserne Pulkesmatte, par la petite ruelle qui y conduit du faubourg de Pierre. Cette caserne est un grand bâtiment, construit dans une espèce d'impasse ; le terrain en avant est trop étroit pour qu'un régiment puisse se ranger en bataille. En me voyant ainsi resserré entre le rempart et le quartier, je m'aperçus que le plan convenu n'avait pas été suivi. A notre arrivée, les soldats s'empressent autour de nous, je les harangue ; la plupart vont chercher leurs armes et reviennent se rallier à nous en nous témoignant leur sympathie par leurs acclamations. Cependant, voyant se manifester parmi eux une hésitation soudaine, causée par les bruits répandus parmi eux par quelques officiers qui s'efforçaient de leur inspirer des doutes sur mon identité, et comme d'ailleurs

nous perdions un temps précieux dans une position défavorable, au lieu de courir sur-le-champ aux autres régiments, qui nous attendaient, je dis au colonel de partir; il m'engage à rester encore; je me range à son avis; quelques minutes plus tard il n'était plus temps. Des officiers d'infanterie arrivent, font fermer les grilles et tancent fortement leurs soldats; ceux-ci hésitent encore, je veux faire arrêter les officiers, leurs soldats les délivrent. Alors, la confusion se met partout; l'espace était tellement resserré que chacun de nous fut perdu dans la foule. Le peuple qui était monté sur le mur, lançait des pierres sur l'infanterie; les canonniers voulaient faire usage de leurs armes, mais nous les en empêchâmes; nous vîmes tout de suite que nous aurions fait tuer beaucoup de monde. Je vis le colonel tour à tour arrêté par l'infanterie et délivré par les soldats; moi-même j'allais succomber au milieu d'une multitude d'hommes qui, me reconnaissant, croisaient sur moi leurs baïonnettes; je parais leurs coups avec mon sabre, en tâchant de les apaiser, lorsque les canonniers vinrent me tirer d'entre leurs fusils, et me placer au milieu d'eux. Je m'élançai alors avec quelques sous-officiers vers les canonniers montés, pour me saisir d'un cheval, toute l'infanterie me suivit. Je me trouvai acculé entre les chevaux et le mur, sans pouvoir bouger. Alors, les soldats arrivèrent de toutes parts, se saisirent de moi et me conduisirent dans le corps de garde. En entrant, j'y trouvai M. Parquin; je lui tendis la main, il me dit, en m'abordant d'un air calme et résigné : « Prince, nous serons fusillés, mais nous mourrons bien. — Oui, lui répondis-je, nous avons échoué
» dans une belle et noble entreprise. »

» Bientôt après, le général Voirol, arrive; il me dit en entrant : « Prince, vous n'avez trouvé qu'un traître dans
» l'armée française! — Dites plutôt, général, que j'avais
» trouvé un Labédoyère. » — Des voitures furent amenées et nous transportèrent dans la prison neuve. Me voilà donc entre quatre murs, avec des fenêtres à barreaux, dans le séjour des criminels! Oh! ceux qui savent ce que c'est que de passer tout à coup de l'excès de bonheur que procurent

les plus nobles illusions à l'excès de la misère qui ne laisse plus d'espoir, et de franchir cet immense intervalle sans avoir un moment pour s'y préparer, comprendront ce qui se passait dans mon cœur.

» Au greffe, nous nous revîmes tous. M. de Querelles, en me serrant la main, me dit à haute voix : « Prince, malgré » notre défaite, je suis encore fier de ce que j'ai fait. » On me fit subir un interrogatoire ; j'étais calme et résigné ; mon parti était pris. On me fit les questions suivantes : « Qu'est-» ce qui vous a poussé à agir comme vous l'avez fait ? — » Mes opinions politiques, répondis-je, et mon désir de » revoir ma patrie, dont l'invasion étrangère m'avait privé. » En 1830, j'ai demandé à être traité en simple citoyen. » On m'a traité en prétendant ; eh bien ! je me suis conduit » en prétendant ! — Vous vouliez établir un gouvernement » militaire ? — Je voulais établir un gouvernement fondé » sur l'élection populaire. — Qu'auriez-vous fait, vain-» queur ? — J'aurais assemblé un Congrès national. »

» Je déclarai ensuite que moi seul ayant tout organisé, moi seul ayant entraîné les autres, moi seul aussi je devais assumer sur ma tête toute la responsabilité. Reconduit en prison je me jetai sur un lit qu'on m'avait préparé, et, malgré mes tourments, le sommeil, qui adoucit les peines en donnant du relâche aux douleurs de l'âme, vint calmer mes sens ; le repos ne fuit pas le malheur. Il n'y a que le remords qui n'en laisse pas. Mais comme le réveil fut affreux ! Je croyais avoir eu un horrible cauchemar. Le sort des personnes compromises était ce qui me donnait le plus de douleur et d'inquiétude. J'écrivis au général Voirol, pour lui dire que son honneur l'obligeait à s'intéresser au colonel Vaudrey, car c'était peut-être l'attachement du colonel pour lui et les égards avec lesquels il l'avait traité qui étaient cause de la non-réussite de mon entreprise ; je terminais en disant que toute la rigueur des lois s'appesantit sur moi, disant que j'étais le plus coupable et le seul à craindre.

» Le général vint me voir ce jour-là, affectueux. Il me dit en entrant : « Prince, quand j'étais votre prisonnier, je

» n'ai trouvé que des paroles dures à vous dire ; maintenant
» que vous êtes le mien, je n'ai plus que des paroles de
» consolations à vous adresser. » Le colonel Vaudrey et
moi nous fûmes conduits à la citadelle, où (moi du moins)
j'étais beaucoup mieux qu'en prison [1], mais le pouvoir civil
nous réclame, et au bout de vingt-quatre heures on nous
réintègre dans notre première demeure.

» Le geôlier et le directeur de la prison de Strasbourg
faisaient leur devoir, mais tâchaient d'adoucir autant que
possible ma situation, tandis qu'un certain M. Lebel, qu'on
envoya de Paris, voulant montrer son autorité, m'empêcha
d'ouvrir ma fenêtre pour respirer l'air, me retira ma montre
qu'il ne me rendra qu'à mon départ, et enfin lui-même
a commandé des abat-jour pour intercepter la lumière.

» Le 9 novembre au soir, on vint me prévenir que j'allais
être transféré dans une prison ; je sors et je trouve le général
et le préfet qui m'emmenèrent dans leur voiture, sans
me dire où ils me conduisaient ; j'insiste pour qu'on me
laisse avec mes compagnons d'infortune ; mais le gouvernement
en avait décidé autrement. Arrivé dans l'hôtel de
la préfecture je trouve deux chaises de poste ; on me fit
monter dans l'une avec M. Cuynat, commandant de la
gendarmerie de la Seine, et le lieutenant Thiboulot ; dans
l'autre il y avait quatre sous-officiers.

» Lorsque je vis qu'il fallait quitter Strasbourg et que
mon sort allait être séparé de celui des autres accusés, j'éprouvai
une douleur difficile à peindre. Me voilà donc forcé
d'abandonner des hommes qui se sont dévoués pour moi ;
me voilà donc privé des moyens de faire connaître, dans
ma défense, mes idées et mes intentions ; me voilà donc
recevant un soi-disant bienfait de celui auquel je voulais
faire le plus de mal ! Je m'exhalai en plaintes et en regrets,
je ne pouvais que protester...

» Les deux officiers qui me conduisaient étaient deux
officiers de l'Empire, amis intimes de M. Parquin ; aussi
eurent-ils pour moi toutes sortes d'égards ; j'aurais pu me

1. C'est de la citadelle qu'il adressa la première lettre à sa mère, en date du 1ᵉʳ novembre.

croire voyageant avec des amis. Le 11, à deux heures du matin j'arrivai à Paris à l'hôtel de la préfecture [1]. M. Delessert fut très convenable pour moi; il m'apprit que vous êtes venue en France réclamer en ma faveur la clémence du roi, que j'allais repartir dans deux heures pour Lorient, et que, de là, je passerais aux Etats-Unis, sur une frégate française.

» Je dis au préfet que j'étais au désespoir de ne pas partager le sort de mes compagnons d'infortune; que, retiré ainsi de prison avant d'avoir subi un interrogatoire général (le premier n'avait été que sommaire), on m'ôtait les moyens de déposer de plusieurs faits qui étaient en faveur des accusés, mais mes protestations étaient restées infructueuses; je pris le parti d'écrire au roi, et je lui dis que, jeté en prison après avoir pris les armes contre le gouvernement, je ne redoutais qu'une chose : sa générosité, puisqu'elle devait me priver de la plus douce consolation, la possibilité de partager le sort de mes compagnons d'infortune. J'ajoutai que la vie était peu de chose pour moi, mais que ma reconnaissance envers lui serait grande s'il épargnait la vie à d'anciens soldats, débris de notre vieille armée, entraînés par moi et séduits par de glorieux souvenirs.

1. De là, il écrivit à sa mère :

« Ma chère mère,

» Je reconnais à votre démarche toute votre tendresse pour moi; vous avez pensé au danger que je courais, mais vous n'avez pas pensé à mon honneur qui m'obligeait à partager le sort de mes compagnons d'infortune. J'éprouve une douleur bien vive en me voyant séparé des hommes que j'ai entraînés à leur perte lorsque ma présence et mes dépositions auraient pu influer sur le jury en leur faveur; j'écris au Roi pour qu'il jette sur moi un regard de bonté, c'est la seule grâce qui puisse me toucher.

» Je pars pour l'Amérique; mais, ma chère mère, si vous ne voulez pas augmenter ma douleur, je vous en conjure, ne me suivez pas; l'idée de faire partager à ma mère mon exil de l'Europe serait aux yeux du monde une tache indélébile pour moi, et pour mon cœur cela serait un chagrin cuisant. Je veux, en Amérique, faire comme Achille Murat, me créer moi-même

» En même temps, j'écrivis à M. Odilon Barrot la lettre que je joins ici, en le priant de se charger de la défense du colonel Vaudrey. A quatre heures, je me remis en route avec la même escorte, et, le 14, nous arrivâmes à la citadelle de Port-Louis, près Lorient. J'y resterai jusqu'au 21 novembre, jour où la frégate appareillera. »

Nous connaissons les trois lettres adressées de Port-Louis, la première à M. Odilon Barrot, la seconde au roi Joseph, la troisième à M. Vieillard.

Les voici par ordre chronologique :

A. M. Odilon Barrot.

« 11 novembre 1836.

» ... Certes, nous sommes très coupables, aux yeux du gouvernement établi, d'avoir pris les armes contre lui ; mais le plus coupable c'est moi : c'est celui qui, méditant depuis longtemps une révolution, est venu tout à coup arracher ces hommes à une position sociale honorable pour les livrer à tous les hasards d'un mouvement populaire. Devant les lois, mes compagnons d'infortune sont coupables de s'être laissé entraîner ; mais jamais, plus qu'en leur faveur, il n'y eut de circonstances atténuantes aux yeux du pays.

une existence. Il me faut un intérêt nouveau pour pouvoir m'y plaire.

» Je vous prie, ma chère mère, de veiller à ce qu'il ne manque rien aux prisonniers de Strasbourg ; prenez soin des deux fils du colonel Vaudrey, qui sont à Paris avec leur mère. Je prendrais bien facilement mon parti si je savais que mes autres compagnons d'infortune auront la vie sauve ; mais avoir sur la conscience la mort de braves soldats, c'est une douleur amère qui ne peut jamais s'effacer.

» Adieu, chère mère. Recevez mes remerciements pour toutes les marques de tendresse que vous me donnez. Retournez à Arenenberg, mais ne venez pas me rejoindre en Amérique, j'en serais trop malheureux. Adieu, recevez mes bien doux embrassements ; je vous aimerai toujours de tout mon cœur,

» Votre tendre et respectueux fils,

» Napoléon-Louis B... »

Je tins, le 29 au soir, au colonel Vaudrey, lorsque je le vis, et aux autres personnes le langage suivant :

» Messieurs, vous connaissez tous les griefs de la nation envers le gouvernement du 9 août, mais vous savez aussi qu'aucun parti existant aujourd'hui n'est assez fort pour le renverser; aucun assez puissant pour réunir tous les Français, si l'un d'eux parvenait à s'emparer du pouvoir. Cette faiblesse de gouvernement, comme cette faiblesse de partis, vient de ce que chacun ne représente que les intérêts d'une seule classe de la société. Les uns ne s'appuient que sur le clergé et la noblesse, les autres sur l'aristocratie bourgeoise, d'autres enfin sur les prolétaires seuls. Dans cet état de choses, il n'y a qu'un seul drapeau qui puisse rallier tous les partis, parce qu'il est le drapeau de la France et non celui d'une faction. C'est l'aigle de l'Empire! Sous cette bannière, qui rappelle tant de souvenirs glorieux, il n'y a aucune classe expulsée, elle représente les intérêts et les droits de tous. L'empereur Napoléon tenait son pouvoir du peuple français ; quatre fois son autorité reçut la sanction populaire : en 1804, l'hérédité dans la famille de l'empereur fut reconnue par quatre millions de votes. Depuis, le peuple n'a plus été consulté.

» Comme l'aîné des neveux de Napoléon, je puis donc me considérer comme le représentant de l'élection populaire, je ne dirai pas de l'Empire, puisque depuis vingt ans les idées et les besoins de la France ont dû changer; mais un principe ne peut être annulé par des faits, il ne peut l'être que par un autre principe. Or, ce ne sont pas les douze cent mille étrangers de 1815, ce n'est pas la Chambre des deux cent vingt et un en 1830, qui peuvent rendre nul le principe de l'élection de 1804. Le système napoléonien consiste à faire marcher la civilisation sans discorde et sans excès; à donner l'élan aux idées tout en développant les idées matérielles; à raffermir le pouvoir, en le rendant respectable, à discipliner les masses, d'après leurs facultés intellectuelles; enfin, à réunir autour de l'autel de la patrie les Français de tous les partis, en leur donnant pour mobile l'honneur et la gloire. Remettons, leur dis-je, le peuple dans ses droits, l'aigle sur nos drapeaux et la stabilité dans nos institutions. Eh! quoi! m'écriai-je enfin, les princes du droit divin trouvent bien des hommes qui meurent pour eux dans le but de rétablir les droits du peuple; mourrai-je donc seul dans l'exil? Non! m'ont répondu mes braves compagnons d'infortune, vous ne mourrez pas seul; nous mourrons avec vous, ou nous vaincrons ensemble pour la cause du peuple français!

» Vous voyez donc, monsieur, que c'est moi qui les ai entraînés en leur parlant de tout ce qui pouvait le plus émouvoir des cœurs français. Ils me parlèrent de leurs serments; mais je leur rappelai qu'en 1815 ils avaient prêté serment à Napoléon II et à sa dynastie. L'invasion seule, leur dis-je, vous a déliés de ces serments. Eh bien! la force peut rétablir ce que la force seule a pu détruire. J'allai même jusqu'à leur dire qu'on parlait de la mort du roi... Vous voyez combien j'étais coupable aux yeux du gouvernement. Eh bien! le gouvernement a été généreux envers moi; il a compris que ma position d'exilé, que mon amour pour mon pays, que ma parenté avec le grand homme, étaient des causes atténuantes; le jury restera-t-il en arrière de la marche indiquée par le gouvernement?... Ne trouvera-t-il pas de causes atténuantes bien plus fortes en faveur de mes complices, dans les souvenirs de l'Empire, dans les relations intimes de plusieurs d'entre eux, dans l'entraînement du moment, dans l'exemple de Labédoyère, enfin dans ce sentiment de générosité qui fit que, ils ont préféré sacrifier leur existence plutôt que d'abandonner le neveu de Napoléon; car nous étions loin de penser à une grâce en cas de non réussite, etc. »

Au comte de Surcilliers.

« Lorient, 15 novembre 1836.

» Mon cher oncle,

» Vous aurez appris avec surprise l'événement de Strasbourg; lorsqu'on ne réussit pas on dénature vos intentions, on vous calomnie; on est sûr d'être blâmé, même par les siens; aussi n'essaierai-je pas aujourd'hui de me disculper à vos yeux.

» Je pars demain pour l'Amérique; vous me feriez plaisir de m'envoyer quelques lettres de recommandation pour Philadelphie et New-York. Ayez la bonté de présenter mes respects à mes oncles et de recevoir l'expression de mon sincère attachement.

» En quittant l'Europe, peut-être pour toujours, j'éprouve le plus grand chagrin, celui de penser que, même dans ma famille, je ne trouverai personne qui plaigne mon sort.

» Adieu, mon cher oncle, ne doutez jamais de mes sentiments à votre égard.

» Votre tendre neveu,

» Napoléon-Louis BONAPARTE.

» P.-S. — Ayez la bonté de faire savoir à votre chargé d'affaires en Amérique quelles seraient les terres que vous consentez à me vendre. »

A. M. Vieillard.

« Citadelle de Port-Louis, 19 novembre 1836.

» Mon cher monsieur Vieillard,

» Je ne veux pas quitter l'Europe sans venir vous remercier des généreuses offres de service que vous m'avez faites dans une circonstance bien malheureuse pour moi. J'ai reçu votre lettre à la prison de Strasbourg; je n'ai pu vous répondre avant aujourd'hui. Je pars le cœur déchiré de n'avoir pas pu partager le sort de mes compagnons d'infortune; j'aurais voulu être traité comme eux. Mon entreprise ayant échoué, mes intentions ayant été ignorées, mon sort ayant été, malgré moi, différent de celui des hommes dont j'avais compromis l'existence, je passerai aux yeux de tout le monde pour un fou, un ambitieux ou un lâche!

» Avant de mettre le pied en France, je m'attendais bien, en cas de non réussite, aux deux premières qualifications; quant à la troisième, elle est trop cruelle.

» J'attends les vents pour partir sur la frégate l'*Andromède* pour New-York; vous pourrez m'y écrire *poste restante*. Je saurai supporter ce nouvel exil avec résignation; mais ce qui me désespère, c'est de laisser dans les fers des hommes auxquels le dévouement à la cause napoléonienne a été si fatale.

» J'aurais voulu être la seule victime.

» Adieu, mon cher monsieur Vieillard, bien des choses de ma part à madame Vieillard. Je n'oublierai jamais les marques si touchantes que vous m'avez données de votre amitié pour moi.

» Je vous embrasse de cœur.

» Napoléon-Louis BONAPARTE.

» P.-S. — Il est faux qu'on m'ait demandé le moindre serment de ne plus revenir en Europe. »

Au moment de s'embarquer sur l'*Andromède*, le sous-préfet de Lorient remit au prince seize mille francs en or, de la part du roi. Louis-Napoléon accepta et remercia.

Il faut ici rapporter la correspondance suivante, publiée par l'*Universel*, de Bruxelles, le 23 juillet 1860 :

Paris, 23 juillet.

Je viens de lire un écrit fort rare, car il a été saisi, condamné et supprimé en 1838 par la cour des pairs, et son auteur, devenu libre de le réimprimer, n'a pas jugé à propos d'user de ce droit. Cet écrit est intitulé : *Relation historique des événements du 30 octobre 1836*. Plus d'un lecteur cherche vainement, sans doute, à se rappeler quels événements ont eu lieu sous cette date. Le second titre de la brochure le tirera de peine. Le voici. *Le prince Napoléon à Strasbourg*. Quant à l'auteur, il est aujourd'hui l'un des membres influents du Sénat, et se nomme Armand Laity. En 1838, il faisait suivre son nom des qualifications suivantes : ex-lieutenant d'artillerie, ancien élève de l'école polytechnique. Il était de ceux qui avaient pris part *aux événements* de 1836, et qui semblaient avoir perdu dans cette échauffourée toute chance d'avenir. La brochure de M. Laity avait deux buts. Elle voulait prouver : d'une part, que l'entreprise du prince Napoléon avait été mal jugée dans ses moyens d'exécution et dans ses résultats ; d'autre part, qu'on se trompait sur les motifs qui avaient décidé le prince à relever le drapeau impérial, et sur les idées que prétendaient appliquer les néo-napoléoniens.

M. Laity ne parlait pas pour lui seul. Sa brochure était un manifeste et elle avait paru avec l'autorisation du maître. Il n'est pas sans intérêt d'exposer aujourd'hui le programme qu'elle contenait.

Après avoir exposé *les droits* de Louis-Napoléon à l'empire comme chef de la famille impériale, M. Laity rappelle qu'après la révolution de 1830, le jeune prince « n'écoutant » que ses sentiments de citoyen, avait demandé au roi » Louis-Philippe de servir comme simple soldat dans l'ar» mée française. » On lui répondit, ajoute-t-il, par un nouvel acte de bannissement. Je crois qu'on l'aurait beaucoup plus surpris et plus gêné en accueillant sa demande. On ne peut voir là, d'ailleurs, ou qu'un trait de jeunesse ou qu'un vulgaire appel au chauvinisme. M. Laity prétend que ce refus eut pour résultat de jeter Louis-Napoléon « jeune et *sans expérience* » dans les rangs des patriotes italiens. Il rappelle ensuite qu'un peu plus tard, en 1832, un mouvement militaire avait été préparé en faveur de *Napoléon II* « Une grande partie de l'armée, dit-il, était prête à le recevoir, s'il se présentait à la frontière. Un corps d'armée tout entier, colonels et généraux compris, l'attendait, et, vu l'impossibilité où se trouvait le jeune prince d'y arriver, les chefs étaient prêts à accueillir son cousin, s'il était muni d'une simple lettre de Napoléon II. La mort du duc de Reischtadt fit avorter ce grand projet. » Louis-Napoléon prit, dès lors, très au sérieux son rôle d'héritier de l'empire et devint, dans sa pensée et pour quelques adeptes, Napoléon III. Il jugea qu'il devait écrire, afin d'appeler l'attention sur lui. Dès 1833, il publia une brochure sur la Suisse. On trouve dans ce premier écrit une idée qui a pris place dans la célèbre brochure *Napoléon III et l'Italie* ; c'est celle qui consiste à prétendre que Napoléon Ier conquérait la Suisse, la Hollande, l'Italie, l'Allemagne, afin d'assurer plus tard, dans ces différents pays, le triomphe des idées nationales par la rénovation de l'Europe. La conquête et l'établissement de dynasties napoléoniennes n'étaient donc que du provisoire. « Mais, dira-t-on, quand devait être le » terme de cet état provisoire? A la paix avec la Russie, » et *à l'abaissement du système anglais*. Si l'empereur eût été » vainqueur, on aurait vu le duché de Varsovie se changer » en nationalité polonaise; la Westphalie se changer en na- » tionalité allemande; la vice-royauté d'Italie se changer » en nationalité italienne. » Et la France, quelle eût été sa part? D'abord il est probable que la France eut, au moins, gardé ses *frontières naturelles*; ensuite il est certain qu'un *régime libéral* y aurait remplacé le *régime dictatorial*. C'eût été le couronnement de l'édifice. « Partout stabilité, li- » berté, indépendance, au lieu de nationalités incomplètes » et d'institutions transitoires. »

Il me semble que ce programme tracé en 1833 par le jeune homme de 25 ans, comme la révélation des pensées de Napoléon Ier, ne s'éloigne pas trop des idées émises en 1860 sous le patronage de Napoléon III? M. Laity, qui parlait *par ordre*, ne l'oublions pas, ajoutait :

« Une ère nouvelle a commencé. Les peuples désormais sont appelés au libre développement de leurs facultés. Mais dans cette impulsion générale imprimée à la civilisation moderne, qui réglera le mouvement, qui préservera le peuple des dangers de sa propre activité? Quel gouvernement sera assez puissant, assez respecté pour assurer à la nation la jouissance des grandes libertés, sans agitations, sans désordres? Il faut à un peuple libre un gouvernement revêtu d'une immense force morale, et que cette force soit proportionnée à la masse des libertés populaires. »

Pour atteindre ce but, deux choses sont nécessaires : rendre à la France sa prépondérance dans le monde en effaçant la trace des traités de 1815, et s'appuyer sur le suffrage universel. Alors, seulement, la révolution sera terminée. Et qui pourrait mieux « que le prince Napoléon

APPENDICE — NOTES ET POSTFACE 395

» aider à l'accomplissement de cette *œuvre sociale*, lui dont
» le nom est une garantie de *liberté* pour les uns, d'*ordre*
» pour les autres, et un souverain de *gloire* pour tous. »
Cette dernière phrase se ret ouve presque textuellement
dans le manifeste du prince Napoléon comme candidat à
la présidence de la république.

La brochure de M. Laity est écrite sans ordre ; elle passe
constamment des doctrines et des promesses aux faits et
aux révélations. Permettez-moi de suivre son exemple. Le
prince ne se bornait pas à écrire pour pour se *faire connaître* ;
il avait soin aussi de se mettre en relations avec tous
les personnages importants et surtout mécontents. C'est
ainsi qu'en 1833 il eut une entrevue avec le général Lafayette, l'homme qui, en 1815, « avait élevé le premier la
» voix pour renverser le héros malheureux. » Esprit étroit,
inquiet et orgueilleux, Lafayette était devenu l'ennemi de
Louis-Philippe, le jour où celui-ci avait cessé d'en passer
par toutes ses idées. « Lafayette reçut le prince avec la
» plus grande cordialité. Il lui avoua qu'il se repentait
» cruellement de ce qu'il avait aidé à faire en 1830 ; mais,
» ajoutait-il, la France n'est pas républicaine et nous n'a-
» vions alors personne à placer à la tête de la nation : on
» croyait Napoléon II prisonnier à Vienne ! » — Il engagea fortement Louis-Napoléon à saisir la première occasion
favorable de revenir en France ; « car, disait-il, ce gouver-
» nement ne pourra se soutenir, et votre nom est le seul
» populaire ; » enfin, il lui promit de l'aider « de tous ses
» moyens, lorsque le moment serait arrivé. »

Quelques mois plus tôt le prince avait reçu Chateaubriand
au château de Saint-Leu ; et celui-ci, pour le remercier de
son ho   écrivait : « Vous savez, prince, que
» mo   (l.Ecosse ; que, tant qu'il vivra, il ne
» peu   moi d'autre roi de France que lui.
» Mai: ses impénétrables desseins, avait re-
» jeté   tLouis, si notre patrie devait revenir
» sur u   'elle n'a pas sanctionnée, et si ses
» mœur   daient pas l'état républicain possible,
» alors,   n'y a pas de nom qui aille mieux à la

» gloire de la France que le vôtre. » Assurément, Chateaubriand ne s'engageait pas beaucoup. C'était là, néanmoins, un assez singulier langage pour l'auteur de la terrible brochure *Bonaparte et les Bourbons*.

L'armée avait naturellement la première place dans les préoccupations du prince. Il sut se rappeler à elle d'une façon toute particulière en publiant un manuel d'artillerie, ouvrage estimable que l'esprit d'opposition fit surfaire dès le début et que l'esprit de courtisanerie a proclamé un chef-d'œuvre. On conçoit que l'envoi de ce manuel flattait l'amour-propre des officiers. Aussi en fut-il beaucoup distribué. Tout ce travail ressemblait très fort à une conspiration. M. Laity tient néanmoins à établir que le prétendant napoléonien ne conspirait pas, dans l'acception du mot. « Le prince, dit-il, s'est toujours refusé à de sembla» bles moyens ; son seul et unique plan que *lui seul savait*, » et qu'il nous a maintenant *permis de révéler*, consistait à » avoir dans tous les partis des personnes qui connussent » ses vues patriotiques et son esprit de conciliation, et dans » *chaque régiment, un ou plusieurs officiers*, dont le caractère » et les opinions bien connues de lui fussent des garanties » de leur dévouement à sa cause. » Je note en passant que la plupart des officiers ainsi gagnés à l'avance étaient des Corses. M. Laity ne jugeait pas à propos de dire cela en 1838, mais je l'ai su de bonne source. « Cette organisa» tion, reprend notre auteur, bien étrangère à une conspi» ration vulgaire, était achevée dès 1835. Le prince avait » alors tout ce qu'il pouvait désirer en éléments de force ; » il ne lui fallait plus que choisir une circonstance et s'as» surer du concours des divers partis. »

Au fond, le seul parti sur lequel on pût fonder quelques espérances et que l'on s'occupât sérieusement de gagner, était le parti républicain. On fit tâter Carrel, qui par sa position au *National*, semblait exercer une grande influence sur les révolutionnaires politiques. Carrel, qui ne pouvait promettre d'être suivi, refusa de s'engager personnellement. L'émissaire bonapartiste en obtint cependant ces paroles : « Les ouvrages politiques et militaires de Napo-

» léon-Louis Bonaparte annoncent une forte tête et un
» noble caractère; le nom qu'il porte est le plus grand des
» temps modernes; c'est le seul qui puisse exciter forte-
» ment les sympathies du peuple français. Si ce jeune
» homme sait comprendre les nouveaux intérêts de la
» France; s'il sait oublier ses droits de légitimité impé-
» riale, pour ne se rappeler que la souveraineté du peuple,
» il peut être appelé à jouer un grand rôle. »

M. Laity avait certainement en 1838 d'excellentes raisons pour ne pas en dire davantage sur ce point délicat; mais j'ai lieu de croire que les choses n'en restèrent pas là avec les républicains. J'ai entendu raconter par un homme influent de ce parti, l'un de ceux qui occupèrent en 1848 de hautes fonctions, que M. Gervais, de Caen, avait été envoyé à Strasbourg par le haut comité révolutionnaire de Paris, trois ou quatre jours avant la tentative du 30 octobre 1836. Le citoyen Gervais devait s'entendre avec Louis-Napoléon sur les conditions auxquelles le parti républicain, assez nombreux dans la capitale de l'Alsace, donnerait son concours au mouvement. Le comité révolutionnaire voulait qu'on se bornât à faire appel à la nation, sans rien préjuger sur le gouvernement à établir; le prince tenait, au contraire, à montrer qu'il s'agissait de relever l'empire, et, déjà même, sa Constitution était prête. On ne parvint pas à s'entendre, et M. Gervais, gardant le secret en bon conspirateur, reprit la route de Paris dès le 29 octobre, afin de n'être pas compromis dans la lutte du lendemain.

Quant à la question étrangère, le prince prétendait avec raison, les événements l'ont prouvé, que la guerre ne serait pas le résultat immédiat de son avénement. Il affectait même de croire que différentes cours se montreraient bien disposées pour un changement qui relèverait en France le principe du pouvoir. En réalité, il pensait que l'Europe, divisée et sans principes, ne saurait point se décider tout de suite, et que cette indécision permettrait au *fait accompli* de prendre assez de force pour se faire accepter.

Je n'ai ni à rapporter l'*Histoire des événements du 30 octobre 1836*, ni à dire pourquoi la tentative eut lieu ce jour-là.

Je tiens surtout à montrer quels étaient les ressorts moraux que faisait jouer le prétendant, d'après quelles vues et dans quels principes il agissait. « La France, disait-il, est » démocratique, mais elle n'est pas républicaine; or, j'en » tends par démocratie, le *gouvernement d'un seul par la vo-* » *lonté de tous*; et par république, le gouvernement de plu- » sieurs obéissant à un système. La France veut des insti- » tutions nationales, comme représentant de ses droits; *un* » *homme ou une famille* comme représentant de ses intérêts. » C'était l'idée césarienne; je ne vois pas qu'elle ait été un seul instant perdue de vue. Avec cette idée on peut donner l'ordre, la gloire et l'égalité, non la *liberté*.

Bien que je ne veuille pas entrer dans les détails de la conspiration ou de la tentative, je dois rapporter d'après M. Laity, un incident dont il ne fut pas question dans le procès de Strasbourg. Quelques semaines avant le jour de l'action, un ami du prince, M. Laity, je présume, avait réuni dans sa chambre vingt-cinq officiers de toutes armes. Tout à coup on leur annonce que le prince Napoléon est à Strasbourg et qu'il va se présenter devant eux; tous ac- cueillent cette nouvelle avec transport. « Le neveu de » l'empereur, s'écrièrent-ils, est le bienvenu parmi nous; » il est sous la protection de l'honneur français : que peut- » il craindre? nous le défendrions tous au péril de notre » vie. »

Le prince parut, il parla en prétendant : « Si l'armée, » s'écria-t-il, se souvient de ses grandes destinées, si elle » sent les misères de la patrie, alors j'ai un nom qui peut » vous servir; il est plébéien comme notre gloire passée, » il est glorieux comme le peuple. Aujourd'hui le grand » homme n'existe plus, il est vrai, mais la cause est la » même, l'aigle, cet emblème sacré, illustré par cent ba- » tailles, représente comme en 1815, les droits du peuple » méconnus et la gloire nationale. » Le prince parla ensuite des amertumes de l'exil et protesta qu'il n'agissait pas par ambition personnelle. Qui donc pouvait en douter? Les officiers furent entraînés et promirent leur appui, ou du moins, le laissèrent promettre par les plus ardents.

Voici maintenant quelques extraits des proclamations qui furent lancées le 30 octobre :

« Français,

» On vous trahit ; vos intérêts politiques, vos intérêts commerciaux, votre honneur, votre gloire sont vendus à l'étranger...

» En 1830, on imposa à la France un gouvernement sans consulter ni le peuple de Paris, ni le peuple des provinces, ni l'armée française. Tout ce qui a été fait sans vous est illégitime.

» *Un Congrès national, élu par tous les citoyens*, peut seul avoir le droit de choisir ce qui convient le mieux à la France.

» Fier de mon origine populaire, fort de quatre millions de votes qui me destinaient au trône, je m'avance au-devant de vous *comme représentant de la souveraineté du peuple*...

» Ne voyez-vous pas que les hommes qui règlent nos destinées sont encore les traîtres de 1814 et de 1815, les bourreaux du maréchal Ney.

» Ils font tout pour complaire à la Sainte-Alliance, pour lui obéir ; ils ont abandonné *les peuples nos alliés*...

» Français, que le souvenir du grand homme qui fit tant pour la gloire et la prospérité de la patrie vous ranime ! Confiant dans la sainteté de ma cause, je me présente à vous, le testament de l'empereur d'une main, son épée d'Austerlitz de l'autre. Lorsque à Rome, le peuple vit les dépouilles de César, il renversa ses hypocrites oppresseurs. Français, Napoléon est plus grand que César ; *il est l'emblème de la civilisation au XIX° siècle*...

» Du rocher de Sainte-Hélène, un rayon du soleil mourant a passé dans mon âme. Je saurai garder ce feu sacré, je saurai vaincre ou mourir pour la cause du peuple.

» Hommes de 1789, hommes du 20 mars 1815, hommes de 1830, levez-vous ! voyez qui vous gouverne, voyez l'aigle emblème de gloire, symbole de liberté et choisissez. Vive la France ! vive la liberté ! »

Au milieu de toutes ces déclamations d'une pauvre littérature et d'un chauvinisme exalté, une seule chose apparaît clairement, c'est *l'idée napoléonienne*.

Elle est plus nette encore dans l'appel aux soldats :

« Le gouvernement qui trahit nos intérêts civils voudrait aussi ternir notre honneur militaire... *Voyez le lion de Waterloo encore debout sur nos frontières*; voyez Huningue *privée de ses défenses*... Voyez la Légion d'honneur prodiguée aux intrigants et refusée aux braves... »

Le lion de Waterloo existe toujours et les fortifications d'Huningue ne sont pas relevées. Louis-Napoléon, devenu Napoléon III, a oublié cette partie de son programme. Quant à la Légion d'honneur, si elle n'est pas refusée aux braves, elle est toujours prodiguée aux intrigants.

La valetaille littéraire et bureaucratique est plus décorée qu'elle ne l'a été à aucune autre époque. Tous les écrivains de la Bohême et les machurats de la presse officieuse ont la croix d'honneur. On conçoit que la Restauration et le gouvernement de juillet aient prodigué « l'étoile de l'honneur » à toutes sortes de gens ayant rendu toutes sortes de services ou n'ayant absolument rien fait.

Le second empire semblait tenu à plus de réserve.

Oui, certes, les proclamations de 1836 étaient d'une pauvre littérature. Mais l'empereur a, depuis cette époque, beaucoup gagné comme écrivain. Il ne signerait plus aujourd'hui des phrases comme celles-ci :

« Soldats! la patrie divisée, la liberté trahie, l'humanité souffrante, la gloire en deuil comptent sur vous... Le soleil de nos victoires a éclairé notre berceau. Que nos hauts faits ou notre trépas soient dignes de notre naissance! Du haut du ciel, la grande ombre de Napoléon guidera nos bras, et, contente de nos efforts, elle s'écriera :

« Ils étaient dignes de leurs pères! »

Cette course après l'éloquence n'aboutissant qu'à la déclamation. Mais si l'on écarte cet amas de mots déclamatoires, on reconnaît tout l'ensemble des idées qui ont présidé au rétablissement de l'empire et dicté ses actes. Le programme de 1836 ne fut pas complètement réalisé, cela est certain. Il est certain aussi qu'on n'en dévia point. Laissons à d'autres le soin de tirer la conclusion.

———

La vie de Louis-Napoléon en Amérique nous intéresse peu. Hortense écrit à son fils qu'elle se sentait mourir et qu'elle voulait le revoir. Il partit donc pour l'Angleterre, de là pour la Hollande et l'Allemagne, et gagna secrètement Arenenberg. Sa mère mourut peu après son arrivée, le 5 octobre 1837 ; elle était dans sa cinquante-cinquième année.

Strasbourg n'a pourtant pas découragé Louis Napoléon. Il ne songe qu'au moment où se présentera une nouvelle occasion. Son père, l'ex-roi Louis a épousé à Florence la jeune marquise de Strozzi. La France adresse de vives réclamations à la Suisse au sujet des menées de Louis Napoléon. Celui-ci se rend en Angleterre ; et, au commencement de 1840, paraît une brochure intitulée : *Des Idées napoléoniennes*. Dans l'entourage du prince, on compte M. Fialin de Persigny, les colonels Vaudrey et de Montauban, le docteur Conneau, Charles Thélin et Fritz Richenbach. Le *Court Circular*, le *Morning-Post*, le *Courrier*, le *Times* se font l'écho de ses succès mondains en 1839 et en 1840.

A cette époque, le roi Louis-Philippe, auquel on reprochait d'aimer la paix avec exagération, chargea M. Thiers d'organiser un ministère de combat. Il s'agissait de préparer une descente en Angleterre. Restait le moyen d'engager la lutte. Le gouvernement imagina de réclamer les cendres de Napoléon Ier. L'Angleterre, prise d'une gaîté folle, accéda à la demande ; et, le 12 mai, la Chambre des Députés reçut l'avis officiel qu'un des fils du roi, le prince de Joinville, partait pour Sainte-Hélène et qu'il ramènerait en France le cercueil du grand homme.

L'entourage du prince décida qu'il y avait lieu de recourir à des actes. Le neveu de l'Empereur s'embarqua le 4 août. Le 5, il est devant Boulogne. La suite de l'aventure est trop connue pour y insister. Les conjurés, au nombre de soixante-quinze, sont arrêtés. Le gouvernement, au lieu de livrer le prince à la justice ordinaire du pays, le traduit devant la Chambre des pairs transformée en haute Cour de justice.

Les journaux publièrent une lettre apocryphe, signée Louis de Saint-Leu. Et Louis écrivit à son père :

« A la Conciergerie, 6 septembre 1840.

» Mon cher père,

» Je ne vous ai pas encore écrit, parce que je craignais de vous affliger. Mais aujourd'hui que j'ai appris l'intérêt que vous m'avez témoigné, je viens vous en remercier et vous demander votre bénédiction comme la seule chose à laquelle j'attache du prix maintenant. Dans mon malheur, ma plus douce consolation est d'espérer que vos pensées se tournent quelquefois vers moi. Je supporterai jusqu'au bout avec courage le sort qui m'attend, fier de la mission que je me suis imposée ; je me montrerai toujours digne du nom que je porte et digne de votre affection. »

La Cour prononça son arrêt. Le prince Charles-Louis-Napoléon était condamné à l'emprisonnement perpétuel dans une forteresse située sur le territoire continental du royaume. Ses complices furent frappés de peines diverses.

On omit de rappeler certains détails comiques de l'expédition. Par exemple, il ne fut plus question d'un aigle vivant trouvé à bord de l'*Edinburg Castle* (et que signalait le rapport de M. Gauja, préfet du Pas-de-Calais). Cet oiseau pelé, que le commandant Parquin avait acheté à la hâte au départ de Londres, malgré son piteux état, n'était pas moins censé devoir figurer aux yeux des paysans « l'aigle impériale » prête à « voler de clocher en clocher jusqu'aux tours de Notre-Dame [1]. »

[1]. Les journaux du temps, — dit Vermorel, dans *Les Hommes de 1851*, — racontèrent plaisamment que c'était un aigle savant et qu'attiré par une amorce, habilement cachée aux regards

On négligea également de rappeler que, dans les quelques heures de traversée, les hommes du prince avaient bu déplorablement et qu'ils étaient presque tous ivres, en arrivant à la caserne du 42º ; ils avaient absorbé seize douzaines de bouteilles de vin, sans compter l'eau-de-vie et les liqueurs.

Le prince fut envoyé à Ham. Trois prisonniers partageaient sa captivité : le général Montholon, le docteur Conneau et Charles Thélin, son valet de chambre.

Le logement où le prince fut installé n'avait rien de la classique prison. M. de Polignac s'était trouvé là, presque très bien, en 1831. Le commandant du fort autorisa Louis-Napoléon à cavalcader sur l'esplanade intérieure et mit un cheval à sa disposition. Les soldats, oisifs comme des troupiers casernés dans une petite place, s'amusaient à regarder ce manège ; entre eux, ils donnaient au prince le nom de Badinguet. Or, ce mot, en picard et en wallon signifie quelque chose d'intermédiaire entre « étourdi » et « badaud. »

Les loisirs de la captivité furent employés à la rédaction d'élucubrations sans nombre, qui parurent la plupart dans le *Progrès du Pas-de-Calais*, le *Journal de Maine-et-Loire*, le *Guetteur de Saint-Quentin* et la *Revue de l'Empire*.

On arrive ainsi à 1846. Son oncle Joseph est mort. Son père est à toute extrémité. Le prince demande au gouvernement la faveur de se rendre en Italie. Il donne sa parole qu'il reviendra. Les ministres se tâtent, se consultent, enquêtent ; ils demandent une garantie *explicite*. Bref, ils refusent. Le prince prépare alors une évasion. Elle est tout au long racontée dans un opuscule publié en 1846 — et

des profanes, il était exercé à voltiger autour du petit chapeau de son *empereur*. On réservait son intervention pour couronner la scène. Au moment où le prince vainqueur eût été acclamé par la population de Boulogne, l'aigle, lâché tout à point, fût venu planer dans les airs au-dessus de la tête du nouvel empereur. Ce présage *providentiel* n'eût pas manqué de porter au comble l'enthousiasme de la foule : et sous une telle impression on eût marché sur Paris ; l'entraînement eût certainement été irrésistible.

daté de Londres, le 20 juillet 1840. — Voici le passage le plus sensationnel :

... « Le prince avait remarqué que l'un des deux gardiens, à certains jours de la semaine, s'absentait pour aller chercher les journaux, et laissait son camarade seul pendant près d'un quart d'heure. C'était ce court instant qu'il fallait mettre à profit en détournant l'attention de l'homme qui restait là livré à l'ennui de l'isolement. Quant aux sentinelles, il y avait peu de chose à en craindre. Personne d'ailleurs ne paraissait croire qu'une entreprise d'évasion pût s'exécuter autrement que par un secours extérieur. C'est dans ce sens que les consignes étaient données, et l'on empêchait avec un soin sévère l'approche de la forteresse. Toute personne qui entrait était strictement examinée ; mais on laissait sortir sans soupçon.

» Le mardi 25, de grand matin, lorsque tout était encore calme et silence dans l'intérieur du fort, le prince, le docteur Conneau et Charles Thélin, placés derrière les rideaux d'une fenêtre, attendirent, sans faire le moindre bruit, l'arrivée des ouvriers dans la citadelle. Un détestable hasard voulait que le seul soldat de la garnison qu'on eût peut-être intérêt à éviter se trouvât justement en faction à la porte du corps de logis. Cet homme, qui avait fait longtemps le service de planton près du commandant, avait contracté l'habitude d'une active surveillance, et il ne manquait jamais d'examiner les ouvriers dans leurs allées et venues, les questionnant parfois sur ce qu'ils allaient faire. C'était là un véritable danger. Très heureusement, à l'occasion d'une revue, les gardes avaient été changées, et le grenadier fut relevé à six heures...

» Les ouvriers arrivèrent et subirent l'inspection accoutumée, en défilant au milieu d'une haie de soldats. Ils étaient moins nombreux que de coutume, et mieux mis que d'ordinaire, en raison du *lundi*. Comme le temps était superbe, ils n'avaient pas de sabots. C'étaient tous des maçons et des peintres, tandis que le prince s'était préparé à se vêtir comme un menuisier, et de la manière la moins élégante. C'étaient autant de contrariétés ; mais les minutes s'écoulaient et elles étaient précieuses.

» Le prince se hâta de couper ses moustaches, afin de produire un changement notable dans sa figure ; et quoiqu'il ne redoutât pas que les soldats, s'ils le reconnaissaient, fissent usage de leurs armes, comme l'ordre en était donné, il se munit d'un poignard. Malgré l'imprudence qu'il y avait à garder sur lui des papiers qui pouvaient le faire reconnaître à la frontière, il ne voulut pas se séparer de deux lettres, l'une de sa mère et l'autre de l'Empereur, qu'il avait toujours gardées comme un talisman sacré. Celle de l'Empereur est adressée à la reine Hortense et contient ce passage relatif à son neveu : « J'espère qu'il grandira pour se rendre digne des destinées qui l'attendent. »

» Le prince s'était habillé comme de coutume ; il portait des bottes et un pantalon gris. Il passa par dessus son gilet une grosse chemise de toile coupée à la ceinture, une cravate bleue, une blouse non seulement propre, mais d'une coupe assez recherchée, et mit aussi un pantalon bleu sali et usé en apparence par le travail. Par dessus la première blouse, il en mit une en aussi mauvais état, après avoir rentré le bas de la première. Le reste du costume se composait d'un vieux tablier de toile bleue, d'une perruque noire à cheveux longs et d'une mauvaise casquette. Ainsi vêtu, les mains et le visage brunis par de la peinture, il se hâta de prendre une tasse de café, chaussa ses sabots, plaça dans sa bouche une pipe de terre, et, l'épaule chargée d'une planche, il se mit en mesure de sortir.

» A sept heures moins un quart, Thélin appela tous les ouvriers qui se trouvaient sur l'escalier et les invita à venir prendre le *coup du matin*, disant à Laplace, son homme de peine, de placer les verres et les bouteilles sur la table de la salle à manger. Il accourut, aussitôt après, pour annoncer au prince que c'était le moment décisif, et descendit jusqu'aux deux gardiens Dupin et Issall, auprès desquels se trouvait encore un ouvrier qui réparait la rampe. On se dit bonjour, et comme Thélin portait un paletot sur son bras, les gardiens lui souhaitèrent un bon voyage. Il prétendit avoir quelque chose à dire à Issali, le tira à part hors du passage, et se plaça de manière à ce que son interlocuteur, pour l'entendre, fût obligé de tourner le dos au prince.

» Pendant ce temps, le docteur Conneau s'était empressé d'arrêter quelques ouvriers qui, après le petit régal servi par Laplace, regagnaient l'escalier où ils n'auraient pas manqué de rencontrer le prince. Lorsque celui-ci fut au bas de la dernière marche, il se trouva face à face avec le gardien Dupin, qui se retira vivement pour éviter la planche dont la saillie en avant masquait le profil de Napoléon-Louis et s'opposait à ce qu'on le vît de ce côté. Le prince passa donc inaperçu et entra dans la cour où un ouvrier, qui était descendu derrière lui, le suivit de très près, paraissant disposé à lui adresser la parole. C'était un garçon serrurier; Thélin se hâta de l'appeler et trouva un prétexte pour le faire remonter dans l'appartement.

» Lorsque le prince passa devant la première sentinelle, il laissa tomber la pipe de sa bouche et se baissa pour la ramasser. Le soldat le regarda machinalement et continua ses pas monotones. A la porte de la cantine, le prince passa tout près de l'officier de garde qui lisait une lettre. L'officier du génie et l'entrepreneur des travaux étaient à peu de distance examinant des papiers. Plus loin, un groupe de soldats se tenait au soleil devant le poste. Le tambour jeta un regard railleur sur l'homme à la planche, mais le factionnaire ne lui accorda pas la moindre attention. Le portier était à l'entrée de sa loge, mais il ne regarda que Thélin, qui suivait de très près, tenant en laisse le chien du prince. Le sergent qui était à l'entrée du passage tourna vivement les yeux sur le faux ouvrier, mais un mouvement de la planche le força à se rejeter en arrière. Il ouvrit la porte et le prince franchit le seuil; Thélin sortit à son tour en disant bonjour au portier.

» Entre les deux ponts-levis, le prince rencontra deux ouvriers venant droit à lui du côté où la planche laissait son visage découvert. Ils le regardèrent de loin avec attention et exprimèrent à haute voix leur surprise de ne pas le connaître. Le prince alors, comme un homme fatigué de porter un poids sur l'épaule droite, fit passer la planche à gauche; les deux hommes cependant paraissaient animés d'une telle curiosité qu'il crut un moment tout à fait impossible d'éviter leur examen; mais à quelques pas d'eux et lorsqu'il s'attendait à une question, il eut le plaisir d'en entendre un qui disait à l'autre : « Ah! c'est Berthou! »

» Le succès était dès lors complet. Le prince se trouvait enfin libre, hors de ces murailles détestées dans l'enceinte desquelles il avait langui cinq ans et neuf mois. Quoiqu'il ne connût les environs que par la carte de la ville, ce n'était pas le moment d'hésiter sur le chemin à suivre. Il prit celui qui côtoie les remparts et aboutit sur la grande route de Saint-Quentin. Thélin s'était hâté d'aller prendre à Ham le cabriolet qu'il avait retenu la veille au soir, et qu'il devait conduire lui-même.

» Nous n'entreprendrons pas de décrire les pensées tumultueuses qui se pressaient alors dans le cœur du fugitif. Il faut pour les comprendre avoir traversé ces grandes crises de la vie. Bornons-nous à dire qu'il précipita le pas, la tête en feu, et qu'il ne s'arrêta qu'à l'aspect d'un cimetière où la vue d'une croix vint lui rappeler la source ineffable de tout bonheur. Il se prosterna devant l'emblème de l'éternelle rédemption, et offrit ses vives actions de grâces au Tout-Puissant, dont la main l'avait guidé au milieu de tant de périls.

» Le roulement d'une voiture qui s'approchait vint tirer le prince de son recueillement, et il reconnut Charles Thélin. Au moment de jeter sa planche, il en fut empêché par un autre cabriolet venant de Saint-Quentin, et qu'il voulut laisser passer de peur de remarques fâcheuses. Enfin, lorsque la route fut libre, il s'élança dans la voiture, secoua la poussière qui le couvrait, lança ses sabots dans un fossé, et, pour avoir l'air d'un cocher, prit le fouet et les rênes. Les deux voyageurs furent un instant émus à l'aspect de deux gendarmes à cheval, débouchant du village de Saint-Sulpice; mais heureusement ces dangereux voisins prirent la route de Péronne avant d'être à portée du cabriolet.

» On parcourut rapidement les cinq lieues qui séparent Saint-Quentin de Ham. Chaque fois qu'on changeait de cheval, Thélin cachait le mieux possible sa figure sous son mouchoir. On a cependant assuré depuis qu'il avait été reconnu par plusieurs personnes, et entre autres par le commissaire de police, qui revenait de Saint-Quentin, et qu'une vieille femme avait témoigné tout haut son étonnement de voir le valet de chambre du prince en compagnie d'un homme aussi mal vêtu.

» A l'entrée de la ville, le prince ôta ses grossiers vêtements de dessus en ayant soin de conserver sa perruque, et mit pied à terre pour faire le tour des murs et attendre Thélin sur la route de Cambrai. Celui-ci se rendit à la poste où le maître, M. Abric, ne se trouvait pas; mais comme il était bien connu de madame Abric, il la pria de lui faire apprêter une chaise de poste avec deux chevaux et d'y mettre de la promptitude, parce qu'il avait grande hâte d'arriver à Cambrai pour en revenir de bonne heure. Il devait laisser, disait-il, le cabriolet et le cheval qu'il reprendrait au retour. La bonne madame Abric mit à tout cela le plus grand empressement, et fit préparer la petite voiture de son mari. Il fallut, bon gré mal gré, que Thélin acceptât une tranche de pâté pendant que les postillons étaient à l'œuvre; il s'excusa pourtant de ne pas le manger et l'enveloppa soigneusement, ce qui fit, quelques minutes après, un excellent déjeuner pour le prince, qui en avait grand besoin.

» La prudence conseillait à Thélin de ne pas trop presser les gens de la poste de peur d'éveiller les soupçons : de sorte que le prince avait depuis longtemps contourné la ville et restait sur la route à attendre la voiture lorsqu'il en rencontra une qui se dirigeait vers lui. Craignant d'être en arrière de Thélin, dont il ne prévoyait pas les retards, il demanda au voyageur s'il ne s'était pas croisé avec une chaise de poste. Celui-ci répondit que non et continua sa route. C'était le procureur du roi de Saint-Quentin.

» La petite voiture de M. Abric, attelée de deux vigoureux chevaux, se montra enfin, annoncée par les joyeux aboiements du chien Ham. On prit le galop, et, depuis ce moment, tout danger disparut. Il n'était encore que neuf heures; en supposant l'évasion déjà connue dans la forteresse, les premières mesures à prendre devaient entraîner, dans leur inévitable désordre, une perte de temps suffisante pour que les voyageurs fussent déjà hors d'atteinte. On n'en pressait pas moins le postillon qui, à bout de ressources nouvelles de fouet et d'éperon, finit par se fâcher et répondit une grossière apostrophe peu en rapport avec la situation historique à laquelle il se trouvait mêlé : « Vous m'embêtez. »

» On entra dans Valenciennes à deux heures moins un quart. Là seulement on devait demander les passe-ports, et Charles Thélin exhiba celui qu'avait donné le voyageur anglais.

» Comme le convoi de Bruxelles ne partait qu'à quatre heures, le prince eut un moment l'idée de prendre des chevaux de poste pour gagner la frontière ; mais cette façon de voyager étant devenue si rare qu'elle pouvait donner lieu à des remarques, il y renonça et attendit patiemment à la station. Les yeux de Thélin étaient constamment tournés vers le côté d'où pouvaient venir des gendarmes. Tout à coup il s'entend nommer et en reconnaît un de Ham, habillé en bourgeois. Sans se déconcerter, il lui témoigna grand plaisir à le voir, et apprit de lui qu'il avait quitté le service pour prendre un petit emploi dans l'administration du chemin de fer du Nord. Cet homme demanda des nouvelles du prince, qu'il ne croyait pas si près de lui.

» Le fugitif arriva enfin à Bruxelles, à Ostende et en Angleterre... »

Le récit de cette évasion serait incomplet, si l'on n'ajoutait ce qui se passait à Ham depuis le départ du prince.

« Le docteur Conneau commença par fermer la porte de la chambre qui donnait dans le salon, où il alluma un grand feu malgré la chaleur du jour, prenant pour prétexte une indisposition du prince. Il en parla à l'homme de peine, qui put voir une cafetière placée dans l'âtre. Vers huit heures, un paquet de plants de violettes arriva par la diligence; le docteur pria le gardien de préparer plusieurs pots à fleurs, d'y mettre de la terre, et l'éloigna ainsi du salon. A huit heures et demie, l'on vint demander où le déjeuner devait être servi. Le docteur répondit que ce serait dans sa propre chambre et qu'il n'y aurait pas besoin de prendre la grande table, attendu que le général Montholon gardait aussi le lit. Il ajouta que le prince avait pris médecine, et, pour qu'on n'eût pas à en douter, il en prit une lui-même; mais l'effet en ayant été nul, il inventa un mélange de café et de croûtes de pain brûlé qu'il étendit d'acide nitrique, et l'odorat des gardiens suffit à les persuader sans qu'ils songeassent à concevoir le moindre soupçon de cette chimie.

» Bientôt après le commandant s'informa des nouvelles du prince, et Conneau lui répondit qu'il se trouvait mieux et fut forcé d'accepter un domestique pour suppléer Thélin qu'on savait absent. Cet homme fut chargé de faire le lit du prince, qui était supposé étendu sur un sofa dans le salon.

» Tout alla bien jusqu'à sept heures et quart du soir. A ce moment le commandant se présenta quelque peu rembruni: « Le prince est un peu mieux, lui dit Conneau. » — « S'il est mieux, répliqua le commandant, je peux lui » parler; il faut que je lui parle. »

» Un mannequin était dans le lit avec l'apparence de la tête tournée du côté du mur. Le docteur appela le prince qui, l'on peut bien se l'imaginer, ne répondit pas. Alors, faisant un signe, le docteur indiqua que le malade était endormi. Peu satisfait par cette pantomime, le commandant s'assit dans le salon en disant que ce sommeil ne durerait pas toujours et qu'il allait en attendre la fin. En même temps il remarqua que l'heure d'arrivée de la diligence était passée et qu'il était singulier que Thélin ne parût pas. A quoi le docteur répondit que celui-ci avait pris un cabriolet et s'en servait, sans doute, pour revenir. Le commandant se leva tout d'un coup et dit : « Le prince a remué; le voilà qui s'éveille! » Conneau assura n'avoir rien entendu et demanda que le repos du malade ne fût pas troublé. Mais le commandant était déjà dans la chambre et s'était approché du lit où il découvrit la ruse. « Ah! mon Dieu, s'écria-t-il, le prince est parti!... » Puis il sortit précipitamment après avoir demandé quels étaient les hommes de garde dans la matinée.

» Ce pauvre commandant fut arrêté, ainsi que les gardiens et le docteur, au premier moment de la nouvelle.

» Le docteur fut condamné par le tribunal correctionnel à trois mois de prison, et Thélin à six mois par contumace. »

Le prince a amplifié et dénaturé nombre de faits, par la plume de son prête-nom. Dans la lettre au rédacteur en chef du *Progrès*, que M. Vermorel a exhumée (*Les Hommes de 1851*, p. 418), l'on ne voit pas l'action de grâce du Tout-Puissant; Berthou s'appelle Bernard; le fugitif ne contourna pas Saint-Quentin, mais il traversa la ville; des commissaires de police, des gendarmes, du procureur du roi, pas un mot; le passe-port n'est pas anglais, mais belge. Il y a bien d'autres erreurs volontaires, mais elles ne valent pas qu'on s'y arrête.

C'est encore à l'Angleterre que l'évadé de Ham demande l'hospitalité. Il écrit à son père :

« Londres le 27 mai 1846.

» Mon cher père,

» Le désir de pouvoir vous revoir m'a fait tenter ce que je n'aurais jamais fait sans cela. J'ai trompé la surveillance de 400 hommes et je suis arrivé sain et sauf à Londres. Là, j'ai des amis puissants. Je vais les employer pour tâcher de pouvoir aller près de vous. Faites, je vous prie, mon cher père, tout ce que vous pourrez pour que je puisse bientôt vous rejoindre.

» Recevez, mon cher père, l'assurance de mon sincère attachement.

» Napoléon-Louis B.

» Mon adresse est : *Comte d'Arnenberg-Brunswick, hôtel Jermyn street, London.* »

Le roi Louis mourut le 25 septembre 1846 d'une congestion cérébrale, sans réclamer un fils qui avait été de tout temps étranger à sa vie.

Peu après son installation à Londres, Louis-Napoléon fit un appel public à tous les capitalistes des deux mondes pour ouvrir un canal entre l'Atlantique et le Pacifique, au moyen des eaux du lac de Léon et du lac de Nicaragua. Le canal devait porter le nom de canal Napoléon. L'idée fut noyée dans l'indifférence générale. Depuis, elle porta des fruits. C'est le canal de Nicaragua qui devint la cause de l'expédition impériale du Mexique; et, tout dernièrement, il nous a valu les scandales et les ruines de Panama.

De la correspondance du Prince, à cette époque, nous empruntons cette lettre, où il est question du fils de Jérôme, le cousin Napoléon :

« Londres, 10 novembre 1846.

» Je suis bien aise que vous ayez fait faire à M. Chabrier la connaissance de mon cousin, et je serais content de savoir ce que vous pensez de son caractère. Car au fond, ce que je reproche le plus à Nap. (si toutefois on peut reprocher à un homme ses défauts de nature), c'est d'avoir un caractère indéchiffrable. Il y a des personnes qu'on comprend, qu'on connaît au premier abord. Sympathie ou antipathie, vous savez tout de suite à quoi vous en tenir. Mais Nap. est tantôt franc, loyal, ouvert, tantôt dissimulé et contraint. Tantôt, son cœur semble parler gloire, souffrir, palpiter avec vous pour tout ce qu'il y a de grand et de généreux ; tantôt, il n'exprime que sécheresse, rouerie et néant. Que croire? Je crois toujours le bien, tant que je n'ai pas de preuves réelles du contraire, et tout en étant sur mes gardes, je ne comprime aucune de mes inspirations de tendresse et d'amitié. Aussi ne puis-je que vous remercier de ne pas l'abandonner. »

Une année s'écoule sans incident remarquable dans le sort de Louis-Napoléon. La Révolution de Février a lieu. Tandis que Louis-Philippe et sa famille prennent le chemin de l'exil, le prince Louis accourt à Paris. Le 25 logé rue du Sentier chez M. Vieillard, il envoie par M. de Persigny, à l'Hôtel de ville, cette lettre pour le Gouvernement provisoire :

« Messieurs,

» Le peuple de Paris ayant détruit, par son héroïsme, les derniers vestiges de l'invasion étrangère, j'accours de l'exil pour me ranger sous le drapeau de la République qu'on vient de proclamer.

» Sans autre ambition que celle de servir mon pays, je viens annoncer mon arrivée aux membres du Gouvernement provisoire, et les assurer de mon dévouement à la cause qu'ils représentent, comme de ma sympathie pour leurs personnes.

» Agréez, messieurs, l'assurance de mes sentiments.
» Louis-Napoléon BONAPARTE. »

Cette lettre fut remise à minuit et demi. A quatre heures du matin, un convoi spécial remmenait le prince à Boulogne. Il laissa en partant cette seconde missive pour le Gouvernement provisoire :

« Messieurs,

» Après trente-trois années d'exil et de persécution, je croyais avoir acquis le droit de retrouver un foyer sur le sol de la patrie.

» Vous pensez que ma présence à Paris est maintenant un sujet d'embarras; je m'éloigne donc momentanément. Vous verrez dans ce sacrifice la pureté de mes intentions et de mon patriotisme.

» Recevez, messieurs, l'assurance de mes sentiments de haute estime et de sympathie.
» Louis-Napoléon BONAPARTE. »

La France procéda aux élections pour l'Assemblée Constituante. Deux Bonaparte furent élus, mais Louis-Napoléon ne reçut pas cette fois le mandat de représentant. Une lettre de lui explique pourquoi il ne s'était présenté nulle part et se réservait.

« Londres, 11 mai 1848.

» Mon cher monsieur Vieillard,

» Je n'ai pas encore répondu à la lettre que vous m'avez adressée de Saint-Lô, parce que j'attends votre retour à Paris et l'occasion de vous expliquer ma conduite.

» Je n'ai pas voulu me présenter comme candidat aux élections, parce que je suis convaincu que ma position à l'Assemblée eût été extrêmement embarrassante. Mon nom, mes antécédents ont fait de moi, bon gré mal gré, non un chef de parti, mais un homme sur lequel s'attachent les regards de tous les mécontents. Tant que la société française ne sera pas rassise, tant que la Constitution ne sera pas fixée, je sens que ma position en France sera très difficile, très ennuyeuse et même très dangereuse pour moi.

» J'ai donc pris la résolution de me tenir à l'écart et de résister à toutes les séductions que peut avoir pour moi le séjour de mon pays.

» Si la France avait besoin de moi, si mon rôle était tout tracé, si enfin je pouvais croire être utile à mon pays, je n'hésiterais pas à passer sur toutes ces questions secondaires pour remplir un devoir; mais, dans les circonstances actuelles, je ne puis être bon à rien : je ne serais, tout au plus, qu'un embarras.

» D'un autre côté, j'ai des intérêts personnels graves à surveiller en Angleterre; j'attendrai donc encore quelques mois ici que les affaires prennent en France une tournure plus calme et plus dessinée.

» J'ignore si vous blâmerez cette résolution; mais si vous saviez combien de propositions ridicules me surviennent, même ici, vous comprendriez combien davantage à Paris je serais en butte à toutes sortes d'intrigues.

» Je ne veux me mêler de rien; je désire voir la République se fortifier en sagesse et en droits, et, en attendant, l'exil volontaire m'est très doux, parce que je sais qu'il est volontaire.

» Recevez, etc.

» Louis-Napoléon BONAPARTE. »

Cette lettre, destinée à la publicité, ne devait servir qu'à cacher le jeu du parti bonapartiste qui se remuait plus que jamais. Des réélections ayant lieu, le prince Louis-Napoléon fut nommé, le 3 juin, par la Seine, l'Yonne, la Charente-Inférieure et la Corse. A Paris, il arriva le septième entre Victor Hugo et Pierre Leroux, avec 84.420 suffrages. Naturellement, il envoie de chauds remerciements à ses électeurs :

« Citoyens,

» Vos suffrages me pénètrent de reconnaissance. Cette marque de sympathie, d'autant plus flatteuse que je ne l'avais point sollicitée, vient me trouver au moment où je regrettais de rester inactif, alors que la patrie a besoin du concours de tous ses enfants, pour sortir des circonstances difficiles où elle se trouve placée.

» Votre confiance m'impose des devoirs que je saurai remplir ; nos intérêts, nos sentiments, nos vœux sont les mêmes ; enfant de Paris, aujourd'hui représentant du peuple, je joindrai mes efforts à ceux de mes collègues pour rétablir l'ordre, le crédit, le travail, pour assurer la paix extérieure, pour consolider les institutions démocratiques et concilier entre eux des intérêts qui semblent hostiles aujourd'hui, parce qu'ils se soupçonnent et se heurtent au lieu de marcher ensemble vers un but unique : la prospérité et la grandeur du pays.

» Le peuple est libre depuis le 24 février ; il peut tout obtenir sans avoir recours à la force brutale.

» Rallions-nous donc autour de l'autel de la patrie sous le drapeau de la République, et donnons au monde ce grand spectacle d'un peuple qui se régénère sans violence, sans guerre civile, sans anarchie.

» Recevez, mes chers concitoyens, l'assurance de mon dévouement et de mes sympathies.

» Louis-Napoléon BONAPARTE.

« Londres, 11 mai 1848. »

Le 12 juin, la commission exécutive demande à l'Assemblée nationale de maintenir contre Louis Bonaparte la loi de 1816 et d'annuler sa quadruple élection. Lamartine lit une déclaration :

« La commission exécutive, considérant que la France veut fonder en paix le gouvernement républicain, sans être troublée dans son œuvre par les prétendants dynastiques et que Louis Bonaparte a fait deux fois acte de prétendant, déclare qu'elle fera exécuter ce qui concerne Louis Bonaparte dans la loi de 1872 jusqu'au jour où l'Assemblée nationale en aura autrement décidé. »

L'Assemblée, le lendemain, prononça la validité de la quadruple élection du prince. Nouvelle missive :

« Londres, 14 juin 1848.

» Monsieur le président,

» Je partais pour me rendre à mon poste, quand j'apprends que mon élection sert de prétexte à des troubles déplorables et à des erreurs. Je n'ai pas cherché l'honneur d'être représentant du peuple, parce que je savais les soupçons injurieux dont j'étais l'objet. Je rechercherais encore moins le pouvoir. *Si le peuple m'imposait des devoirs, je saurais les remplir.*

» Mais je désavoue tous ceux qui me prêtent des intentions ambitieuses que je n'ai pas. Mon nom est un symbole d'ordre, de nationalité, de gloire, et ce serait avec la plus vive douleur que je le verrais servir à augmenter les troubles et les déchirements de la patrie. Pour éviter un tel malheur, je resterais plutôt en exil.

APPENDICE — NOTES ET POSTFACE

» Je suis prêt à tous les sacrifices pour le bonheur de la France.

» Ayez la bonté, monsieur le président, de donner communication de ma lettre à l'Assemblée; je vous envoie une copie de mes remerciements aux électeurs.

» Recevez l'assurance de mes sentiments distingués.

» Louis-Napoléon BONAPARTE. »

Cavaignac et Jules Favre demandent que la lettre soit déférée au Ministre de la Justice.

Réplique du prince :

« Londres, le 15 juin 1848.

» Monsieur le président,

» J'étais fier d'avoir été élu représentant à Paris et dans trois autres départements; c'était, à mes yeux, une ample réparation pour trente années d'exil et six ans de captivité; mais les soupçons injurieux qu'a fait naître mon élection, mais les troubles dont elle a été le prétexte, mais l'hostilité du pouvoir exécutif, m'imposent le devoir de refuser un honneur qu'on croit avoir été obtenu par l'intrigue.

» Je désire l'ordre et le maintien d'une république sage, grande, intelligente; et, puisque involontairement, je favorise le désordre, je dépose, non sans de vifs regrets, ma démission entre vos mains.

» Bientôt, je l'espère, le calme renaîtra en France et me permettra d'y rentrer, comme le plus simple des citoyens, et aussi comme un des plus dévoués au repos et à la prospérité du pays.

» Recevez, monsieur le président, l'assurance de mes sentiments les plus distingués.

» Louis-Napoléon BONAPARTE. »

Cette démission était une habileté. Vinrent les journées de juin. Le bonapartisme y eut une part considérable.

Les preuves de la participation des bonapartistes à l'insurrection de juin 1848 abondent. Les meneurs bonapartistes se glissaient partout et exploitaient la misère et le mécontentement des masses.

Au moment où l'on se battait dans les rues, le général Rapatel se présenta au siège du gouvernement; c'était alors la présidence de l'Assemblée. Le général tenait à la main une lettre qu'il désirait communiquer au général Cavaignac. Celui-ci, tout occupé dans une autre conférence, chargea le colonel Charras de l'entendre. Le général Rapatel s'avança et, prenant pour le général Cavaignac qu'il n'avait jamais vu, le colonel Charras, qu'il ne connaissait pas non plus, et qui se présentait à lui en simple capote ouverte et sans insigne, il lui tendit la lettre qu'il avait à la main. Voici le sens exact, sinon les termes de cette lettre :

« Au général Rapatel.

» Londres, le 22 juin 1848.

» Général, je connais vos sentiments pour ma famille; si les événements qui se préparent tournent dans un sens qui lui soit favorable, vous êtes ministre de la guerre.

» Napoléon-Louis BONAPARTE [1]. »

Devait-on publier cette étrange missive? La question fut agitée. La crainte de grandir par là, l'importance de Louis Bonaparte et de le désigner comme chef aux insurgés prévalut : on se décida pour le secret.

Le 1ᵉʳ août 1848, l'*Evénement* avait été fondé par la famille Hugo, avec MM. Paul Meurice et Auguste Vacquerie comme principaux rédacteurs. Le journal portait en frontispice ces mots du poëte :

Haine rigoureuse de l'anarchie.

L'*Evénement* soutint chaleureusement la candidature du prince à la présidence. On lit dans le numéro du 24 octobre :

« On peut tenir dès aujourd'hui pour assurée l'élection de

1. Cf. Louis Blanc, — *Révélations historiques*, 2ᵉ vol. p. 179 et suiv. — Bruxelles.

M. Louis Bonaparte. Ce qui l'entoure, c'est le prestige, c'est la lumière. La conscience de la France a son bruit comme les profondeurs de la mer. Quand la marée monte, on l'entend avant de la voir. C'est l'instinct de la France qui la pousse vers ce nom éclatant : car le soleil d'Austerlitz, s'il s'est couché sur le monde, ne se couchera jamais sur l'histoire. Ce nom, Napoléon, *quel que soit l'homme qui le porte*, veut dire tant de choses! Il veut dire Marengo, Austerlitz, Iéna. »

Et le 3 décembre 1848, à la veille de l'élection présidentielle :

« Pas un nom éclatant ne prête son autorité à la candidature de M. Cavaignac. Parmi les partisans de M. Louis Bonaparte, au contraire, nous trouvons MM. Bugeaud, Thiers, Odilon Barrot, Victor Hugo, de Broglie, Montalembert. Le *Siècle* ajoute celui de M. Guizot, et nous ne récusons pas, certes! cet auxiliaire!... Quant à la foule, à défaut de science, elle interroge son cœur. Le nom de Napoléon Bonaparte veut dire pour elle : ordre, force et gloire. Elle vote pour ce nom. »

Le 10 décembre, le jour même de l'élection :

« Que le peuple vote avec calme! Il est un nom qui résume tous les souvenirs du passé, toutes les espérances de l'avenir : c'est le nom de Napoléon, de l'homme qui a le plus aimé le peuple. Nous dirons au peuple, en face de la colonne : du haut de ce monument la gloire vous conseille!.. »

A quelque temps de là, le prince Louis n'étant plus pour Victor Hugo qu'*Augustule* et *Napoléon le Petit*, M. Odilon Barrot, interrompant à la Chambre le poëte en veine d'éloquence, s'écriait : « Le prince aurait continué à être un grand homme s'il vous avait appelé au ministère de l'Instruction publique. » (*Très bien! Très bien!*)

De nombreuses élections partielles se préparent. Cette fois, il déclare accepter le mandat de représentant s'il est élu. Cinq départements l'envoient à l'Assemblée. Il opte pour Paris, lieu de sa naissance. Sa proclamation aux électeurs est débordante de républicanisme : « La République démocratique sera l'objet de mon culte, j'en serai le prêtre. » Il vient prendre sa place à l'Assemblée nationale le 20 septembre 1848.

« Citoyens représentants,

» Il ne m'est pas permis de garder le silence après les calomnies dont j'ai été l'objet.

» J'ai besoin d'exprimer ici, hautement, et dès le premier jour où il m'est permis de siéger parmi vous, les vrais sentiments qui m'animent et qui m'ont toujours animé.

» Après trente-trois années de proscription et d'exil, je retrouve enfin ma patrie et tous mes droits de citoyen.

» La République m'a fait ce bonheur; que la République reçoive mon serment de reconnaissance, mon serment de dévouement, et que les généreux compatriotes qui m'ont porté dans cette enceinte soient certains que je m'efforcerai de justifier leurs suffrages en travaillant avec vous au maintien de la tranquillité, ce premier besoin du pays, et au développement des institutions démocratiques que le peuple a le droit de réclamer.

» Longtemps, je n'ai pu consacrer à la France que les méditations de l'exil et de la captivité. Aujourd'hui, la carrière où vous marchez m'est ouverte; recevez-moi dans vos rangs, mes chers collègues, avec le même sentiment d'affectueuse confiance que j'y apporte.

» Ma conduite, toujours inspirée par le devoir, toujours animée par le respect de la loi, ma conduite prouvera à l'encontre des passions qui ont essayé de me noircir pour me proscrire encore, que nul ici plus que moi n'est résolu à se dévouer à la défense de l'ordre et à l'affermissement de la République. »

Le 11 octobre, l'Assemblée rendit le décret suivant :

« L'article 6 de la loi du 8 avril 1832, relative au bannissement de la famille Bonaparte, est abrogé. »

APPENDICE — NOTES ET POSTFACE

La France avait à élire, le 10 décembre suivant, le Président de la République. Le 25 octobre, Clément Thomas adresse à la Chambre cette question : « A quel titre M. Louis Bonaparte pose-t-il sa candidature à la Présidence ? »

Isambert répondit : « En vertu de son droit de citoyen. »

Le lendemain, Louis Bonaparte, qui assistait rarement aux séances de l'Assemblée, vient au Palais législatif et prend la parole :

« Citoyens représentants, dit-il, l'incident regrettable qui s'est élevé, hier, à mon sujet, ne me permet pas de me taire. De quoi m'accuse-t-on ? d'accepter du sentiment populaire une candidature que je n'ai pas recherchée. Eh bien ! oui, je l'accepte, cette candidature qui m'honore ! Je l'accepte, parce que des élections successives et le décret unanime de l'Assemblée contre la proscription de ma famille, m'autorisent à croire que la France regarde mon nom comme pouvant servir à la consolidation de la société. Ce qu'il faut surtout au pays, c'est un gouvernement stable, intelligent, ferme, sage, qui pense plus à guérir des maux qu'à les venger. Je ne veux que mériter l'estime de l'Assemblée nationale et de tous les hommes de bien, la confiance de ce peuple magnanime qu'on a si légèrement traité hier. Je saurai toujours montrer le calme d'un homme résolu à faire son devoir. Je réclame donc à ceux qui voudraient organiser contre moi un système de provocation, que dorénavant je ne répondrai à aucune interpellation, à aucune espèce d'attaque. Je ne répondrai pas à ceux qui voudraient me faire parler, alors que je veux me taire... »

— Il n'y avait pas à se méprendre sur la portée de ces paroles. C'était bien là le langage d'un chef de parti. Louis Bonaparte, dépouillant le rôle effacé dans lequel il s'était renfermé jusqu'alors, déployait à la face du pays, en pleine Assemblée, et son programme et son drapeau. Ce prétendant, que des politiciens à courte vue nous ont, sous le second Empire, représenté lourd et épais, était en réalité un esprit perspicace et délié. Il avait conscience de sa force et de sa popularité. Il savait ce qu'il voulait, où il allait : toutes choses que ne savaient ni les Lamartine, ni les Louis Blanc, ni les Ledru-Rollin, profondément divisés sur les questions sociales. Pendant sa captivité de Ham, il avait pu étudier les aspirations du pays, diagnostiquer ses besoins et prendre mesure de l'opinion publique : et alors dosant, en habile préparateur, la quantité de liberté dont était capable la société française, il avait élaboré une formule dont les composants se retrouvent dans tous ses discours et que je dégage ainsi :

I. — Apaisement. — II. — Ordre. — III. Libéralisme.

Le prince se présentait à la France sous le triple caractère de pacificateur, d'homme d'ordre et de partisan d'institutions démocratiques. Son drapeau, était le drapeau d'Arcole, d'Austerlitz, d'Iéna. Dans l'état pathologique de la France en 1848, au milieu de la confusion générale, la victoire était certaine à courte échéance, avec un pareil programme. Bien inutile au prince de se mettre, comme on le lui conseillait, à la remorque d'un parti. Il était parti lui-même et n'avait à être la dupe ni le complice de personne [1].

« La Révolution de Février avait eu un profond contre-coup dans les Iles Britanniques, ainsi que dans toute l'Europe. Les Chartistes, ses représentants de l'idée révolutionnaire en Angleterre, organisèrent à Londres plusieurs manifestations imposantes et causèrent de vives inquiétudes au Gouvernement anglais.

» Ce dernier, pour conjurer les dangers dont il se croyait menacé, eut alors recours à un homme extraordinaire ; il invita les habitants de Londres, opposés au mouvement libéral, à donner main-forte aux hommes de police (policemen), à se faire inscrire et à prêter serment dans les paroisses en qualité de *constables* (officiers anglais de police). Un grand nombre de défenseurs de l'aristocratie anglaise, de la royauté et de la féodalité capitaliste, industrielle et mercantile répondirent à cet appel.

1. Cf. *Histoire de Cent ans*, par Alfred Berthezème.

» Mais ce qui paraîtra plus qu'extraordinaire, c'est de rencontrer parmi les défenseurs des privilèges monstrueux, qui servent de base à la société anglaise, l'homme qui venait féliciter le *Gouvernement provisoire* du triomphe de *la République* et de l'assurer de son *dévouement* et de sa *sympathie*. »

Voici la traduction française de l'acte constatant le serment prêté par l'héritier du martyr de Sainte-Hélène.

« Londres, paroisse S.-Jacques, le 31 octobre 1848.

» Le 6 avril, le prince Louis-Napoléon, demeurant King Street, n° 3, Saint Jacques, a prêté serment comme *constable* spécial, pour deux mois, à la cour de police de Marlborough Street, entre les mains de P. Byngham, écuyer, et il était en fonction de *constable* pour la paroisse de Saint-Jacques, le 10 avril, pendant le meeting chartiste, sous le commandement du comte de Grey [1]. »

Élu président le 10 décembre, Louis-Napoléon, le 20 du même mois, prêta le serment constitutionnel. Du haut de la tribune, il prononça une harangue tout à la gloire de la République. Il conclut : « Soyons les hommes du pays, non les hommes d'un parti et, Dieu aidant, nous ferons du moins le bien, si nous ne pouvons faire de grandes choses !... »

Les grandes choses et le bien qui se fit se traduisirent par le coup d'État de 1851, l'Empire et Sedan.

Portrait de Napoléon III, tiré du *Constitutionnel* :

« Le front est élevé et large, soigneusement modelé : comme dans un palais c'est le fronton qui est le plus étudié et le plus significatif...

» Sous son apparence unie, les facultés en sont aussi nombreuses et aussi inexplicables pour l'ignorance que les

---

[1]. Cf. l'*Histoire du Nouveau César* par P. Vésinier, continuateur des *Mystères du Peuple* d'Eugène Sue, — Londres, 1836.

rouages et les cylindres à l'intérieur d'un chronomètre...

» Il n'a pas de hâte avec les évènements qu'un peuple impatient voudrait précipiter. C'est à ceux qui attendent le Messie d'être pressés; le Messie était calme et radieux. Il voit les célébrités dépliées à ses pieds et n'en choisit aucune qui pourrait lui faire envie...

» Sans vanité, il laisse attribuer aux autres l'action qu'il a dirigée et laisse complimenter l'armure par ceux qui n'ont pas reconnu le bras. Il permet aux nombreux wagons qui le suivent à la file de faire tout le bruit et toute la poussière possibles sur la voie, il se contente d'être la machine qui les mène...

» L'œil est petit et grand à la fois; c'est à n'y rien comprendre. Le regard n'y est pas; c'est comme le jour sans soleil des belles matinées d'hiver. Cet œil est le puits de science qui sait tout et ne dit rien, de cette grande figure diplomatique.

» Le nez a la courbure d'un bec d'aigle; il est un peu long, comme il devrait être chez tous ceux qui doivent se mêler des affaires des autres. La lèvre, discrète aux coins, s'abaisse comme un pont-levis pour laisser passer, comme de la forteresse d'une intelligence bien gardée et bien approvisionnée, l'éloquence la plus brave et la mieux armée.

» Le buste est long, droit et fier; les jambes semblent attendre que le cheval vienne exhausser le cavalier.

» Les pieds bien écartés en dehors, divergent leurs pointes élégamment. D'un geste hardi, il a chargé César sur ses épaules comme Enée portait Anchise, ce qui témoignait autant en faveur de sa piété filiale que de sa force réelle... »

Et, d'après le vicomte de Beaumont-Vassy (*Mémoires secrets du XIXᵉ siècle, 1874*) :

«... Il était de taille moyenne; son visage ne reproduisait en rien le type connu de Napoléon Ier; il n'y avait même pas là un air de famille. Des cheveux châtain clair, peu abondants, des yeux d'un gris bleu, petits et d'un ovale allongé, un nez aquilin et très prononcé, des moustaches épaisses retombant sur la bouche et dont les extrémités n'étaient point alors, comme elles le furent depuis, amincies, roulées et prolongées à la hongroise : tels étaient les principaux détails qui frappaient à première vue. Mais, lorsqu'on s'arrêtait un instant à considérer attentivement cette tête plus développée en hauteur qu'en largeur, c'està-dire plus anguleuse que carrée, on remarquait de suite que toute la physionomie en était dans les yeux, quoique, par le fait, les yeux glauques n'exprimassent rien de précis, d'affirmatif, de certain. Perdus dans le vague et n'indiquant la pensée intime que par certaines lueurs passagères, si rares qu'il eût été superflu de compter sur elles, pour deviner ou surprendre les désirs, les intentions, les espérances du personnage, ces yeux qui rappelaient beaucoup, par la nuance et par la forme, ceux de la reine Hortense, me parurent tout d'abord devoir être en politique une force immense, un inappréciable avantage. Quoique, tout d'abord aussi, l'impression produite par Louis-Napoléon ne fût pas favorable, cependant ses yeux et sa taciturnité me donnaient beaucoup à réfléchir, tandis que je descendais l'escalier de l'Elysée. « Il y a peut-être là un homme d'Etat! » me disais-je... Hélas! »

———

Caractère de Napoléon III, d'après M. A. Morel :

« Un physiologiste anonyme vient de livrer à l'attention publique un travail d'un genre spécial qui ajoute un trait nouveau, certain, expressif, à ce que nous avions appris d'autre part. Par une suite d'inductions savantes, ce maitre raisonneur a pu deviner les moindres particularités, congénitales et acquises, de l'être physique chez Napoléon III.

» Nous ne voulons prendre de ses conclusions qu'un point : le tempérament de l'Empereur est lymphatico-nerveux. Il le tient de sa mère.

» Les nerfs et la lymphe se mêlent donc chez lui, comme il arrive souvent chez les femmes de notre Occident européen; ce qui éclaire un mot connu de madame Gordon. On lui demandait, par manière de plaisanter, si elle aimait Louis-Napoléon : « Je l'aime politiquement, » répondit-elle avec un sourire. Et elle ajouta : « A dire vrai, il me fait l'effet d'une femme. »

» Là où les nerfs dominent, l'intelligence est facile, compréhensive, féconde en projets, l'imagination portée au plaisir.

» Si c'est la lymphe, l'esprit est lent, les sens sont obtus, et, comme on l'a dit, il faut les écorcher pour les chatouiller.

» Supposez unis ces éléments : de leur fusion naît un nouveau caractère qui participe des deux principes et les modifie l'un par l'autre. Alors un homme est tout ensemble intelligent et gourd, téméraire et calculateur, modeste et fastueux, preste et tardif, voluptueux et insensible, mystique et sceptique, curieux et indifférent, mobile et tenace, indiscret et secret, crédule et méprisant, affable et hautain, résistant et blet, balbutiant et verbeux, glorieux et insouciant ; il peut vous tenir et vous lâcher ; on le tient, et il vous échappe ; on le noie, et il surnage ; on le domine, et il domine. Au total, une personnalité qui serait confuse, sans une idée, qui ramasse toutes ses propriétés divergentes en un objet unique : vivre.

» Ajoutez à cette idée celle d'une place, d'un rang, d'une élévation, où la vie lui semble commode et flatteuse, vous avez le personnage au complet.

» Ce n'est pas notre faute si l'homme que nous avions à décrire se trouve ainsi complexe. Il est tel et le voilà.

» Dès lors, vous avez l'explication de tout son règne, qui, pareil à la manière d'opérer de certains négociants, paie l'arriéré ou le néglige, solde à temps ou prend des délais, laisse protester ou conteste l'obligation. »

Le prince était âgé d'un peu plus de quarante ans lorsqu'il vint, chef reconnu du pouvoir exécutif, s'établir à l'Elysée. Dans ce même palais où Napoléon 1er, en 1815, avait signé sa seconde abdication, Louis-Napoléon reprenait, avec un titre légal, mais insuffisant encore, la suite interrompue des affaires de la dynastie. C'est là que commençaient pour lui la fortune et la domination. Aussi vrai que la logique devrait un jour, en supposant qu'il vécût valide durant quelques années encore, le conduire aux alentours de Mont-Saint-Jean pour y chercher la revanche de Waterloo, les pratiques qu'il allait suivre étaient tout indiquées après son élection présidentielle de 1848.

La Constituante, cette naïve assemblée qui l'avait laissé libre d'obtenir le premier poste de la République, devait être avant tout congédiée. Si faible qu'elle fût, elle conservait une certaine puissance morale, un dernier reste de crédit sur l'opinion. Il fallait qu'elle disparût.

L'assemblée qui viendrait ensuite serait ou hostile ou favorable au rétablissement de l'Empire. Favorable, elle serait doucement conduite à proclamer cette restauration; hostile, on la briserait.

Dans le pays on exploiterait les souvenirs, les passions, les craintes, pour organiser sur de larges bases un grand parti napoléonien.

Autour de soi on rallierait les fonctionnaires de tout ordre; ce qui serait facile. La Constitution, imprévoyante, avait par avance livré au Président la bureaucratie, la magistrature, le clergé, l'armée, la clef du Trésor public, la police. C'était plus qu'il n'était nécessaire pour qu'un Coup d'État devînt facile.

Le parti républicain certainement était nombreux et énergique; mais divisé, déjà décimé par ses propres mains, affaibli par des récriminations intestines, comptant peu d'hommes clairvoyants, souvent timoré dans sa conduite lorsqu'il était hasardeux dans ses paroles, il devait succomber après un temps assez court, pourvu que le prince ne négligeât pas ses propres avantages.

Le nombre en était considérable.

Une partie de la France était, en effet, gagnée déjà au bonapartisme. C'était, sans doute, la masse brute de la nation qui donnait son cœur et son enthousiasme; mais les simples sont un excellent point d'appui. Avec un entêtement tenace, les gens de campagne, la plupart des petits commerçants, les artisans des petites villes, étaient décidés à tout, même à la violence, pour conduire leur Napoléon jusqu'au suprême pouvoir. A peine investis par la République du droit de suffrage, ils en usaient pour la tuer, comme si leur émancipation et le règne de l'égalité leur paraissaient un vol fait à quelque représentant du ciel. On leur avait fabriqué une légende napoléonienne dont ils étaient les dupes et les apôtres : fanatiques dévots d'un culte pareil à celui du vieux Teutatès, ils se croyaient sacrilèges tant qu'ils n'auraient point établi l'idole sur l'autel, deux fois détruit par la guerre, maintenant relevé par leurs bras.

Une foule d'ambitieux subalternes ne demandaient d'ailleurs qu'à seconder ce zèle et à former dans les grandes villes des cohortes d'impérialistes.

Enfin les bourgeois ignorants et pesamment frivoles, loin d'être remis de leurs longues alarmes, voyaient plus que jamais sur l'horizon assombri gambader un spectre rouge qui les frappait de terreur. N'est-ce pas une singularité de notre temps qu'en ce pays de France, où nulle fortune patrimoniale ne se soutient pendant trois générations consécutives, où sans cesse les petits-fils sont forcés, soit de mourir misérables, soit de refaire la fortune laissée par le grand-père, anéantie par le fils, tant de gens soient en politique et théoriquement des conservateurs farouches, eux qui, même en l'absence de toute révolution, ne sauraient rien conserver... [1]?

Napoléon III a dépeint ainsi ceux qui se louent comme serviteurs à la force s'emparant du pouvoir : « Aux époques de transition, dit-il, et c'est là l'écueil, lorsqu'il faut choisir entre un passé glorieux et un avenir inconnu, les hommes audacieux et sans scrupules se mettent seuls en avant... Des gens, souvent sans aveu, s'emparent des passions bonnes ou mauvaises de la foule... Pour constituer son parti, César recourut quelquefois, il est vrai, à des agents peu estimables ; le meilleur architecte ne peut bâtir

---

1. Cf. *Napoléon III*, par M. Morel, p. 311 et suiv.

qu'avec les matériaux qu'il a sous la main. » (*Histoire de Jules César*, II, p. 9.)

Une fois président de la République, Louis-Napoléon a vécu intellectuellement et moralement sur le fonds qu'il s'était fait avant 1848. Tous ses actes les moins prévus ne sont que la déduction de ses idées anciennes. Quand il paraît y contredire, il y est réellement fidèle. Il sacrifie, sans doute, tantôt l'une, tantôt l'autre en apparence. Mais il ne les rejette que pour un temps.

Au 22 juillet 1849, le Président de la République se rend à Ham pour visiter la forteresse, son ancien séjour. La ville lui offre un banquet. Louis-Napoléon répond en ces termes au toast du maire :

« Monsieur le Maire,

» Je suis profondément ému de la réception affectueuse que je reçois de vos concitoyens. Mais, croyez-le, si je suis venu à Ham, ce n'est pas par orgueil, c'est par reconnaissance. J'avais à cœur de remercier les habitants de cette ville et des environs de toutes les marques de sympathie qu'ils n'ont cessé de me donner pendant mes malheurs.

» Aujourd'hui, qu'élu par la France entière, je suis devenu le chef légitime de cette grande nation, je ne saurais me glorifier d'une captivité qui avait pour cause l'attaque contre un gouvernement régulier. Quand on a vu combien les révolutions les plus justes entraînent de maux après elles, on comprend à peine l'audace d'avoir voulu assumer sur soi la terrible responsabilité d'un changement. Je ne me plains donc pas d'avoir expié ici, par un emprisonnement de six années, ma témérité contre les lois de ma patrie, et c'est avec bonheur que, dans les lieux mêmes où j'ai souffert, je vous propose un toast en l'honneur des hommes qui sont déterminés, malgré leurs convictions, à respecter les institutions de leur pays. »

La *Vie de César*, due à la collaboration de divers savants, fut publiée sous la signature de Napoléon III. Ainsi qu'il arrive d'une œuvre faite de plusieurs mains, l'érudition proprement dite manque de profondeur. Le livre ne donne qu'une idée imparfaite de la Constitution ancienne de Rome. En revanche, sur le fond banal de la narration, se détache une théorie qu'il faut souligner. En voici les traits principaux :

« Si les Romains après avoir donné au monde l'exemple d'un peuple se constituant et grandissant par la liberté, ont semblé, depuis César, se précipiter aveuglément dans la servitude, c'est qu'il existait une raison générale qui empêchait fatalement la République de revenir à la pureté de ses anciennes institutions : c'est que les besoins et les intérêts nouveaux d'une société en travail voyaient d'autres moyens pour être satisfaits. De même que la logique nous démontre dans les événements importants leur raison d'être impérieuse, de même il faut reconnaître et dans la longue durée d'une institution la preuve de sa bonté, et dans l'influence incontestable d'un homme sur son siècle la preuve de son génie.

» Ce n'est pas non plus le récit détaillé des moindres actions d'un homme supérieur qui nous révélera le secret de son ascendant, mais la recherche attentive des mobiles de sa conduite.

» Lorsque des faits extraordinaires attestent un génie éminent, quoi de plus contraire au bon sens que de lui prêter toutes les passions et tous les sentiments de la médiocrité? Quoi de plus faux que de ne pas reconnaître la prééminence de ces êtres privilégiés qui apparaissent de temps à autre dans l'histoire comme des phares lumineux, dissipant les ténèbres de leur époque et éclairant l'avenir? Nier cette prééminence serait d'ailleurs faire injure à l'humanité en la croyant capable de subir, à la longue et volontairement, une domination qui ne reposerait pas sur une grandeur véritable et sur une incontestable utilité. Soyons logiques, et nous serons justes.

» Trop d'historiens trouvent plus facile d'abaisser les hommes de génie que de s'élever, par une généreuse inspiration, à leur hauteur en pénétrant leurs vastes desseins. Ainsi, pour César, au lieu de nous montrer Rome déchirée par les guerres civiles, corrompue par les richesses, foulant aux pieds ses anciennes institutions, menacée par des peuples puissants, les Gaulois, les Germains et les Parthes, incapable de se soutenir sans un pouvoir central plus fort, plus stable et plus juste; au lieu, dis-je, de tracer ce tableau fidèle, on nous représente César, dès son jeune âge, méditant déjà le pouvoir suprême. S'il résiste à Sylla, s'il est en désaccord avec Cicéron, s'il se lie avec Pompée, c'est par l'effet de cette astuce prévoyante qui a tout deviné pour tout asservir; s'il s'élance dans les Gaules, c'est pour acquérir des richesses par le pillage ou des soldats dévoués à ses projets; s'il traverse la mer pour porter les aigles romaines dans un pays inconnu, mais dont la conquête affermira celle des Gaules, c'est pour y chercher des perles qu'on croyait exister dans les mers de la Grande-Bretagne. Si, après avoir vaincu les redoutables ennemis de l'Italie au delà des Alpes, il médite une expédition contre les Parthes pour venger la défaite de Crassus, c'est, disent certains historiens, que l'activité convenait à sa nature et qu'en campagne sa santé était meilleure; s'il accepte du Sénat avec reconnaissance une couronne de lauriers et qu'il la porte avec fierté, c'est pour cacher sa tête chauve; si, enfin, il a été assassiné par ceux qu'il avait comblés de ses bienfaits, c'est parce qu'il voulait se faire roi; comme s'il n'était pas pour ses contemporains ainsi que pour la postérité plus grand que tous les rois! Depuis Suétone et Plutarque, telles sont les mesquines interprétations qu'on se plaît à donner aux choses les plus nobles. Mais à quels signes reconnaître la grandeur d'un homme? A l'empire de ses idées, lorsque ses principes et son système triomphent en dépit de sa mort ou de sa défaite. N'est-ce pas, en effet, le propre du génie de survivre au néant et d'étendre son empire sur les générations futures? César disparaît, et son influence prédomine plus encore que pendant sa vie. Cicéron, son adversaire, est contraint de s'écrier : « Toutes les actions de César, ses écrits, ses paroles, ses promesses, ses pensées, ont plus de force après sa mort que s'il vivait encore. » Pendant des siècles, il a suffi de dire au monde que telle avait été la volonté de César pour que le monde obéît.

» Ce qui précède montre assez le but que je me propose en écrivant cette histoire. Ce but est de prouver que, lorsque la Providence suscite des hommes tels que César, Charlemagne, Napoléon, c'est pour tracer aux peuples la voie qu'ils doivent suivre, marquer du sceau de leur génie une ère nouvelle, et accomplir en quelques années le travail de plusieurs siècles. Heureux les peuples qui les comprennent et les suivent! Malheur à ceux qui les méconnaissent et les combattent! Ils font comme les juifs, ils crucifient leur Messie, ils sont aveugles et coupables : aveugles, car ils ne voient pas l'impuissance de leurs efforts à suspendre le triomphe définitif du bien; coupables, car ils ne font que retarder le progrès en entravant sa prompte et féconde application.

» En effet, ni le meurtre de César, ni la captivité de Sainte-Hélène, n'ont pu détruire sans retour deux causes populaires renversées par une ligue se couvrant du masque de la Liberté. Brutus, en tuant César, a plongé Rome dans les horreurs de la guerre civile; il n'a pas empêché le règne d'Auguste, mais il a rendu possibles ceux de Néron et de Caligula. L'ostracisme de Napoléon par l'Europe conjurée n'a pas non plus empêché l'Empire de ressusciter, et cependant que nous sommes loin des grandes questions résolues, des passions apaisées, des satisfactions légitimes données aux peuples par le premier Empire!

» Aussi se vérifie-t-elle tous les jours, depuis 1815, cette prophétie du captif de Sainte-Hélène :

« Combien de luttes, de sang, d'années ne faudra-t-il pas encore pour que le bien que je voulais faire à l'humanité puisse se réaliser! »

Cet extrait nous montre qu'un prince est autre qu'un homme : il est l'élu de Dieu, le vicaire de la Providence. Cette idée métaphysique et sacerdotale sert de titre de légitimité à toutes les dynasties. Voilà le principe du césarisme et des gouvernements des dynasties, soit héréditalres, soit parvenues. Ils sont au-dessus des lois humaines et sociales.

« Monseigneur, disait l'évêque de Nancy, à Louis-Napoléon, au lendemain du coup d'État de 1851, vous êtes sorti de la légalité pour rentrer dans le droit. »

Et plus tard, en 1860, Monsieur de Troyes, suivant l'exemple des autres évêques, publiait à l'occasion de la fête de l'Empereur un mandement auquel nous nous faisons un devoir d'emprunter ces passages :

« Nos très chers Frères,

» Il y a sur cette terre, et dans chaque État politique, un homme incomparable, qui en est le chef de voûte. On l'appelle de divers noms, selon le pays et les temps : un empereur, un roi, un chef de république. Il est, sous certains rapports, dans toute l'étendue d'une immense contrée, ce que le père et la mère sont pour leurs enfants au sein de la famille; il représente, auprès des peuples, la providence de Dieu même, il en est le ministre. Il paraît le maître de tous; et il est en réalité le serviteur de tous. On dirait que toutes les félicités, toutes les joies sont réservées pour lui; et c'est lui véritablement qui porte les plus lourdes charges; c'est à lui qu'est échue la plus grande part du sacrifice social. Jamais personne, ici-bas, n'eut à soutenir un tel poids de travaux; jamais homme ne fut dévoré de soucis plus ardents. Il assure le repos des autres, son devoir et sa destinée sont de ne jamais en goûter pour lui-même. Tant qu'il y aura une agitation dans l'univers, une souffrance dans l'humanité, il doit nécessairement en ressentir le contre-coup. Un particulier a sa vie propre, agrandie sans doute par le patriotisme, mais, toutefois, indépendante et libre en dehors du cercle restreint de ses attributions; la vie du prince, au contraire, est dans la vie de tous; son intérêt se compose des intérêts de tous; sa grandeur n'est que le résultat de la grandeur de tous; il est puissant quand tous sont forts; il pourrait être heureux s'il arrivait un jour où il n'y aurait plus de douleur pour personne. Les cœurs, dans le peuple entier, aboutissent à son cœur, et il y a un côté secret par où leurs divers battements se confondent; il est vulnérable, en un mot, dans tous les membres du corps social dont il est l'âme et la tête.

» Aussi, à proportion qu'il est plus digne de sa magistrature souveraine, qu'il en connaît mieux les devoirs, qu'il est plus exercé à en manier les ressorts, et qu'il s'y applique avec plus d'énergie, de pénétration, de constance, en même temps, et dans une égale mesure, ses fatigues s'accroissent, ses sollicitudes se font sentir plus amères, et les angoisses qui tourmentent ses jours, deviennent plus brûlantes. Quand tout est calme et tranquille au dehors, lui seul est encore agité : il faut qu'il interroge toutes les profondeurs pour en découvrir les secrets; qu'il étudie, au ciel et sur la terre, les signes variables du temps, et qu'il sache pressentir les orages. Ce n'est pas assez pour lui de bien ordonner le présent, de diriger les mouvements si variés et parfois si impétueux de nos sociétés humaines, de les conduire, disons-nous, avec tant de prudence qu'ils ne puissent jamais déconcerter la règle, ni amener des effets désastreux ou des complications fatales; non, ce n'est point assez : il doit encore, avec le même soin, assurer l'avenir contre tous les hasards, autant du moins qu'il est possible, avec ce faible rayon de prévoyance accordé aux mortels, et dont les lueurs demeurent toujours si obscures, même dans les esprits les plus vifs et les plus éclairés. Il faut qu'il se préoccupe de conjurer les maux qui ne sont pas encore, comme de les guérir s'ils éclatent, ou au moins de les adoucir.

» C'est vers lui, comme vers une image de la divinité, que se tournent les espérances, les vœux et les supplications du peuple.

» ... Tel est donc, N. T. C. Frères, cet homme prodigieux que l'on appelle un empereur, un roi, un chef de république. On lui demande tout, comme s'il était Dieu; mais, en retour, bien souvent, comme s'il était moins qu'un homme on lui refuse tout. C'est sur lui que s'amassent les haines des méchants; c'est sur lui que se portent les malédictions des aveugles. Plusieurs même des bons et des sages sont froids dans leur respect, et lui mesurent, avec quelque réserve, les témoignages de leur reconnaissance. On a tout l'air de croire que le rang suprême dont il jouit le paie de tous ses services avec surabondance.

» Il est en effet sur un trône; ses mains tiennent le sceptre; il vit entouré d'hommages, dans l'éclat d'une cour; il est comblé d'honneurs, et on jette à ses pieds des trésors. Mais cette pompe, au lieu d'être un équitable dédommagement de ses peines, n'est véritablement pour lui qu'une solennelle aggravation de charges, une autre douleur plus fastueuse ajoutée à toutes celles qui composent le sacrifice social auquel il est voué. Il devient, dans cet appareil, une partie vivante et obligée des magnificences publiques. Vous l'avez, plus que jamais, enlevé à sa famille et séparé de ses amis. Les heures de la nuit qu'il consacre aux affaires seront désormais plus longues et plus inquiètes. Il faudra qu'il passe en représentations une partie de ses jours assez considérable, et qu'il vive sur la scène du monde, non pas selon ses goûts, mais dans la contrainte de règles établies pour la convenance, ou même seulement la fantaisie des autres. Il a de l'or pour le répandre, des palais pour le plaisir de ceux qui ont besoin de luxe et de fêtes splendides; il a une couronne aussi pour décorer la tête qui a l'honneur de parler au nom de la nation. Tout cela donc appartient au public; mais, au prince, il ne reste rien que le vide du cœur, les anxiétés, les austères labeurs, les craintes éternelles. « Ceux qui occupent cette place ne dor- » ment plus, a dit le cardinal de Richelieu, ou, s'ils dor- » ment, c'est comme le lion, à la hâte, et sans fermer les » yeux... Les perpétuelles méditations qu'ils sont contraints » de faire pour prévoir et prévenir les maux qui peuvent » arriver, les privent de repos et de contentement [1]. »

---

1. Testament du cardinal Richelieu.

Moins d'un an après la proclamation de l'Empire, Napoléon III conduisit à Notre-Dame mademoiselle Eugénie de Montijo; il en faisait une impératrice. Un homme d'État très en vue, — ce fut lui qui fut chargé par l'Empereur d'annoncer à mademoiselle de Montijo une élévation au trône — résuma la situation d'un mot : « Ce mariage, dit-il, est un joli poème. » Et il ajouta : « L'Empereur fait concurrence à M. de Musset, et son règne ne sera, je le crois, que le chant d'une nuit. »

« L'Empereur était un sentimental; mais ce n'est pas dans sa sentimentalité qu'il convient de rechercher l'empressement qui le fit s'allier avec mademoiselle de Montijo. Très appréciateur de l'élément féminin et habitué à la satisfaction presque immédiate de ses caprices, de ses désirs, il lui arriva de tomber amoureux de mademoiselle de Montijo, et, comme seule de toutes les femmes qu'il aima ou qu'il sembla aimer, elle ne lui permit aucune privauté, elle le tint sans cesse dans un éloignement de son cœur, il se piqua au jeu, eut l'obsession de son amour, et comme pour le faire palpable, il n'eut devant lui que ce moyen, le mariage, ainsi que tous les amoureux obstinés dans sa passion, il se jura d'être heureux, sans calculer les conséquences politiques de l'acte qu'il accomplissait, ou mieux en refusant de les envisager.

»... Regretta-t-il, plus tard, alors que les années firent lointaine en lui, sa « folie, » cette explosion d'une passion qui intéressa et troubla si fort l'Europe? — Nul ne saurait le dire... Jamais il ne formula une plainte à ce sujet, jamais il ne blessa les oreilles de l'Impératrice par quelque allusion que ce fût à ce que ses amis avaient appelé sa sottise... »

« ... M. de Goncourt, se trouvant un soir en wagon, eut devant lui un vieillard — c'était au lendemain de la déclaration de guerre, je crois — qui parlait de l'Empereur et narrait l'histoire de son mariage, prétendant tenir l'anecdote de M. de Morny à qui Napoléon III lui-même l'avait confiée.

» Un jour — c'est M. de Goncourt qui s'exprime sous la dictée du voyageur — l'empereur demanda à mademoiselle de Montijo, avec une certaine insistance, et faisant appel à l'honneur d'un homme, si elle avait jamais eu un attachement sérieux.

» Mademoiselle de Montijo avait répondu :

» — Je vous tromperais, Sire, si je ne vous avouais pas que mon cœur a parlé; et même plusieurs fois; mais ce que je puis vous assurer c'est que je suis toujours mademoiselle de Montijo.

» Sur cette affirmation, l'Empereur avait dit :

» — Eh bien, mademoiselle, vous serez impératrice... »

«... On pourrait, en tant que femme, simplement, résumer la personnalité de l'impératrice Eugénie dans une comparaison et prononcer qu'elle fut assez semblable à ces jolis oiseaux des pays ensoleillés qui passent insaisissables; et complétant cette comparaison par une sorte de formule, on pourrait ajouter qu'elle fut, moralement, une incohérence, un mélange de bonté et d'indifférence inconsciente, de légèreté et d'autorité sans fondement, de sentiments chevaleresques et de raison pratique, presque terre à terre.

» Son analyse exacte nous la montre, en effet, ainsi, dans une diffusion absolue et constante[1]... »

LA FAMILLE IMPÉRIALE

Extrait d'une correspondance de l'*Universel* :

« La loi qui a fixé la dotation de la liste civile a affecté une somme de 1,500,000 fr., dont l'empereur peut disposer comme il l'entend, pour les membres de la famille impériale. Le million donné au prince Jérôme est donc retourné de plein droit à l'empereur, qui l'a touché déjà le mois de juillet,

1. *L'Impératrice Eugénie*, par Pierre de Lano.

car la dotation de la liste civile se paie d'avance. L'empereur est dans l'intention de former avec ce million la dotation du prince impérial. On assure que le prince Napoléon est avantagé par le testament de son père et qu'il est question, afin d'établir un peu d'égalité, de donner à la princesse Mathilde la jouissance des boutiques du Palais-Royal, précédemment affectées au prince Jérôme, ce qui représente un revenu d'environ 200,000 fr. On parle de l'organisation de la maison du prince impérial. Le maréchal Vaillant est désigné comme gouverneur du prince. »

———

Quelle dignité magistrale ! Quel sentiment du devoir professionnel dans cette lettre intime écrite par M. G. d'Auribeau, préfet des Basses-Pyrénées, à M. Pietri, préfet de police !...

« Vous vous plaignez de la chaleur, mon cher Pietri ; vous soupirez après les ombrages. Sybarite, va ! que diriez-vous bon Dieu ! si, comme nous, vous étiez obligé de partir en tournée pour six semaines, avec la perspective de séances de six heures, 36 degrés de chaleur à l'ombre, le tout au milieu d'une atmosphère d'extraits de conscrit qui a des émotions.

» Non, vrai ! la révision au mois de juin et de juillet dans le midi devrait être défendue. Ma seule consolation, c'est l'espoir que pas mal de nos grands collègues de première classe deviendront enragés. Ça fera de l'avancement dans le corps. Et notre ministre qui nous commande d'être aimables tout plein, de manger beaucoup, de boire davantage, d'embrasser les filles, de courtiser les femmes, de frapper sur le ventre des maris et de faire la bouche en cœur à tout le monde ; il croit, à ce qu'il paraît, que les préfets ne sont pas de la chair, mais du marbre. Et pas même quelques éponges de gratifications !... »

Lettre de M. le duc de La Rochefoucauld-Doudeauville

à l'empereur au sujet des faits et gestes de M. le baron de Lassus Saint-Genès, préfet de Seine-et-Marne :

« ... Il se refuse d'intenter un procès à M. Péreire qui s'est emparé d'un petit terrain appartenant à la commune.

» Votre génération est trop laide! disait-il à une commune dont les mœurs ne lui plaisaient pas. Je vous enverrai un régiment de cuirassiers pour améliorer votre race! » Cette plaisanterie de mauvais goût a révolté les habitants.

» Une autre fois, ses filles et sa femme étaient au bain. Un côté est réservé aux dames. Le préfet se présente. « On ne peut aller plus loin! » lui dit l'employé. « Cette défense n'est pas pour moi, » répond le préfet, et il passe outre, ce qui causa un grand scandale... [1]. »

... « Le service de la galanterie était parfaitement organisé aux Tuileries, sous le second empire, et on le désignait, au château, par ces mots : *le service des femmes*. L'un des chambellans de l'empereur, le comte X... en avait la direction et veillait, avec un scrupuleux soin, à ce que les choses fussent bien faites, à ce que nulle maladresse ne vint entraver les désirs et les satisfactions du souverain...

... » Afin d'être sans cesse en communication avec le maître — aux heures roses principalement — le comte avait un appartement au rez-de-chaussée du palais, dans la cour des Tuileries, ouvrant sur celui du souverain, et c'est chez lui que Napoléon III se rendait pour faire son choix parmi les beautés à la mode ou ignorées qu'on lui présentait.

... » On a beaucoup parlé et ri du jeu de bagues installé dans certaine résidence de l'empereur, alors qu'il était en villégiature. Le jeu se pratiquait ainsi : ces dames s'apprêtant à enfourcher leurs montures, tandis que le marquis de M... tournait la manivelle d'un orgue de Barbarie, le souverain s'avançait vers elles et les observait. Alors, on

---

[1]. Cf. *La France Impériale*, par Elie Sorin.

installait le baguier, on mettait en mouvement les chevaux, et celle qui, après la course, avait arraché le plus d'anneaux, avait droit au cœur du maître.

... » Le même jeu se répétait d'une manière différente. On apportait une corbeille dans laquelle se trouvait entassée et mêlée une certaine quantité d'objets de bijouterie. L'un de ces objets était désigné à l'avance comme étant le prix de l'Empereur et la corbeille étant reposée à terre, recouverte d'une légère enveloppe qu'on ne devait ni déchirer, ni soulever entièrement, on invitait les dames à fouiller dans son contenu. C'était alors un inexprimable combat de dentelles et de jupes, et celle qui se relevait, ayant rapporté la timbale, savait quelles destinées l'attendaient. Elle ne s'y dérobait généralement pas, il faut le dire à l'excuse de l'Empereur [1]. »

A WILHEMSHŒHE

Après Sedan, c'est la fin. Il est prisonnier. Madame de Taisey-Chateney, pour qui l'Empereur a eu des bontés très particulières, s'arrête à Cassel, va au château de Wilhemshœhe et demande au général Pajol de l'introduire auprès de Napoléon III.

... « Le général [2] s'approcha doucement d'une fenêtre, l'ouvrit et, d'un geste, me fit signe de regarder.

» L'Empereur passait sur la terrasse du château; il marchait lentement, s'appuyant sur sa canne, et, comme autrefois... dans le parc de Compiègne, la soulevait d'un mouvement brusque pour envoyer au loin, des cailloux, du sable, ou abattre des brins d'herbes, des tiges de fleurs flétries. Il a renoncé à la tenue militaire et porte constamment une redingote noire serrée à la taille. Son corps s'est

1. *La Cour de Napoléon III*, par Pierre de Lano.
2. *A la Cour de Napoléon III*, par la marquise de Taisey-Chateney.

épaissi, sa démarche est devenue lourde, pesante; cependant il a conservé la même attitude : la tête toujours penchée de côté, la main gauche ouverte, appuyée sur les reins... »

La marquise insiste pour parler à l'Empereur.

... « Le bon général consentit à tenter une démarche, et je le vis, au bout d'un instant, aborder l'Empereur et lui exposer ma demande.

» L'Empereur s'arrêta, écouta, semblant hésiter; il secoua la tête en signe de refus; et sans se retourner, de son pas lent, automatique reprit sa promenade. Je le suivis un moment des yeux; bientôt je le perdis de vue : il disparut, au tournant d'une allée.

» Et de là-bas, de la caserne voisine, venaient les appels des clairons prussiens, pour le rassemblement des hommes. J'entendais les fusils frapper le sol et les officiers répéter leurs commandements d'une voix dure et brève... »

TABLE DES MATIÈRES

Chapitre premier. — Réflexions générales sur le principe du commandement. — *Anarchie* et *Archie*. — Programme de la *Réforme* rédigé par L. Blanc, Arago, Et. Arago, Beaune, Pascal Duprat, Schœlcher, Vallier, etc. — Observations et premier aperçu sur les dix-huit articles de ce programme. — L'amour du programme en 1848. — Les sarcasmes contre le système constitutionnel. — La responsabilité ministérielle corrélative de l'inviolabilité royale. — Ignorance de Napoléon et de ses copistes. — Les libéraux complices du despotisme 1

Chapitre II. — Principes opposés d'Autorité et de Liberté. — L'arbitraire dans la politique. — Les républicains de février et les socialistes de juin. — Les amis de Ledru-Rollin se rallient à l'Empire, véritable expression *révolutionnaire* et forme *paternelle* du Gouvernement. — Rêve unitaire du peuple. — Constitution de 1848 et l'organisation municipale et départementale. — Les idoles. — Les Chambres et les actes du Gouvernement. — L'opposition à raison des personnes. — Suffrage universel devenu loi d'État. 16

Chapitre III. — Constitution des peuples libres. — L'établissement des communes et l'esprit fédéraliste. — Cahiers fournis par les *États*. — L'Assemblée nationale se déclare *Constituante*. — Le fanatisme et la réaction jacobine. — La France monarchique et la tradition jacobine. — Politique unitaire. — La Gaule et sa première Constitution. — La démocratie libérale, républicaine, socialiste, *dans le bon et vrai sens du mot*. —

Monogramme démocratique. — Garantie des libertés municipales, corporatives, etc. — L'esprit de clocher. — Profession de foi de la démocratie. 27

Chapitre IV. — La question de l'autorité. — La négation du gouvernement et de la propriété. — Ma défense par M. Pelletan. — Priorité des conceptions philosophiques. — L'idée d'anarchie et la considération du critique gouvernemental. — *Législation directe, Gouvernement direct.* — M. Rittinghausen et la philosophie allemande. — M. Considérant et la *Débâcle de la politique en France.* — Les efforts de Ledru-Rollin. — M. de Girardin et sa formule : *Abolition de l'Autorité* par la simplification de gouvernement. Il faut rendre justice au public. — Monarchie ou République, dilemme de 1850 33

Chapitre V. — L'accord du citoyen avec le Gouvernement. — La révolution dans les doctrines. — *Le Contrat social.* — L'idée du contrat est exclue de celle de Gouvernement. — Rousseau n'a rien compris. — Proposition qui mène au despotisme. — Théorie liberticide. — Les anciennes démocraties et l'esclavage. — Le privilège des gens de lettres. — La tradition révolutionnaire du xvie siècle et l'idée de Gouvernement. — Saint-Simon et le Socialisme. — Les réactions déterminent les révolutions. — Point d'autorité, point de gouvernement, même populaire : la Révolution est là. 54

Chapitre VI. — Pouvoir sans contrôle et *monarchie tempérée.* — La souveraineté est dans le peuple. — Le système constitutionnel. — Le Gouvernement est de droit divin ou il n'est pas. — Le suffrage universel. — Ce que pensaient les fondateurs de la République de février. — Le gâchis. — La République est au-dessus du suffrage universel. — Louis Bonaparte nommé premier magistrat par le peuple. — Il résume les idées, les besoins et les tendances de la nation. — Le problème de la Révolution se résoudra comme il pourra. — L'autorité et la subordination politique. 73

Chapitre VII. — Le Gouvernement institué par la direction de la société. — Les intérêts de la dette publique au 1er janvier 1851. — Le Gouvernement considéré comme organe et garantie des libertés. — Quel est le principe qui régit la société actuelle ? — Examen des budgets de la guerre et de la marine. — Pacte entre le Capital et le Pouvoir. — Maintenir avant tout la féodalité capitaliste dans la jouissance de ses droits. — La corruption âme de la centralisation. — La République avait à fonder la société; elle n'a songé qu'au Gouvernement. — Il y a raison suffisante de révolution au XIX° siècle. 90

CHAPITRE VIII. — Quel titre avait Louis-Napoléon pour être élu en 1848 président de la République. — La pensée de réaction des électeurs. — La tradition de l'*idée napoléonienne*. — Napoléon III est mené, possédé par un double esprit. — L'émeute chassée de la rue. — Le livre de M. About publié par le *Moniteur*. — Napoléon III ne peut pas revenir au système parlementaire. — Il devient la providence de tout ce qui vit de favoritisme. — Son message au Sénat. — Le rétablissement de la famille Bonaparte est une vengeance tirée des traités de 1815. — Que peut être le II° Empire? — L'esprit militaire dominant. — Budget des dépenses. — Aux hommes d'Etat à se tenir sur leurs gardes. 121

CHAPITRE IX. — Le sens philosophique de l'élection de Louis Bonaparte à la présidence de la République. — L'homme est le *Moi* de la Providence comme de la Nature. — Malentendus, à partir du 10 décembre. — Il ne s'agit point ici du fils d'Hortense mais du pays qui l'a pris pour signe. — Ledru-Rollin, la république rouge; Bugeaud, Changarnier, la république militaire. — Amour de la légalité et respect de la Constitution. — Le péril imaginaire. — De la considération de l'élu. — Cavaignac ou Louis Bonaparte. — Le vote de la démocratie socialiste. — Tout se réunissait pour dérouter notre jugement. — La papillorne! aurait dit Fourier. — Le suicide des partis. 128

CHAPITRE X. — Le *Représentant du Peuple* cesse de paraître. — L'idée d'une révolution économique gagne et s'étend. — Le vote de la Constitution. — L'Assemblée nationale termine ses travaux le 23 octobre. — La *division des pouvoirs*. — Les candidatures se produisent. — La question qui se pose. — Le peuple doit s'abstenir. — L'article 109 de la Constitution. — A la muse du pamphlet! — La Présidence, c'est la Monarchie. — La distinction du *législatif* et de l'*exécutif*. — La loi des douze tables. — Le Président sera tout-puissant, cela suffit. 143

CHAPITRE XI. — De la possibilité pour le chrétien de se passer du pape. — L'inclination secrète du pays. — Nous prenons pour devise à la fois la *liberté* et l'*ordre!* — La pensée et l'action doivent être dans le Gouvernement. — Les socialistes sont opposés aux politiques. — La politique n'est que fantaisie. — Epoques parallèles de l'histoire de France. — La Constitution, en organisant les pouvoirs, a organisé la discorde. — Harangue à l'Assemblée nationale. — La tactique de l'arbitraire. — La politique l'a voulu : il faut voter 157

Chapitre XII. — Pourquoi nous avons combattu la candidature de Louis-Napoléon. — Le comité électoral central de Paris. — Cavaignac considéré comme pis-aller de la démocratie. — Les responsabilités de l'élection. — La loi du vote. — Retour vers le système monarchico-constitutionnel. — Les trois pouvoirs balancés. — Napoléon se trompe de route. — Quel est le passif ? — Le manifeste aux électeurs. — Silence prudent. — *Vive la République!* et *Amnistie!* — Résultat exagéré des impôts. — Il faut dégrever le prolétariat. — M. Léon Faucher et les socialistes. — Le président a tué le prétendant. — *La Révolution, c'est moi!* — Idée constitutive du pouvoir 182

Chapitre XIII. — A propos du 2 décembre. — Violation de l'Assemblée ; arrestation des généraux. — Les sarcasmes des conservateurs. — Le Saint-Père fait baiser ses mules. — Poignée de républicains et protestation bourgeoise. — *Sois libre!* — Quelles étaient les chaînes que nous avions à rompre. — Ce qui existait en France, au 21 février. — Le rapport de ces choses et où il avait conduit nos hommes d'Etat. — Matière sociale et pas de société. — L'immolation systématique du grand nombre au plus petit. — Le feu n'est que cendre. — Ce ne sont pas les actes du peuple, trop faciles à prévoir, que je discute . 212

Chapitre XIV. — L'éducation des peuples. — La Révolution économique et anti-gouvernementale. — La Religion, symbolique de la société. — En 1848, devait-on entretenir, aux frais de la nation, un corps aussi redoutable que le clergé ? — Le peuple peut-il se passer du culte ? — Foi dans la moralité du peuple. — Le passé de la Révolution écrase le présent. — Changeant de gouvernement, la France n'a fait que changer de tyrannie. — Tableau de nos Révolutions pendant les soixante-quatre dernières années. — Le pays subordonné au pouvoir. — Histoire d'Etat. — Faire des citoyens *gens de leur pays*. — Attribution du droit de vote au peuple, réputé ignare. — Le peuple étant mineur, on ne peut l'abandonner à ses propres conseils. — La question économique. — L'émancipation du prolétariat. — L'histoire n'est que le résultat des situations. 224

Chapitre XV. — La situation faite, les événements vont se déduire. — La classe nantie jure haine à la République. — Louis Bonaparte devient l'organe de la Révolution. — Principe : Le chef d'Etat, même héréditaire, ne représente pas un parti, n'hérite point d'une propriété. — Apparition de la démocratie aux affaires. — L'Elysée s'abstient de voter sur la loi municipale; la Montagne l'imite. — Par la proposition de rappel, Bonaparte était le défenseur armé du suffrage universel. — Opinion de Michel (de Bourges) et Victor Hugo. — Le sujet du rappel de la loi du 31 mai. — Les passions ne laissent plus de place à la réflexion. — Le 2 décembre a été un guet-apens, un acte de brigand. — L'armée féroce, le peuple lâche. — Bataille gagnée avant d'être livrée. — Journées du 17 mars, 16 avril, 15 mai. — Bonaparte s'en réfère aux idées de 89: *Voilà la Révolution.* — A qui vouliez-vous donc que le peuple donnât ses suffrages? — O patrie, patrie mauvaise, patrie des chantres de l'éternelle révolution!.................. 233

CHAPITRE XVI. — Politique, caractère, etc., de Napoléon III. — Comment les affaires vont en France : — Coup d'Etat, etc. — A propos des derniers projets de traités entre les Compagnies de chemin de fer et l'Etat. — Résumé des causes qui ont amené le rétablissement de l'Empire. — Caractère antijuridique de cette restauration. — Position qu'elle a faite à la bourgeoisie conservatrice et à la démocratie sociale. 264

CHAPITRE XVII. — Résumé chronologique : l'Assemblée; la Constituante. — Ateliers Nationaux. — Le Président, 20 déc. 1848. — Parti républicain. — Eglise, 1848-52. — Coup d'Etat. — Caractère de Napoléon Bonaparte. — La France a un chef. — Le mariage. — La France a été trompée. 282

CHAPITRE XVIII. — Affaires d'Italie, Rome. — Abstention. — Les rapports de l'Eglise et de l'Etat. — Napoléon III soutient le pape. — Protestation du peuple italien contre le séjour de Rome. — L'empire est une contradiction de plus en plus frappante. — Du principe de l'unité de Dieu. — Théologie et réforme morale. — Napoléon Bonaparte infidèle au principe philosophique de la Révolution. — Napoléon III veut refaire l'œuvre de Napoléon I\ier. — Réaction en sens contraire de la république. — L'Allemagne est disposée à prendre les armes. — La démocratie inférieure. — On doit s'attendre à un démembrement. — Les apostats de la république. — Ce qu'il faut faire pour ramener en France la Liberté et le Droit 307

APPENDICE. — *Notes et postface.* 321

SOCIÉTÉ D'ÉDITIONS LITTÉRAIRES ET ARTISTIQUES
LIBRAIRIE PAUL OLLENDORFF
5o, Chaussée d'Antin, 5o

Collection grand in-8 carré à 7 fr. 50 le volume

ALEXANDRE III (S. M. I.). — **Souvenirs de Sébastopol.** Traduction de M. NICOLAS NOTOVITCH . . . . . 1 vol.
COTTIN (PAUL). — **Toulon et les Anglais en 1793.** — (*Ouvrage couronné par l'Académie française*) . . . 1 vol.
Mme DE LA FERRONNAYS. — **Mémoires** . . . . 1 vol.
Journal de marche du grenadier Pils. Recueilli et annoté par M. RAOUL DE CISTERNES. Illustrations d'après les dessins originaux de Pils . . . . . . 1 vol.
KAHN (LÉON). — **Les Juifs de Paris pendant la Révolution** . . . . 1 vol.
MASSON (FRÉDÉRIC). — **Napoléon et les Femmes** . . 1 vol.
MASSON (FRÉDÉRIC) et BIAGI (GUIDO). — **Napoléon Inconnu.** *Papiers inédits (1786-1793) accompagnés de notes sur la jeunesse de Napoléon (1769-1793), par* FRÉDÉRIC MASSON . . . . 2 vol.
MASSON (FRÉDÉRIC). — **Napoléon et sa Famille, t. I** (1769-1802) . . . . 1 vol.
MASSON (FRÉDÉRIC). — **Napoléon et sa Famille, t. II** (1802-1805) . . . . 1 vol.
MASSON (FRÉDÉRIC). — **Napoléon et sa Famille, t. III** (1805-1807) . . . . 1 vol.
MASSON (FRÉDÉRIC). — **Napoléon et sa Famille, t. IV** (1807-1809) . . . . 1 vol.
MASSON (FRÉDÉRIC). — **Joséphine de Beauharnais** (1763-1796) . . . . 1 vol.
MASSON (FRÉDÉRIC). — **Joséphine Impératrice et Reine** . . . . 1 vol.
VIGIER (le Comte). — **Davout, Maréchal d'Empire** (1770-1823). Introduction de FRÉDÉRIC MASSON. — *Ouvrage couronné par l'Académie française* . . . 2 vol.
P.-J. PROUDHON. — **Commentaires sur les Mémoires de Fouché,** suivis du *Parallèle entre Napoléon Ier et Wellington.* Manuscrits inédits publiés par CLÉMENT ROCHEL . . . . 1 vol.

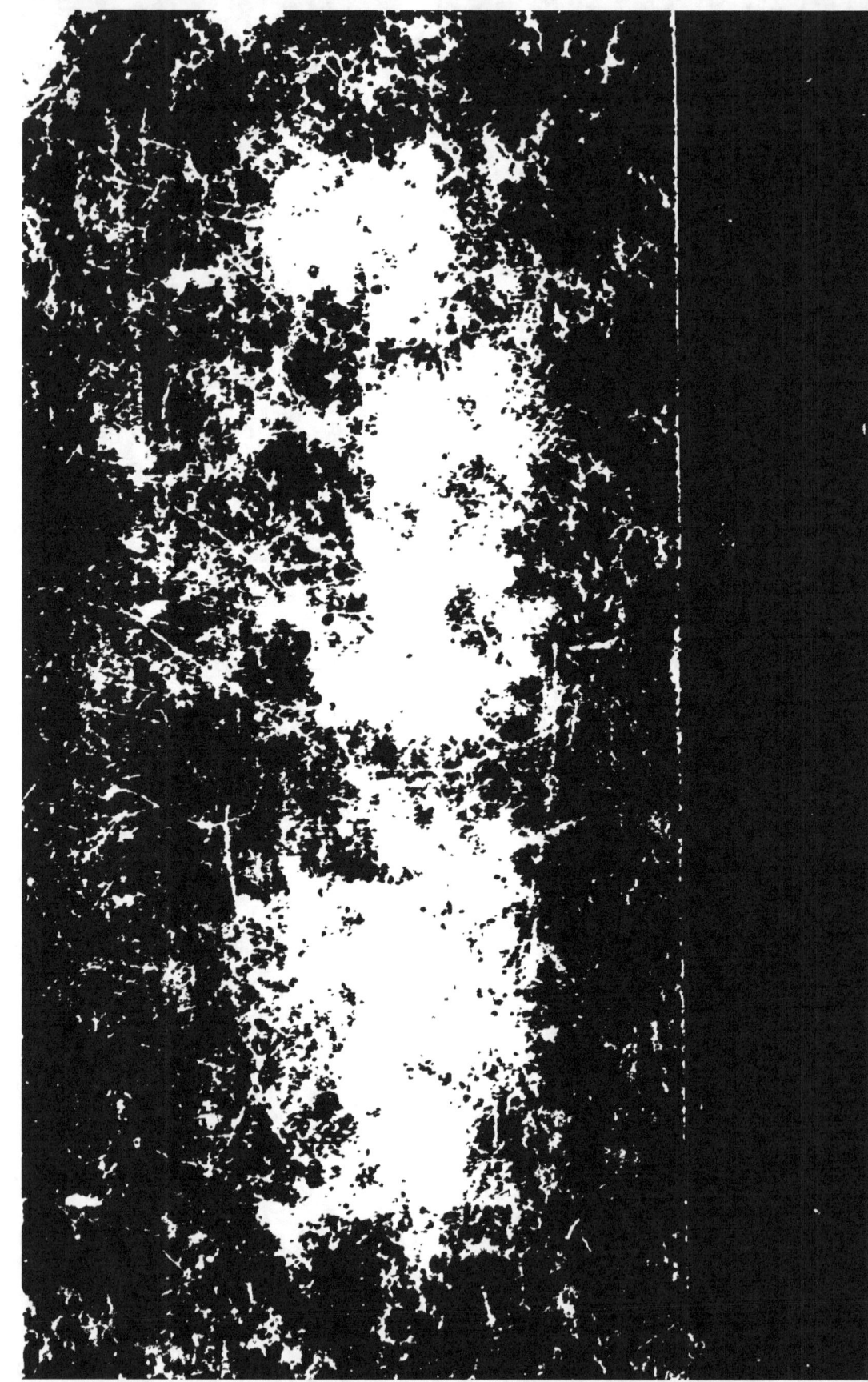